弘一大师法汇

弘一大师 ◎ 著

上海三联书店

高僧弘一大师诞辰一百四十周年

中国近代文化艺术先驱一代大德

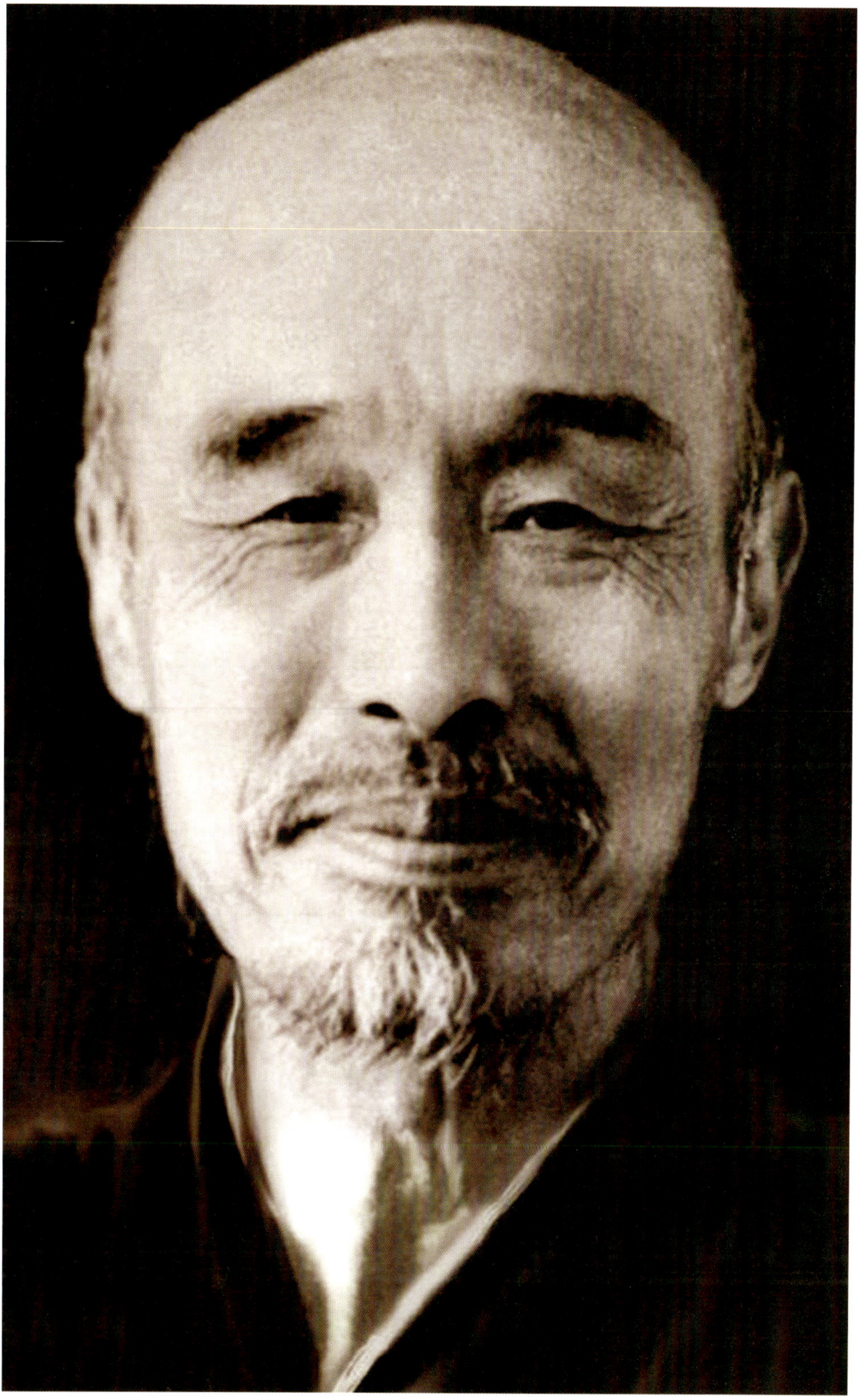

◎弘一大师晚年慈照，一九三七年摄于上海

◎ 一八九九年摄于上海，就读南洋公学（今上海交大），其老师是蔡元培先生

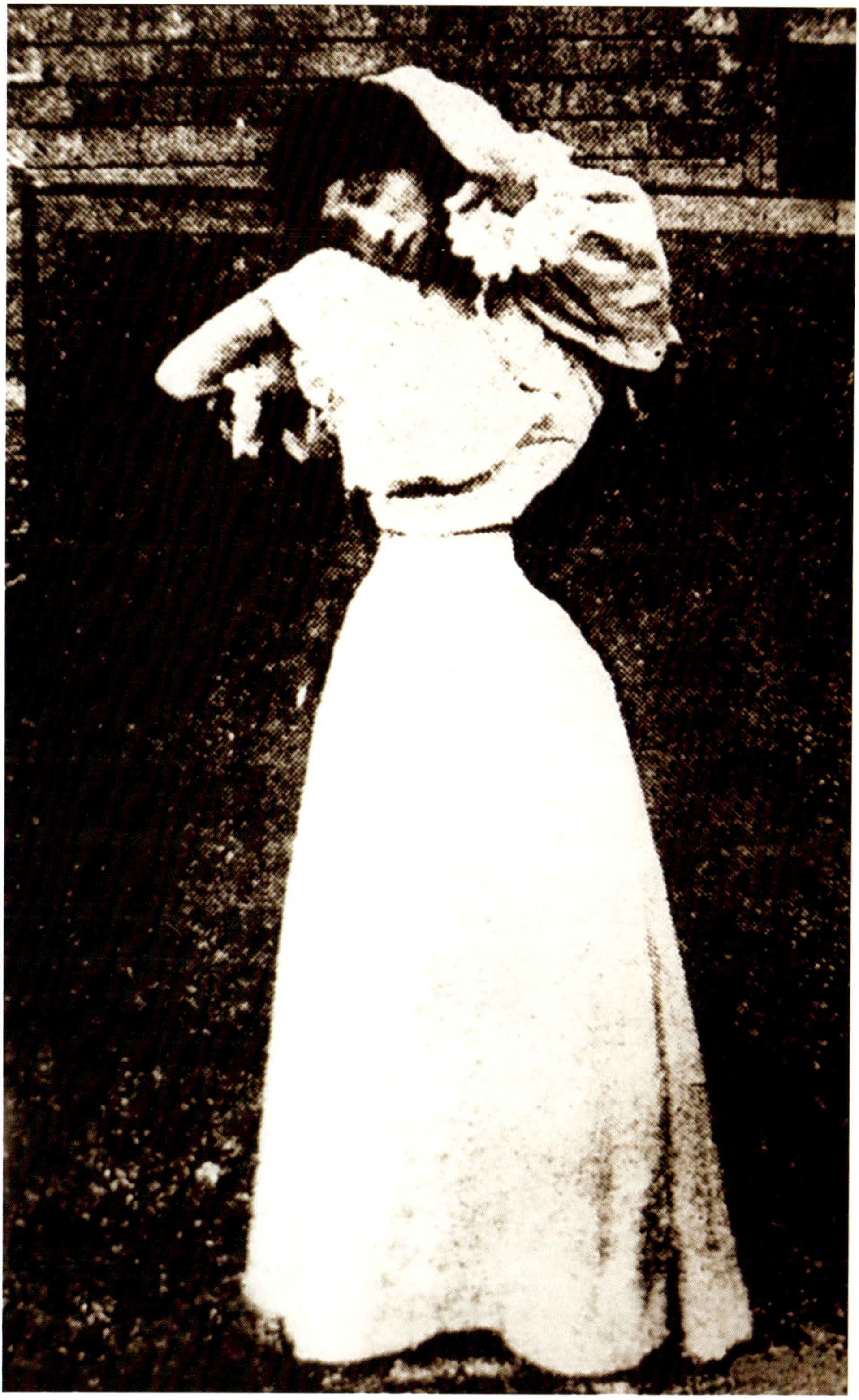

◎日本留学期间饰演话剧《茶花女》

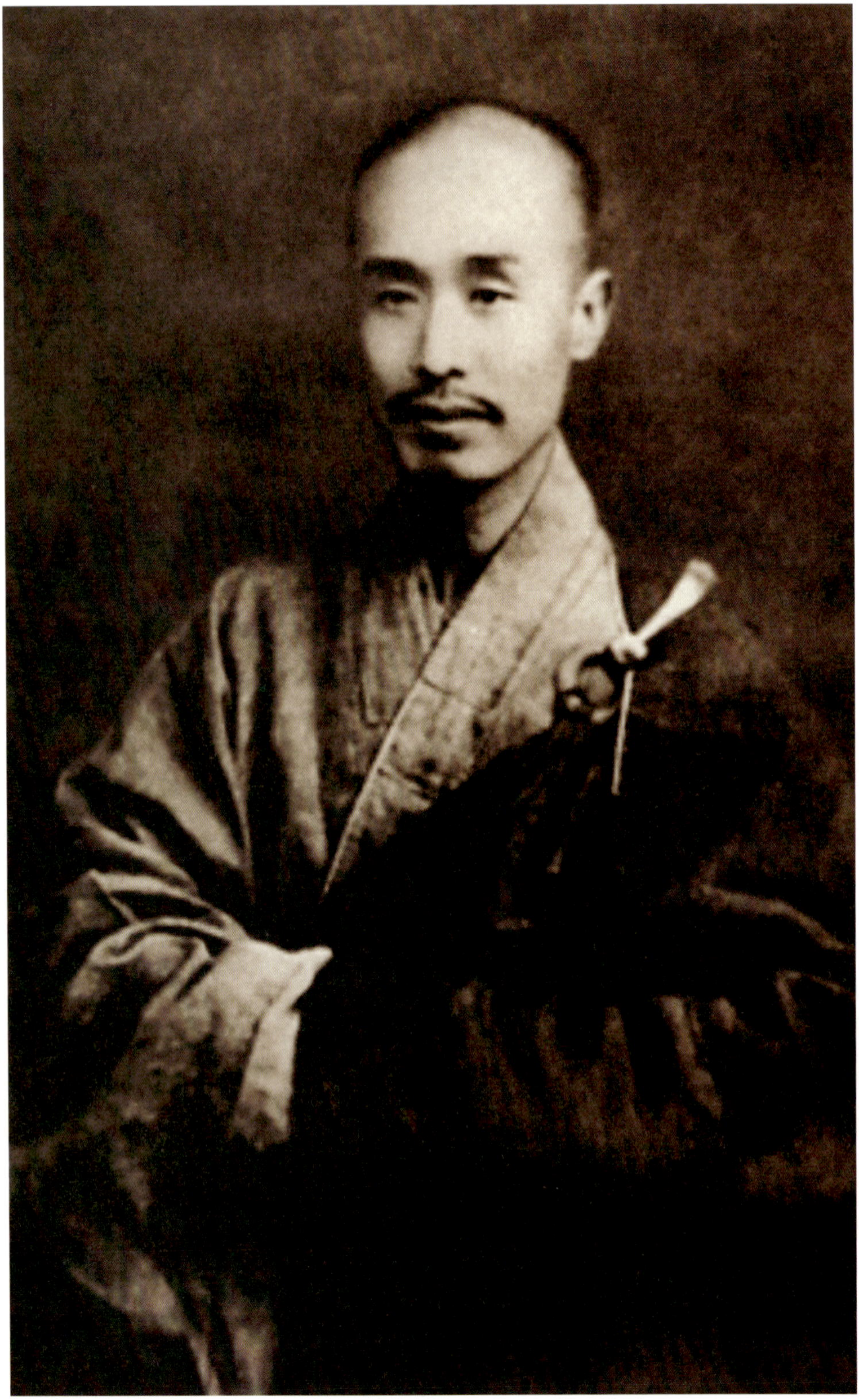

◎一九二〇年摄于杭州

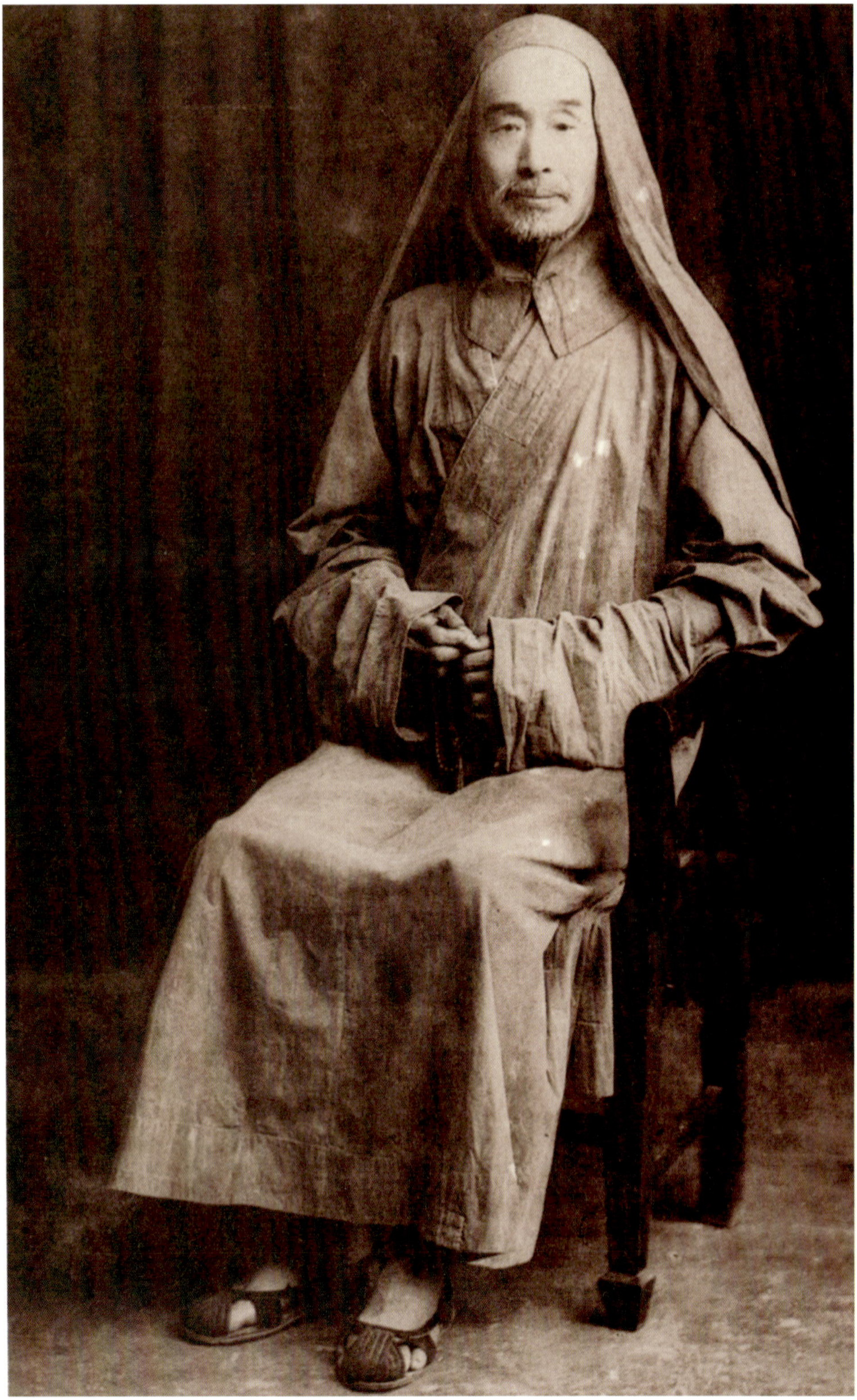

◎一九四零年在泉州良文照相馆应蔡居士之请留影

◎ 师徒

◎ 弘一大师晚年慈照，摄于闽南

◎ 弘一大师油画像　徐悲鸿绘（一九三九年作于新加坡）

◎ 一九三八年摄于漳州七宝寺

中兴南山宗弘一律师湼槃端相

丁丑五月初九日秋

◎ 一九四二年弘一大师于泉州圆寂

大槐獨秀

玄流太和

先生先生正之
乙卯三月
鬼淌堪站平公達得于

此事楞嚴曾露布梅華雪月交

光裏一笑寥寥空萬古風甌語過

然銀漢橫天宇蝶夢南華方

棚棚斑斑誰跨豐干冤兩今忘卻

来時路江山春天涯月送飛鴻

去法常香座辭世詞

壬戌歲朝寫貼
白民居士 弘一書

南无阿弥陀佛

戊午初夏演音将入山为邓尹民书南无阿弥陀佛

南无阿弥陀佛

弘一书于玉泉寺

暗報甚

誰道群生性命微
一般骨肉一般皮
勸君莫打枝頭鳥
子在巢中望母歸

唐白居易詩

老實念佛

歲次玄枵
夏首時將
檻室
日光別院
七言

多才多藝大才子
子必多善
尤稱奇
培育弟
子成大
家皈依
佛門修善行

素描李叔同

辛卯春

李嵐清

◎ 前国务院副总理李岚清素描弘一大师

花枝春滿候天心月圓時

於此證功德人閒念法師

一九六三年十月二十九日訪彌陀巖

弘一法師墖復來開元寺欣閒紀念

館布置就緒書此留題　葉聖陶

弘一大师法汇

弘一大师◎著

目 录

弘一大师传略

　　师讳演音，字弘一，号晚晴老人（别署甚多），浙江平湖李氏子。初名广侯，一名息，字叔同。清光绪庚辰（一八八零）九月二十日生于天津。父筱楼公，以进士官吏部，晚耽禅悦，乡党称善人。师幼而颖异，娴大悲、往生陀罗尼。七岁，读文选，琅琅成诵。早失怙，长奉母居上海。痛清政不纲，外侮日亟，主变革，组"强学会"。旋丧母，东渡日本，进东京美术专校。潜心文艺，擅诗词、书画、金石、音乐，旁涉戏剧，悉臻神妙，名震一时。返国后，入"南社"，主太平洋报副刊笔政，执教津、宁、沪、杭间，桃李遍大江南北。丙辰（一九一六）秋诣杭州虎跑，断食习静，有省，自是皈佛。戊午（一九一八）七月十三日，礼了悟和尚，出家虎跑。九月，受具戒于灵隐。时春秋三十有九也。

　　披剃后，刊落声华，尽屏所习。以戒为道本，发心扶律。遍搜中外律藏，校勘南山三大部，重兴律学，续数百年之坠绪。时有毁寺议，师挺身而起，潜移默化，弭于无形。创"南山律学院"于浙之慈溪，规模已具，事阻未果。识者引憾，而师泰然。行脚海内，随缘而止，五十以后，息影南闽。倡办"养正院"于南普陀，厘订佛学课程，培育学僧，造就甚众。抗战军兴，厦门临海防前线，师誓与寺院共存亡，颜其居曰"殉教堂"，书"念佛不忘救国，救国必须念佛"以互勖。平生私淑灵峰，奉"宗论"为圭臬（标准、准则）。当代善知识最服膺者，惟灵岩印光老法师，既负盛望，犹恭燃臂香，三度陈书，愿与弟子之列。其谦恭如此。世称师律绍南山，教宗贤首，行在弥陀。笃论也。暮年色力渐衰，知将迁化，尽力弘法，不辞劳瘁。壬午（一九四二）仲秋，示微疾，九月初四日圆寂于温陵养老院。世寿六十有三，梵行二十四载。荼毗获坚固子甚多，弟子奉灵骨分塔于泉州之小山书院、清源山麓暨杭州虎跑定慧寺，以垂纪念。

师才华盖代，飘然脱白，粗衣淡饭，甘之若素，破衲敝席，用诸数十年。一生不收徒，不主寺刹，而海内缁素咸沾其泽。邃于经论，从不谈玄说妙，惟以念佛、持戒、诵《普贤行愿品》示人。然若不足者。接人无多言语，平实明简，而闻者动容，没齿不忘。平生无疾言厉色，慈悲仁蔼，而见者肃然。责己綦严，以躬（自身）作则，声教远被，所至易风。

其书胎息周秦汉魏，寝馈六朝，临摹碑帖，几可乱真。剃染以后，于文艺不复措意，尝言士先器识而后文艺。晚作敛神藏锋，恬淡冲逸，风格别具，自成一家。零缣（细绢）片纸，得者视如环宝。晚勤临池。广结法缘，盖以书法作佛事也。遗墨已印行者，有写经、联语及李息翁临古法书等，无虑数十种。辑著有《四分律比丘戒相表记》、《南山律在家备览》、《弘一大师律学著述三十三种》（以上三书，已收入普慧大藏经）、《晚晴集》、《寒笳集》、《佛学丛刊》、《地藏菩萨圣德大观》、《华严集联》、《清凉歌集》、《晚晴山房书简》、《晚晴老人讲演录》等行世，其拟编之南山律苑丛书若干种。

序一

《弘一大师全集》序
释虚云

　　刘居士绵松，辑《弘一大师全集》成，屡书问序。余以老病衰朽，视听失用，服役云门。遭逢世乱年荒，工未及半，心力尽瘁，笔砚荒芜，欲辞却而居士请益坚。乃为之序曰：昔本师释迦如来，将欲示寂，语羣（同"群"）弟子："我灭度后，汝等比丘，当以波罗提木叉为师，如我住世，无异此也。"波罗提木叉者，华翻名戒。戒为德本，能生定慧，成就万行。比丘无戒，势如醉象，狂奔乱蹴，不仅伤身，亦且害物。是故戒住则僧宝住，僧宝住则佛法永住。世尊又言："狮为百兽王，威力无比，为敢犯者，惟毛中虱。方渐羸耗，终乃灭亡。吾法在世间，其威力有如狮王，毁戒比丘，无异狮身之虱。毁吾法者，乃此辈也。"金口所宣，警惕备至。千载以下，如闻謦欬（咳嗽声）。晚近世衰道微，忘本逐末，明于责人，昧于律己，如法修持，千难得一。佛法凌夷，有自来矣。弘一大师，未出家前，固世所称为翩翩俗世佳公子者也。及既受具，诸缘顿息，露顶赤足，动止循律，以身作则。追导师之芳踪，振坠绪于末造，影衾无愧，明德在躬。令闻四溢，海宇从风。于是世之知大师者，无不知有戒法；敬大师者，无不知敬佛法。

　　荷担如来家务，师非其人欤？今距师之殁，将十年，无问识与不识，闻师名靡不叹息向慕。其为世重如是，岂偶然哉。读斯编者，倘能求师于艺林之外，庶乎近之。

民国三十七年戊子佛诞日

幻游比丘虚云序于云门山大觉寺丈室

（刊于一九九七年二月《虚云老和尚年谱法汇增订本》）

《弘一大师》弁言

赵朴初

近代中国佛教，自清末杨仁山居士倡导以来，由绝学而蔚为显学，各宗大德，阐教明宗，竞擅其美。其以律学名家，戒行精严，缁素皈仰，薄海同钦者，当推弘一大师为第一人。

大师出家前，即以文艺大家驰誉当世。早岁留学日本、入东京美术学校，攻西洋油画，旁及音乐、戏剧、诗词、书法、篆刻等，于艺事无不精。回国后，值辛亥革命，初任《太平洋报》编辑，并与诗人柳亚子、胡朴安等创办"文美会"，主编《文美杂志》。其后应杭州浙江第一师范聘，教授图画、音乐，先后七年，造就艺术人材至众。著名画家丰子恺先生即其入室弟子，其间又与吴昌硕、叶舟、马一浮等交游，加入西泠印社，博学多能，名重一时。

大师于艺事之暇，深究内典，信解日增，遂发心出家，披剃于西湖虎跑定慧寺，法名演音，字弘一。苦学潜修，精研戒律，孜孜以复兴律宗为己任。初学《根本说一切有部律》，遍览义净所译有部律藏，皆能躬履力行，轻重不遗。防护精严，闻者钦赞。后从扶桑（日本）请得南山三大部及唐、宋律宗诸师著述，深觉南山一派，契合此土机宜，遂改学南山律，终身奉持，不遗余力。其律学著述，有手书《四分律比丘戒相表记》及《南山律在家备览略编》等，致力之勤，用思之密，方之古德，诚无多让。

大师出家后，诸艺俱舍，唯书法不废。间常精楷写经以结法缘，得者珍如拱璧。其在俗书法之出版者，有《李息翁临古法书》，出家后有《华严集联三百》。马一浮居士尝赞云："大师书法、得力于《张猛龙碑》。晚岁离尘，刊落锋颖，乃一味恬静，在书家当为逸品。"推崇可谓至矣！然大师以书画名家而为出世高僧，复以翰墨因缘为弘法接引资粮，成熟有情，严净佛土，功钜利溥，泽润无疆，岂仅艺事超绝，笔精墨妙而已哉。

大师于佛学，特尊《华严》，信行綦切，日诵《普贤行愿赞》为常课。其佛法思想多散见于所作序跋题记及与人书简中，片言洞微，精义时出。虽应机之作，亦足见其涉猎之广与证解之深也。

一九四二年秋，大师示寂于福建泉州，迄今垂四十年矣。国内外缁素仰其高德，敬慕之怀，久而弥笃。去岁值大师诞生一百周年，为纪念大师生平德业，中国佛教协会特就法源寺举办"弘一大师书画金石音乐展"，集大师所作精品于一堂，琳琅满目，观者惊叹。展览既竟，爰编此册，永为纪念，用结胜缘。今特记其缘起，志随喜焉。

一九八一年六月

（刊于一九八四年《弘一法师》，文物出版社）

第一章　常随佛学

佛法大意

我至贵地，可谓奇巧因缘。本拟住半月返厦。因变，住此，得与诸君相晤，甚可喜。

先略说佛法大意。

佛法以大菩提心为主。菩提心者，即是利益众生之心。故信佛法者，须常抱积极之大悲心，发救济一切众生之大愿，努力做利益众生之种种慈善事业，乃不愧为佛教徒之名称。

若专修净土法门者，尤应先发大菩提心。否则他人谓佛法是消极的、厌世的、送死的。若发此心者，自无此误会。

至于做慈善事业，尤要。既为佛教徒，即应努力做利益社会之种种事业。乃能令他人了解佛教是救世的、积极的，不起误会。

或疑经中常言"空"义，岂不与前说相反？

今案大菩提心，实具有"悲"、"智"二义。"悲"者如前所说。"智"者不执着我相，故曰"空"也。即是以无我之伟大精神，而做种种之利生事业。

若解此意，而知常人执着我相而利益众生者，其能力薄、范围小、时不久、不彻底。若欲能力强、范围大、时间久、最彻底者，必须学习佛法，了解"悲"、"智"之义，如是所做利生事业乃能十分圆满也。故知所谓"空"者，即是于常人所执着之我见，打破消灭，一扫而空。然后以无我之精神，努力切实做种种之事业。亦犹世间行事，先将不良之习惯等一一推翻，然后良好建设乃得实现也。

今能了解佛法之全系统及其真精神所在，则常人谓佛教是迷信、是消极者，固可因此而知其不当。即谓佛教为世界一切宗教中最高尚之宗教，或谓佛法为世界一切哲学中最玄妙之哲学者，亦未为尽理。

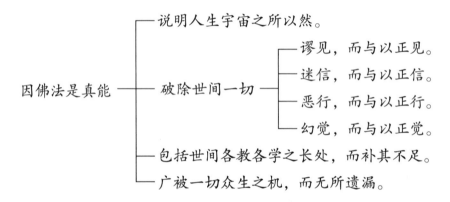

不仅中国，现今如欧美诸国人，正在热烈的研究及提倡。出版之佛教书籍及杂志等甚多。

故望已为佛教徒者，须彻底研究佛法之真理，而努力实行，俾不愧为佛教徒之名。其未信佛法者，亦宜虚心下气，尽力研究，然后于佛法再加以评论。此为余所希望者。

以上略说佛法大意毕。

又当地信士，因今日为菩萨诞，欲请解释"南无观世音菩萨"之义。兹以时间无多，唯略说之。

"南无"者，梵语，即"归依"义。

"菩萨"者，梵语，为"菩提萨埵"之省文。"菩提"者"觉"，"萨埵"者"众生"。因菩萨以智上求佛法，以悲下化众生，故称为

"菩提萨埵"。此以悲、智二义解释，与前同也。

"观世音"者，为此菩萨之名。亦可以悲、智二义分释。如《楞严经》云："由我观听十方圆明，故观音名，遍十方界。"约智言也。如《法华经》云："苦恼众生一心称名，菩萨即时观其音声，皆得解脱，以是名观世音。"约悲言也。

戊寅（一九三八年）七月十六日
在漳州七宝寺讲

佛法十疑略释

欲挽救今日之世道人心，人皆知推崇佛法。但对于佛法而起之疑问，亦复不少。故学习佛法者，必先解释此种疑问，然后乃能著手学习。以下所举十疑及解释，大半采取近人之说而叙述之，非是讲者之创论。所疑固不限此，今且举此十端耳。

一、佛法非迷信

近来知识分子，多批评佛法谓之迷信。

我辈详观各地寺庙，确有特别之习惯及通俗之仪式，又将神仙鬼怪等混入佛法之内，谓是佛法正宗。既有如此奇异之现象，也难怪他人谓佛法是迷信。

但佛法本来面目则不如此，决无崇拜神仙鬼怪等事。其仪式庄严，规矩整齐，实超出他种宗教之上。又佛法能破除世间一切迷信而与以正信，岂有佛法即是迷信之理。

故知他人谓佛法为迷信者，实由误会。倘能详察，自不至有此批评。

二、佛法非宗教

或有人疑佛法为一种宗教，此说不然。佛法与宗教不同，近人著作中常言之，兹不详述。应知佛法实不在宗教范围之内也。

三、佛法非哲学

或有人疑佛法为一种哲学，此说不然。

哲学之要求，在求真理，以其理智所推测而得之某种条件即谓为真理。其结果，有一元、二元、唯心种种之说。甲以为理在此，乙以为理在彼，纷纭扰攘，相诽相谤。但彼等无论如何尽力推测，总不出于错觉一途。譬如盲人摸象，其生平未曾见象之形状，因其所摸得象之一部分，即谓是为象之全体。故或摸其尾便谓象如绳，或摸其背便谓象如床，或摸其胸便谓象如地。虽因所摸处不同而感觉互异，总而言之，皆是迷惑颠倒之见而已。

若佛法则不然，譬如明眼人能亲见全象，十分清楚，与前所谓盲人摸象者迥然不同。因佛法须亲证"真如"，了无所疑，决不同哲学家之虚妄测度也。

何谓"真如"之意义？真真实实，平等一如，无妄情，无偏执，离于意想分别，即是哲学家所欲了知之宇宙万有之真相及本体也。夫哲学家欲发明宇宙万有之真相及本体，其志诚为可嘉。第太无方法，致枉费心力而终不能达到耳。

以上所说之佛法非宗教及哲学，仅略举其大概。若欲详知者，有南京支那内学院出版之《佛法非宗教非哲学》一卷，可自详研，即能洞明其奥义也。

四、佛法非违背于科学

常人以为佛法重玄想，科学重实验，遂谓佛法违背于科学。此说不然。近代科学家持实验主义者，有两种意义。

一是根据眼前之经验，彼如何即还彼如何，毫不加以玄想。

二是防经验不足恃，即用人力改进，以补通常经验之不足。

佛家之态度亦尔，彼之"戒"、"定"、"慧"三无漏学，皆是改进通常之经验。但科学之改进经验重在客观之物件，佛法之改进经验重在主观之心识。如人患目病，不良于视，科学只知多方移置其物以求一辨，佛法则努力医治其眼以求复明。两者虽同为实验，但在治标治本上有不同耳。

关于佛法与科学之比较，若欲详知者，乞阅上海开明书店代售之《佛法与科学之比较研究》。著者王小徐，曾留学英国，在理工专科上迭有发现，为世界学者所推重。近以其研究理工之方法，创立新理论解释佛学，因著此书也。

五、佛法非厌世

常人见学佛法者，多居住山林之中，与世人罕有往来，遂疑佛法为消极的、厌世的。此说不然。

学佛法者，固不应迷恋尘世以贪求荣华富贵，但亦决非是冷淡之厌世者。因学佛法之人皆须发"大菩提心"，以一般人之苦乐为苦乐，抱热心救世之弘愿，不唯非消极，乃是积极中之积极者。虽居住山林中，亦非贪享山林之清福，乃是勤修"戒"、"定"、"慧"三学以预备将来出山救世之资具耳。与世俗青年学子在学校读书为将来任事之准备者，甚相似。

由是可知谓佛法为消极厌世者，实属误会。

六、佛法非不宜于国家之兴盛

近来爱国之青年，信仰佛法者少。彼等谓佛法传自印度，而印度因此衰亡，遂疑佛法与爱国之行动相妨碍。此说不然。

佛法实能辅助国家，令其兴盛，未尝与爱国之行动相妨碍。印度古代有最信仰佛法之国王，如阿育王、戒日王等，以信佛故，而统一兴盛其国家。其后婆罗门等旧教复兴，佛法渐无势力，而印度国家乃随之衰亡，其明证也。

七、佛法非能灭种

常人见僧尼不婚不嫁，遂疑人人皆信佛法必致灭种。此说不然。

信佛法而出家者，乃为僧尼，此实极少之数。以外大多数之在家信佛法者，仍可婚嫁如常。佛法中之僧尼，与他教之牧师相似，非是信徒皆应为牧师也。

八、佛法非废弃慈善事业

常人见僧尼唯知弘扬佛法，而于建立大规模之学校、医院、善堂等利益社会之事未能努力，遂疑学佛法者废弃慈善事业。此说不然。

依佛经所载，布施有二种，一曰财施，二曰法施。出家之佛徒，以法施为主，故应多致力于弘扬佛法，而以余力提倡他种慈善事业。若在家之佛徒，则财施与法施并重，故在家居士多努力做种种慈善事业，近年以来各地所发起建立之佛教学校、慈儿院、医院、善堂、修桥、造凉亭乃至施米、施衣、施钱、施棺等事，皆时有所闻，但不如他教仗外国慈善家之财力所经营者规模阔大耳。

九、佛法非是分利

近今经济学者，谓人人能生利，则人类生活发达，乃可共享幸福。因专注重于生利。遂疑信仰佛法者，唯是分利而不生利，殊有害于人类，此说亦不免误会。

若在家人信仰佛法者，不碍于职业，士农工商皆可为之。此理易明，可毋庸议。若出家之僧尼，常人观之，似为极端分利而不生利之寄生虫。但僧尼亦何尝无事业，僧尼之事业即是弘法利生。倘能教化世人，增上道德，其间接直接有真实大利益于人群者正无量矣。

十、佛法非说空以灭人世

常人因佛经中说"五蕴皆空"、"无常苦空"等，因疑佛法只一味说空。若信佛法者多，将来人世必因之而消灭。此说不然。

大乘佛法，皆说空及不空两方面。虽有专说空时，其实亦含有不空之义。故须兼说空与不空两方面，其义乃为完足。

何谓空及不空。空者是无我，不空者是救世之事业。虽知无我，而能努力做救世之事业，故空而不空。虽努力做救世之事业，而决不执著有我，故不空而空。如是真实了解，乃能以无我之伟大精神，而做种种之事业无有障碍也。

又若能解此义，即知常人执著我相而做种种救世事业者，其能力薄、范围小、时间促、不彻底。若欲能力强、范围大、时间久、最彻底者，必须于佛法之空义十分了解，如是所做救世事业乃能圆满成就也。

故知所谓"空"者，即是于常人所执著之我见打破消灭，一扫而空，然后以无我之精神，努力切实做种种之事业。亦犹世间行事，先将不良之习惯等一一推翻，然后良好之建设乃得实现。

信能如此，若云牺牲，必定真能牺牲；若云救世，必定真能救世。由是坚坚实实，勇猛精进而做去，乃可谓伟大，乃可谓彻底。所以真正之佛法先须向"空"上立脚，而再向"不空"上做去。岂是一味说"空"而消灭人世耶！

以上所说之十疑及释义，多是采取近人之说而叙述其大意。诸君闻此，应可免除种种之误会。

若佛法中之真义，至为繁广，今未能详说。惟冀诸君从此以后，发心研究佛法，请购佛书，随时阅览，久之自可洞明其义。是为余所厚望焉。

戊寅（一九三八年）十一月二十七日在福建安海金墩宗祠演讲

佛法宗派大概

关于佛法之种种疑问，前已略加解释。诸君既无所疑惑，思欲着手学习，必须先了解佛法之各种宗派乃可。

原来佛法之目的，是求觉悟本无种种差别。但欲求达到觉悟之目的地以前，必有许多途径。而在此途径上，自不妨有种种宗派之不同也。

佛法在印度古代时，小乘有各种部执，大乘虽亦分"空"、"有"二派，但未别立许多门户。吾国自东汉以后，除将印度所传来之佛法精神完全承受外，并加以融化光大，于中华民族文化之伟大悠远基础上，更开展中国佛法之许多特色。至隋唐时，便渐成就大小乘各宗分立之势。今且举十宗而略述之。

一、律宗 又名南山宗

唐终南山道宣律师所立。依《法华》、《涅槃经》义，而释通小乘律，立圆宗戒体正属出家人所学，亦明在家五戒、八戒义。

唐时盛，南宋后衰，今渐兴。

二、俱舍宗

依《俱舍论》而立。分别小乘名相甚精，为小乘之相宗。欲学大乘法相宗者固应先学此论，即学他宗者亦应以此为根底，不可以其为小乘而轻忽之也。

陈隋唐时盛弘，后衰。

三、成实宗

依《成实论》而立。为小乘之空宗，微似大乘。

六朝时盛，后衰，唐以后殆罕有学者。

以上二宗，即依二部论典而形成，并由印度传至中土。虽号称宗，然实不过二部论典之传持授受而已。

以上二宗属小乘，以下七宗皆是大乘，律宗则介于大小之间。

四、三论宗 又名性宗 又名空宗

三论者，即《中论》、《百论》、《十二门论》，是三部论皆依《般若经》而造。姚秦时，龟兹国鸠摩罗什三藏法师来此土弘传。

唐初犹盛，以后衰。

五、法相宗 又名慈恩宗 又名有宗

此宗所依之经论，为《解深密经》、《瑜伽师地论》等。唐玄奘法师盛弘此宗。又糅合印度十大论师所著之《唯识三十颂》之解释而编纂

成《唯识论》十卷，为此宗著名之典籍。此宗最要，无论学何宗者皆应先学此以为根底也。

唐中叶后衰微，近复兴，学者甚盛。

以上二宗，印度古代有之，即所谓"空"、"有"二派也。

六、天台宗　又名法华宗

六朝时此土所立，以《法华经》为正依。至隋智者大师时极盛。其教义，较前二宗为玄妙。

隋唐时盛，至今不衰。

七、华严宗　又名贤首宗

唐初此土所立，以《华严经》为依。至唐贤首国师时而盛，至清凉国师时而大备。此宗最为广博，在一切经法中称为教海。

宋以后衰，今殆罕有学者，至可惜也。

八、禅宗

梁武帝时，由印度达摩尊者传至此土。斯宗虽不立文字，直明实相之理体。而有时却假用文字上之教化方便，以弘教法。如《金刚》、《楞伽》二经，即是此宗常所依用者也。

唐宋时甚盛，今衰。

九、密宗　又名真言宗

唐玄宗时，由印度善无畏三藏、金刚智三藏先后传入此土。斯宗以《大日经》、《金刚顶经》、《苏悉地经》三部为正所依。

元后即衰，近年再兴，甚盛。

在大乘各宗中，此宗之教法最为高深，修持最为真切。常人未尝穷研，辄轻肆毁谤，至堪痛叹。余于十数年前，唯阅密宗仪轨，亦尝轻致疑议。以后阅《大日经疏》，乃知密宗教义之高深，因痛自忏悔。愿诸君不可先阅仪轨，应先习经教，则可无诸疑惑矣。

十、净土宗

始于晋慧远大师，依《无量寿经》、《观无量寿佛经》、《阿弥陀经》而立。三根普被，甚为简易，极契末法时机。明季时，此宗大盛。至于近世，尤为兴盛，超出各宗之上。

以上略说十宗大概已竟。大半是摘取近人之说以叙述之。

就此十宗中，有小乘、大乘之别。而大乘之中，复有种种不同。吾人于此，万不可固执成见，而妄生分别。因佛法本来平等无二，无有可说，即佛法之名称亦不可得。于不可得之中而建立种种差别佛法者，乃是随顺世间众生以方便建立。因众生习染有浅深，觉悟有先后。而佛法亦依之有种种差别，以适应之。譬如世间患病者，其病症千差万别，须有多种药品以适应之，其价值亦低昂不等。不得仅尊其贵价者，而废其他廉价者。所谓药无贵贱，愈病者良。佛法亦尔，无论大小权实渐顿显密，能契机者，即是无上妙法也。故法门虽多，吾人宜各择其与自己根机相契合者而研习之，斯为善矣。

戊寅（一九三八年）十月七日在安海金墩宗祠讲

佛法学习初步

佛法宗派大概，前已略说。

或谓高深教义，难解难行，非利根上智不能承受。若我辈常人欲学习佛法者，未知有何法门，能使人人易解，人人易行，毫无困难，速获实益耶？

案佛法宽广，有浅有深。故古代诸师，皆判"教相"以区别之。依唐圭峰禅师所撰《华严原人论》中，判立五教：

（一）人天教

（二）小乘教

（三）大乘法相教

（四）大乘破相教

（五）一乘显性教

以此五教，分别浅深。若我辈常人易解易行者，唯有"人天教"也。其他四教，义理高深，甚难了解。即能了解，亦难实行。故欲普及社会，又可补助世法，以挽救世道人心，应以"人天教"最为合宜也。

人天教由何而立耶？

常人醉生梦死，谓富贵贫贱吉凶祸福皆由命定，不解因果报应。或有解因果报应者，亦唯知今生之现报而已。若如是者，现生有恶人富而善人贫，恶人寿而善人夭，恶人多子孙而善人绝嗣，是何故欤？因是佛为此辈人，说三世业报、善恶因果，即是人天教也。今就三世业报及善恶因果分为二章详述之。

一、三世业报

三世业报者，现报、生报、后报也。

（一）现报　今生作善恶，今生受报。

（二）生报　今生作善恶，次一生受报。

（三）后报　今生作善恶，次二、三生乃至未来多生受报。

由是而观，则恶人富、善人贫等，决不足怪。吾人唯应力行善业，即使今生不获良好之果报，来生、再来生等必能得之。万勿因行善而反遇逆境，遂妄谓行善无有果报也。

二、善恶因果

善恶因果者，恶业、善业、不动业，此三者是其因；果报有六，即六道也。

恶业、善业，其数甚多，约而言之，各有十种，如下所述。不动业者，即修习上品十善，复能深修禅定也。

今以三因六果列表如下：

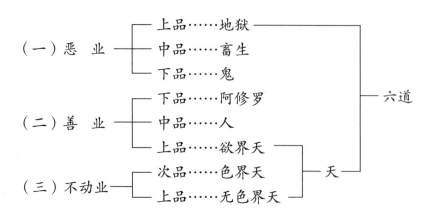

今复举恶业、善业，别述如下：

恶业有十种：

（一）杀生

（二）偷盗

（三）邪淫

（四）妄言

（五）两舌

（六）恶口

（七）绮语

（八）悭贪

（九）瞋恚

（十）邪见

造恶业者，因其造业重轻，而堕地狱、畜生、鬼道之中。受报既尽，幸生人中，犹有余报。今依《华严经》所载者，录之如下。若诸《论》中，尚列外境多种，今不别录。

（一）杀生………短命　多病

（二）偷盗………贫穷　其财不得自在

（三）邪淫………妻不贞良　不得随意眷属

（四）妄言………多被诽谤　为他所诳

（五）两舌⋯⋯⋯眷属乖离　亲族弊恶

（六）恶口⋯⋯⋯常闻恶声　言多诤讼

（七）绮语⋯⋯⋯言无人受　语不明了

（八）悭贪⋯⋯⋯心不知足　多欲无厌

（九）瞋恚⋯⋯⋯常被他人求其长短　恒被于他之所恼害

（十）邪见⋯⋯⋯生邪见家　其心谄曲

善业有十种。下列"不杀生"等，止恶即名为善。复依此而起十种行善，即"救护生命"等也。

（一）不杀生　救护生命

（二）不偷盗　给施资财

（三）不邪淫　遵修梵行

（四）不妄言　说诚实言

（五）不两舌　和合彼此

（六）不恶口　善言安慰

（七）不绮语　作利益语

（八）不悭贪　常怀舍心

（九）不瞋恚　恒生慈悯

（十）不邪见　正信因果

造善业者，因其造业轻重，而生于阿修罗、人道、欲界天中。所感之余报，与上所列恶业之余报相反。如不杀生则长寿无病等，类推可知。

由是观之，吾人欲得诸事顺遂、身心安乐之果报者，应先力修善业，以种善因。若唯一心求好果报，而决不肯种少许善因，是为大误。譬如农夫，欲得米谷，而不种田，人皆知其为愚也。

故吾人欲诸事顺遂、身心安乐者，须努力培植善因。将来或迟或早，必得良好之果报。古人云："祸福无不自己求之者。"即是此意也。

以上所说，乃"人天教"之大义。

唯修"人天教"者，虽较易行，然报限人天，非是出世。故古今诸大善知识，尽力提倡"净土法门"，即前所说之《佛法宗派大概》中之"净土宗"。令无论习何教者，皆兼学此"净土法门"，即能获得最大之利益。"净土法门"虽随宜判为"一乘圆教"，但深者见深，浅者见浅，即唯修人天教者亦可兼学，所谓"三根普被"也。

在此讲说三日已竟。以此功德，唯愿世界安宁、众生欢乐、佛日增辉、法轮常转。

戊寅（一九三八年）十月
讲于福建安海金墩宗祠

佛教之简易修持法

我到永春的因缘，最初发起，在三年之前。性愿老法师常常劝我到此地来，又常提起普济寺是如何如何的好。

两年以前的春天，我在南普陀讲律圆满以后，妙慧师便到厦门请我到此地来。那时因为学律的人要随行的太多，而普济寺中设备未广，不能够收容，不得已而中止。是为第一次欲来未果。

是年的冬天，有位善兴师，他持着永春诸善友一张请帖，到厦门万石岩去，要接我来永春。那时因为已先应了泉州草庵之请，故不能来永春。是为第二次欲来未果。

去年的冬天，妙慧师再到草庵来接。本想随请前来，不意过泉州时，又承诸善友挽留，不得已而延期至今春。是为第三次欲来未果。

直至今年半个月以前，妙慧师又到泉州劝请，是为第四次。因大众既然有如此的盛意，故不得不来。其时在泉州各地讲经，很是忙碌，因此又延搁了半个多月。今得来到贵处，和诸位善友相见，我心中非常的欢喜。自三年前就想到此地来，屡次受了事情所阻，现在得来，满其多年的夙愿，更可说是十分的欢喜了。

今天承诸位善友请我演讲。我以为谈玄说妙，虽然极为高尚，但于现在行持终觉了不相涉。所以今天我所讲的，且就常人现在即能实行的，约略说之。

因为专尚谈玄说妙，譬如那饥饿的人，来研究食谱，虽山珍海品之名，纵横满纸，如何能够充饥。倒不如现在得到几种普通的食品，即可入口。得充一饱，才于实事有济。

以下所讲的，分为三段：

一、深信因果

因果之法，虽为佛法入门的初步，但是非常的重要，无论何人皆须深信。何谓因果？因者好比种子，下在田中，将来可以长成为果实。果者譬如果实，自种子发芽，渐渐地开花结果。

我们一生所作所为，有善有恶，将来报应不出下列：

桃李种　长成为桃李——作善报善

荆棘种　长成为荆棘——作恶报恶

所以我们要避凶得吉，消灾得福，必须要厚植善因，努力改过迁善，将来才能够获得吉祥福德之好果。如果常作恶因，而要想免除凶祸灾难，哪里能够得到呢？

所以第一要劝大众深信因果，了知善恶报应，一丝一毫也不会差的。

二、发菩提心

"菩提"二字是印度的梵语，翻译为"觉"，也就是成佛的意思。发者，是发起，故发菩提心者，便是发起成佛的心。为什么要成佛呢？为利益一切众生。须如何修持乃能成佛呢？须广修一切善行。以上所说的，要广修一切善行，利益一切众生，但须如何才能够彻底呢？须不着我相。所以发菩提心的人，应发以下之三种心：

（一）大智心：不着我相　此心虽非凡夫所能发，亦应随分观察。

（二）大愿心：广修善行

（三）大悲心：救众生苦

又发菩提心者，须发以下所记之四弘誓愿：

（一）众生无边誓愿度：菩提心以大悲为体，所以先说度生。

（二）烦恼无尽誓愿断：愿一切众生，皆能断无尽之烦恼。

（三）法门无量誓愿学：愿一切众生，皆能学无量之法门。

（四）佛道无上誓愿成：愿一切众生，皆能成无上之佛道。

或疑烦恼以下之三愿，皆为我而发，如何说是愿一切众生？这里有两种解释：一就浅来说，我也就是众生中的一人，现在所说的众生，我也在其内。再进一步言，真发菩提心的，必须彻悟法性平等，决不见我与众生有什么差别，如是才能够真实和菩提心相应。所以现在发愿，说愿一切众生，有何妨耶！

三、专修净土

既然已经发了菩提心，就应该努力地修持。但是佛所说的法门很多，深浅难易，种种不同。若修持的法门与根器不相契合的，用力多而收效少。倘与根器相契合的，用力少而收效多。在这末法之时，大多数众生的根器，和哪一种法门最相契合呢？说起来只有净土宗。因为泛泛修其他法门的，在这五浊恶世，无佛应现之时，很是困难。如果专修净土法门，则依佛大慈大悲之力，往生极乐世界，见佛闻法，速证菩提，比较容易得多。所以龙树菩萨曾说：前为难行道，后为易行道，前如陆路步行，后如水道乘船。

关于净土法门的书籍，可以首先阅览者，《初机净业指南》、《印光法师嘉言录》、《印光法师文钞》等。依此就可略知净土法门的门径。

近几个月以来，我在泉州各地方讲经，身体和精神都非常地疲劳。这次到贵处来，匆促演讲，不及预备，所以本次说的未能详尽。希望大众原谅。

己卯（一九三九年）四月十六日

在永春桃源殿讲　李芳远记

切莫误解佛教

佛教传入中国，已有一千九百多年的历史，所以佛教与中国的关系非常密切。中国的文化、习俗影响佛教，佛教也影响了中国文化习俗，佛教已成为我们自己的佛教。但佛教是来自于印度，印度的文化特色，有些是中国人所不易明了的。受了中国习俗的影响，有些是不合佛教的本意的，所以佛教在中国，信佛法的与不相信佛法的人，对于佛教，每每有些误会，不明佛教本来的意义，发生错误的见解，因此相信佛法的人，不能正确的信仰，批评佛教的人，也不会批评到佛教本身，我觉得信仰佛教或者怀疑评论佛教的人，对于佛教的误解应该先要除去，才能真正地认识佛教，现在先提出重要的几点，希望大家能有正确的见解。

一、由于佛教教义而来的误解

佛法的道理很深，有的人不明白深义，只懂得表面文章，随便听了几个名词，就这么讲，那么说，结果不合佛教本来的意思。最普遍的，如："人生是苦""出世间""一切皆空"等名词，这些当然是佛说的，而且是佛教重要的理论，但一般人很少能正确了解它，现在分别来解说：

（一）**"人生是苦"**。佛指示我们，这个人生是苦的，不明白其中的真义的人，就生起错误的观念，觉得我们这个人生毫无意思，因而引起消极悲观，对于人生应该怎样努力向上，就缺乏力量，这是一种被误解得最普遍的，社会一般每拿这消极悲观的名词来批评佛教，而信仰佛教的，也每陷于消极悲观的错误，其实"人生是苦"这句话，绝不是那样的意思。

凡是一种境界，我们接触的时候，生起一种不合自己意趣的感受，引起苦痛忧虑，如以这个意思来说苦，说人都是苦的，是不够的，为什么呢？因为人生也有很多快乐事情，听到不悦耳的声音固然讨厌，可是听了美妙的音调，不就是欢喜吗！身体有病，家境困苦，亲人别离，当言是痛苦，然而身体健康，经济富裕，合家团圆，不是很快乐吗！无论什么事，苦乐都是相对的，假如遇到不如意的事，就说人生是苦，岂非偏见了？

那么，佛说人生是苦，这"苦"是什么意义呢？经上说："无常故苦"，一切都无常，都会变化，佛就以无常变化的意思说人生都是苦的。譬如身体健康并不永久，会慢慢衰老病死，有钱的也不能永远保有，有时候也会变穷，权位势力也不会持久，最后还是会失掉。以变化无常的情形看来，虽有喜乐，但不永久，没有彻底，当变化时，苦痛就来了。所以佛说"人生是苦"，苦是有缺陷、不永久、没有彻底的意思。学佛的人，如不了解真义，以为人生既不圆满彻底，就引起消极悲观的态度，这是不对的。真正懂得佛法的，看法就完全不同，要知道佛说"人生是苦"这句话，是要我们知道现在这人生是不彻底、不永久的，知道以后可以造就一个永久圆满的人生。等于病人，必须先知道有病，才肯请医生诊治，病才会除去，身体就恢复健康一样。为什么人生不彻底、不永久而有苦痛呢？一定有苦痛的原因存在，知道了苦的原因，就会尽力把苦因消除，然后才可得到彻底圆满的安乐。所以佛不单单说人生是苦，还说苦有苦因，把苦因除了就可得到究竟安乐。学佛的应照佛所指示的方法去修学，把这不彻底不圆满的人生改变过来，成为一个究竟圆满的人生。这个境界，佛法叫做常乐我净。

常是永久，乐是安乐，我是自由自在，净是纯洁清净。四个字合起来，就是永久的安乐，永久的自由，永久的纯洁，佛教最大的目标，不单说破人生是苦，而是主要的在于将这苦的人生改变过来（佛法名为"转依"），造成为永久安乐自由自在纯洁清净的人生。指示我们"苦"的原因在哪里，怎样向这目标努力去修持。常乐我净的境地，即是绝对的最有希望的理想境界，是我们人人都可达到的。这样怎能说佛教是消极悲观呢？

虽然，学佛的不一定能够人人都达到这顶点的境界，但知道了这个道理，真是好处无边。如一般人在困苦的时候，还知努力为善，等到富有起来，一切都忘记，只顾自己享福，糊糊涂涂走向错路。学佛的，不只在困苦时知道努力向上，就是享乐时也随时留心，因为快乐不是永久可靠，不好好向善努力，很快会堕落失败的。人生是苦，可以警觉我们不至于专门研究享受而走向错误的路，这也是佛说"人生是苦"的一项重要意义。

（二）"出世"。佛法说有世间、出世间，可是很多人误会了，以为世间就是我们住的这个世界，出世间就是到另外什么地方去，这是错了，我们每个人在这个世界，就是出了家也在这个世界。得道的阿罗汉、菩萨、佛都是出世间的圣人，但都是在这个世界救渡我们，可见出世间的意思，并不是跑到另外一个地方去。

那么佛教所说的世间与出世间是什么意思呢？依中国向来所说，"世"有时间性的意思，如三十年为一世，西洋也有这个意思，叫一百年为一世纪。所以世的意思就是有时间性的，从过去到现在，现在到未来，在这一时间之内的叫"世间"。佛法也如此，可变化的叫"世"，在时间之中，从过去到现在，现在到未来，有到没有，好到坏，都是一直变化，变化中的一切，都叫"世间"，还有，"世"是蒙蔽的意思，一般人不明过去、现在、未来三世的因果，不知道从什么地方来，要怎样做人，死了要到哪里去，不知道人生的意义，宇宙的本性，糊糊涂涂在这三世因果当中，这就叫做"世间"。

怎样才叫"出世"呢？出是超过或胜过的意思，能修行佛法，有智慧，通达宇宙人生的真理，心里清净，没有烦恼，体验永恒真理就叫"出世"。佛菩萨都是在这个世界，但他们都是以无比智慧通达真理，心里清净，不像普通人一样。所以出世间这个名辞（同"名词"），是要我们修学佛法的，进一步能做到人上之人，从凡夫做到圣人，并不是叫我们跑到另外一个世界去。不了解佛法出世的意义的人，误会佛教是逃避现实，因而引起不正当的批评。

（三）"一切皆空"。佛说一切皆空，有些人误会了，以为这样也空，那样也空，什么都空，什么都没有，横竖是没有，无意义，这才干坏事，好事也不做，糊糊涂涂地看破一点，生活下去就好了。其实佛法之中"空"的意义，是有着最高的哲理，诸佛菩萨就是悟到空的真理者。空并不是什么都没有，反而是样样都有，世界是世界，人生是人生，苦是苦，乐是乐，一切都是现成的，佛法之中，明显地说到有邪有正、有善有恶、有因有果，要弃邪归正，离恶向善，做善得善果，修行成佛。如果说什么都没有，那我们何必要学佛呢？既然因果、善恶，凡夫圣人样样都有，佛为什么说一切皆空？空是什么意义呢？因缘和合而成，没有实在的不变体，叫空。邪正善恶人生，这一切都不是一成不变实在的东西，皆是依因缘的关系才有的，因为是从因缘而产生，所以依因缘的转化而转化，没有实体所以叫空。

举一个事实来说吧，譬如一个人对着一面镜子，就会有一个影子在镜里，怎会有那个影子呢？有镜有人还要借太阳或灯光才能看出影子，缺少一样便不成，所以影子是种种条件产生的，这不是一件实在的物体，虽然不是实体，但所看到的影子，是清清楚楚并非没有。一切皆空，就是依这个因缘所生的意义而说的，所以佛说一切皆空，同时即说一切因缘皆有，不但要体悟一切皆空，还要知道有因有果，有善有恶。学佛的，要从离恶行善、转迷启悟的学程中去证得空性，即空即有，二谛圆融，一般人以为佛法说空，等于什么都没有，是消极是悲观，这都是由于不了解佛法所引起的误会，非彻底纠正过来不可。

二、由于佛教制度而来的误解

佛教是从印度传来的，制度方面有一点不同。我国旧有的地方，例如出家与素食，不明了、不习惯的人，对此引起许许多多的误会。

（一）"出家"。出家为印度佛教的制度，我国社会，特别是儒家对它误解最大。在国内，每听人说，大家学佛，世界上的人都没有了，为什么呢？大家都出家了，没有夫妇儿女，还成什么社会？这是严重的误会，我常比喻说：如教师们教学生，哪里教人人当教员去，成为教员的世界吗？这点在菲岛，不大会误会的，因为到处看得到的神父、修女，他们也是出家，但只是天主教徒中的少部分，并非信天主教的人，人人要当神父、修女。学佛的有出家弟子，有在家弟子，出家可以学佛，在家也可以学佛，出家可以修行了生死，在家也同样可以修行了生死，并不是学佛的人一定都要出家，绝不因大家学佛，就会毁灭人类社会。不过出家与在家，既然都可以修行了生死，为什么还要出家呢？因为要弘扬佛教，推动佛教，必须有少数人主持佛教。主持顶好是出家人，既没有家庭负担，又不做其他种种工作，可以一心一意修行，一心一意弘扬佛法。佛教要存在这个世界，一定要有这种人来推动它，所以从来就有此出家的制度。

出家功德大吗？当然大，可是不能出家的，不必勉强，勉强出家有时不能如法，还不如在家，爬得高的，跌得更重，出家功德高大，但一不当心，堕落得更厉害。要能真切发心，勤苦修行为佛教牺牲自己，努力弘扬佛法，才不愧为出家人。出家人是佛教中的核心份子，是推动佛教的主体，不婚嫁，西洋宗教也有这样制度。有许多科学家、哲学家，为了学业，守独身主义，不为家庭琐事所累，而夫为科学、哲学努力。佛教出家制，也就是摆脱世界欲累，而专心一意地为佛法。所以出家是大丈夫的事，要特别的勤苦，如随便出家，出家而不为出家事，那非但没有利益，反而有碍佛教。有的人一学佛就想出家，似乎学佛非出家不可，不但自己误会了，也把其他人都吓住而不敢来学佛。这种思想——

学佛就要出家，要不得。应认识出家不易，先做一良好在家居士为法修学，自利利他。如真能发大心，修出家行，献身佛教，再来出家，这样自己既稳当，对社会也不会发生不良影响。

与出家有关，附带说到两点，有的人看到佛寺广大庄严，清净幽美，于是羡慕出家人，以为出家人住在里面，有施主来供养，无须做工，坐享清福，如流传的"日高三丈犹未起""不及僧家半日闲"之类，就是此种谬说。不知道出家人有出家人的事情要勇猛精进，自己修行时"初夜后夜，精勤佛道"；对信徒说法，应该四处游化，出去宣扬真理，过着清苦的生活，为众生为佛教而努力，自利利他，非常难得，所以称为僧宝，哪里是什么事都不做，坐享现成，坐等施主们来供养。这大概是出家者多，能尽出家人责任者少，所以社会有此误会吧！

有些反对佛教的人，说出家人什么都不做，为寄生社会的消费者，好像一点用处都没有。不知人不一定要从事农、工、商的工作，当教员、新闻记者，以及其他自由职业，也能说是消费者吗？出家人不是没有事做，过着清苦生活而且勇猛精进，所做的事，除自利而外，导人向善、重德行、修持，使信众的人格一天一天提高，能修行了生死，使人生世界得到大利益，怎能说是不做事的寄生者呢？出家人是宗教师，可说是广义而崇高的教育工作者，所以不懂佛法的人说，出家人清闲，或说出家人寄生消费，都不对。真正出家并不如此，应该并不清闲而繁忙，不是消耗而能报施主之恩。

（二）"吃素"。我们中国佛教徒，特别重视素食，所以学佛的人，每以为学佛，就要吃素。还不能断肉食的，就会说：看看日本、锡兰、缅甸、泰国或者我国的西藏、蒙古的佛教徒，不要说在家信徒，连出家人也都是肉食的，你能说他们不学佛、不是佛教徒吗？不要误会学佛就得吃素，不能吃素就不能学佛，学佛与吃素并不是完全一致的，一般人看到有些学佛的，没有学到什么，只学会吃素，家庭里的父母兄弟儿女感觉讨厌，以为素食太麻烦。其实学佛的人，应该这样：学佛后，先要了解佛教的道理，在家庭社会，依照佛理做去，使自己的德行好，心里清净，使家庭中其他的人，觉得你在没学佛以前贪心大，嗔心很重，缺乏责任心与慈爱心，学佛后一切都变了，贪心淡，嗔恚薄，对人慈爱，做事更负责，使人觉得学佛在家庭社会上的好处，那时候要素食，家里的人不但不反对，反而生起同情心，渐渐跟你学，如一学佛就学吃素，不学别的，一定会发生障碍，引起讥嫌。

虽然学佛的人，不一定吃素，但吃素确是中国佛教良好的德行，值得提倡。佛教说素食可以养慈悲心，不忍杀害众生的命，不忍吃动物的血肉，不但减少杀生业障，而且对人类苦痛的同情心会增长。大乘佛法特别提倡素食，说素食对长养慈悲心有很大的功德。所以吃素而不能长养慈悲心，只是消极的戒杀，那还近于小乘呢！

以世间法来说，素食的利益极大，较经济，营养价值也高，可以减少病痛。现在世界上，有国际素食会的组织，无论何人，凡是喜欢素食都可以参加，可见素食是件好事，学佛的人更应该提倡，但必须注意的，就是不要把学佛的标准提得太高，认为学佛就非吃素不可。遇到学佛的人就会问：有吃素吗？为什么学佛这么久，还不吃素呢？这样把学佛与素食合一，对于弘扬佛法是有碍的。

三、对于佛教仪式而来的误解

不了解佛教的人，到寺里去看见礼佛念经、拜忏、早晚功课等等的仪式，不明白其中的真义，就说这些都是迷信。这里面问题很多，现在简单地说到下面几种：

（一）"礼佛"。入寺拜佛，拿香、花、灯烛来供佛，西洋神教徒，说我们是拜偶像，是迷信，其实佛是我们的教主，是人而进达究竟圆满的圣者，大菩萨们也是快要成佛的人，这是我们皈依处，是我们的领导者，尊重佛菩萨，当有所表示，好像恭敬父母必须有礼貌一样，佛在世的时候，没有问题，可以直接对他表示恭敬。可是现在释迦佛已入涅槃了，还有他方世界的佛菩萨，都不在我们这个世界，不得不用纸画、泥塑、木头石块来雕刻他们的形象，作为恭敬礼拜的对象，因为这是表示佛菩萨的形象，我们才要恭敬礼拜他，并不因为他是纸、土、木、石。如我们敬爱我们的国家，要怎样表示尊敬呢？用颜色布做成国旗，当升旗的时候，恭恭敬敬向国旗行礼，我们能否说这是迷信的行为？天主教也有像，基督教虽没有神像，但也有十字架作为敬礼的对象，有的还跪下祷告，这与拜佛有何差别呢？说佛教礼佛为拜偶像，这是西洋神教徒对我们礼佛的意义不够理解。

至于香花灯烛呢？佛在世时，在印度是用这些东西来供养佛的，灯烛是表示光明，香花是表示芬香清洁。信佛礼佛，一方面用这些东西来供养佛以表示虔敬，一方面即表示从佛得到光明清净，并不是献花烧香，使佛闻得香味，点灯点烛，佛才能看到一切。西洋宗教，尤其是天主教，还不是用这些东西吗？这本是一般宗教的共同仪式。礼佛要恭敬虔诚，礼佛的时候，要观想为真正的佛。如果一面拜，一面想东想西，或者讲话，那是大不敬，失掉了礼佛的意义。

（二）"礼忏"。佛教徒礼忏诵经，异教徒，及非宗教者，也常常误以为迷信。不知道"忏"印度话叫忏摩，是自己做错了以后，承认自己错误的意思，因为一个人，在过去世以及现生中，谁都做过种种错事，犯有种种的罪恶，留下招引苦难、障碍修道解脱的业力，为了减轻及消除障碍修道和招引苦难的业力，所以在佛菩萨前、众僧前，承认自己的错误，以消除自己的业障。佛法有礼忏的法门，这等于耶教的悔改，在宗教的进修上是非常重要的。忏悔要自己忏，内心真切的忏，才合乎佛教的意思。

一般人不会忏悔要怎么办呢？古代祖师就编集忏悔的仪规，教我们一句一句念诵，口诵心思，也就是知道里面的意义，忏悔自己的罪业了，忏仪中教我们怎样的礼佛，求佛菩萨慈悲加护，承认自己的错误，知道杀生、偷盗、邪淫等的不是，一心发愿改往修来，这些都是过去祖师们教我们忏悔的仪规（耶教也有耶稣示范的祷告文），但主要还是要从心里发出真切的悔改心。

有些人，连现成的仪规也不会念诵，就请出家人领导着念，慢慢地自己不知道忏悔，专门请出家人来为自己礼忏了，有的父母眷属去世了为要藉三宝的恩威，来消除父母眷属的罪业，也请出家人来礼忏，以求亡者的超升，然而如不明佛法本意，为了铺排门面，为了民间风俗，只是费几个钱，请几个出家人来礼忏做功德，而自己或不信佛法，或者自己毫无忏悔恳切的诚意，那是失掉忏礼的意义了。

佛教到了后来，忏悔的意义糢糊了。学佛的自己不忏，事无大小都请出家人，弄得出家人为了佛事忙，今天为这家礼忏，明天为那家做功德，有的寺院，天天以佛事为唯一事业，出家人主要事业，放弃不管，这难怪佛教要衰败了，所以忏悔主要是自己，如果自己真真切切的忏悔，甚至是一小时的忏悔，也是超过请了许多人，做几天佛事的功德，了解这个道理，如对父母要尽儿女的孝心，那么为自己父母礼忏的功德很大。因为血缘相通、关系密切的缘故。不要把礼忏、做功德，当作出家人的职业，这不但毫无好处，只有增加世俗的毁谤与误会。

（三）"课诵"。学佛的人，在早晚诵经念佛，在佛教里面叫课诵。基督教早晚及饮食时候有祷告，天主教徒早晚也要诵经。这种宗教行仪，本来没有什么问题，不过为了这件事情，有几位问我，不学佛还好，一学佛问题就大了，我的母亲早上晚上一做功课，就要一两个钟头，如学佛的都这样，家里的事情简直没有办法推动了。在一部分的居士中间，确有这种情形，使人误会佛教为老年有闲的佛教，非一般人所宜学。其实，早晚课诵，并不是一定诵什么经，念什么佛，也不一定诵持多久，可以随心所欲依实际情形而定时间，主要的须称念三皈依，十愿也是重要的，日本从中国传去的佛教净土宗、天台宗、密宗等都各有自宗的功课，简要而不费多少时间，这还是唐、宋时代的佛教情况。

我们中国近代的课诵，一、是丛林所用的，丛林住了几百人，集合一次就须费好长时间，为适应这特殊环境所以课诵较长。二、元、明以来佛教趋向混合，于是编集的课诵仪规，具备各种内容，适合不同宗派的修学。其实在家居士，不一定要如此。从前印度大乘行人，每天六次行五悔法，时间短些不要紧，次数不妨增多，总之学佛，不只是念诵仪规，在家学佛，绝不可因功课繁长而影响家庭的工作。

（四）"烧纸"。古代中国祭祖时有焚帛风俗，烧一点绸缎给祖先享用。后来为了简省就改用纸来代替，到后代做成钱、元宝钞票，甚至于扎房子、汽车来焚化，这些都是古代传来的风俗习惯演变而成，不是佛教里面所有的。

这些事情，也有一点好处，就是做儿女的对父母表示一点孝意。自己饮食，想到父母祖先；自己住屋穿衣，想到祖先，不忘记父祖的恩德，有慎终追远的意义。佛教传来中国，适应中国，方便的与念经礼佛合在一起，但是在儒家"送死为大事"及"厚葬"的风气下，不免铺张浪费，烧得越多越好，这才引起近代人士的批评，而佛教也被认为迷信浪费了。佛教徒明白这个意义，最好不要烧纸箔等，佛教里并没有这些。

如果为了要纪念先人，象征地少烧一点，不要拿到寺庙里去烧，免得佛教为我们受罪。

（五）"抽签，问卜扶乩"。有些佛寺中，有抽签、问卜甚至有扶乩等举动，引起社会的讥嫌，指为迷信。其实纯正的佛教，不容许此种行为（有没有效验，是另外一件事）。真正学佛的，只相信因果。如果过去及现在做有恶业，绝不能用这些方法就可以趋吉避凶。修善得善果，做恶将来避不了恶报，要得到善的果报，就得多做有功德的事情。佛弟子只知道多做善事，一切事情，如法合理地做去，绝不使用投机取巧的下劣作风。这几样都与佛教无关，佛弟子真的信仰佛教，应绝对避免这些低级的宗教行为。

四、由于佛教现况而来的误解

一般中国人，不明了佛教，不明了佛教国际的情形，专以中国佛教的现况，随便批评佛教。下面便是常听到两种：

（一）"信仰佛教的国家就会衰亡"。他们以为印度是因信佛才亡国，他们要求中国富强，于是武断地认为不能信仰佛教，其实这是完全错误，研究过佛教历史的都知道，过去印度最强盛时代，便是佛教最兴盛时代，那时候，孔雀王朝的阿育王统一印度，把佛教传播到全世界。后来婆罗门教复兴，摧残佛教，印度也就日见纷乱。当印度为伊斯兰教及大英帝国灭亡时，佛教已经衰败甚至没有了。中国历史上也有这种实例。现在称华侨为唐人、中国为唐山，就可见到中国唐朝国势的强盛，那个时候，恰是佛教最兴盛的时代，唐武宗破坏佛教，也就是唐代衰落了。唐以后，宋太祖、太宗、真宗、仁宗都崇信佛教，也就是宋朝兴盛的时期。明太祖本身是出过家的，太宗也非常信佛，不都是政治修明，国力隆盛的时代吗？日本现在虽然失败了，但在明治维新之后挤入世界强国之列，他们大都是信奉佛教的，信佛谁说能使国家衰弱？所以从历史看来国势强盛时代正是佛教兴盛的时代。为什么希望现代的中国富强，而反对提倡佛教呢？

（二）"佛教对社会没有益处"。近代中国人士，看到天主教、基督教办有学校医院等，而佛教少有举办，就认为佛教是消极，不做有利社会的事业，于社会无益，这是错误的论调，最多只能说，近代中国佛教徒不努力，不尽责，绝不是佛教要我们不做。过去的中国佛教，也办有慈善事业，现代的日本佛教徒，办大学、中学等很多，出家人也多有任大学与中学的校长与教授，慈善事业，也由寺院僧众来主办。特别在锡兰、缅甸、泰国的佛教徒，都能与教育保持密切的关系，兼办慈善事业。所以不能说佛教不能给予社会以实利，而只能说中国佛教徒没有尽了佛弟子的责任，应该多从这方面努力，才会更合乎佛教救世的本意，使佛教发达起来。

中国一般人士，对于佛教的误解还多得很，今天所说的，是比较普遍的，希望大家知道了这些意义，做一个有纯正信仰的佛教徒，至少也能够清除一下对佛教的误会，使纯正佛教的本意发扬出来。否则看来信仰佛教极其虔诚，而实包含了种种错误，信得似是而非，这也难怪社会的讥嫌了。

青年佛教徒应注意的四项

养正院从开办到现在，已是一年多了。外面的名誉很好，这因为由瑞金法师主办，又得各位法师热心爱护，所以能有这样的成绩。

我这次到厦门，得来这里参观，心里非常欢喜。各方面的布置都很完美，就是地上也扫得干干净净的，这样，在别的地方，很不容易看到。

我在泉州草庵大病的时候，承诸位写一封信来——各人都签了名，慰问我的病状，并且又承诸位念佛七天，代我忏悔，还有像这样别的事，都使我感激万分！

再过几个月，我就要到鼓浪屿日光岩去方便闭关了。时期大约颇长久，怕不能时时会到，所以特地发心来和诸位叙谈叙谈。

今天所要和诸位谈的，共有四项：一是惜福，二是习劳，三是持戒，四是自尊，都是青年佛教徒应该注意的。

一、惜福

"惜"是爱惜，"福"是福气。就是我们纵有福气，也要加以爱惜，切不可把它浪费。诸位要晓得：末法时代，人的福气是很微薄的，若不爱惜，将这很薄的福享尽了，就要受莫大的痛苦，古人所说"乐极生悲"，就是这意思啊！我记得从前小孩子的时候，我父亲请人写了一副大对联，是清朝刘文定公的句子，高高地挂在大厅的抱柱上，上联是

"惜食，惜衣，非为惜财缘惜福"。我的哥哥时常教我念这句子，我念熟了，以后凡是临到穿衣或是饮食的当儿，我都十分注意，就是一粒米饭，也不敢随意糟掉；而且我母亲也常常教我，身上所穿的衣服当时时小心，不可损坏或污染。这因为母亲和哥哥怕我不爱惜衣食，损失福报以致短命而死，所以常常这样叮嘱着。

诸位可晓得，我五岁的时候，父亲就不在世了！七岁我练习写字，拿整张的纸瞎写，一点不知爱惜，我母亲看到，就正颜厉色地说："孩子！你要知道呀！你父亲在世时，莫说这样大的整张的纸不肯糟蹋，就连寸把长的纸条，也不肯随便丢掉哩！"母亲这话，也是惜福的意思啊！

我因为有这样的家庭教育，深深地印在脑里，后来年纪大了，也没一时不爱惜衣食；就是出家以后，一直到现在，也还保守着这样的习惯。诸位请看我脚上穿的一双黄鞋子，还是一九二○年在杭州时候，一位打念佛七的出家人送给我的。又诸位有空，可以到我房间里来看看，我的棉被面子，还是出家以前所用的；又有一把洋伞，也是一九一一年买的。这些东西，即使有破烂的地方，请人用针线缝缝，仍旧同新的一样了。简直可尽我形寿受用着哩！不过，我所穿的小衫裤和罗汉草鞋一类的东西，却须五六年一换，除此以外，一切衣物，大都是在家时候或是初出家时候制的。

从前常有人送我好的衣服或别的珍贵之物，但我大半都转送别人。因为我知道我的福薄，好的东西是没有胆量受用的。又如吃东西，只生病时候吃一些好的，除此以外，从不敢随便乱买好的东西吃。

惜福并不是我一个人的主张，就是净土宗大德印光老法师也是这样，有人送他白木耳等补品，他自己总不愿意吃，转送到观宗寺去供养谛闲法师。别人问他："法师！你为什么不吃好的补品？"他说："我福气很薄，不堪消受。"

他老人家——印光法师，性情刚直，平常对人只问理之当不当，情面是不顾的。前几年有一位皈依弟子，是鼓浪屿有名的居士，去看望他，和他一道吃饭，这位居士先吃好，老法师见他碗里剩落了一两粒米饭，于是就很不客气地大声呵斥道："你有多大福气，可以这样随便糟蹋饭粒？！你得把它吃光！"

诸位！以上所说的话，句句都要牢记！要晓得：我们即使有十分福气，也只好享受三分，所余的可以留到以后去享受；诸位或者能发大心，愿以我的福气，布施一切众生，共同享受，那更好了。

二、习劳

"习"是练习，"劳"是劳动。现在讲讲习劳的事情：

诸位请看看自己的身体，上有两手，下有两脚，这原为劳动而生的。若不将他运用习劳，不但有负两手两脚，就是对于身体也一定有害无益的。换句话说：若常常劳动，身体必定康健。而且我们要晓得：劳动原是人类本分上的事，不唯我们寻常出家人要练习劳动，即使到了佛的地位，也要常常劳动才行，现在我且讲讲佛的劳动的故事：

所谓佛，就是释迦牟尼佛。在平常人想起来，佛在世时，总以为同现在的方丈和尚一样，有衣钵师、侍者师常常侍候着，佛自己不必做什么；但是不然，有一天，佛看到地上不很清洁，自己就拿起扫帚来扫地，许多大弟子见了，也过来帮扫，不一时，把地扫得十分清洁。佛看了欢喜，随即到讲堂里去说法，说道："若人扫地，能得五种功德。……"

又有一个时候，佛和阿难出外游行，在路上碰到一个喝醉了酒的弟子，已醉得不省人事了；佛就命阿难抬脚，自己抬头，一直抬到井边，用桶汲水，叫阿难把他洗濯干净。

有一天，佛看到门前木头做的横楣坏了，自己动手去修补。

有一次，一个弟子生了病，没有人照应，佛就问他说："你生了病，为什么没人照应你？"那弟子说："从前人家有病，我不曾发心去照应他；现在我有病，所以人家也不来照应我了。"佛听了这话，就说："人家不来照应你，就由我来照应你吧！"就将那病弟子大小便种种污秽，洗濯得干干净净；并且还将他的床铺，理得整整齐齐，然后扶他上床。

由此可见，佛是怎样的习劳了。佛绝不像现在的人，凡事都要人家服劳，自己坐着享福。这些事实，出于经律，并不是凭空说说的。

现在我再说两桩事情，给大家听听：《弥陀经》中记载着一位大弟子——阿㝹（nóu）楼陀，他双目失明，不能料理自己，佛就替他裁衣服，还叫别的弟子一道帮着做。

有一次，佛看到一位老年比丘眼睛花了，要穿针缝衣，无奈眼睛看不清楚，嘴里叫着："谁能替我穿针呀！"佛听了立刻答应说："我来替你穿。"

以上所举的例，都足证明佛是常常劳动的。我盼望诸位，也当以佛为模范，凡事自己动手去做，不可依赖别人。

三、持戒

"持戒"二字的意义，我想诸位总是明白的吧！我们不说修到菩萨或佛的地位，就是想来生再做人，最低的限度，也要能持五戒。可惜现在受戒的人虽多，只是挂个名而已，切切实实能持戒的却很少。要知道：受戒之后，若不持戒，所犯的罪，比不受戒的人要加倍地大，所以我时常劝人不要随便受戒。至于现在一般传戒的情形，看了真痛心，我实在说也不忍说了！我想最好还是随自己的力量去受戒，万不可敷衍门面，自寻苦恼。

戒中最重要的，不用说是杀、盗、淫、妄，此外还有饮酒、食肉，也易惹人讥嫌。至于吃烟（部分地区的习惯叫法），在律中虽无明文，但在我国习惯上，也很容易受人讥嫌的，总以不吃为是。

四、自尊

"尊"是尊重，"自尊"就是自己尊重自己，可是人都喜欢人家尊重我，而不知我自己尊重自己；不知道要想人家尊重自己，必须从我自己尊重自己做起。怎样尊重自己呢？就是自己时时想着：我当做一个伟大的人，做一个了不起的人。比如我们想做一位清净的高僧吧，就拿《高僧传》来读，看他们怎样行，我也怎样行，所谓："彼既大（丈）夫我亦尔"。又比方我想将来做一位大菩萨，那末，就当依经中所载的菩萨行，随力行去。这就是自尊。但自尊与贡高不同：贡高是妄自尊大，目空一切的胡乱行为；自尊是自己增进自己的德业，其中并没有一丝一毫看不起人的意思的。

诸位万万不可以为自己是一个小孩子，是一个小和尚，一切不妨随便些，也不可说我是一个平常的出家人，哪里敢希望做高僧、做大菩萨。凡事全在自己做去，能有高尚的志向，没有做不到的。

诸位如果作这样想：我是不敢希望做高僧、做大菩萨的，那做事就随随便便，甚至自暴自弃，走到堕落的路上去了，那不是很危险的么？诸位应当知道：年纪虽然小，志气却不可不高啊！

我还有一句话，要向大家说，我们现在依佛出家，所处的地位是非常尊贵的，就以剃发、披袈裟的形式而论，也是人天师表，国王和诸天人来礼拜，我们都可端坐而受。你们知道这道理么？自今以后，就当尊重自己，万万不可随便了。

以上四项，是出家人最当注意的，别的我也不多说了。我不久就要闭关，不能和诸位时常在一块儿谈话，这是很抱歉的。但我还想在关内讲讲律，每星期约讲三四次，诸位碰到例假，不妨来听听！今天得和诸位见面，我非常高兴。我只希望诸位把我所讲的四项，牢记在心，作为永久的纪念！时间讲得很久了，费诸位的神，抱歉！抱歉！

丙子（一九三六年）三月讲于厦门南普陀寺佛教养正院开学日

常随佛学

《华严经·行愿品》末卷所列十种广大行愿中，第八曰常随佛学。若依《华严经》文所载种种神通妙用，决非凡夫所能随学。但其他经律等，载佛所行事，有为我等凡夫作模范，无论何人皆可随学者，亦屡见之。今且举七事。

一、佛自扫地

《根本说一切有部毗奈耶杂事》云：世尊在逝多林。见地不净，即自执帚，欲扫林中。时舍利子、大目犍连、大迦叶、阿难陀等，诸大声闻，见是事已，悉皆执帚共扫园林。时佛世尊及圣弟子扫除已。入食堂中，就座而坐。佛告诸比丘。凡扫地者有五胜利。一者自心清净。二者令他心清净。三者诸天欢喜。四者植端正业。五者命终之后当生天上。

二、佛自舁（音余，即共扛抬也）弟子及自汲水

《五分律》中《佛制饮酒戒·缘起》云：婆伽陀比丘、以降龙故，得酒醉。衣钵纵横。佛与阿难舁至井边。佛自汲水、阿难洗之等。

三、佛自修房

《十诵律》云：佛在阿罗毗国。见寺门楣损，乃自修之。

四、佛自洗病比丘及自看病

《四分律》云：世尊即扶病比丘起，拭身不净。拭已洗之。洗已复为浣衣晒干。有故坏卧草弃之。扫除住处，以泥浆涂洒，极令清净。更敷新草，并敷一衣。还安卧病比丘已，复以一衣覆上。

《西域记》云：桓东北有塔，即如来洗病比丘处。又云：如来在日，有病比丘，含苦独处。佛问：汝何所苦？汝何独居？答曰：我性疏懒不耐看病，故今婴疾（患病）无人瞻视。佛愍而告曰：善男子！我今看汝。

五、佛为弟子裁衣

《中阿含经》云：佛亲为阿嵬（nóu）律裁三衣。诸比丘同时为连

合，即成。

六、佛自为老比丘穿针

此事知者甚多。今以忘记出何经律，不及检查原文。仅就所记忆大略之义录之。佛在世时，有老比丘补衣，因目昏花，未能以线穿针孔中，乃叹息曰：谁当为我穿针。佛闻之，即立起曰：我为汝穿之等。

七、佛自乞僧举过

是为佛及弟子等结夏安居竟，具仪自恣时也。《增一阿含经》云：佛坐草座（即是离本座，敷草于地而坐也。所以尔者，恣僧举过，舍骄慢故）告诸比丘言：我无过咎于众人乎？又不犯身口意乎？如是至三。

灵芝律师云：如来亦自恣者，示同凡法故，垂范后世故，令众省己故，使折我慢故。

如是七事，冀诸仁者勉力随学。远离骄慢，增长悲心，广植福业，速证菩提。是为余所希愿者耳！

癸酉（一九三三年）八月三十一日
在泉州承天寺为幼年学僧所做的演讲

改过实验谈

今值旧历新年，请观厦门全市之中，新气象充满，门户贴新春联，人多着新衣，口言恭贺新喜、新年大吉等。吾等素信佛法之人，当此万象更新时，亦应一新乃可。吾等所谓新者何，亦如常人贴新春联、着新衣等以为新乎？曰：不然。吾等所谓新者，乃是改过自新也。但"改过自新"四字范围太广，若欲演讲，不知从何说起。今且就余五十年来修省改过所实验者，略举数端为诸君言之。

余于讲说之前，有须预陈者，即是以下所引诸书，虽多出于儒书，而实合于佛法。因谈玄说妙修证次第，自以佛书最为详尽。而吾等初学之人，持躬敦品、处事接物等法，虽佛书中亦有说者，但儒书所说，尤为明白详尽适于初学。故今多引之，以为吾等学佛法者之一助焉。以下分为总论别示二门。

总论者即是说明改过之次第：

1. **学** 须先多读佛书儒书，详知善恶之区别及改过迁善之法。倘因佛儒诸书浩如烟海，无力遍读，而亦难于了解者，可以先读《格言联璧》一部。余自儿时，即读此书。皈信佛法以后，亦常常翻阅，甚觉其亲切而有味也。此书佛学书局有排印本甚精。

2. **省** 既已学矣，即须常常自己省察，所有一言一动，为善欤，为恶欤？若为恶者，即当痛改。除时时注意改过之外，又于每日临睡时，再将一日所行之事，详细思之。能每日写录日记，尤善。

3. **改** 省察以后，若知是过，即力改之。诸君应知改过之事，乃是十分光明磊落，足以表示伟大之人格。故子贡云："君子之过也，如日月之食焉；过也人皆见之，更也人皆仰之。"又古人云："过而能知，可以谓明。知而能改，可以即圣。"诸君可不勉乎？

别示者，即是分别说明余五十年来改过迁善之事。但其事甚多，不可胜举。今且举十条为常人所不甚注意者，先与诸君言之。《华严经》中皆用十之数目，乃是用十以表示无尽之意。今余说改过之事，仅举十条，亦尔；正以示余之过失甚多，实无尽也。此次讲说时间甚短，每条之中仅略明大意，未能详言，若欲知者，且俟他日面谈耳。

1. **虚心** 常人不解善恶，不畏因果，决不承认自己有过，更何论改？但古圣贤则不然。今举数例：孔子曰："五十以学易，可以无大过矣。"又曰："闻义不能徙，不善不能改，是吾忧也。"蘧伯玉为当时之贤人，彼使人于孔子。孔子与之坐而问焉，曰："夫子何为？"对曰："夫子欲寡其过而未能也。"圣贤尚如此虚心，吾等可以贡高自满乎！

2．**慎独**　吾等凡有所作所为，起念动心，佛菩萨乃至诸鬼神等，无不尽知尽见。若时时作如是想，自不敢胡作非为。曾子曰："十目所视，十手所指，其严乎！"又引诗云："战战兢兢，如临深渊，如履薄冰。"此数语为余所常常忆念不忘者也。

3．**宽厚**　造物所忌，曰刻曰巧。圣贤处事，惟宽惟厚。古训甚多，今不详录。

4．**吃亏**　古人云："我不识何等为君子，但看每事肯吃亏的便是。我不识何等为小人，但看每事好便宜的便是。"古时有贤人某临终，子孙请遗训，贤人曰："无他言，尔等只要学吃亏。"

5．**寡言**　此事最为紧要。孔子云："驷不及舌"，可畏哉！古训甚多，今不详录。

6．**不说人过**　古人云："时时检点自己且不暇，岂有功夫检点他人。"孔子亦云："躬自厚而薄责于人。"以上数语，余常不敢忘。

7．**不文己过**　子夏曰："小人之过也必文。"我众须知文过乃是最可耻之事。

8．**不覆己过**　我等倘有得罪他人之处，即须发大惭愧，生大恐惧。发露陈谢，忏悔前愆。万不可顾惜体面，隐忍不言，自诳自欺。

9．**闻谤不辩**　古人云："何以息谤？曰：无辩。"又云："吃得小亏，则不至于吃大亏。"余三十年来屡次经验，深信此数语真实不虚。

10．**不嗔**　嗔习最不易除。古贤云："二十年治一怒字，尚未消磨得尽。"但吾等亦不可不尽力对治也。《华严经》云："一念嗔心，能开百万障门。"可不畏哉！

因限于时间，以上所言者殊略，但亦可知改过之大意。最后，余尚有数言，愿为诸君陈者：改过之事，言之似易，行之甚难。故有屡改而屡犯，自己未能强作主宰者，实由无始宿业所致也。务请诸君更须常常持诵阿弥陀佛名号，观世音地藏诸大菩萨名号，至诚至敬，恳切忏悔无始宿业，冥冥中自有不可思议之感应。承佛菩萨慈力加被，业消智朗，则改过自新之事，庶几可以圆满成就，现生优入圣贤之域，命终往生极乐之邦，此可为诸君预贺者也。

常人于新年时，彼此晤面，皆云恭喜，所以贺其将得名利。余此次于新年时，与诸君晤面，亦云恭喜，所以贺诸君将能真实改过不久将为贤为圣；不久决定往生极乐，速成佛道，分身十方，普能利益一切众生耳。

癸酉（一九三三年）一月二十六日在厦门妙释寺讲

改习惯

吾人因多生以来之宿习，及以今生自幼所受环境之熏染，而自然现于身口者，名曰习惯。

习惯有善有不善，今且言其不善者。常人对于不善之习惯，而略称之曰习惯，今依俗语而标题也。

在家人之教育，以矫正习惯为主。出家人亦尔，但近世出家人，惟尚谈玄说妙，于自己微细之习惯，固置之不问，即自己一言一动，极粗显易知之习惯，亦罕有加以注意者，可痛叹也。

余于三十岁时，即觉知自己恶习惯太重，颇思尽力对治。出家以来，恒战战兢兢，不敢任情肆意，但自愧恶习太重，二十年来，所矫正者百无一二。

自今以后，愿努力痛改，更愿有缘诸道侣，亦皆奋袂兴起，同致力于此也。

吾人之习惯甚多。今欲改正，宜依如何之方法耶？若胪列多条，而一时改正，则心劳而效少，以余经验言之，宜先举一条乃至三四条，逐日努力检点，既已改正，后再逐渐增加可耳。

今春以来，有道侣数人，与余同研律学，颇注意于改正习惯。数月以来，稍有成效，今愿述其往事，以告诸公。但诸公欲自改其习惯，不必尽依此数条，尽可随宜酌定。余今所述者，特为诸公作参考耳。

学律诸道侣，已改正习惯，有七条。

一、**食不言**。现时中等以上各寺院，皆有此制，故改正甚易。

二、**不非时食**。初讲律时，即由大众自己发心，同持此戒。后来学者亦尔。遂成定例。

三、**衣服朴素整齐**。或有旧制，色质未能合宜者，暂作内衣，外罩如法之服。

四、**别修礼诵等课程**。每日除听讲、研究、抄写，及随寺众课诵外，皆别自立礼诵等课程，尽力行之。或有每晨于佛前跪读《法华经》者，或有读《华严经》者，或有读《金刚经》者，或每日念佛一万以上者。

五、**不闲谈**。出家人每喜聚众闲谈，虚丧光阴，废弛道业，可悲可痛！今诸道侣，已能渐除此习。每于食后，或傍晚、休息之时，皆于树下檐边，或经行，或端坐、若默诵佛号、若朗读经义、若默然摄念。

六、**不阅报**。各地日报，社会新闻栏中，关于杀盗淫妄等事，记载最详。而淫欲诸事，尤描摹尽致。虽无淫欲之人，常阅报纸，亦必受其熏染，此为现代世俗教育家所痛慨者。故学律诸道侣，近已自己发心不阅报纸。

七、**常劳动**。出家人性多懒惰，不喜劳动。今学律诸道侣，皆已发心，每日扫除大殿及僧房檐下，并奋力做其他种种劳动之事。

以上已改正之习惯，共有七条。

尚有近来特实行改正之二条，亦附列于下：

一、**食碗所剩饭粒**。印光法师最不喜此事，若见剩饭粒者、即当面痛诃斥之。所谓施主一粒米、恩重大如山也。但若烂粥烂面留滞碗上，不易除去者，则非此限。

二、**坐时注意威仪**。垂足坐时，双腿平列。不宜左右互相翘架，更不宜耸立或直伸。余于在家时，已改此习惯。且现代出家人普通之威仪，亦不许如此。想此习惯不难改正也。

总之，学律诸道侣，改正习惯时，皆由自己发心。决无人出命令而禁止之也。

癸酉（一九三三年）秋在泉州承天寺讲

敬三宝

三宝者，佛、法、僧也。其义甚广，今唯举其少分之义耳。

今言佛者，且约佛像而言，如木石等所雕塑及纸画者也。

今言法者，且约经、律、论等书册而言，或印刷或书写也。

今言僧者，且约当世凡夫僧而言，因菩萨、罗汉等附入敬佛门也。

第一，敬佛 （略举常人所应注意者数条）

礼佛时宜洗手漱口，至诚恭敬，缓缓而拜，不可急忙。宁可少拜，不可草率。

佛几清洁，供香端直。供佛之物，以烹调精美、人所能食者为宜。今多以食物之原料及罐头而供佛者，殊为不敬。蕅益大师《大悲行法》中，曾痛斥之。又供佛宜在午前，不宜过午也。供水果亦宜午前。供水宜捧奉式。供花，花瓶水宜常换。

纸画之佛像，不可仅以绫裱，恐染蝇粪等秽物也（少蝇者或可），宜装入玻璃镜中。

木石等雕塑者，小者应入玻璃龛中，大者应做宝盖罩之，并须常拂拭像上之尘土也。

凡大殿及供佛之室中，皆不宜踞坐笑谈。如对于国王大臣乃至宾客之前尚应恭敬，慎护威仪，何况对佛像耶？不可佛前晒衣服，宜偏侧。不得在大殿前用夜壶水浇花。若卧室中供佛像者，眠时应以净布遮障。

第二，敬法（略举常人所应注意者数条）

读经之时，必须洗手、漱口、拭几，衣服整齐，威仪严肃，与礼佛时无异。蕅益大师云："展卷如对活佛，收卷如在目前，千遍万遍，寤寐不忘。"如是乃能获读经之实益也。

对于经典，应十分恭敬护持，万不可令其污损。又翻篇时，宜以指腹轻轻翻之，不可以指爪划，又不应折角。若欲记志，以纸片夹入可也。

若经典残缺者亦不可烧。卧室中几上置经典者，眠时应以净布盖之。

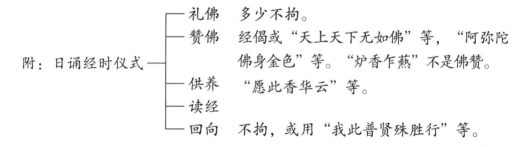

附：日诵经时仪式
- 礼佛　多少不拘。
- 赞佛　经偈或"天上天下无如佛"等，"阿弥陀佛身金色"等。"炉香乍爇"不是佛赞。
- 供养　"愿此香华云"等。
- 读经
- 回向　不拘，或用"我此普贤殊胜行"等。

第三，敬僧（略举常人所应注意者数条）

凡剃发披袈裟者，皆是释迦佛子。在家人见之，应一例生恭敬心，不可分别持戒、破戒。

若皈依三宝时，礼一出家人为师而作证明者，不可妄云"皈依某人"。因所皈依者为僧，非皈依某一人。应于一切僧众若贤若愚，生平等心，至诚恭敬，尊之为师，自称弟子，则与皈依僧伽之义，乃符合矣。

供养僧者亦尔。不可专供有德者，应于一切僧生平等心普遍供之，乃可获极大之功德也。专赠一人者功德小，供众者功德大。

出家人若有过失，在家人闻之万不可轻言。此为佛所痛诫者，最宜慎之。

以上略言敬三宝义竟。兹附有告者，厦门、泉州神庙甚多，在家人敬神每用猪鸡等物。岂知神皆好善而恶杀，今杀猪鸡等物而供神，神不受享，又安能降福而消灾耶？唯愿自今以后，痛革此种习惯，凡敬神时，亦一例改用素，则至善矣。

癸酉（一九三三年）五月五日在泉州大开元寺讲

印造经像之功德

众生沉沦于苦海，必赖慈航救济，而后度脱有期。佛法化导于世间，全仗经像住持，而后灯传无尽。以是之故，凡能发心，对于佛经佛像，或刻或写，或雕或塑，或装金，或绘画。如是种种印造等法，或竭尽己心，独力营办；或自力不足，广劝众人；或将他人之已印造者，为之流通，为之供养；或见他人之方印造者，为之赞助，为之欢喜。其人功德，皆至广至大，不可以寻常算数计。何以故？佛力无边，善拔诸苦。众生无量，闻法为难。今做此印造功德者，开通法桥，宏扬大化，遍施宝筏，普济有缘。其心量之广大，实不可思议。故其功德之广大，亦复不可思议也。敬本诸经所说，略举十大利益。谨用浅文，诠次如左：

一、从前所做种种罪过，轻者立即消灭，重者亦得转轻。

贪嗔痴，为造孽种子。身口意，为作恶机关。清夜自检，此生所犯者已多不可计。若合多生所犯者言之，所造罪业，多于寒地之冰山，能勿骇惧？虽然，罪性本空，苟一动赎罪心机，誓愿流通圣经、庄严佛像。罪恶冰山，一遇慧日，有不消灭于无形者乎。

二、常得吉神拥护。一切瘟疫、水火、寇盗、刀兵、牢狱之灾，悉皆不受。

人间种种恶报，无往而非多生恶业所感。一念之善，力可回天。修行善业，而从最方便易行之印造经像之殊胜功德上做去，其感动吉神，而蒙护卫，此中实有相互获益之关系。盖神道、天道，自佛法言之，均为宿业所驱，未脱长劫轮转之苦因。所以如来说法，常有无数天神，恭敬拥护。阿难集经，四大天王，为之捧案。印造经像，为诸天龙神，非常欢喜之事。以此功德，而感吉神，常为拥护。终此报身，离诸灾厄，宜也，非幸也。

三、宿生怨对，咸蒙法益，而得解脱，永免寻仇报复之苦。

人间一切争持、嫉妒、诈欺、诬陷、掠夺、残杀等种种构怨行为，莫不起因于自私自利之一念。佛法以"破除我执"为救苦雪难第一工程。印造经像，普益人间，为不可思议之法施功德，所及至广。法雨一滴，熄灭多生怨对之嗔火而有余。化仇而为恩，转祸而为福。其权何尝不操之自我也。

四、夜叉恶鬼，不能侵犯。毒蛇饿虎，不能为害。

悭贪丑行，为堕落鬼道之深因。嗔火无明，为降作毒虫之征兆。结怨多生，寻仇百劫。恶缘未熟，任尔逍遥。时会已来，凭谁解救。鬼魅相侵，虎蛇见逼。孽由自作，事非偶然。修士惕之，印造经像，预行忏罪。于是纵有恶缘，悉皆消释。倘临险地，胥化坦途矣。

五、心得安慰，日无险事，夜无恶梦。颜色光泽，气力充盛，所作吉利。

尘世多众，十之七八，在惊忧、疑闷、懊怨、痛苦中。吾人一生，十之七八，在惊忧、疑闷、懊怨、痛苦中。盖为我计者，我以外各各皆立于敌对之地位。孤与众抗，危孰甚焉。况乎欲心难餍，有如深谷。无事自扰，不风亦波。此所以形为罪薮，身为苦本也。佛法善灭诸苦本。彼印造经像者，或以亲沾法味而开明，或则暗受加被而通利。诸障雪消，心安神怡。润及色身，有断然者。

六、至心奉法，虽无希求，自然衣食丰足、家庭和睦、福寿绵长。

至人行事，所见独真。事机一至，急起直追做去。无顾虑，无希求，发心至真切，用力至肫挚，自然成就至超卓。印造经像之事，以如是肫切恳挚、至诚格天、至心奉法之人为之，虽不计功德，而所得功德，实无限量。即仅就其人所得一部分之世间福言之，自然一一具足，而无少欠缺。苟或有人，心存希望，而始行善，发心不真切，结果即微薄，可决言焉。虽然，一念之善，一文之细，皆不虚弃，皆有无量胜果。譬之粒谷播于肥地，一传化百，五传而后得百万兆。做弘法功德者，乌可无此大计、无此决心哉！

七、所言所行，人天欢喜。任到何方，常为多众倾诚爱戴、恭敬礼拜。

宿生存嫉妒心，造诽谤语，扬人恶事，暴人短处，称快一时者。殁后沉沦百劫，惨苦万状，备受一切恶报。一旦出生人间，因缘恶劣。任至何地，动遭厌恶。任做何事，都无结果。而宏扬佛法之人，善因宿植。存报恩之心，充利群之念。或净三业，做写经画像功德；或舍多金，做印经造像功德。所得胜福，不可称量。现在一切受大众欢敬之人，原从宿生宏法功德中来。往后一切令大众欢敬之人，实从现今宏法功德中出。植荆得刺，栽莲得藕。一一后果，胥由自艺也。

八、愚者转智，病者转健，困者转亨。为妇女者，报谢之日，捷转男身。

宿生吝于教导，以及肆口谤法，肆意毁谤有德之人者，沉沦重罪毕受后，还得多生蠢愚无知报。宿生为贪口腹，恣杀牲禽，以及曾为渔夫、屠夫、猎户、庖丁，与曾操制造凶器、火器、毒药等权，助成他人凶杀之业者，沉沦重罪毕受后，还得多生恶疾残废报。宿生贪欲无厌，止知剥人以肥己，悭吝鄙啬，不肯周急而解囊者，沉沦重罪毕受后，还得多生贫穷困厄报。宿生知见狭劣，心存诡曲；巧言令色，掩饰行欺；逐境攀援，容量浅窄；因循怠惰，倚赖性成；烦恼垢重，怨愤易发；妒忌心深，情欲炽盛者，沉沦重罪毕受后，还得多生女身报。惟有佛法，善解诸缚。苦海无边，回头即岸。罪山万仞，息念便空。是以虔做流布佛经、庄严佛像之无上功德者，过去积罪，自然逐渐铲除，未来胜福，稳教圆满成就。

九、永离恶道，受生善道。相貌端正，天资超越，福禄殊胜。

一切含灵，舍身受身，往返六道，如车转轮。千生万劫，常在梦境。作善不已，罪毕斯升。骄纵忘本，种堕落因。作恶多端，福削寿倾。百千万倍，恶报堪惊。地狱饿鬼，以及畜生。堕三恶道，万劫沉沦。难得易失，如此人身。作十善业，修五戒行。生人天道，宿福非轻。诸佛如来，悲悯同深。广为说法，首重摄心。正念无作，离垢超尘。是故印造经像，上契佛心。仅此微愿，已种福因。自是厥后，做再来人。诸福圆具，出类超群。

十、能为一切众生，种植善根。以众生心，作大福田，获无量胜果。所生之处，常得见佛闻法。直至三慧宏开，六通亲证，速得成佛。

佛世有一城人众，难于摄化。佛言此辈人众，与目连有缘。因遣目连往，全城人众，果皆倾心向化。诸弟子问佛因缘。佛言目连往劫，曾为樵夫。一日入山伐木，惊起无数乱蜂。其势汹汹，欲来相犯。目连戒勿行凶，且慰之曰："汝等皆有佛性。他年我若成道，当来度汝等。"今此城人众，乃当日群蜂之后身也。因目连曾发一普度之念，故与有缘。种因于多劫之前，一旦机缘成熟，而收此不可思议之胜果。由此观之，吾人生生所经过之时代，在在所接触之万类，一一皆与我有缘。一一众生至灵妙之心地，皆可作为自他兼利之无上福田。我既于一一众生心田中，散播福德种子。一一众生，皆与我有大缘。一一众生心田中，皆结无量大数之福果。虽谓此无量大数生生不已之福果，即为播因者道果成熟时期之妙庄严品，亦无不可。且吾人能先行洁治自己之心田，接受十方三世诸佛如来之无上法宝，作为脱胎换骨、转凡成圣之种子。吾身即与十方三世诸佛如来，有大因缘。诸佛愿海胜功德，一一摄于我心中。我愿与佛无差别，诸佛慈愿互相摄。因该果海，果彻因源。无边胜福，即缔造于此日印造经像、宏法利生之一真心中矣。普愿现在未来一切有缘，善觅福田，善结胜缘。勿任妙用现前之大好光阴，如滔滔逝水之在眼前足底飞过也。

印造经像之机会

印造经像者之所得功德，已略如上述。但何时何处，足以适用此种植福之举，特为研究，以便力行。今谨约述如次：

一、祝寿

生本无生，无生而生。法身寿算，本来无有限量。其现在幻躯，乃从业报中来。报尽便休，无异昙花一现，何寿之祝云？今为随顺俗情故，姑且开此祝寿方便门。

凡自己家中，或长者，或侪辈，或自身，举行祝典时，切勿杀生宴客，浪掷金钱，妄造怨业；亦勿贪恋无足重轻之虚誉，征文征诗，接收过情之称许。作此虚文，对众即为欺饰，问心适足惭汗。以故莫善于扫除一切俗尚，而从事于印造经像（有力则刻经造像，无力则写经画像）。仰以报四重恩，俯以济三途苦。既能获无量福庆，又可留永久纪念。此种胜举，尊者居士，尤宜悉心提倡，留良榜样与多众看。若亲戚朋友家，举行庆祝时，亦劝准此行之，为造胜福。双方所得功德，不可称量。

二、贺喜

一念妄动，而起欲爱。于本空中，幻出色身。终此天年，但见百苦交煎，诸怨环逼。闻法而觉醒者，方惭愧痛苦之不暇，又何喜之有云？夫妻父子，无非宿债牵缠。安富尊荣，尽是生埋境界。是以觉王眼底，在在可悲。今为多方汲引故，姑且开此贺喜方便门。

凡男娶女嫁时，生儿育女时，职位升迁时，新屋落成时，公司行号开张时，凡百营业获利时，以及其他一切世俗所认为欢喜之事，事而在己，应省下欢喜钱财，做此刻经造像之殊胜功德。其戚友之表情道贺者，宜预向声明所定意旨，俾知所遵循。群以宏法范围内事，为多众示范。由知识阶级，开此风气。转移俗尚，响应至捷而至宏远，可以断言。事在戚友，亦宜迎机利导，免做无谓之举。省下金钱，作此自他兼益之图。

三、免灾

天灾人祸，无代没有。灾分大小，胥由一切众生别业、同业，感召而至。"灾"字从水从火，示其来势猛烈，有一发而不易收拾之概。灾殃之种别，若刀兵，若瘟疫，若饥馑，若牢狱。若洪水为患，田庐淹没。若大地震裂，城邑为陷。此外如毁灭一切所有之风灾、火灾，以及其他猝不及防之一切悲惨之结果，皆得以灾祸之名目括之。触目而惊心，思患而预防。讲求避免之方，不可一日缓。今为饶益一切有情故，特别开此免灾方便门。

无论山居、水居、平壤居，所有种种因境而生之特异灾厄，以及刀兵、寇盗、疫疠、火患、牢狱，与多生怨对，寻仇报复之一切祸灾，或为父母师长，及诸眷属，与诸戚友，祈祷免祸，或为并世而生之一切众生，发大慈悲心，代为祈祷免祸，或为过现未来四生六道中一切众生，发大菩提心，代为祈祷免祸，其最实际最有效之胜举，当以流通佛经、庄严佛像，为第一美举。是何为者？以十方三世诸佛，悯念众生故。三界灾厄，惟佛威神力善能消除故。矢诚弘法之人，与诸佛慈悲救拔之深心宏愿，默相感通故。

四、祈求

动若不休，止水皆化波涛；静而不扰，波涛悉为止水。水相如此，心境亦然。不变随缘，真如当体成生灭；随缘不变，生灭当体即真如。

一迷则梦想颠倒，触处障碍；一悟则究竟涅槃，当下清凉。不动道场中，本来一切具足，又何欠缺驰求之有？今为多众劝进故，特别开此祈求方便门。

凡为自己，及六亲眷属之忧年寿短促者求延寿，为子嗣艰难者求诞育，以迄疾病之求速愈，家宅之求平安，怨仇之求解释，营业之求顺遂，一切作为之求如意（但有伤道德之行为及职业，与佛道不相应故，均在屏除之例），求国内平和，求世界平和，求现在未来一切法界众生回心向善、离诸魔难，以至一切闻法之人，求增长智慧，求证念佛三昧，求临终时无诸苦厄，心不颠倒，往生极乐，皆宜做此写经印经造像画像功德。至诚祈祷，终能一一满其所愿。

五、忏悔

省庵法师《劝发菩提心文》有云："我释迦如来，最初发心，为我等故，行菩萨道，经无量劫，备受诸苦。我造业时，佛则哀怜，方便教化，而我愚痴，不知信受。我堕地狱，佛复悲痛，欲代我苦，而我业重，不能救拔。我生人道，佛以方便，令种善根。世世生生，随逐于我，心无暂舍。佛初出世，我尚沉沦。今得人身，佛已灭度。何罪而竟生末法？何障而不见金身？"抚躬自问，能不惶悚无地？今为消除罪障故，特别开此忏悔方便门。

修持戒行，为末世众生，度脱生死苦海，最重要、最切用之一方法。欲修戒行，当向律藏诸法典参求。在家弟子，宜读《十善业道经》、《在家律要广集》、《优婆塞戒经》、《菩萨戒本经笺要》、《梵网经合注》。出家戒律不备录。夫然后了知一切过咎所在。对于自己前此曾做诸不善事，深自追悔，而欲以忏悔开灭罪之门、辟自新之路者，当以流通佛经、庄严佛像，为最有效。做此功德时，至诚忏悔，以赎前愆。前此所做诸不善业，可以立即消灭。若代为他人忏悔者，亦适用此方法。

六、荐拔

树欲静而风不息，子能养而亲不在。此普天下为子女者，对于父母养育之恩，酬报无从，而抱无限之悲痛者也。然而吾父吾母，躯体虽殁，尚有不与躯体俱殁者在。是何物？曰灵性是。此灵性者，舍身受身，被宿业所驱，重处偏堕，自难作主。循环往复，三途六趣。从劫至劫，了无出期。吁嗟乎！三界火宅，岂得留恋。善哉莲池大师有云："亲得离尘垢，子道方成就。"是以善报亲恩者，当虔修出世法。使我今生之生身父母，仗我不可思议之愿力，脱离生死苦海，为第一要图。并使我百劫千生之生身父母，现尚滞留于六道中受苦无量者，咸得仗我不可思议之愿力，方便脱离生死苦海，为第一要图。以念多生父母深恩故，作彻底酬报想。以念多生父母沉沦六道故，视六道众生皆父母，作六道众生未度尽时，誓不成佛想。无论先觉后觉，人人皆有一亲恩未报之大事因缘在。今求浅近易行故，特别开此荐拔方便门。

凡值父母丧亡，或亡后七七纪念、一周年纪念，以至数周年、无数周年纪念，或死期，或诞辰，或冥寿，作诸纪念，皆宜举行印造经像之殊胜功德。其祖父母，及外祖父母，与其他一切平辈、幼辈，亦宜做此功德，以资冥福。若亲戚朋友丧亡之时，亦宜以此类弘法功德，代却一切无益之礼数。其所获功德，至无限量。

以上所述，不过仅就大概言之。此外植福机会，不胜枚举。欲悉其详，广诵一切经典自知。

印造经像之方法
一、写经

凡大藏经中诸经，及诸律论，以至古今来一切大德之著作，长篇短段，集联题颂，皆可恭敬书写。或与通达佛法之人商量，酌定一切，尤为妥善。若自己不能写者，可以托人为之。若自己能写，则以自写为是。书法虽不必如何精美，但须工整，不可苟且潦草。普陀山印光法师云："写经，宜如进士写策，一笔不容苟简。其体必须依正式体。"又谓古人"写一字，礼三拜，绕三匝，称十二声佛名"。慈训殷勤，感人至深。敬录之，为作写经功德者劝。

二、画像

凡佛菩萨像，皆可绘画。或大或小，或坐或立，或墨画，或着色，均好。长于作画，长于画人物，而又熟览内典者，尤易得法。如于画学毫无根柢，下笔之宜忌漫无把握者，勿轻易为此，以免惹亵慢而招过咎。

三、刻经印经

或刻木版，或排印，或石印，均可酌量行之。或出资向流通处，指请现成经典，赠送有缘，以广流布，而宏劝化。或于他人劝募之时，出资赞助，做见闻随喜功德。悉可种植善根，获大利益。有光纸，落墨不可用，若贪贱用之，所得功德，较用本国纸，当减十倍，不可不知。

四、刻像印像

得名画家画就之佛菩萨像，求其流传久远，广行摄化者，莫善于制版刷印。或倩（请，央求）名手，镌刻坚质木板。或勒石，或制铜版、锌版，及玻璃版，均佳。

发愿文之程式

此种发愿文，应附书于经像之后。格式甚多，不胜具述，今略举六例如下：

一、写经

某年月日，弟子某，敬写某经若干部。以此功德，愿我震旦国中，以及世界各国，风调雨顺，物阜时雍，灾难消除，干戈永息，共沐佛化，同证菩提。（祝愿辞，尽可随意活变，此特备一格式而已。）

二、画像

某年月日，弟子某，敬舍微资，请画师某，恭画某佛某菩萨像若干纸。愿我身体安康，资生具足，现世永离衰恼，临终往生西方。并愿以此功德，回向法界众生，同度迷津，齐成佛道。

三、刻经

某年月日，某居士（或其他相宜之名称）几旬生辰。弟子某某等，咸以戚好，窃援昔人写经祝寿之例，敬刻某经，并印送若干部，以广弘愿，亦祈难老，伏唯三宝证知。

四、印经

某年月日，第几男某诞生，弟子某敬施资印送某经若干部，以结法缘。并愿法界无子众生，皆得诞生福德智慧之男，绍隆家业，弘宣佛法，普利有情。绵衍相承，尽未来际。

五、刻像

某年月日，弟子某某等，舍资合刊某佛像，或某菩萨像，并印送若干纸。惟愿我等罪障消除，福慧增长，早证念佛三昧，共生极乐莲邦，普度众生，同圆种智。

六、印像

某年月日，弟子某，敬施资印送某佛像，或某菩萨像若干纸。伏愿仗此功德，为母某氏（若为他人者，可随改他名称），忏某罪某罪。诸如此罪，愿悉消除。或不可除，愿皆代受。令现前病苦，速得安痊。若大限难逃，竟登安养。仰乞三宝，证明摄受。

如欲广览愿文格式者，可请阅《灵峰宗论》。此书系扬州东乡砖桥法藏寺刻版。价两元。上海有正书局，及上海北泥城桥北京路佛经流通处，北京卧佛寺佛经流通处，以及他处著名之佛经流通处，皆有寄售。价约二元左右。此书首卷，全载愿文。如能熟读此愿文，不仅能通愿文之格式，并能贯通佛法之精义。奉劝有志之士，其毋忽焉。又发愿虽为自己之事，必须附以普及众生等语。如是，则愿力普遍，功德更大矣。

写时、画时之注意

写经画像之时，宜断荤酒，沐浴，着净衣，拂拭几案，焚香礼佛，然后落笔。如是乃能获胜功德，得大利益。故印光法师云："欲得佛法实益，须向恭敬中求。有一分恭敬，则消一分罪业，增一分福慧。"又《印光法师文钞》中，有《竭诚方获实益论》，言此事最为详明，宜请阅之。《印光法师文钞》，系上海中华书局排印增广本。各埠分局皆有，可就近请之。

结　论

观以上所说写画刻印佛经佛像，有如是等胜妙作用，及如是等种种应用方法。以是，吾人应随时随力，依此方法，欢喜奉行。其家境富裕者，可以任刊刻经像等事。即资用不充者，亦可自己抄写映画，及量己力所及，请已经印就之经像等，转施他人，以结善缘而增福德。虽施经一部、施像一纸，倘出以至诚恳切之心，其功德亦无量也。

又无论男女老幼，得见此文，而能欢喜踊跃，出至诚心、广大心，随时随处，向人宣说流布佛经、庄严佛像，如上所述种种消灾救难、种福获益之事。开导大众，不厌不倦。虽遇无知谤阻，不较不馁。此一团宏扬大法之真诚，如纯粹之黄金然。愈经烈火锻炼，光彩愈焕发。精诚所至，天地鬼神，皆将感格。何况无知之人，天良同具，而终无感化之机乎？又乐成人美、奖人为善之道，尽人可行。不论何时何处，随见随闻，有人偶尔发心，做宏法功德，不问已做、现做、将做，一一出吾欢喜赞叹之语，以温慰之、策进之。使当人向善之心愈坚壮，余人慕善之心咸热烈。此不费分文之无上功德，尽人可为。此《普劝发心印造经像文》，传达之处，无论见者闻者，皆得方便为之。彼盛倡手无斧柯，为之奈何之说者，乃自暴自弃、自误误人之言也。如来舌相，薄净广长，能覆面轮。此希有之福德舌相，实从万劫千生赞叹随喜之功德中来。至诚宏法之人，随时随处，迎机利导，方便善巧。勤做赞叹随喜功德之人，善于运用其广长舌相，谁谓不可以此胜妙功德，革除众生罪业之相，而获福无量哉？

附：阅览佛学经书翻动时减少罪过之注意

学人阅览寻常书本，每于翻动页角时，往往用指甲掠划，以致纸质伤损，指印纵横，殊失尊重保护之道。此种恶习，施之于寻常有益身心之书籍，已有罪过，何况佛学经书，为超出生死苦海之宝筏，天神地祇，咸皆恭敬拥护。而可任意亵慢，不加爱护哉？且末世众生，福量渐薄。享用各物，得之弥艰，物质日劣。近时所出之纸，亦远不如前，若常常划翻，纸易破裂。以此积习，施之佛学经籍，乃大不敬，急宜切戒。旁观者能善言劝导，使之悔改，功德甚大。

又有以指尖蘸口中津液，黏纸翻掀。虽纸质未必损伤，然墨色及纸角纯白之色，易致污染。又以污秽口液，抹于佛经之上，亵渎之罪，实无可逃。况乎有病之人，口津沾书，易使后来展诵之人，得传染之病。以己累人，尤为损德，所当切戒。窃谓佛书流通世间，为养人慧命、度人出苦之无上宝典。阅者宜加意保存爱惜，期其传之久远，救拔多众，普利有缘。各页翻动之时，当用指肚从旁轻轻掀起，不可卤莽（同"鲁莽"），宜加慎重。其始虽觉未惯，久之自能得心应手也。

又临开卷时，案头尘垢，先须揩抹干净。经籍面页、底页外，能加外护，或纸或巾，均佳。

唐义净三藏法师西域取经诗（附此以见闻法之幸）
晋宋齐梁唐代间，高僧求法离长安。
去人成百归无十，后者安知前者难。
远路碧天唯冷结，砂河遮日力疲殚。
后贤如未谙斯旨，往往将经容易看。
《普劝发心印造经像文》一文由弘一法师详细提示纲要

癸亥（一九二三年）于上海

尤惜阴居士具体演绎撰就

放生与杀生之果报

今日与诸君相见，先问诸君：（一）欲延寿否？（二）欲愈病否？（三）欲免难否？（四）欲得子否？（五）欲生西否？

倘愿者，今有一最简便易行之法奉告，即是放生也。古今来，关于放生能延寿等之果报事迹甚多。今每门各举一事，为诸君言之。

一、**延寿** 张从善，幼年，尝持活鱼，刺指痛甚。自念我伤一指，痛楚如是。群鱼剔腮剖腹，断尾剖鳞，其痛如何？特不能言耳。遂尽放之溪中，自此不复伤一物，享年九十有八。

二、**愈病** 杭州叶洪五，九岁时，得恶梦，惊寤，呕血满床，久治不愈。先是彼甚聪颖，家人皆爱之，多与之钱，已积数千缗。至是，其祖母指钱曰："病至不起，欲此何为？"尽其所有，买物放生，及钱尽，病遂全愈矣。

三、**免难** 嘉兴孔某，至一亲戚家。留午餐，将杀鸡供馔。孔力止之，继以誓，遂止。是夕宿其家，正捣米，悬石杵于朽梁之上。孔卧其下。更余、已眠。忽有鸡来啄其头，驱去复来，如是者三。孔不胜其扰，遂起觅火逐之。甫离席，而杵坠，正在其首卧处。孔遂悟鸡报恩也。每举以告人，劝勿杀生。

四、**得子** 杭州杨墅庙，甚有灵感。绍兴人倪玉树，赴庙求子。愿得子日，杀猪羊鸡鹅等谢神。夜梦神告曰：汝欲生子，乃立杀愿何耶？倪叩首乞示。神曰：尔欲有子，物亦欲有子也。物之多子者莫如鱼虾螺等，尔盍放之！倪自是见鱼虾螺等，即买而投之江。后果连产五子。

五、**生西** 湖南张居士，旧业屠，每早宰猪，听邻寺晓钟声为准。一日忽无声。张问之，僧云：夜梦十一人乞命，谓不鸣钟可免也。张念所欲宰之猪，适有十一子。遂乃感悟，弃屠业，皈依佛法。勤修十余年，已得神通，知去来事。预告命终之日，端坐而逝。经谓上品往生，须慈心不杀，张居士因戒杀而得往生西方，决无疑矣。

以上所言，且据放生之人今生所得之果报。若据究竟而言，当来决定成佛。因佛心者，大慈悲是，今能放生，即具慈悲之心，能植成佛之因也。

放生之功德如此。则杀生所应得之恶报，可想而知，无须再举。因杀生之人，现生即短命、多病、多难、无子及不得生西也。命终之后，先堕地狱、饿鬼、畜生，经无量劫，备受众苦。地狱、饿鬼之苦，人皆知之。至生于畜生中，即常常有怨仇返报之事。昔日杀牛羊猪鸡鸭鱼虾等之人，即自变为牛羊鸡鸭鱼虾等。昔日被杀之牛羊猪鸡鸭鱼虾等，或变为人，而返杀害之。此是因果报应之理，决定无疑，而不能幸免者也。

既经无量劫，生三恶道，受报渐毕。再生人中，依旧短命、多病、多难、无子及不得生西也。以后须再经过多劫，渐种善根，能行放生戒杀诸善事，又能勇猛精勤忏悔往业，乃能渐离一切苦难也。

抑余又有为诸君言者。上所述杀牛羊猪鸡鸭鱼虾，乃举其大者而言。下至极微细之苍蝇蚊虫臭虫跳蚤蜈蚣壁虎蚁子等，亦决不可害损。倘故意杀一蚊虫，亦决定获得如上所述之种种苦报。断不可以其物微细而轻忽之也。

今日与诸君相见，余已述放生与杀生之果报如此苦乐不同。惟愿诸君自今以后，力行放生之事，痛改杀生之事。余尝闻人云：泉州近来放生之法会甚多，但杀生之家犹复不少。或有一人茹素，而家中男女等仍买鸡鸭鱼虾等之活物任意杀害也。愿诸君于此事多多注意。自己既不杀生，亦应劝一切人皆不杀生。况家中男女等，皆自己所亲爱之人，岂忍见其故造杀业，行将备受大苦，而不加以劝告阻止耶？诸君勉旃，愿悉听受余之忠言也。

癸酉（一九三三年）六月七日在泉州大开元寺讲

慈说

岁在娵訾十月，余来三衢，居大中祥符，始识江山毛居士。尔后复归莲花寺，居士时复撰书咨询佛法，并乞梵名。命名曰"慈"，字曰"慈根"。

尔将入山埋遁，居士哀恋，请释名字之义，以志念焉。经论言"慈"者数矣，夫举一途，示其大趣。

《华严经·修慈分》云："凡有众生，为求菩提，而修诸行，愿常安乐者，应修慈心，以自调伏。如是修习，于念念中，常具修行六波罗密，速得圆满无上正觉。"

《梵网经》云："若自杀，教人杀，乃至一切有命者不得故杀。是菩萨应起常住慈悲心、孝顺心，方便救护一切众生。"

《观无量寿佛经》云："上品上生者。有三种众生，当得往生。一者慈心不杀，具诸戒行。"

夫如来制戒，不杀为首。而上品上生，亦首云"不杀"。故知修慈心者，戒杀为先。居士勖（古同"勉励"）哉！善弘其事，以是勤勤自励，并以告诫他人。守兹一行，戴荷终身，斯谓不负其名矣。

并示偈曰：

> 慈者德之本，慈者福之基。
> 云何修慈心？应先戒残杀。
> 若人闻是说，至诚心随喜。
> 离苦受诸乐，往生安养国。

约作于癸亥（一九二三年）冬
永宁晚晴院沙门论月撰

第二章 律宗学苑

律学要略

我出家以来在江浙一带，并不敢随便讲经或讲律，更不敢赴什么传戒的道场，其缘故是因个人感觉着学力不足。非常惭愧的，三年来在闽南虽有讲些东西，自心总不满。这次本寺诸位长者再三地唤我来参加戒期胜会，在人情不得已中，故今天来与诸位谈谈；但因时间匆促未能预备，参考书又缺少，间或个人精神衰弱，拟在此共讲三天。

一

今天先专为求授比丘戒者讲些律宗历史；他人旁听，虽不能解，亦是种植善根之事。

为比丘者，应先了知戒律传入此土之因缘，及此土古今律宗盛衰之大概。由东汉至曹魏之初，僧人无归戒之举，唯剃发而已。魏嘉平年中，天竺僧人法时到中土，乃立羯磨受法，是为戒律之始。当是时可算是真实传授比丘戒的开始，后来渐渐地繁盛起来。

大部之广律，最初传来的是《十诵律》，翻译这部律的是姚秦时鸠摩罗什法师；庐山净宗初祖远公法师亦竭力劝请赞扬。六朝时此律最盛于南方。其次翻译的是《四分律》，和《十诵律》相去不远的时候；但迟至隋朝乃有人弘扬提倡，至唐初乃大盛。第三部《僧祇律》，是东晋时翻译的，六朝时北方稍有弘扬者。刘宋时继《僧祇律》后，有《五分律》。翻译这部律的人，即是译六十卷《华严经》者。文精而简，道宣律师甚赞；可惜罕有人弘扬。至其后有《有部律》，乃唐武则天时义净法师的译著，即是西藏一带最通行的律。当初义净法师在印度有二十余年的历史。他博学强记，贯通律学精微；非至印度之其他僧人所能及，实空前绝后的中国大律师。义净回国翻译终毕，他年亦老了，不久即圆寂，以后无有人弘扬，可惜！可惜！此外诸部律论很多，不遑枚举。

关于《有部律》，我个人起初见之甚喜，研究多年；以后因朋友劝告，即改研南山律，其原因是南山律依《四分律》而成，又稍有变化，能适合吾国僧众之根器故。现在我即专就《四分律》之历史大略说些。

唐代是《四分律》最兴时期。前所弘扬的是《十诵律》，《四分律》少人弘扬。唐初《四分律》学者乃盛，共有三大派：一、相部律，依法砺律师为主；二、南山律，以道宣律师为主；三、东塔律，依怀素律师为主。法砺律师在道宣之前，道宣曾就学于他。怀素律师在于道宣之后，亦曾亲近法砺、道宣二律师。斯律虽有三大派之分，最盛行于世的可算南山律了。南山律师著作浩如渊海；其中《行事钞》最负盛名，是时任何宗派之学者皆须研《行事钞》。自唐至宋，解者六十余家，唯灵芝元照律师最胜，元照律师尚有许多其他经律的注释。元照后，律学渐渐趋于消沉，罕有人发心弘扬。

南宋后禅宗益盛，律学更无人过问，所有唐宋诸家的律学撰述数千卷悉皆散失。迨至清初，唯存南山《随机羯磨》一卷；如是观之，大足令人兴叹不已！明末清初，有蕅益、见月诸大师等，欲重兴律宗，但最可憾者，是唐宋古书不得见。当时蕅益大师著述有《毗尼事义集要》，初讲时人数已不多，以后更少，结果成绩颓然。见月律师弘律颇有成绩，撰述甚多。有解《随机羯磨》者毗尼作持，与南山颇有不同之处；因不得见南山著作故。此外尚有最负盛名的《传戒正范》一部。从明末至今，传戒之书独此一部。传戒尚存一线曙光之不绝，唯赖此书；虽与南山之作未能尽合，然其功甚大，不可轻视！但近代受戒仪轨，又依此稍有增减，亦不是见月律师《传戒正范》之本来面目了。

南宋至清七百余年，关于唐宋诸家律学撰述，可谓无存。清光绪末年，乃自日本请还唐宋诸家律书之一部分。近十余年间，在天津已刊者数百卷；此外《续藏经》中所收尚未另刊者，犹有数百卷。

今后倘有人发心专力研习弘扬，可以恢复唐代之古风。凡蕅益、见月等所欲求见者，今悉俱在。我们生此时候，实比蕅益、见月诸大师幸福多多。

但学律非是容易的事情。我虽然学律近二十年，仅可谓为学律之预备，及得窥见少许之门径。再预备数年，乃可着手研究。以后至少亦须研究二十年，乃可稍有成绩；奈我现在老了！恐不能久住世间。我很盼望你们有人能发心专学戒律，以继我所未竟之志，则至善矣！

我们应知道，现在所流通之《传戒正范》，非是完美之书，何况更随便增减！所以必须今后恢复古法乃可；此皆你们的责任，我甚希望大家共同勉励进行！（第一天所讲者已毕，第二天、第三天所讲的是：三皈、五戒，乃至菩萨戒之要略。）

二

三皈、五戒、八戒、沙弥、沙弥尼戒、式叉摩那戒、比丘、比丘尼戒、菩萨戒等。就普通说：菩萨戒为大乘，余皆小乘；但亦未必尽然，应依受者发心如何而定。我近来研究《南山律》内中有云："无论受何戒法，皆要先发大乘心。"由此看来，哪有一种戒法，专名为小乘的呢！再就受戒方法论，如三皈五戒、沙弥沙弥尼戒，皆用三皈依受。至于比丘、比丘尼戒、菩萨戒，则须依羯磨文受。又如式叉摩那，则是作羯磨与学戒法，不是另外得戒，与上不同。再依在家出家分之，就普通说：在家如三皈五戒八戒等，出家如沙弥比丘等。实而言之，三皈五戒八戒，皆通在家出家。诸位听着这话，或当怀疑。今我以例证之，如明灵峰蕅益大师，他初亦受比丘戒，后但退作三皈人；如是言之，只有三皈亦可算出家人。

又若单五戒亦可算出家人；因剃发以后，必先受五戒，后再受沙弥戒。未受沙弥戒前，止是五戒之出家人；故五戒通于在家出家，有在家优婆塞、出家优婆塞之别。例如：明蕅益大师之大弟子成时、性旦二师，皆自称为"出家优婆塞"。成时大师为编辑《净土十要》及《灵峰宗论》者，性旦大师为记录《弥陀要解》者，皆是明末的高僧。

八戒何为亦通在家出家？《药师经》中说：比丘亦可受八戒。比丘再受八戒，为欲增上功德故；这样看起来，八戒亦通于僧俗。

以上略判竟。以下一一分别说之：

三皈：不属于戒，仅名三皈。三皈者，皈依佛、皈依法、皈依僧。未受以前必须要了解三皈道理，并非糊里糊涂地盲从瞎说；如这样子皆不得三皈。

所谓"三宝"有四种之别：一理体三宝、二化相三宝、三住持三宝、四一体三宝；尽讲起来，很深奥复杂。现在且专就"住持三宝"来说。"三宝"意义是什么？佛、法、僧。所谓"佛"即形像，如：释迦佛像、药师佛像、弥陀佛像等；"法"即佛所说之经，如：《法华经》、《楞严经》等，皆佛金口所流露出来之法；"僧"即出家剃发受戒有威仪之人。以上所说"佛、法、僧"道理，可谓最浅近，诸位谅皆能明了吧？

"皈依"即"回转"的意义。因前背舍三宝，而今转向三宝，故谓之皈依。但无论出家在家之人，若受三皈时，最重要点有二：第一要注意皈依三宝是何意义；第二当受三皈时，师父所说应当十分明白；或师父所讲的话，全是文言不能了解，如是决不能得三皈；或隔离太远，听不明白，亦不得三皈；或虽能听到，大致了解，其中尚有一二怀疑处，亦不得三皈。又正授之时，即是"皈依佛"、"皈依法"、"皈依僧"三说。此最要紧，应十分注意。以后之"皈依佛竟"、"皈依法竟"、"皈依僧竟"，是名三结，无关紧要。所以诸位发心受戒，应先了知三皈意义；又当正授时，要在先"皈依佛"等三遍注意，乃可得三皈。

以上三皈说已。下说五戒。

五戒：就五戒而言，亦要请师先为说明。五戒者：杀、盗、淫、妄、酒。当师父说明五戒意义时，切要用白话，浅近明了，使人易懂。受戒者听毕，应先自思量：如是诸戒能持否？若不能全持，或一、或二、或三、或四，皆可随意；宁可不受，万不可受而不持！且就杀生而论，未受戒者，犯之本应有罪；若已受不杀戒者犯之，则罪更加重一倍，可怕不可怕呢？你们试想一想，如果不能受持，勉强敷衍，实是自寻烦恼。据我思之：五戒中最容易持的，是"不邪淫"、"不饮酒"。诸位可先受这两条最为稳当；至于"杀"与"妄语"，有大小之分，大者虽不易犯，小者实为难持；又五戒中最为难持的，莫如盗戒。非于盗戒戒相研究十分明了之后，万不可率尔而受。所以我盼望诸位对于盗戒一条，缓缓再说，至要！至要！但以现在传戒情形看起来，在这许多人众集合场中，实际上是不能如上一一别受。我想现在受五戒时，不妨合众总受五戒。俟受戒后，再自己斟酌取舍，亦未为不可。于自己所不能奉持的数条，可以在引礼师前或俗人前舍去。这样办法，实在十分妥当。在授者减麻烦，诸位亦可免除烦恼。另外还有一句要紧的话，倘有人怀疑于此大众混杂扰乱之时，心中不能专一注想，或恐犹未得戒者，不妨请性愿老法师，或其他善知识，再为重授一次，他们当会慈悲允许。诸位！你们万不可轻视三皈五戒！我有一句老实话对诸位说：菩萨戒不是容易得的，沙弥戒及比丘戒是不能得的。无论出家或在家人所希望者，唯有三皈五戒。我们倘能得三皈五戒，那就是很好的了。因受持五戒，来生定可为人；既能持五戒，再说念阿弥陀佛名号，求生西方，临终时定能往生西方极乐世界，岂不甚好。就我自己而论，对于菩萨戒是有名无实；沙弥戒及比丘戒决定未得。即以五戒而言，亦不敢说完全。止可谓为"出家多分优婆塞"而已，这是实话。所以我盼望诸位要注意三皈五戒！当受五戒，应知于前说三皈正得戒体，最宜注意！后说五戒戒相为附属之文，不是在此时得戒；又须请师先为说明五戒之广狭。例如：饮酒一戒，不唯不饮泉州酒店之酒；凡尽法界虚空界之戒缘境酒，皆不可饮，杀、盗、淫、妄，亦复如是。所以受戒功德普遍法界，实非人力所能思议！

宝华山见月律师所编《三皈五戒正范》，所有开示多用骈体文，闻者万不能了解，等于虚文而已，最好请师译成白话。此外我更附带言之：近有为人授五戒者，于"不饮酒"后加"不吸烟"一句；但这"不吸烟"可不必加入，应另外劝告，不应加入五戒文中。

三

以上说五戒毕，以下讲八戒。

八戒：具云"八关斋戒"。"关"者，禁闭非逸，关闭所有一切非善事。"斋"是"清"的意思，绝诸一切杂想事。八关斋戒本有九条，因其中第七条包含两条，故合计为八条。前五与五戒（大）同（大同小异，五戒不邪淫，八戒是不淫，只有这一条不同，其他四条相同），后三条是另加的。后加三者，即第六华香、璎珞、香油涂身。这是印度美丽装饰之风俗，我国只有花香，并无璎珞等。但所谓香，如吾国香粉、香水、香牙粉、香牙膏及香皂等，皆不可用。

第七高胜床上坐，作倡伎乐故往观听，这就是两条合为一条的。现略为分析："高"是依佛制度，坐卧之床脚，最高不能超过一尺六寸。"胜"是指金银牙角等之装饰，此皆不可。但在他处不得已的时候，暂坐可开。佛制是专为自制的，须结正罪。如别人已作成功的不是自制的，罪稍轻。"作倡伎乐故往观听"，音乐影戏等皆属此条。所谓"故往观听"之"故"字要注意，于无意中偶然听到或看见的不犯。以上"高胜床上坐"、"作倡伎乐故往观听"，共合为一条。受八关斋戒的人，皆不可为。

第八非时食：佛制受八关斋戒后，自黎明至正午可食。倘越时而食，即叫作非时食：即平常所说的"过午不食"。但正午后不单是饭等不可食，如牛乳水果等均不可用；如病重者，于不得已中，可在大家看不到地方，开食粥等。

受八关斋戒，普通于六斋日受。六斋日者：初八、十四、十五、二十三，及月底最后二日；倘更能发心日日受，那是最好不过了！受时要在每天晨起时，期限以一日一夜——天亮时至夜，夜至明早。受八关斋戒后，过午不食一条，应从今天正午后，至明日黎明时，皆不可食。又八戒与菩萨戒比较别的戒有区别：因为八戒与菩萨戒，是顿立之戒（但上说的菩萨戒，是局就《梵网》、《璎珞》等而说的；若依《瑜伽戒本》，则属于渐次之戒）。这是什么缘故呢？未受五戒、沙弥戒、比丘戒，皆可即受菩萨戒，或八戒，故曰顿立。若渐次之戒，必依次第。如先五戒，次沙弥戒，次比丘戒，层层上去的。以上所说八关斋戒，外江居士受的非常之多。我想闽南一带，将来亦应当提倡提倡！若嫌每月六日太多，可减至一日或两日亦无不可；因仅受一日，即有极大功德，何况六日全受呢？

沙弥戒：沙弥戒诸位已知道了吧？此乃正戒共十条。其中九条同八戒，另加"手不捉钱宝"一条，合而为十，但"手不捉钱宝"一条，平常人不明白，听了皆怕，不知此不捉钱宝是易持之戒。律中有方便办法，叫做"说净"。经过说净的仪式后，亦可照常自己捉持。最所繁难者，是正戒十条外于比丘戒亦应学习，犯者结罪。我初出家时不晓得，后来学律才知道。这样看起来，持沙弥戒亦是不容易的一回事。

沙弥尼戒：属女众法，戒与沙弥同。

式叉摩那戒：梵语"式叉摩那"，此云"学法女"。外江各丛林，皆谓在家贞女为"式叉摩那"。只用贞女之名，这是错误的。闽南这边，那年开元寺传戒时，对于贞女不称"式叉摩那"，只用"贞女"之名，这是很通的。平常人多不解何者为"式叉摩那"，我现在略为解释一下：

哪一种人可受式叉摩那戒呢？要已受沙弥尼戒的人于十八岁时，受式叉摩那法，学习二年，然后再受比丘尼戒；因为佛制二十岁乃可受戒。于十八岁时，再学二年正当二十岁。于二年学习时，僧作羯磨，与学戒法。二年学毕乃可受比丘尼戒。但式叉摩那，要具学三法：一学根本法——即四重戒。二学六法——染心相触、盗减五钱、断畜命、小妄语、非时食、饮酒。三学行法——大尼诸戒及威仪。

此仅是受学戒法，非另外得戒，故与他戒不同。以下讲比丘戒。

比丘戒：因时间很短，现在不能详细说明，唯有几句要紧话先略说之：

我们生此末法时代，沙弥戒与比丘戒皆是不能得的，原因甚多！甚多！今且举出一种来说，就是没有能授沙弥戒比丘戒的人。若受沙弥比丘戒，必定以比丘来授才可。如受时，沙弥戒须二比丘授，比丘戒至少要五比丘授。倘若找不到比丘的话，不单比丘戒受不成，沙弥戒亦受不成。我有一句很伤心的话，要对诸位讲：从南宋迄今六七百年来，或可谓僧种断绝了！以平常人眼光看起来，以为中国僧众很多，大有达至几百万之概。据实而论，这几百万中间，要找出一个真比丘，怕也是不容易的事情！如此怎样能受沙弥比丘戒呢？既没有能授戒的人，如何会得戒呢？我想诸位听到这话，心中一定十分扫兴。或有人以为既不得戒，我们白吃辛苦，不如早些回去好，何必在此辛辛苦苦做这种极无意味的事情呢？但如此怀疑是大不对的。我劝诸位应好好地、镇静地在此受沙弥戒比丘戒才是！虽不得戒，亦能种植善根，兼学种种威仪，岂不是好；又若想将来学律，必先挂名受沙弥比丘戒，否则如以白衣学律，必受他人讥评。所以你们在这儿发心受沙弥比丘戒是很好的！

四

这次本寺诸位长老请我来讲律学大意，我感觉着有种种困难之点，这是什么缘故呢？比方我在这儿，不依据佛所说的道理讲，一味地随顺他人，顾惜情面，敷衍了事，岂不是我害了你们吗？若依实在的话与你们讲，又恐怕因此引起你们的怀疑，所以我觉着十分困难。因此不得已，对于诸位分作两种说法：（一）老实不客气地，必须要说明受戒真相。恐怕诸位出戒堂后，妄自称为沙弥或比丘，致招重罪，那是不得了的事情！我有种比方，譬如泉州这地方有司令官等，不识相的老百姓亦自称我是司令官。如司令官等听到，定遭不良结果，说不定有枪毙之危险！未得沙弥比丘戒者，妄自称为沙弥或比丘，必定遭恶报，亦就是这个道理。我为着良心的驱使，所以要对诸位说老实话。（二）以现在人情习惯看起来，我总劝诸位受戒，挂个虚名，受后俾可学律；不然，定招他人诽谤之虞。这样的说，诸位定必明了吧？

更进一层说，诸位中若有人真欲绍隆僧种、必须求得沙弥比丘戒者，亦有一种特别的方法。即是如蕅益大师礼《占察忏仪》，求得清净轮相，即可得沙弥比丘戒，除此以外无有办法。故蕅益大师云："末世欲得净戒，舍此占察轮相之法，更无别途。"因为得清净轮相之后，即可自誓总受菩萨戒，而沙弥比丘戒皆包括在内，以后即可称为"菩萨比丘"。礼《占察忏》得清净轮相，虽是极不容易的事，倘诸位中有真发大心者，亦可奋力进行，这是我最希望你们的！

以下说比丘尼戒。

比丘尼戒：现在不能详说。依据佛制，比丘尼戒，要重复受两次：先依尼僧授本法，后请大僧正授。但正得戒时，是在大僧授时；此法南宋以后已不能实行了。

最后说菩萨戒。

菩萨戒，为着时间关系，亦不能详说。现在略举三事：

（一）要有菩萨种姓，又能发菩提心，然后可受菩萨戒。什么是种姓呢？就简单来说：就是多生以来所成就的资格。所以当受戒时，戒师问：汝是菩萨否？应答曰：我是菩萨！这就是菩萨种姓！戒师又问：既是菩萨，已发菩提心否？应答曰：已发菩提心！这就是发菩提心。如这样子才能受菩萨戒。

（二）平常人受菩萨戒者，皆是全受。但依《璎珞本业经》，可以随身分受，或一或多，与前所说的受五戒法相同。

（三）犯相重轻，依《旧疏》、《新疏》有种种差别，应随个人力量而行。现以例说：如妄语戒，《旧疏》说：大妄语乃犯波罗夷罪。《新疏》说：小妄语即犯波罗夷罪。如余所编辑之图表广明。至于起杀盗淫妄之心，即犯波罗夷，乃是为地上菩萨所制，我等凡夫是做不到的。

所谓菩萨戒虽不易得，但如有真诚之心，亦非难事。且可自誓受，不比沙弥比丘戒必须要请他人授；因为菩萨戒、五戒、八戒，皆可自誓受，所以我们颇有得菩萨戒之希望。

五

今天《律学要略》已经讲完，其中如有不妥当处或错误处，还请诸位原谅！最后我尚有几句话：诸位在此受戒很好！在近代说，如外江最有名望的地方，虽有传戒，实不及此地完备。这是这里办事很有热心、很有精神、很有秩序，诚使我佩服！使我赞美！就以讲律来说，此地戒期中，有讲《沙弥律》、《比丘戒本》、《梵网经》，他方是难有的。几年前泉州大开元寺于戒期中提倡讲律，大家皆说是破天荒的举动。本寺此次传戒之美备，实与数年前大开元寺相同；并有露天演讲，使外人亦有种植善根之机缘，诚办事周到之处。本年天灾频仍，泉州小跑不出例外。在人心痛苦、境遇萧条的状况中，本寺居然以极大规模，很圆满地开戒，这无非是诸位长老及大护法的道德感化所及。我这次到此地，心实无限欢喜！此是实话，并非捧场。此次能碰着这大机缘与诸位相聚,甚慰衷怀!最后还要与诸位恭喜!

乙亥(一九三五年)十一月八日

讲于泉州承天寺戒期胜会中　万泉记录

略述律学之派别

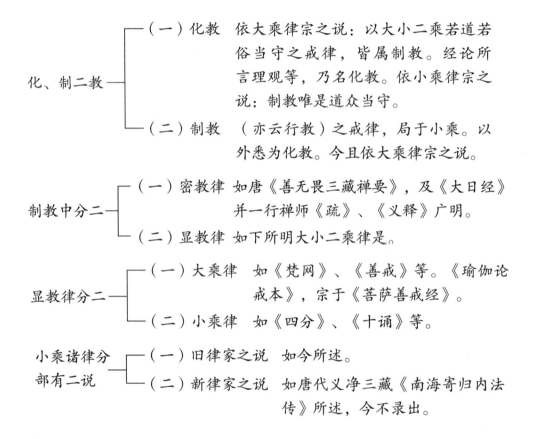

化、制二教
- (一)化教　依大乘律宗之说:以大小二乘若道若俗当守之戒律,皆属制教。经论所言理观等,乃名化教。依小乘律宗之说:制教唯是道众当守。
- (二)制教　(亦云行教)之戒律,局于小乘。以外悉为化教。今且依大乘律宗之说。

制教中分二
- (一)密教律　如唐《善无畏三藏禅要》,及《大日经》并一行禅师《疏》、《义释》广明。
- (二)显教律　如下所明大小二乘律是。

显教律分二
- (一)大乘律　如《梵网》、《善戒》等。《瑜伽论戒本》,宗于《菩萨善戒经》。
- (二)小乘律　如《四分》、《十诵》等。

小乘诸律分部有二说
- (一)旧律家之说　如今所述。
- (二)新律家之说　如唐代义净三藏《南海寄归内法传》所述,今不录出。

佛灭百年后,第五祖优婆毱多尊者之下,有五弟子,同时于律藏分五部派别。

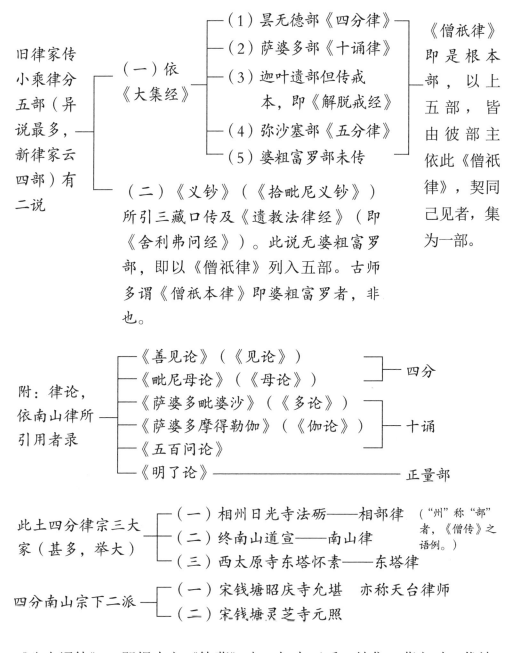

旧律家传小乘律分五部（异说最多，新律家云四部）有二说

（一）依《大集经》
- （1）昙无德部《四分律》
- （2）萨婆多部《十诵律》
- （3）迦叶遗部但传戒本，即《解脱戒经》
- （4）弥沙塞部《五分律》
- （5）婆粗富罗部未传

《僧祇律》即是根本部，以上五部，皆由彼部主依此《僧祇律》，契同己见者，集为一部。

（二）《义钞》（《拾毗尼义钞》）所引三藏口传及《遗教法律经》（即《舍利弗问经》）。此说无婆粗富罗部，即以《僧祇律》列入五部。古师多谓《僧祇本律》即婆粗富罗者，非也。

附：律论，依南山律所引用者录
- 《善见论》（《见论》）
- 《毗尼母论》（《母论》）
- 《萨婆多毗婆沙》（《多论》）
- 《萨婆多摩得勒伽》（《伽论》）
- 《五百问论》
- 《明了论》

四分：《善见论》《毗尼母论》
十诵：《萨婆多毗婆沙》《萨婆多摩得勒伽》《五百问论》
正量部：《明了论》

此土四分律宗三大家（甚多，举大）
- （一）相州日光寺法砺——相部律
- （二）终南山道宣——南山律
- （三）西太原寺东塔怀素——东塔律

（"州"称"部"者，《僧传》之语例。）

四分南山宗下二派
- （一）宋钱塘昭庆寺允堪　亦称天台律师
- （二）宋钱塘灵芝寺元照

《八十诵律》　即根本之《律藏》也。如来灭后，结集三藏之时，优婆离尊者于一夏九旬之间，八十番诵出之，故名《八十诵律》。佛灭后百年内唯有此律。

始分二部　　佛灭后，结集之时，即有上座部、大众部，窟内（上座）、窟外（大众）之异。但此时犹非宗义之别称。而"上座"与"大众"之名，实起于此。逮佛灭后百年，始分宗义为二部，即用昔名而分。五部、十八部等，亦即依此而分也。

僧祇　　　　"僧祇"翻为"大众"。但即窟内上座部（《僧祇律》者，此根本二部中之窟内上座。因"大众"之名，通二部故。）

癸酉（一九三三年）二月十日在妙释寺讲

四分律宗在中土流传之次第

曹魏时，始译《僧祇戒心》、《四分羯磨》。斯二部，初传洛阳，是为大僧受戒之始也。

（此据南山所传。若约他家传述，汉灵帝以后，北天竺有五沙门，创与此方五人受戒。所诵戒本，即古戒本是也。）

其时比丘尼唯从一众边受。至刘宋文帝时，有西尼来，乃足十数。是为比丘尼于二部中受戒之始也。

姚秦弘始六年至八年，译《十诵律》。

姚秦弘始十二年至十五年，译《四分律》。以上二种，译于关中。

东晋安帝义熙十四年，译《僧祇律》。

刘宋景平元年，译《五分律》。以上二种，译于江左。此四种，所译时代略同也。

唐天后久视至睿宗景云时，译《根本说一切有部律》。此律南山未见。

　　江南、岭表，《十诵》先盛。关中（陕西）诸处，多承《僧祇》。《四分》虽译于姚秦，而至元魏孝文时，法聪乃始弘扬。法聪本习《僧祇》，因考受体，遂弘《四分》。五传至智首，智首传于南山，四分一宗乃大盛焉。

　　《五分》罕有弘通者。南山尝称其文胜，而伤叹也。

　　《根本说一切有部律》，翻译最为完密。但译布稍后，适在《四分》盛行之时，故未传布。

学四分律入门次第

　　先习止持，后习作持。习止持者，应先熟读背诵戒本。今宗四分南山一派，宜诵《南山删定戒本》，并参阅《四分律含注戒本》及佛陀耶舍译《四分戒本》、怀素集《四分戒本》。

　　既已熟读背诵戒本，应详阅《四分律初分及第四分中调部毗尼》（与四分律比丘戒相表记对阅）。并参阅《重治毗尼事义集要》（明清诸师之作，此为最善）前十卷、《毗尼止持会集》、《四分戒本如释》。（《毗尼珍敬录》及《毗尼关要》较前三种稍逊，然亦可参阅。又《净心诫观法》、《教诫新学比丘行护律仪》四种、《芝苑遗编》、《释门归敬仪》、《章服仪》、《律学初轫》等，皆可披览。学者宜随时求觅）。

　　于四分律初分，既已详细穷研（四分律初分，实为律学之基础，故初学者宜详细穷研），再阅《四分律含注戒本疏行宗记》及《四分律行事钞资持记》中《卷自篇》、《聚名报篇》乃至《忏六聚法篇》（今人未尝穷研本律，即诵疏钞，故罕有能入门者，冀后之学者，依次修习，毋悕速就）。

既已通比丘律，应略习比丘尼律。宜阅《四分律第二分一至九》、《毗尼事义集要》卷十六、十七，《四分律行事钞资持记》下卷《尼众别行篇》。

既已习止持竟，应习作持。习作持者，应先熟读《南山随机羯磨》，并参阅怀素集《四分僧羯磨》。

既已熟读羯磨，应详阅《四分律第二分》十已下迄于终卷（阅时宜节要记录，既便记忆，亦可备异日检查），并补阅《毗尼事义集要》中已前所未阅者。

然后再阅《随机羯磨疏济缘记》及《四分律行事钞资持记》已前所未阅者。

像季已来，律宗寝衰。羯磨结界，罕有行者。真修之士不须求待他人，宜自密修胜行。余尝宗《根本说一切有部律》，集《自行钞》一卷，以备有部学者承用。若习四分者，宜准得规式，别集《四分律自行钞》，依之行持，检寻良便。

已上略述学律入门次第竟，若更欲广研他部者，应先阅《僧祇》、《五分》、《十诵律》，及诸律论（阅南山撰述者，凡引诸律及律论处，亦宜随时检阅原文。以南山引文，颇多删略，文义不显，须检原文，乃可明了）。后再详阅义净三藏所译《根本说一切有部》诸律（义净三藏留学印度二十余年，专攻此部，归国已来，译传此部律文，凡二十部，二百余卷，精确详明，世称新律。灵芝于此部律文，未尝详研，故疑其与十诵同，实则开遮轻重，与彼大异，学者幸虚怀研求，毋执故见）。并详阅《南海寄归内法传》（义净撰。日本葛城慈云律师曾撰《解缆钞》释此传，今罕流传）。

若有余力，再博涉续藏经中律部诸作。怀素、允堪二师，虽与南山、灵芝异其轨辙，然实各有所长，学者宜悉心详览焉！

四分南山宗妙义

今所宗者，为四分南山宗。依灵芝诸《记》而修习焉。斯宗妙义，赞莫能穷，今略举之：

（一）创明圆体

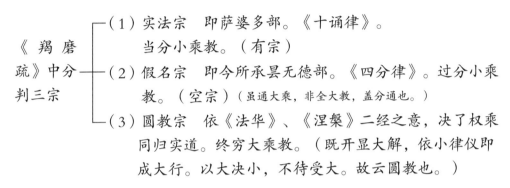

《羯磨疏》中分判三宗
- （1）实法宗　即萨婆多部。《十诵律》。当分小乘教。（有宗）
- （2）假名宗　即今所承昙无德部。《四分律》。过分小乘教。（空宗）（虽通大乘，非全大教，盖分通也。）
- （3）圆教宗　依《法华》、《涅槃》二经之意，决了权乘同归实道。终穷大乘教。（既开显大解，依小律仪即成大行。以大决小，不待受大。故云圆教也。）

灵芝《戒体章》云："问：此与天台圆教为同为异？答：理同说异。何名理同？以下《疏》中，引《法华》文，用《法华》意，立此圆体。但彼教统摄，此局一事。何名说异？今此为明戒体，直取佛意，融前二宗。自得此谈，非谓取彼，但名相滥。是故异也。"

此为南山律之枢要，最宜穷研。具如《行事钞》、《业疏》及《记》广明。

（二）包含精博

以《四分》为主，兼采它部，具备众长。故灵芝云："贯摄两乘，囊包三藏。遗编杂集，攒聚成宗。"斯宗崛兴，独盛当世。自是九代诸师之作，蔑如无闻。殁后数百年间，沛然莫御。非四依大士垂示像季者，其孰能至于此哉！

南山、灵芝诸撰述，自宋已后，多佚不传。明季灵峰蕅益大师，宝华三昧、见月诸律师等，虽有重兴律宗之意，而诸家撰述佚失，无由承禀。近今三十年来，中土古德佚著乃自东瀛取返，复显于世，盖佚流海外已近千年矣。学者得是希有难逢之宝典，宜如何欢欣而踊跃耶！

征辨学律义八则

【问】我等受戒未能如法，将何以自解耶？若云受戒未能如法决定不得戒者，有何明文作证耶？

【答】今先解释不得戒义：

得比丘戒缘 依羯磨录
- 一结界成就（作法界）。
- 二有能秉法僧（真实比丘）。
- 三僧数满足（十人、五人，戒净解明）。
- 四界内尽集和合（非别众）。
- 五有羯磨教法（如法诵作）。
- 六资缘具足（三衣及钵）。

以上六缘，若阙一者，即不得戒。今则悉阙；故不得戒义，可以决定无疑。沙弥戒于师授前，应在僧中作单白羯磨；故前五缘皆同，亦应判为不得。

【问】既知未能得比丘戒，应有何妥善之办法耶？

【答】今据拙见，拟定办法，分为二事：一劝令礼占察忏仪，求得比丘戒。蕅益大师云："末世欲得净戒，舍此占察轮相之法，更无别途。"大师即依此法而得比丘戒也。此事易知，今不详述。二于未得戒以前，为护法心，维持现状，不令断绝。令已受而未得者，学习比丘律。此事颇有疑问。后之辨释，皆约此也。

以上所言二事，第一为根本之办法；第二为维持现状之办法。此二事应同时并行，不可或阙。若唯有第二而无第一，则永远无真实比丘出现。若唯有第一而无第二，则过渡时代之现状不能维持；故须二事同时并行，乃为宜也。

【问】非比丘，学比丘律，可有圣教作证耶？

将答此问，先须解释非比丘三字。非比丘三类：一约沙弥（此非问者本意所在）。二约已受沙弥、比丘戒，而不如法不得戒者。（问者本意在此。以下答文，皆约此辨释。文中亦有时指前后二类者，为是兼明，非正意也。）三约未曾受沙弥、比丘戒者。

【答】若欲觅求律中有制未得戒者必须学比丘律之明文，乃不可能之事；但可引文以证非比丘而学比丘律无有贼住之过失。又可引文以证已受比丘戒而不如法不得戒之白衣，虽在僧中闻正式作羯磨者亦不成贼住；依此义判：已受而不如法不得戒之白衣，或亦可以学比丘律。即在僧中闻正式作羯磨者，亦似无大碍也。

【问】前云非比丘而学比丘律，无贼住过，有何文以为证耶？

【答】灵芝律师资持记云："问：'私习秉唱，未具忽闻；及未受前，曾披经律，因读羯磨了知言义，成障戒否（即贼住）'？答：'准前后文，并论僧中正作，诈窃成障。安有读文而成障戒'。古来高僧，多有在俗先披大藏。今时信士，多亦如之；若皆障戒，无乃太急。学者详之。"又羯磨云："二者，有人不得满数应诃；谓若欲受大戒人。"灵芝律师济缘记释云："谓沙弥受戒，或曾披律，或复重来，晓达如非。旁无诃者，所为不轻，听自诃止。"曾披律者，既可求受大戒，足证无有贼住过矣。

【问】前云已受比丘戒而不如法不得戒之白衣，此在僧中闻正式作羯磨者亦不成贼住，此言尤足令人骇异。有何明文以为证耶？

【答】羯磨云："三者，不得满数不得诃者，……白衣……。"南山律祖疏云："前十三难，有过障戒。此好白衣，受十具戒，虽并心净，不妨加法参差不成，仍本名故"。今案：我等已受戒而不如法不得戒者，即属此类；虽于僧中闻作羯磨，亦仅判为不得满数不得诃。决不云成贼住难，以无诈窃心故，而云此好白衣也。

【问】已受而不得戒之白衣，若闻僧中正式作羯磨而尤贼住难者，何以说戒羯磨时遣沙弥出耶？

【答】灵芝律师资持记云："说戒遣未具者，恐生轻易，不论障戒；且如大尼亦遣，岂虑障戒耶？"

【问】既不得沙弥、比丘戒，不堪为人世福田，虚消信施，罪果难逃耶？

【答】南山律祖行事钞云："善见：檀越请比丘、沙弥虽未受具，亦入比丘数。涅槃：乃至未受十戒亦得受请。"灵芝律师资持记释云："论约法同（沙弥），经听形同（出家优婆塞）；无非皆为解脱出家，即堪受供"。故知不为解脱出家，虽是比丘，亦应云虚消信施。若为解脱出家，虽优婆塞，亦堪为人世福田。

【问】当来真实比丘出现，如法传戒，即皆成为真实比丘，不须复云维持现状。当其时，若有未受比丘戒者，仍可引据前例而先学比丘律耶？

【答】前文曾云："为护法心，维持现状不令断绝，令已受而未得者学习比丘律"。因引诸文曲为证明。余盖欲于过渡时代，勉强维持，冀延一线之传也。若当来皆成真实比丘，不须复立维持现状。即应依通途轨则，慎重其事。凡有未受比丘戒者，不须令其辄学律也。岂唯当来，即以现在而论，若未经受戒者，亦不须学。唯有已受戒而不如法不得戒者，乃可令其学律；若如是者，庶几无大过乎？

问答十章

【问】近世诸丛林传戒之时，皆令熟读毗尼日用切要（俗称为五十三咒），未审可否？

【答】蕅益大师曾解释此义，今略录之。文云："既预比丘之列，当以律学为先。今之愿偈（即当愿众生等），本出《华严》。种种真言，皆属密部。论法门虽不可思议，约修证则各有本宗。收之则全是，若一偈、若一句、若一字，皆为道种。捡之则全非，律不律、显不显、密不密、仅成散善；此正法所以渐衰，而末运所以不振。有志之士，不若专精戒律，办比丘之本职也。"

（十诵：诸比丘废学毗尼，便读诵修多罗、阿毗昙，世尊种种诃责。乃至由有毗尼佛法住世等。多有上座长老比丘学律。）

【问】《百丈清规》，颇与戒律相似；今学律者，亦宜参阅否？

【答】百丈于唐时编纂此书，其后屡经他人增删。至元朝改变尤多，本来面目，殆不可见；故莲池、蕅益大师力诋斥之。莲池大师之说，今未及检录。唯录蕅益大师之说如下。文云："正法灭坏，全由律学不明。《百丈清规》，久失原作本意；并是元朝流俗僧官住持，杜撰增饰，文理不通。今人有奉行者，皆因未谙律学故也。"又云："非佛所制，便名非法；如元朝附会《百丈清规》等。"又云："《百丈清规》。元朝世谛住持穿凿，尤为可耻。"按律宗诸书，浩如烟海。吾人尽形学之，尚苦力有未及。即百丈原本今仍存在，亦可不须阅览；况伪本乎？今宜以莲池、蕅益诸大师之言，传示道侣可也。.

【问】今世俗众，乞师证明受皈依者，辄称皈依某师，未知是否？

【答】不然！以所皈依者为僧伽，非唯皈依某师一人故。蕅益大师云："皈依僧者，则一切僧皆我师也。今世俗士，择一名德比丘礼事之，窃窃然矜曰：吾为某知识、某法师门人也！彼知识法师者，亦窃窃然矜曰：彼某居士、某宰官皈依于我者也！噫！果若此，则应曰：皈依佛、皈依法、结交一大德可也。可云皈依僧也与哉！"

【问】近世弘律者，皆宗莲池大师沙弥律仪要略，未知善否？

【答】沙弥戒法注释之书，以蕅益大师所著《沙弥十戒威仪录要》，最为完善；此书扬州刻版，共为一册，标名曰《沙弥十法并威仪》。价金仅洋一角余，若与初学之人讲解沙弥律者，宜用此书也。莲池大师为净土大德，律学非其所长。所著律仪要略中，多以己意判断，不宗律藏；故蕅益大师云："莲池大师专弘净土，而于律学稍疏"（见梵网合注缘起中。今未检原书，略述其大意如此）。又云："律仪要略，颇有斟酌，堪逗时机，而开遮轻重忏悔之法，尚未申明。"以此诸文证之，是书虽可导俗，似犹未尽善也。

【问】沙弥戒第十，不捉持金银；今人应依何方法，乃能不犯此戒？

【答】《根本有部律》摄云：比丘若得金银等物，应觅俗众为净施主；即作施主物想捉持无犯。虽与施主相去甚远，若以后再得金银等，应遥作施主物心而持之。乃至施主命存以来，并皆无犯。若无施主可得者，应持金银等物，对一比丘作是说："大德存念！我比丘某甲得此不净财，当持此不净财，换取净财。"三说已；应自持举，或令人持举，皆无犯也（以上录律摄大意，非全文也）。

【问】今世传戒，皆聚集数百人，并以一月为期，是佛制否？

【答】佛世，凡受戒者，由剃发和尚为请九僧，即可授之；是一人别授也。此土唐代虽有多人共受者，亦止一二十人耳。至于近代，唯欲热闹门庭，遂乃聚集多众；故蕅益大师尝斥之云：随时皆可入道，何须腊八及四月八。难缘方许三人，岂容多众至百千众也。至于受戒之时，不足半日即可授了，何须多日。且近代一月聚集多众者，亦只令受戒者，助做水陆经忏及其他佛事等，终日忙迫，罕有余暇。受戒之事，了无关系；斯更不忍言矣。故受戒决不须多日。所最要者，和尚于受前受后，应负教导之责耳。唐义净三藏云：岂有欲受之时，非常劳倦。亦既得已，戒不关怀，不诵戒经，不披律典。虚沾法伍，自损损他；若此之流，成灭法者！蕅益大师云：夫比丘戒者，乃是出世宏规，僧宝由斯建立。贵在受后修学行持，非可仅以登坛塞责而已；是故诱诲奖劝宜在事先，研究讨明功须五夏。而后代师匠，多事美观。遂以平时开导之法，混入登坛秉授之次；又受时虽似殷重，受后便谓毕功。颠倒差讹，莫此为甚。（菩萨戒，另受）

【问】今世传戒，有戒元、戒魁等名，未知何解？

【答】此于受戒之前，令受戒者出资获得；与清季时，捐纳功名无异。非因戒德优劣而分也。此为陋习，最宜革除。

【问】末世授戒，未能如法，决不得戒。未识更依何方便，而能获得比丘戒耶？

【答】蕅益大师云："末世欲得净戒，舍此占察轮相之法，更无别途。"盖指依地藏菩萨《占察善恶业报经》所立之占察忏法而言也。按《占察经》云："（先示忏法大略）未来世诸众生等，欲求出家，及已出家，若不能得善好戒师及清净僧众，其心疑惑，不得如法受于禁戒者。但能学发无上道心，亦令身口意得清净已。（礼忏七日之后，每晨以身口意三轮三掷，皆纯善者，即名得清净相）。其未出家者，应当剃发，被服法衣，仰告十方诸佛菩萨，请为师证。一心立愿称辩戒相。先说菩萨十根本重戒，次当总举菩萨律仪三种戒聚。所谓摄律仪戒（五、八、十具等）、摄善法戒、摄化众生戒。自誓受之，则名具获波罗提木叉出家之戒，名为比丘、比丘尼。"故蕅益大师于三十五岁退为沙弥，遂专心礼占察忏法，至四十七岁正月初一日，乃获清净轮相，得比丘戒。

已前：

约有戒论 退为出家优婆塞，成时、性旦并受长期八戒。

约无戒论 自誓受三皈、五戒。长期八戒，菩萨戒少分。

授比丘戒缘，第四心境相应。

或心不当境、或境不称心、或心境俱不相应；并非法故。

【问】若已破四重戒者，犹得再受比丘戒耶？

【答】在家之人，或破五戒、八戒中四重。出家之人，或破沙弥、沙弥尼、式叉摩那、比丘、比丘尼戒中四重；并名边罪。若依小乘律，不得重受。若依《梵网经》，虽通忏悔，须以得见相好为期。今依占察经忏法，则以得清净轮相为期也。《占察经》云："未来之时，若在家、若出家众生等，欲求受清净妙戒，而先已作增上重罪（即是边罪），不得受者，亦当如上修忏悔法。令其至心，得身口意善相已；即可应受。"

【问】古代禅宗大德，居山之时，则以三条篾、一把锄为清净自活。领众之时，又以一日不作一日不食为清规；皆与律制相背，是何故耶？

【答】古代禅宗大德，严净毗尼，宏范三界者，如远公、智者等是也。其次，则舍微细戒，唯护四重；但决不敢自称比丘、不敢轻视律学。唯自愧未能兼修，以为渐德耳。昔有人问寿昌禅师云："佛制比丘不得掘地损伤草木。今何自耕自种？"答云："我辈只是悟得佛心，堪传佛意，指示当机，令识心性耳。若以正法格之，仅可称剃发居士，何敢当比丘之名耶？"又问："设令今时有能如法行持比丘事者，师将何以视之？"答云，"设使果有此人、当敬如佛、待以师礼。我辈非不为也，实未能也。"又紫柏大师，生平一粥一饭，别无杂食。胁不著席四十余年；犹以未能持微细戒，故终不敢为人授沙弥戒及比丘戒。必不得已则授五戒法耳。嗟乎！从上诸祖，敬视律学如此，岂敢轻之；若轻律者，定属邪见，非真实宗匠也（以上依蕅益大师文翣录）。

上列十章，未依次第；又以匆促撰录，或有文义未妥之处，俟后修正可也。

毗奈耶质疑编

【问】说教时节，既云十二年前略教所被，云何于五年即说广教？

【答】制与说二字不可混。制即随时制戒也；说乃半月半月布萨时所说者也。五年虽制广教，但佛犹自说略教也。

【问】未知僧尼广教即全说耶？抑陈其所有犯者？

【答】讲义中云：随犯便结；若漏未起，不先制也。此广教虽五年已制，但半月半月，佛仍自说略教。至十二年后乃重犯（即以前所制而重犯者），佛止不说。乃令弟子说，即改说广教也。

【问】《四教仪集》注云："经通五人，律唯佛制；如礼乐出自天子……"云何后付弟子乃广说耶？

【答】"制"与"说"二字不同。若论制戒，始终唯佛能之，等觉以下犹非所堪；若说戒（半月半月）者，十二年前佛自说略教，十二年后，因重犯戒，佛止不说。乃令上座持律者说之，即是改说广教也。但以后制戒仍由佛制，决非由弟子制。

【问】淫戒犯相表内，觉境与是非道二句名义如何？

【答】觉境者，有知觉之境，非睡眠等。非道者，死形半坏已下七条皆是也；或坏烂不成道形（前四），或是异物（后三）。

【问】同上表内，为怨家逼，云何为自入他道？

【答】为怨家逼持，令自体入他人道中也；是时自己无丝毫抵抗之能力。

【问】同上戒境想表内，既云入道，云何又生道想、道疑、非道想三名相？

【答】此是夜间黑暗之地；或饮酒微醉之时等。

【问】表七页、南山《行事钞》，盗三宝物，先明知事人是非；是非二字，是否即因果耶？又并师心处分；师心，是否即训为私心？

【答】是、非者，即是能否（有资格否）为知事人。读《宝梁经》等之文可知。师心者，刚愎自慢者，谓之师心自用也。

【问】同上，忧心念道，缘境既局；缘境是否指本戒。少应清洁，少字，是否训稍？

【答】缘境既局，此四字，与下文多众务三字相对。少字训稍是也。

【问】午后每多口渴，多饮茶水，有多不便，未知吃些冰糖，有违戒律否？

【答】可尔。

【问】律唯佛制，等觉已下，犹非所堪；而南山判四分，依成实论分通大乘，亦制起心。若重缘者，即犯突吉罗。如此岂无圣凡滥制之咎耶？

【答】唯佛能制戒，南山决非制戒也。四分本与成实同属空宗，南山依此而判，以契此土大乘之机，功在万世！乞以后仁者，对于南山教旨，万勿怀疑！请以余已往之事，为前车之鉴可耳。

【问】表七页十四行，云何谓则望十方凡圣一一结罪？

【答】常住常住物，为十方凡圣所共有，故云也。一一结者，非谓多罪；但此一夷，总望多境，故云一一耳（录《灵芝记》）。

【问】同上行，诸部五分，指哪五分？

【答】五分律。诸部者，应谓诸部中之一也。

【问】《含注本》，七页，云何为叹誉死、快劝死？

【答】赞叹，誉扬。称心，劝勉。

【问】表八页，第四分，比丘以咒药、乃至为按腹等，堕他胎，波罗夷。云何堕胎后，母死儿活，母死无犯；但结方便堕胎偷兰遮？

【答】对母决无杀心故。

【问】表六页，境想后（第四分）取男物，作女物想。取女物，作男物想；二条同罪。为同波罗夷，抑其它罪耶？

【答】满五，夷；不满五，兰。

【问】表十二页正面，灵芝《资持记》，染意窥看，念念重吉。深寮坐起，一一单提。重吉、单提二句，是否为结罪意也？

【答】是结罪。重吉，大淫远方便；单提，第四十五独与女人露地坐戒。

【问】表十五页，无主僧不处分过量房戒，境想过重表，兹拟于下。是否有讹？

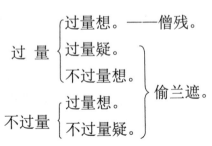

【答】是！

【问】表十六页，第七戒，具缘成犯内第三缘。《资持记》既云：此由有主，大小从他，故无过量。云何又制：长佛六磔手，广四磔手已上房，亦在具缘内耶？

【答】长六广四已上房，乃乞处分。不满此量则不须乞。有主者，大小从他，所以决无过量之罪。至乞处分则别是一事耳。第七戒长六广四之言，专就应处分否而说，与过量罪无有关系也（因第七戒中无有过量罪。）。

【问】表十九页正面，罪相表内，羯磨有三：单白、白二、白四，今作白竟，是否为单白？若是者，则作白一羯磨竟，乃至白三羯磨竟三条，将如何配合于羯磨中？若非者，则作白竟，为哪一段文？请详细示知！

【答】僧羯磨有三。

一、单白

…………………………此是白文…………………………诵一遍

二、白二（白与羯磨共计为二，故为白二）

…………………………此是白文…………………………诵一遍

…………………………此是羯磨文…………………………诵一遍

三、白四（白与羯磨共计为四，故为白四）

…………………………此是白文…………………………诵一遍

…………………………此是羯磨文…………………………诵三遍

破僧羯磨，属于白四，与前二种无涉。

【问】忏僧残法中，直与摩那埵法，与增上摩那埵法，有何差别？请示知！

【答】犯僧残后，当日发露，向僧乞摩那埵法，僧即作羯磨，与法。即日依行，共经六日夜，然后出罪；此直与法也。若犯僧残后，覆藏者，须先依一、二（乞看讲义）。然后增上与摩那埵法。增上者，即是后与之意也。

【问】讲义内，大小二字以下之小注云：即三法下三品之事，三品指何三品？

【答】此一句依《灵芝记》写录。下字稍未明白，应是依法所成之事也。三品即大事、中事、小事，如疏中所明（疏中指此为三品）。此品字，不可与八品九品相混同，分别观之可也。

【问】僧集约界，小注中云：若戒场大界，并须尽唱制限集之。请详示知。

【答】戒场（有场大界）。四处共集：如疏所明。大界（无场大界）二处共集；因说、恣法，通于界内外也。其他羯磨，当界自集（不通界外）。上且略答；后讲结界法时，再详说也。

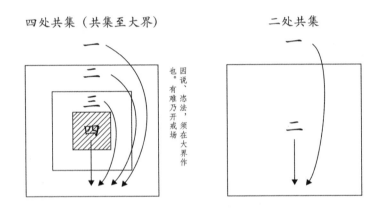

四处共集（共集至大界）　　　　　　　　二处共集

因说、恣法，须在大界作也。有难乃开戒场。

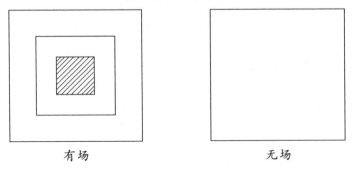

其他羯磨当界自集

有场　　　　　　　　　　　　无场

【问】戒场大界，疏中云。何谓无场大界？

【答】有场大界在后文。

以上大意，乞转告诸师，因他人亦应怀疑也。

【问】简众是非四满数中，不应诃、应诃、不得诃、亦得诃；请示其差别之大意。

【答】共二种：不应诃同不得诃；应诃同亦得诃。惟文字稍有变化，其义无异也。

【问】与欲、受欲、说欲；其意云何？

【答】与欲者，即托汝传欲。受欲者，即领受代为传欲。说欲者，即至僧中代为说欲也。

【问】五种与欲中，是否均为与欲者之言相耶？

【答】是也。

【问】五与欲中，前三种，其言词将何分别，方应与欲者之言相？

【答】所分五种，悉依律文也。前三种意同文别。病重之人，随己意用一种，即成就与欲，不拘何种文句。

【问】自然界六相，与戒场外大界内之自然界，有何差别？

【答】不同！戒场外之自然，仅指无法之空地而言。无此界字（他处或作兰若，亦此意也。）。若自然界，则加一界字。

【问】现时各处丛林传戒，印有忏罪单一纸，于中列某甲须礼千佛忏若干乃至念大悲咒若干遍；未知此单出于何时？受戒以后，是否必须行持？

【答】此单出于近世，受戒以后必须行持。

【问】七众自知有犯边罪。今欲全舍戒法，再乞受五八等戒。未知是先行忏悔后再受戒，或先受戒后行忏悔？

【答】若约已犯边罪（前曾受五、八、十、具而犯前四重者），今虽舍戒，亦不能即受五戒八戒。《萨婆多论》云："犯边罪者，更受五戒不得"。若约已前受七众戒时，或境不称心、或心境俱不相应，决定不能得戒者，虽破四重，亦可不名边罪。仅名恶业，则不须舍戒（以无可舍故），可以先忏悔七日以上（但至诚恳切忏之，不必得清净相也。）。即自誓受三归五戒八戒，或受菩萨戒可也。至于沙弥、比丘戒，非不可受；以无师故。必须礼占察忏法得清净相已，则菩萨、沙弥、比丘三戒，同时可得也。

【问】比丘受具已；因有难事，不得已而必须犯夷罪者，先舍戒已而后行之。他日复欲受具戒，是否为已犯边罪？

【答】五、八、十，具皆舍之，非已犯边罪也。

【问】对首羯磨，约事已分三品。而忏次兰众多对首，得中上品，应居众法对首之上，云何列相不列小众对首，而仅收入但对首中？

【答】乞阅疏记可知。

【问】从生偷兰，即从他而生。他字，为指何境？

【答】初二篇！

癸酉（一九三三年）秋
作于泉州承天寺

《佛说优婆塞五戒相经》笺要
宋天竺三藏求那跋摩译
明沙门智旭笺要　后学昙昉校并补释
（此书注释者：智旭即蕅益大师，昙昉即弘一大师）

闻如是，一时佛在迦维罗卫国。尔时净饭王来诣佛所，头面礼足合掌恭敬，而白佛言，欲所请求，以自济度，惟愿世尊，哀酬我志。佛言，可得之愿，随王所求。王白佛言，世尊已为比丘比丘尼沙弥沙弥尼，制戒轻重。唯愿如来，亦为我等优婆塞，分别五戒可悔不可悔者，令识戒相，使无疑惑。

迦维罗卫，中天竺国之名，即世尊生处也。净饭王，即世尊之父。以父王为当机而请五戒法相，正表此五戒法乃是三世诸佛之父。依于五戒出生十方三世一切诸佛，讵可忽哉。

佛言，善哉善哉。憍昙，我本心念，久欲与优婆塞分别五戒。若有善男子受持不犯者，以是因缘，当成佛道。若有犯而不悔，常在三途故。

上契佛意，下契群机，故再叹善哉也。憍昙，即瞿昙，是王之姓，西国以称姓为敬故。受持不犯，则当成佛。犯而不悔，则堕三途。五戒为法界十法界皆趣，五戒皆趣不过也。

【问】受持不犯，当成佛道。受而犯者，亦当成佛否？犯而不悔，常在三途。犯而悔者，亦堕三途否？

【答】受而犯者亦当成佛，惟不受戒则永无成佛因缘。犯而悔者，不堕三途。但犯分上中下三种差别。悔亦有作法取相无生三种不同。理须各就当戒委明，未可一言尽也。

尔时佛为净饭王种种说已。王闻法竟，前礼佛足，绕佛而去。

佛以是因缘，告诸比丘，我今欲为诸优婆塞，说犯戒轻重可悔不可悔者。诸比丘佥曰：唯然，愿乐欲闻。

【问】比丘律仪，是大僧法。所以不许俗闻。今五戒相，是优婆塞所学，何故不向王说，乃待王去之后，以是因缘告比丘耶？

【答】七众戒法，如来皆于比丘僧中结者，正以比丘为七众中尊，佛法藉僧宝而立。故云：佛灭度后，诸尼应从大僧而学戒法。夫尼戒尚属比丘，况五戒而不属比丘耶。故今向比丘僧说此五戒，正欲令优婆塞转从比丘学也。

杀戒第一

佛告诸比丘。犯杀，有三种夺人命。一者自作。二者教人。三者遣使。▲自作者，自身作，夺他命。▲教人者，教语他人言，捉是人，系缚夺命。▲遣使者，语他人言，汝识某甲不，汝捉是人，系缚夺命。是使随语夺彼命时，优婆塞犯不可悔罪。

杀戒以五缘成不可悔。一、是人（谓所杀者人，非畜牲等。）。二、人想（谓意在杀人。）。三、杀心。四、兴方便。五、前人命断。今之自作，教人，遣使，皆是以杀心而兴方便故。夺彼命时，犯不可悔罪也。不可悔者，初受优婆塞戒之时，说三归竟，即得无作戒体。今犯杀人之罪，则失无作戒体，不复成优婆塞，故不可作法忏悔也。既不可悔，则永弃佛海边外，名为边罪。不可更受五戒，亦不得受一日一夜八关斋戒，亦不得受沙弥戒及比丘戒，亦不得受菩萨大戒。惟得依大乘法，修取相忏，见好相已，方许受菩萨戒，亦许重受具戒十戒八戒及五戒等。尔时破戒之罪，虽由取相忏灭，不堕三途，然其世间性罪仍在。故至因缘会遇之时，仍须酬偿宿债。除入涅槃或生西方，乃能脱之不受报耳，可不戒乎。

复有三种夺人命。一者用内色。二者用非内色。三者用内非内色。▲内色者。优婆塞用手打他，若用足及余身分。作如是念，令彼因死，彼因死者，是犯不可悔罪。若不即死，后因是死，亦犯不可悔。若不即死，后不因死，是中罪可悔。▲用非内色者。若人以木瓦石刀稍弓箭白镴段铅锡段，遥掷彼人。作是念，令彼因死。彼因死者，犯不可悔罪。若不即死，后因是死，亦犯不可悔。若不即死，后不因死，是中罪可悔。▲用内非内色者。若以手捉木瓦石刀稍弓箭白镴段铅锡段木段，打他。作如是念，令彼因死。彼因死者，是罪不可悔。若不即死，后因是死，亦犯不可悔。若不即死。后不因死，是中罪可悔。

此三种亦皆杀法所谓兴方便也。手足身分，是凡情之所执受，故名内色。木瓦石等，是凡情所不执受，名非内色，有处亦名外色。用彼内色，捉彼外色，故为双用内非内色也。因此方便而死，不论即死后死，总是遂其杀心。故从前人命断之时，结成不可悔罪。后不因死，则但有兴杀方便之罪，未遂彼之杀心。故戒体尚未曾失，犹可殷勤悔除，名为中可悔罪也。

复有不以内色，不以非内色，亦不以内非内色，为杀人故合诸毒药。若著眼耳鼻身上疮中，若著诸食中，若被蓐（被：被褥；蓐：草席）中，车舆中。作如是念，令彼因死，彼因死者，犯不可悔罪。若不即死，后因是死，亦犯不可悔罪。若不即死，后不因死，是中罪可悔。

此以毒药为杀方便也，既不用手足等，又不用木石刀杖等，故云不以内非内色。而前人命断是同，则不可悔罪亦同。

复有作无烟火坑杀他、核杀、彄杀、作宍杀、拨杀、毗陀罗杀、堕胎杀、按腹杀、推著水中火中、推著坑中杀，若遣令去就道中死，乃至胎中初受二根，身根命根于中起方便杀。（彄者，木檻诈取也。拨者，弩石也。）

此更广标种种杀方便也。核彄及拨，皆是杀具。毗陀罗即起尸咒术，下文自释。余并可知。

无烟火坑杀者。若优婆塞知是人从此道来，于中先做无烟火坑，以沙土覆上。若口说，以是人从此道来故，我做此坑。若是人因是死者，是犯不可悔罪。若不即死，后因是死，犯不可悔罪。若不即死，后不因死，是中罪可悔。▲为人做无烟火坑。人死者，不可悔。非人死者，是中罪可悔。（从人边得方便罪。不从非人边得杀罪也。以于非人无杀心故。）畜生死者，下罪可悔。（下字，恐误。准一切律部，亦是中罪。亦从人边得方便罪，不从畜生边得杀罪也。以于畜生无杀心故。）▲为非人做坑。非人死者，是中罪可悔。（非人，谓诸天修罗鬼神，载道义弱。故杀之者戒体未失，犹可悔除也。）人死是下罪可悔。畜生死者犯下可悔罪。（亦皆从非人边得方便罪，不从人及畜生得杀罪。以于人及畜生本无杀心故。）▲若为畜生做坑。畜生死者，是下罪可悔。（畜生，较诸天鬼神更劣。故杀之者，罪又稍轻。）若人堕死，若非人堕死，皆犯下罪可悔。（还从畜生边得方便罪也。）▲若优婆塞不定为一事做坑，诸有来者皆令堕死。人死者，犯不可悔。非人死者，中罪可悔。畜生死者，下罪可悔，都无死者，犯三方便可悔罪。是名无烟火坑杀也。

此广释无烟火坑杀他，以例核杀、弶杀、作穽杀、拨杀，无不尔也。

问：一切有命，不得故杀，杀者非佛弟子。何故今杀天龙鬼神仅结中罪。杀畜生仅结下罪。犹不失戒，不至堕落耶？

答：凡论失戒，须破根本四重。所谓杀人，盗五钱，邪淫，大妄语。此四重中，随犯一种，决非作法之所能忏。至如杀非人畜生等，性罪虽重，而于违无作罪犹为稍轻。今云中罪可悔，下罪可悔，乃是悔除违无作罪，免堕三途，非谓并除性罪也，杀一命者，必偿一命。故杀者，固当故偿。误杀者，亦须误偿。纵令不受戒者，亦必有罪。故大佛顶经云，如于中间杀彼身命，或食其肉，如是乃至经微尘劫，相食相诛犹如转轮，互为高下，无有休息。佛制杀戒，良由于此受持不犯，便可永断轮回。设复偶犯，至心忏悔，永不复造，亦可免堕三途。故名中可悔，下可悔耳。设不念佛求生净土，何由永脱酬偿之苦哉。

毗陀罗者。若优婆塞以二十九日，求全身死人，召鬼咒尸令起。水洗著衣，令手捉刀。若心念口说，我为某甲故，做此毗陀罗。即读咒术，若所欲害人，死者，犯不可悔。若前人入诸三昧，或天神所护，或大咒师所救解，不成害，犯中可悔。是名毗陀罗杀也。▲半毗陀罗者。若优婆塞二十九日做铁车。做铁车已，做铁人召鬼，咒铁人令起。水洗著衣。令铁人手捉刀。若心念口说，我为某甲读是咒。若是人死者，犯不可悔罪。若前人入诸三昧，诸天神所护，若咒师所救解，不成死者，是中罪可悔。是名半毗陀罗杀。▲断命者。二十九日牛屎涂地，以酒食著中。然火已，寻便著水中。若心念口说，读咒术言，如火水中灭。若火灭时，彼命随灭。又复二十九日牛屎涂地，酒食著中，画作所欲杀人像，作像已，寻还拨灭。心念口说，读咒术言，如此像灭，彼命亦灭。若像灭时，彼命随灭。又复二十九日牛屎涂地，酒食著中，以针刺衣角头，寻还拔出，心念口说，读咒术言，如此针出，彼命随出。是名断命。若用种种咒死者，犯不可悔罪。若不死者，是中罪可悔。

三种咒术断命，并名厌祷杀。皆毗陀罗之类也。

又复堕胎者。与有胎女人吐下药，及灌一切处药。若针血脉，乃至出眼泪药。作是念，以是因缘，令女人死。死者，犯不可悔罪。若不即死，后因是死，亦犯不可悔罪。若不即死，后不因死，是中罪可悔。▲若为杀母故，堕胎。若母死者，犯不可悔。若胎死者，是罪可悔。（仍于母边得方便罪，不于胎边得罪。以无杀胎心故。）若俱死者，是罪不可悔。若俱不死者，是中罪可悔。▲若为杀胎故，作堕胎法。若胎死者，犯不可悔。若胎不死者，是中罪可悔。若母死者，是中罪可悔。（仍于胎得方便罪也。）俱死者，是犯不可悔。是名堕胎杀法。

按腹者。使怀妊女人重作，或担重物，教使车前走，若令上峻岸。作是念，令女人死。死者，犯不可悔。若不即死，后因是死，是罪不可悔。若不因死者，是中罪可悔。▲若为胎者，如上说，是名按腹杀也。

遣令道中死者。知是道中有恶兽饥饿，遣令往至恶道中，作如是念，令彼恶道中死。死者，犯不可悔。余者亦犯，同如上说，是名恶道中杀。

乃至母胎中初得二根身根命根加罗逻时，以杀心起方便，欲令死。死者，犯不可悔。余犯同如上说。

加罗逻，或云歌罗逻，或云羯逻蓝。此翻凝滑，又翻杂秽。状如凝酥，乃胎中初七日位也。

赞叹杀，有三种。一者恶戒人。二者善戒人。三者老病人。▲恶戒人者，杀牛羊养鸡猪，放鹰捕鱼，猎狮围兔，射麞鹿等，偷贼魁脍咒龙守狱。若到是人所，作如是言，汝等恶戒人，何以久作罪，不如早死。是人因死者，是罪不可悔。若不因死者，是中罪可悔。若恶人作如是言，我不用是人语。不因是死，犯中可悔罪。若赞叹是人令死，便心悔。作是念，何以教是人死。还到语言，汝等恶人，或以善知识因缘故，亲近善人，得听善法，能正思惟，得离恶罪，汝勿自杀。若是人受其语，不死者，是中罪可悔。▲善戒人者，如来四众是也。若到诸善人所，如是言。汝持善戒，有福德人。若死，便受天福。何不自夺命。是人因是自杀，死者，犯不可悔罪。若不自杀者，中罪可悔。若善戒人作是念，我何以受他语自杀。若不死者，是罪可悔。若教他死，已心生悔。言我不是，何以教此善人死。还往语言，汝善戒人，随寿命住。福德益多故，受福益多，莫自夺命，若不因死者，是中罪可悔。▲老病者，四大增减，受诸苦恼。往语是人言，汝云何久忍是苦，何不自夺命。因死者，是罪不可悔。若不因死者，是中罪可悔。若病人作是念，我何缘，受是人语自夺命。若语病人，已心生悔。我不是，何以语此病人自杀。还往语言，汝等病人，或得良药，善看病人，随药饮食，病可得瘥，莫自夺命。若不因死者，是中罪可悔。

此三种赞叹杀，皆广标中所无。然并如文可知。馀上七种杀，说犯与不犯，同如上火坑。

七种，指广标中核、㨝、㝹、拔，及推著水中、火中、坑中也。

若人，作人想杀，是罪不可悔。人，作非人想杀、人中生疑杀，皆犯不可悔。非人，人想杀、非人中生疑杀，是中罪可悔。

按他部，或但人想一句结重，或人想人疑二句结重。今三句皆结重也，以理酌之，只应二句结重耳。谓人，人想，不可悔。人，人疑，亦不可悔。馀四句，结可悔。谓人，作非人想，中可悔。非人作人想，中可悔。非人，非人疑，中可悔。非人，非人想，亦中可悔。

又一人被截手足置著城堑中。又众女人来入城中，闻是啼哭声，便往就观。共相谓言，若有能与是人药浆饮，使得时死，则不久受苦。中有愚直女人，便与药浆，即死。诸女言，汝犯戒不可悔。即白佛，佛言，汝与药浆时死者，犯戒不可悔。

此结集家引事明判罪法，而文太略。准馀律部。若作此议论时，便犯小可悔罪。若同心令彼觅药者，同犯不可悔罪。若知而不遮者，亦犯中可悔罪。

若居士作方便欲杀母，而杀非母，是中罪可悔。（仍于母边得方便罪，不于非母边得罪。以是误杀本无杀心故也。）▲若居士欲杀非母，而自杀母，是犯中罪可悔，非逆。（亦于非母得方便罪，不于母边得杀罪也。）▲若居士方便欲杀人，而杀非人，是中罪可悔。（但于人边得方便罪。）▲若居士作方便欲杀非人，而杀人者，犯小可悔罪。（但于非人得方便罪。）

若人怀畜生胎，堕此胎者，犯小可悔罪。▲若畜生怀人胎者，堕此胎死者，犯不可悔。

若居士作杀人方便，居士先死。后若有死者，是罪犯可悔。（当未死前，仅犯方便罪。当其死时，戒体随尽。故后有死者，彼则不犯破戒重罪也。）

若居士欲杀父母，心生疑，是父母非耶。若定知是父母。杀者，是逆罪，不可悔。（此亦须六句分别。父母。父母想，父母疑。二句，是逆。父母非父母想……及非父母四句，皆犯不可悔，非逆。）▲若居士生疑，是人非人。若心定知是人。杀者犯不可悔。（亦应六句分别。二不可悔，四可悔，如前所明。）

若人捉贼，欲将杀，贼得走去。若以官力，若聚落力，追逐是贼。若居士逆道来，追者问居士言，汝见贼不。是居士先于贼有恶心瞋恨，语言，我见在是处。以是因缘，令贼失命者，犯不可悔。▲若人将众多贼欲杀，是贼得走去。若以官力，若聚落力，追逐。是居士逆道来。追者问居士言，汝见贼不。是贼中，或有一人是居士所瞋者，言我见在是处。若杀非所瞋者，是罪可悔。（仍于所瞋者得方便罪。）馀如上说。（若杀所瞋者，是罪不可悔也。）若居士，母想，杀非母，犯不可悔，非逆罪。（六句分别。二逆。四非逆。上已明，今重出耳。）

若戏笑打他，若死者，是罪可悔。（本无杀心故也，但犯戏笑打他之罪。）

若狂，不自忆念。杀者，无罪。（见粪而捉，如栴檀无异。见火而捉，如金无异，乃名为狂。更有心乱，痛恼所缠，二病亦尔。）

若优婆塞用有虫水及草木中杀虫，皆犯罪。若有虫，无虫想，用亦犯。若无虫，有虫想，用者亦犯。

此亦应六句分别。一、有虫，有虫想。二、有虫，有虫疑。二句，结根本小可悔罪。三、无虫有虫想。四、无虫，无虫疑。二句，结方便小可悔罪。五、有虫，无虫想。六、无虫，无虫想。二句，无犯。今言有虫，无虫想亦犯者，欲人谛审观察，不可辄尔。轻用水及草木故也。

有居士起新舍，在屋上住。手中失梁堕木师头上，即死。居士生疑，是罪为可悔不。问佛，佛言，无罪。（本无有杀心故。）▲屋上梁，人力少不禁故，梁堕木师头上，杀木师，居士即生疑。佛言，无罪。从今日作，好用心，勿令杀人。▲又一居士屋上作。见泥中有蝎，怖畏跳下，堕木师上，即死。居士生疑，佛言，无罪。从今日好用心作，勿令杀人。▲又一居士日暮入险道，值贼，贼欲取之。舍贼而走，堕岸下织衣人上，织师即死。居士生疑，佛言，无罪。▲又一居士山上推石，石下，杀人，生疑。佛言，无罪。若欲推石时，当先唱石下，令人知。

又一人病痈疮，未熟。居士为破而死。即生疑，佛言，痈疮未熟，若破者，人死，是中罪可悔。（虽无杀心，而有致死之理，故犯罪也。）若破熟痈疮，死者，无罪。（痈疮既熟，理应破故。）▲又一小儿喜笑。居士捉，击历令大笑故，便死。居士生疑。佛言，戏笑故，不犯杀罪。从今不应复击历人令笑。（不应，便是小可悔罪。）▲又一人坐，以衣自覆。居士唤言，起。是人言，勿唤我，起便死。复唤言，起。起便即死。居士生疑，佛言，犯中罪可悔。（初唤，无罪。第二唤，犯中罪也。）

盗戒第二

佛告诸比丘，优婆塞以三种取他重物，犯不可悔。一者用心。二者用身。三者离本处。▲用心者，发心思惟，欲为偷盗。▲用身者，用身分等，取他物。▲离本处者，随物在处举著馀处。

盗戒以六缘成不可悔。一、他物。二、他物想。三、盗心。四、兴方便取。五、直五钱。（西域一大钱，直此方十六小钱。五钱则是八十小钱，律摄云五磨洒。每一磨洒，八十贝齿。则是四百贝齿。滇南用贝齿五个，准银一厘，亦是八分银子耳。）六、离本处。今云取他重物，即是他物、他物想、直五钱之三缘。用心，即是盗心。用身即是兴方便取。离本处，即第六缘。六缘具足，失无作戒体也。

复有三种取人重物，犯不可悔罪。一者自取。二者教他取。三者遣使取。▲自取者，自手举离本处。▲教他取者，若优婆塞教人言盗他物，是人随意取，离本处时。▲遣使者，语使人言，汝知彼重物处不，答言知处。遣往盗取，是人随语取，离本处时。

此三种取，皆辨所兴方便不同，同以六缘成重也。

复有五种取他重物，犯不可悔。一者苦切取。二者轻慢取。三者诈称他名字取。四者强夺取。五者受寄取。

此五种取，亦是方便不同，同以六缘成重也。

重物者，若五钱，若直五钱物，犯不可悔。

此正释五钱以上，皆名为重物也。不论何物，但使本处价直八分银子，取离处时，即犯不可悔罪。

若居士知他有五宝，若似五宝。以偷心选择，而未离处，犯可悔罪。（未具六缘，得方便罪。）若选择已，取离本处，直五钱者，犯不可悔。（已具六缘，便失戒体。不论受用与不受用。）

五宝，即五金，所谓金银铜铁锡也。似者，像也。以金银等作诸器具，名为似宝。若未成器诸金银等，名为生宝。故云生像金银宝物。谓一者生金银宝物；二者像金银宝物也。或云七宝，准例可知。

离本处者。若织物异绳名异处；若皮若衣一色名一处，异色名异处。▲若皮衣物，一色名一处，异色名异处。▲若毛褥者，一重毛名一处，一色名一处，异色名异处。是名诸处。

且如毛褥。自物放一重上，他物放二重上。或自物放一色上，他物放异色上。今取他物，离彼二重，置一重中。离彼异色，置一色中。则令他人生失物想，故为离处。而具六缘更犯不可悔也。

居士为他担物，以盗心移左肩著右肩，移右手著左手。如是身分，名为异处。

左肩右肩等，例皆如是。若无盗心，则虽左右数移，岂有罪哉。

车则轮轴衡轭，▲船则两舷前后，▲屋则梁栋橡桷四隅及隩，皆名异处。以盗心移物著诸异处者，皆犯不可悔。

衡，辕前横木，所以驾马。轭，辕前横木，所以驾牛。舷，音弦，船之边也。负栋曰梁。屋脊曰栋。橡桷，音传角，皆屋橡也。

盗水中物者。人筏材木，随水流下。居士以盗心取者，犯不可悔。若以盗心捉木令住，后流至前际（即名离处。）。及以盗心沉著水底（亦名离处。）。若举离水时（亦名离处。）。皆犯不可悔。▲复次有主池中养鸟，居士以盗心按著池水中者，犯可悔罪（未离彼处故。）。若举离池水，犯不可悔。（离彼处故。）▲若人家养鸟，飞入野池，以盗心举离水（是为离处。）。及沉著水底（亦名离处。）。皆犯不可悔。

又有居士内外庄严之具，在楼观上诸有主鸟衔此物去。以盗心夺此鸟者，犯不可悔（具六缘故。）。若见鸟衔宝而飞，以盗心遥待之时，犯中可悔（方便罪也。）。若以咒力，令鸟随意所欲至处，犯不可悔（具六缘故。）。若至馀处，犯中可悔（亦方便罪。）。▲若有野鸟衔宝而去，居士以盗心夺野鸟取，犯中可悔（虽非有主物，从盗心结罪。）。待野鸟时，犯小可悔。▲又诸野鸟衔宝而去，诸有主鸟，夺野鸟取。居士以盗心夺有主鸟取，犯不可悔（具六缘故，从鸟主边得罪。）。若待鸟时，犯中可悔（是方便罪。）。馀如上说。▲又有主鸟衔宝物去，为野鸟所夺（是无主也。）。居士以盗心夺野鸟取，犯中可悔（亦从盗心结罪。）。若待鸟时，亦犯中可悔（准上，应小可悔，中字恐误。不则上亦应云中可悔也。）。馀亦同上。

若居士蒲博，以盗心转齿胜他，得五钱者，犯不可悔。

博钱为戏，名擿蒲。双陆戏，名六博。赌博家所用马子及围棋子、象棋子、骰子之类，皆名为齿。转齿者，偷棋换著乃至用药骰子等也。准《优婆塞戒经》及《梵网经》，则蒲博等事亦犯轻垢。今但受五戒者，容可不犯。而转齿胜他，全是盗心，故犯重也。

若有居士以盗心偷舍利，犯中可悔（不可计价直故。）。若以恭敬心而作是念，佛亦我师，清净心取者，无犯。▲若居士以盗心取经卷，犯不可悔，计直轻重（所盗经卷若直五钱以上，则不可悔。若减五钱，中可悔也。）。夫盗田者，有二因缘夺他田地。一者相言（即告状讼于官府也。）。二者作相（即立标示界限相也。）。若居士为地故，言他得胜。若作异相过分得地，直五钱者，犯不可悔。

有诸居士应输贾税而不输，至五钱者，犯不可悔。▲复有居士至关税处，语诸居士，汝为我过此物，与汝半税。为持过者，违税五钱，犯不可悔。▲居士若示人异道，使令失税。物直五钱，犯中可悔。若税处有贼及恶兽或饥饿，故示异道，令免斯害，不犯。

又有居士与贼共谋，破诸村落，得物共分。直五钱者，犯不可悔。

盗无足众生者，蛭虫（蛭，音质，水虫也。）于投罗虫等，（未见翻译。）人取举著器中，居士从器中取者，犯不可悔。选择如上。

盗二足三足众生者，人及鹅雁鹦鹉鸟等。是诸鸟在笼樊中，若盗心取者，犯不可悔。馀如上说。▲盗人有二种。一者担去。二者共期。若居士以盗心担人著肩上，人两足离地，犯不可悔。若共期，行过二双步，犯不可悔。馀皆如上说。

盗四足者，象马牛羊也，人以绳系著一处，以盗心牵将过四双步，犯不可悔。▲若在一处卧，以盗心驱起，过四双步，犯不可悔。▲多足亦同。▲若在墙壁篱障内，以盗心驱出，过群四双步者，犯不可悔。馀如上说。▲若在外放之，居士以盗心念，若放牧人入林去时，我当盗取。发念之机，犯中可悔。▲若杀者，自同杀罪。杀已，取五钱肉，犯不可悔。

复有七种。一、非己想，二、不同意。三、不暂用。四、知有主。五、不狂。六、不心乱。七、不病坏心。此七者，取重物，犯不可悔。取轻物，（四钱以下。）犯中可悔。▲又有七种。一者己想。（谓是己物。）二者同意（素相亲厚，闻我用时，其心欢喜。）三者暂用。（不久即还本主。）四者谓无主。（不知此物有人摄属。）五狂。六心乱。七病坏心。此七者，取物无犯。

有一居士种植萝卜，又有一人来至园所，语居士言，与我萝卜。居士问言，汝有价耶，为当直索。答言，我无价也。居士曰，若须萝卜，当持价来。我若但与汝者，何以供朝夕之膳耶。客言，汝定不与我耶。主曰，吾岂得与汝。客便以咒术令菜干枯。回自生疑，将无犯不可悔耶，往决如来。佛言，计直，所犯可悔不可悔，茎叶华实，皆与根同。

有一人在祇洹间耕垦，脱衣著田一面。时有居士四望无人，便持衣去。时耕者遥见，语居士言，勿取我衣。居士不闻，犹谓无主，故持衣去。耕人即随后捉之，语居士言，汝法应不与取耶。居士答言，我谓无主，故取之耳，岂法宜然。耕人言，此是我衣。居士言曰，是汝衣者便可持去。居士生疑，我将无犯不可悔耶。即往佛所咨质此事。佛知故问，汝以何心取之。居士白言，谓言无主。佛言，无犯。自今而后，取物者善加筹量。或自有物，虽无人守，而实有主者也。

若发心欲偷未取者，犯下可悔。取而不满五钱者，犯中可悔。取而满五钱，犯不可悔。

欲偷未取，下可悔，远方便也。取而未离处，中可悔，近方便也。文缺略。不满五钱，中可悔，未失戒也。满五钱，不可悔，已失戒也。失戒须取相忏，例如杀戒中说。所有世间性罪，偿足自停，较杀业稍轻耳。

淫戒第三

佛告诸比丘，优婆塞不应生欲想欲觉，尚不应生心，何况起欲恚痴，结缚根本不净恶业。

于欲境界安立名言，名为欲想。于欲境界忽起寻求，名为欲觉。由欲不遂，而起于恚。欲之与恚，同依于痴。三毒既具，则为一切结缚根本。违清净行，能招此世他世苦报，故名不净恶业也。

是中犯邪淫有四处。男女黄门，二根。女者：人女，非人女，畜生女。男者：人男，非人男，畜生男。黄门，二根，亦同于上类。

若优婆塞与人女、非人女、畜生女三处行邪淫，犯不可悔。▲若人男、非人男、畜生男黄门二根，二处行淫，犯不可悔。

若发心欲行淫未和合者，犯下可悔。（远方便也。）若二身和合，止不淫，犯中可悔。（近方便也。）

淫戒以三缘成不可悔。一淫心。谓如饥得食如渴得饮，不同热铁入身，臭尸系颈等。二是道谓下文所明三处。三事遂，谓入如胡麻许，即失戒也。

若优婆塞，婢使已配嫁有主，于中行邪淫者，犯不可悔。余轻犯，如上说。三处者，口处、大便、小便处。除是三处，余处行欲，皆可悔。▲若优婆塞婢使未配嫁，于中非道行淫者，犯可悔罪。后生受报罪重。

婢使未配嫁，则未有他主。若欲摄受，便应如法以礼定名，为妾为妻，皆无不可。若非道行淫，坏其节操，致使此女丧德失贞。故虽不失戒体而后报罪重。所谓损阴德者幽冥所深恶也。

若优婆塞，有男子僮使人等，共彼行淫二处，犯不可悔罪。余轻犯罪，同上说。

若优婆塞，共淫女行淫，不与直者，犯邪淫不可悔。与直，无犯。

若人死乃至畜生死者，身根未坏，共彼行邪淫，女者三处，犯不可悔。轻犯，同上说。

若优婆塞，自受八支。（谓一日一夜八关戒斋。）行淫者，犯不可悔。八支无复邪正，一切皆犯。

若优婆塞，虽都不受戒，犯佛弟子净戒人者。虽无犯戒之罪，然后永不得受五戒，乃至出家受具足。

佛弟子净戒人，谓比丘比丘尼、式叉摩那、沙弥沙弥尼、优婆塞优婆夷也。乃至己妻受八支戒日，亦不得犯。犯者，同名破他梵行。

问：犯他净行，固名重难。设有反被受戒人所诱者，是遮难否。或不知误犯，后乃悔恨，诚心发露，许受五戒及出家否？

答：若知彼已受戒，便不应妄从其诱。然既被诱，罪必稍减。不知误犯，理亦应然。但忏悔之方，决非轻易。应须请问威德重望，深明律学者，乃能减此罪耳。

佛告诸比丘，吾有二身。生身，戒身。若善男子，为吾生身起七宝塔，至于梵天，若人污之，其罪尚有可悔。污吾戒身，其罪无量，受罪如伊罗龙王。

此结示净戒不可污犯也。戒身，即法身。佛以戒定慧解脱解脱知见为法身故。以此戒法，师师相授，即是如来法身常住不灭。若或自破梵行，或复破他梵行，则是破坏如来法身。故较破坏生身舍利塔罪为尤重也。伊罗龙王，具云伊罗跋罗，亦云伊罗钵。伊罗，树名，此云臭气。跋罗，此云极。谓此龙王昔为迦叶佛时比丘，不过以瞋恚心，故犯折草木戒，不知忏悔。遂致头上生此臭树，苦毒无量。况杀盗淫妄根本重戒而可犯乎。然杀盗二戒，稍有慈心廉退者，犹未肯犯。独此淫戒，人最易犯。故偏于此而结示也。然犯戒之罪既有重于坏塔，则持戒之福不尤重于起塔耶。幸佛弟子思之。

妄语戒第四

佛告诸比丘，吾以种种诃妄语，赞叹不妄语者，乃至戏笑尚不应妄语，何况故妄语。

是中犯者，若优婆塞不知不见过人圣法，自言我是罗汉（断三界烦恼尽）向罗汉者（断无色界思惑将尽），犯不可悔。若言我是阿那含（断欲界烦恼尽）、斯陀含（断欲界六品惑）、若须陀洹（断见惑尽），乃至向须陀洹（世第一后心，具足八忍，智少一分）。若得初禅（离生喜乐，五支功德相应）、第二禅（定生喜乐，四支功德相应）、第三禅（离喜妙乐，五支功德相应）、第四禅（舍念清净，四支功德相应）。若得慈悲喜舍无量心，若得（四）无色定，（所谓）虚空定，识处定，无所有处定，非想非非想处定。若得不净观，阿那般那念（此云遣来遣去，即入息出息也。此二观，乃佛法二甘露门。但应修习，不应云得）。诸天来到我所，诸龙，夜叉（捷疾鬼），薜荔（亦云闭丽多，此翻祖父鬼），毗舍阇（啖精气鬼），鸠盘荼（瓮形厌魅鬼），罗刹（可畏鬼）来到我所。彼问我，我答彼。我问彼，彼答我。皆犯不可悔。

此大妄语，以五缘成不可悔。一、所向人，二、是人想，三、有欺诳心，四、说重具，即罗汉乃至罗刹来到我所等。五、前人领解。若向聋人痴人不解语人说，及向非人畜生等说，并属中可悔罪也。

若本欲言罗汉，误言阿那含者，犯中可悔。余亦如是犯（未遂本心故也。）。▲若优婆塞，人问言，汝得道耶。若默然，若以相示者，皆犯中可悔（未了了故。）。

乃至言旋风土鬼来至我所者，犯中可悔（准《十诵律》。未得外凡别总相念，妄言已得。戒未清净，妄言持戒清净。未曾读诵经典，妄言读诵等。并犯中可悔罪。）。

若优婆塞，实闻而言不闻，实见而言不见。疑有而言无，无而言有。如是等妄语皆犯可悔（更有两舌、恶口、绮语，并皆犯罪。但不失戒，故云可悔。非谓无性罪也。）。

若发心欲妄语，未言者，犯下可悔（远方便也。）。言而不尽意者，犯中可悔（或误说，或说不了了，仅名近方便罪也。）。若向人自言得道者，便犯不可悔。

若狂，若心乱，不觉语者，无犯。

酒戒第五

佛在支提国跋陀罗婆提邑（未见翻译），是处有恶龙，名庵婆罗提陀（未见翻译）。凶暴恶害，无人得到其处。象马牛羊驴骡骆驼，无能近者。乃至诸鸟，不得过上。秋谷熟时，破灭诸谷。长老莎伽陀（或云槃陀伽，或云般陀。此翻小路边生，又翻继道。往昔悭法，又喜饮酒。今生愚钝，一百日中不诵一偈。佛令调息，证阿罗汉。），游行支提国，渐到跋陀罗婆提。过是夜已，晨朝著衣持钵，入村乞食。乞食时，闻此邑有恶龙，名庵婆罗提陀，凶暴恶害，人民鸟兽，不得到其住处。秋谷熟时，破灭诸谷。闻已，乞食讫，到庵婆罗提陀龙住处。泉边树下，敷坐具大坐。龙闻衣气，即发瞋恚，从身出烟。长老莎伽陀，即入三昧，以神通力，身亦出烟。龙倍瞋恚，身上出火。莎伽陀复入火光三昧，身亦出火。龙复雨雹，莎伽陀即变雨雹，作释俱饼、髓饼、波波罗饼。龙复放霹雳，莎伽陀即变作种种欢喜丸饼。龙复雨弓箭刀稍，莎伽陀即变作优钵罗花（此云青莲）、波头摩花（此云红莲）、拘牟陀花（此云黄莲）。时龙复雨毒蛇、蜈蚣、土虺蚰蜒，莎伽陀即变作优钵罗华缨络、瞻卜华缨络、婆师华缨络、阿提目多伽华缨络（瞻卜此云黄华。婆师此云夏生华，又翻雨华，雨时方生。阿提目多伽旧云善思夷华，或翻龙甜华。）。如是等龙所有势力，尽现向莎伽陀。如是现德已，不能胜故，即失威力光明。长老莎伽陀，知龙势力已尽，不能复动。即变作细身，从龙两耳入，从两眼出。两眼出已，从鼻入，从口中出。在龙头上，往来经行，不伤龙身。尔时龙见如是事，心即大惊，怖畏毛竖。合掌向长老莎伽陀言，我归依汝。莎伽陀答言，汝莫归依我，当归依我师，归依佛。龙言，我从今归三宝，知我尽形作佛优婆塞。是龙受三自归，作佛弟子已，更不复做如先凶恶事。诸人及鸟兽，皆得到其所。秋谷熟时，不复伤破。如是名声，流布诸国。长老莎伽陀，能降恶龙，折伏令善。诸人及鸟兽，得到龙宫。秋谷熟时，不复破伤。因长老莎伽陀名声流布，诸人皆作食传请之。是中有一贫女人，信敬请长老莎伽陀，莎伽陀默然受已。是女人为办名酥乳糜，受而食之。女人思惟，是沙门噉是名酥乳糜，或当冷发。便取似水色酒，持与。是莎伽陀，不看饮。饮已，为说法，便去。过向寺中，尔时间酒势便发。近寺门边，倒地。僧伽黎衣等，漉水囊钵杖油囊革屣针筒，各在一处，身在一处，醉无所觉。尔时佛与阿难（此云欢喜，佛之堂弟。佛成道时生，为佛侍者。又翻庆喜，又翻无染。），游行到是处。佛见是比丘，知而故问，阿难，此是何人。答言，世尊，此是长老莎伽陀。佛即语阿难，是处为我敷坐床，办水，集僧。阿难受教，即敷坐床。办水，集僧已，往白佛言，世尊，我已敷床，办水，集僧。佛自知时，佛即洗足坐。问诸比丘，曾见闻有龙，名庵婆罗提陀，凶暴恶害。先无有人到其住处。象马牛羊驴骡骆驼，无能到者。乃至诸鸟，无敢过上。秋谷熟时，破灭诸谷。善男子莎伽陀，能折伏令善。今诸人及鸟兽，得到泉上。是时众中，有见者言见，世尊，闻者言闻，世尊。佛语比丘，于汝意云何。此善男子莎伽陀，今能折伏虾蟆不。答言，不能，世尊佛言。圣人饮酒，尚如是失，何况俗凡夫。如是过罪，若过是罪，皆由饮酒故。从今日，若言我是佛弟子者，不得饮酒。乃至小草头一滴，亦不得饮。佛种种诃责饮酒过失已，告诸比丘，优婆塞不得饮酒者，有二种，谷酒、木酒（谷酒可知）。木酒者，或用根茎叶华果，用种种子，诸药草杂作酒。酒色，酒香，酒味，饮能醉人，是名为酒。若优婆塞尝咽者，亦名为饮犯罪。若饮谷酒，咽咽犯罪。若饮酢（同"醋"）酒，随咽咽犯。若饮甜酒，随咽咽犯。若噉麴能醉者，随咽咽犯。若噉滴糟（见"补释"倒数第二条），随咽咽犯。若饮酒淀，随咽咽犯。若饮似酒酒色、酒香、酒味，能令人醉者，随咽咽犯。

若但作酒色，无酒香，无酒味，不能醉人及余，饮皆不犯。

酢，谓味酸也。但是饮之能醉，不论味酸味甜，皆悉犯罪。麴(酿酒用的曲)者，作酒之药。滴糟者，即今烧酒。酒淀者，淀（音殿）酒之滓垽（音印）。似酒者，果浆等变熟之后，亦能醉人。此酒戒但是遮罪，为防过故，与前四根本戒同制。三缘成犯，一、是酒，谓饮之醉人；二、酒想，谓知是酒，或酒和合。三、入口咽咽，结可悔罪也。若食中不知有酒，或酒煮物，已失酒性不能醉人者。并皆无犯。

佛说优婆塞五戒相经笺要竟

补释

补释经义，分别三章。一引律释文。二立表辨相。三别录旁义。初引律者，凡经文脱略，译言未融。支举其要，引大律文以为补释。使昭然易喻，寻览无惑。二立表者，犯相境想开缘，经文笺要并有阙略。后学迟疑，莫知所拟。故缀集增补，列为图表。初心之侣，倘有微益。三别录者，或引前识，或率私臆，略补其遗，趣使易了。岂曰能尽。持犯之概，差见可耳。

第一章　引律释文

第五页第六行文云。无烟火坑杀他，核杀，作宰杀。大律作忧多杀，头多杀，作罗杀。同第十三行，文云，若口说，大律作若心念，若口说。

第六页第七行已下。大律委辨头多杀乃至拨杀。律文甚繁，今录其概。头多杀者，有二种。一者地。二者木。地头多者，若作坑埋人脚踝等，令象等蹴蹋。木头多者，穿木作孔，若桁人脚杻手枷颈，令象等蹴蹋。弶杀者，知是人从此道来，于中依树等施弶。罗杀者施罗，拨杀者施机拨，亦如是。

第九页第一行。文云，乃至母胎中初得二根，身根命根加罗逻时。大律作乃至胎中初得二根者，谓身根命根迦罗罗时。

第十页第四行。文云，自夺命。已下，准大律，应有不因死者，中罪可悔句。

同第六行。文云，随药饮食。大律作随病饮食。

第十三页第二行。文云，在屋上住。大律住作作。

第十四页第三行。文云，用身分等，取他物。大律作若手若脚若头，若馀身分，取他人物。

同第十三行。文云，是人随意取。大律作是人随语，即偷夺取。

第十五页第三行已下。大律分别为地处，上处，虚空处，乘处，车处，船处，水处田地僧坊处，身上处，关税处，共期处，无足处，二足处，四足处，多足处。此节属地处。大律云，如人有五宝，若似五宝在地。

同第十行。此节并下文，屋则梁栋椽桷四隅及隩句，属上处。文多脱略，未易了解。大律云，上处者。若细陛绳床，粗陛绳床，蓐等，被等，树上处，屋上处，悉名为上处。细陛绳床处者，谓脚处足处乃至上头处。若以绳织，异绳名异处，若皮若衣覆，一色名一处，异色名异处。如是诸处，有五宝，若似五宝，以偷夺心取，若选择时，罪悉如上说。粗陛绳床处者，若一板名一处。若皮若绳若衣覆，异绳名异处。馀如上说。蓐者，一种毛，一种名一处。表处裹处，一色名一处，异色名异处。是诸处有五宝，若似五宝等。广如上说。乃至屋上处者，谓门间处向处及梁椽处等，一桄名一处。是诸处有五宝，若似五宝等。广如上说。

同第十八行。文云，居士为他担物等，属身上处。大律云，身上诸处，谓脚处乃至头处。以偷夺心取是衣囊，从此处移著彼处者，犯重。

第十六页第二行。文云，车则轮轴衡轭句，属车处。大律云，车处者，犊车等数种。犊车处者，谓辐辋辕毂箱处，栏楯处。是诸处有五宝，若似五宝等，广如上说。

同文云，船则两舷前后句，属船处。大律云，船处者，单槽船等数种。单槽船处者，两舷处两头处等。是诸处有五宝，若似五宝等。广如上说。

同第八行。此节属水处。

同第十一行。文云，按著池水中者。大律作若沈著水底。与次段文同，而结罪异。阙疑。

同第十五行。此节属虚空处。

第十七页第五行。文云，若待鸟时，亦犯中可悔。

注云，准上应小可悔。中字，恐误。今检大律云，以偷夺心夺野鸟取，偷蘭遮。若待鸟时，突吉罗，准是律义，此文中可悔，应是小可悔。

同第十七行。此节属田处。

同第二十行。此节关税处。

第十八页第一行，文多脱略。大律云，若估客语与过是物。与过者，是税物直五钱，犯不可悔（因随教盗者，亦同犯故。）。若估客到关逻语与过是物，税直当与半。与过者，亦尔。若云税直尽与汝者，亦尔。又云，若估客到关，示异道令过，断官税物。是税物直五钱，犯不可悔。若估客未到关，示异道令过，断官税物。是税物直五钱，犯中可悔。

同第五行。此节属共期处。

同第七行。此节属无足处。文云，蛭虫于投罗虫等。大律作（虫＋质）虫千头罗虫。

同第九行。此节属二足处。

同第十二行。文云，人两足离地，大律作过二踔。

同文云，二双步。丽藏本及一切经音义皆作二叟步。大律作二踔。

同第十四行。此节属四足处，并多足处。

第二十页第十行。文云，不应生欲想欲觉。律论释云，欲想者，身口不动，但心想女人。欲觉者，心即瞢醉，身体瞪瞢。

第二十七页第十五行。文云，滴糟丽藏本作酒糟。大律亦尔。

同第十六行。文云，似酒酒色。丽藏本似字下无酒字。大律亦尔。

第二章　立表辨相

辨相中。初列犯相。次标境想。三明开缘。今初。

罪分上中下三品。杀盗淫妄四戒。皆具三品。饮酒一戒。唯有中下二品。故先后别列。

四 妄语	三 邪淫	二 盗	一 杀	
向人说证果乃至罗刹来到我所等彼领解。	入道。（女有三处。男有二处。）	取他物直五钱。（盗他物价值超过五钱的。）	杀人命断（若杀生身父母、阿罗汉、圣人。即犯逆罪。）	上品不可悔根本罪

1

	一 杀	二 盗	三 邪淫	四 妄语
中品可悔近方便罪	杀人不死。（若后因是死者。仍犯不可悔罪。）	取而未离处。	二身和合止而不淫。	误说而未遂本心。说不了了。前人未了解。向聋痴不解言。语者说
下品可悔远方便罪	发心欲杀人而未杀。	发心欲盗而未取。	发心欲淫而未淫。	发心欲妄语而未

2

	一 杀	二 盗	三 邪淫	四 妄语
中品可悔等流罪	杀天龙鬼神。（杀不死。下品可悔方便罪。）	取他物。直不满五钱。	入余处。（非道。）	向天龙鬼神说，或向解领语。畜生说证果等。彼领语解。向人说旋风土鬼来至我所。（旋风土鬼。次于罗刹等。故为等流。）小妄语。又两舌恶口绮语等。（若言不了了者犯下品可悔方便罪。）
下品可悔等流罪	杀畜生（杀蝇蚁蚊虫等。及用有虫水者。亦尔。）	取他物。直三钱已下。	发心欲淫而未淫。	向不解语畜生说证果等。

3

五饮酒 凡作酒色。酒香。酒味。饮之不能醉人者。（但体是酒。）	下品可悔等流罪		五饮酒 欲饮而未咽。	下品可悔方便罪		五饮酒 凡作酒色。酒香。酒味。（或嚥一嚥二。）饮之能醉人者。	中品可悔根本罪

4

次标境想

杀　一

非人　　　　　人

非人想　非人疑　人想　　　非人想　人疑　人想

中品可悔　　　　　　　上品不可悔

非人者。天龙鬼神。若畜生。属下品可悔。

107

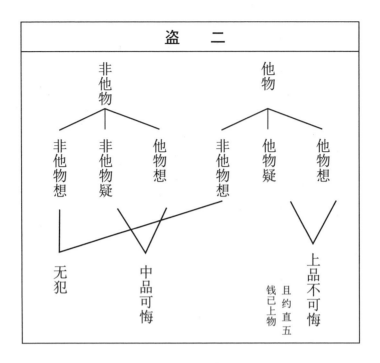

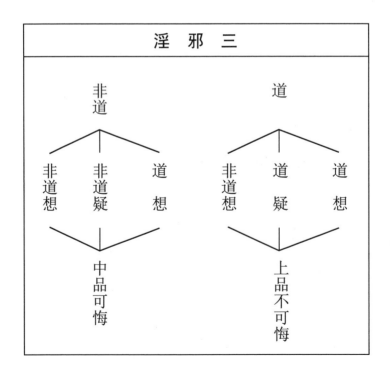

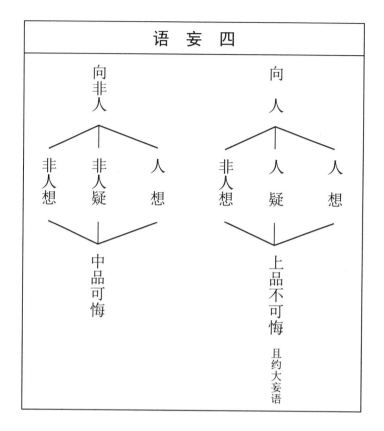

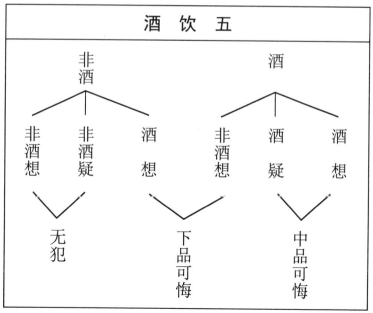

三明开缘

杀　一
无杀心而误致死（如经中广说。）狂乱心（见粪而捉。如栴檀无异。见火而捉。如金无异。乃名为狂。）
无犯

盗　二
与想。（谓彼已与己。）己想。（谓是己物。）同意。（亦云亲厚想。素相亲厚。闻我用时。其心欢喜。）暂用。（不久即还本主。）谓无主。（亦云粪扫想。不知此物有人摄属。）狂乱坏心。
无犯

淫 邪 三		
狂乱坏心。	熟睡不觉知。	惟苦无乐。 为怨家所执。如热铁入身等。
无犯		

语 妄 四			
狂乱坏心。	戏笑说等。	误说。（欲说他事。而误说证 果等。）	向人说证果等法。不言自证。
无犯			

唐南山律师云，戏笑说等，虽不犯重，而犯轻罪。以非言说之仪轨故也。

菩萨戒本云，又如菩萨为多有情解脱命难、囹圄缚难、刖手足难、劓鼻刵耳剜眼等难。虽诸菩萨为自命难，亦不正知说于妄语。然为救脱彼有情故，知而思择，故说妄语。以要言之，菩萨唯观有情义利非无义利。自无染心，惟为饶益诸有情故，覆想正知而说异说。说是语时，于菩萨戒无所违犯，生多功德（文）。小乘律中，虽无此文，若为解脱命难等，亦宜准是开听。

五 饮 酒				
狂乱坏心。	以酒涂疮。	病时。余药治不瘥。以酒为药。	性。不能醉人。已失酒 或酒煮物。	食中不知有酒而误饮。
无犯				

宋灵芝律师云。余药不治酒为药者。非谓有病即得饮也。须徧以余药治之。不瘥方始服之。

第三章　别录旁义

若已受五戒而毁犯者。皆结突吉罗（新译作突色讫里多。）罪。分其轻重。为上中下三品。突吉罗。此云恶作。佛说犯戒罪轻重经云。若无惭愧。轻慢佛语。犯是者。如四天王寿五百岁堕泥犁中。于人间数九百千岁。《涅槃经》云。若言如来说突吉罗如上岁数入地狱者。并是如来方便怖人。如是说者。当知决定是魔经律。非佛所说。

第三页第四行。释云。杀戒以五缘成不可悔等。是谓具支成犯。以诸戒结罪。皆须具足支缘方成犯事。若尽具者。即成上品不可悔罪。若阙一二者。是中下品可悔罪。

见他人杀而欢喜者。亦犯下品可悔罪。若见他杀。有力应救。设力不能救者。应起慈心念佛持咒。祝令解冤释结。永断恶缘。

五戒之中。小乘与大乘异者。惟是杀戒颇多差别。大乘杀畜生者。天台义疏结罪虽有二途。而灵峰毗尼事义集要唯用其一。谓大士杀傍生。亦犯重罪。因受菩萨戒者。必已发菩提心。自应了知众生同有佛性。慈悲爱愍如子如身。岂可轻视傍生横加杀害。故单用结重一途也。今人唯受五戒。虽不结重。应生慈心善行救护。

若借人物。久而不还。回为已有者。即得盗罪。

律载盗罪最繁。多至数卷。可见是戒护持非易。（今人付邮政局寄信时。以纸币加入信内。寄印刷物时。以信加入印刷物内。悉犯盗税罪）。

第二十一页第十七行。文云。共淫女行淫。与直。无犯应是不犯上品不可悔罪。然戕身败德宁谓无过。思之。

若已之妻妾有娠时。乳儿时。及非淫根处而交遘者。亦名邪淫。如智论广说。（准义应是可悔罪）。

律论云。若长老闻此不净行。慎勿惊怪。何以故。如来怜愍我辈。为结戒故。说此恶言。若不说者。云何得知罪之重轻。若法师为人讲。听者慎勿露齿笑。若有笑者。驱出。何以故。佛怜愍众生金口所说。汝等应生惭愧心而听。何以笑。

妄语戒正制大妄语。兼制小妄语。小妄语者。如经云。实闻而言不闻等。应犯中品可悔罪。

又两舌。恶口。绮语。亦并犯中品可悔罪。两舌者。向此说彼。向彼说此。构起是非。乖离亲友。恶口者。骂詈咒咀。令他不堪。绮语者。无义无利。世俗 浮辞。增长放逸。忘失正念。

口说出家在家菩萨比丘比丘尼罪过。《梵网经》及《优婆塞戒经》悉结重罪。不论说者实不。并犯。今五戒中。虽不结重。弥须慎护心生大惧。

若为利养故。种种赞叹他戒定慧解脱解脱知见成就。而密以自美。若为利养故。坐起行立言语安详。以此现得道相。欲令人知。悉犯中品可悔方便罪。

若教他人饮酒者。咽咽二俱结罪。咽咽结罪者。随一咽结一罪。多咽结多罪。

宋灵芝律师云。此方多有糟藏之物。气味全在。犹能醉人。世多贪啖。最难节约。想西竺本无。故教所不制。准前糟麴足为明例。有道高士幸宜从急。

初发心者在家律要

凡初发心人，既受三皈依，应续受五戒，倘自审一时不能全受者，即先受四戒、三戒、乃至仅受一二戒都可。在家居士既闻法有素，知自行检点，严自约束，不蹈非礼，不敢轻率妄行，则杀生、邪淫、大妄语、饮酒之四戒，或可不犯。

惟有在社会上办事之人，欲不破盗戒，为最不容易事。例如与人合买地皮房屋，与人合做生意，报税纳捐时，未免有以多数报少数之事。因数人合伙，欲实报，则人以为愚，或为股东反对者有之。又不知而犯与明知违背法律而故犯之事，如信中夹寄钞票，与手写函件取巧掩藏，当印刷物寄，均犯盗税之罪。

凡非与而取，及法律所不许而取巧不纳，皆有盗取之心迹及盗取之行为，皆结盗罪。

非但银钱出入上，当严净其心；即微而至于一草一木、寸纸尺线，必须先向物主明白请求，得彼允许，而后可以使用；不待许可而取用，不曾问明而擅动，皆有不与而取之心迹，皆犯盗取盗用之行为，皆结盗罪。

注释

本文系弘一大师一九二六年八月在上海世界佛教居士林的开示记录，后刊于一九二七年四月上海世界佛教居士林之《林刊》。

三皈依：即"皈依佛"、"皈依法"、"皈依僧"，以示对"佛法僧"的诚心皈依。

五戒：即佛教所规定的在家信徒所应终生遵守的五条戒条：一、不杀生；二、不偷盗；三、不邪淫；四、不妄语；五、不饮酒。

弘律愿文

如是戒品，我今誓愿受持、修学，尽未来际，不复舍离。以此功德，愿我及众生，无始已来所作众罪，尽得消灭。若一切众生所有定业，当受报者，我皆代受。遍微尘国，历诸恶道，经微尘劫，备尝众苦，欢喜忍受，终无厌悔；令彼众生先成佛道。我所发愿，真实不虚，伏惟三宝证知者。

演音自撰发愿句三种，行住坐卧，常常忆念，我所修持一切功德，悉以回施法界众生；众生所造无量恶业，愿我一身代受众苦。

誓舍身命，护持三世一切佛法！

誓舍身命，救度法界一切众生！

愿代法界一切众生，备受众苦！

愿护南山四分律宗弘传世间！

学南山律誓愿文

本师释迦牟尼如来般涅槃日，弟子演音，敬于佛前发弘誓愿，愿从今日，尽未来际，誓舍身命：

愿护弘扬，南山律宗。愿以今生，尽此形寿，悉心竭诚，熟读穷研，南山《钞》、《疏》，及《灵芝记》。精进不退，誓求贯通。编述《表记》，流传后代。冀以上报三宝深恩，下利华日僧众。弟子所修，一切功德，悉以回向，法界众生，同生极乐莲邦，速证无上正觉。

时一九三一年维辛未二月十五日

南山律苑住众学律发愿文

中华民国二十二年，岁次癸酉五月二十六日，即旧历五月初三日。恭值灵峰蕅益大师圣诞。学律弟子等，敬于诸佛菩萨祖师之前，同发四弘誓愿已；并别发四愿：一愿学律弟子等，生生世世，永为善友，互相提携，常不舍离。同学毗尼，同宣大法，绍隆僧种，普利众生；一愿弟子等学律及以弘法之时，身心安宁，无诸魔障，境缘顺遂，资生充足；一愿当来建立南山律院，普集多众，广为弘传。不为名闻，不求利养；一愿发大菩提心，护持佛法。誓尽心力，宣扬七百余年湮没不传之南山律教，流布世间。冀正法再兴，佛日重耀；并愿以此发宏誓愿，及以别发四愿功德，乃至当来学律一切功德，悉以回向法界众生。惟愿诸众生等，共发大心，速消业障，往生极乐，早证菩提！伏乞十方一切诸佛

本师释迦牟尼佛
极乐世界阿弥陀佛

观世音菩萨摩诃萨

地藏菩萨摩诃萨

南山道宣律师

灵芝元照律师

灵峰蕅益大师，慈念哀愍，证明摄受！

学律弟子演音弘一 性常宗凝

照融广洽 传净了识

传正心灿 广演本妙

寂声谁具 寂明瑞曦

寂德瑞澄 腾观妙慧

寂护瑞卫 广信平愿

第三章 皈戒仪轨

授三皈依大意

第一章 三皈之略义

三皈者，归依于佛法僧三宝也。

三宝义甚广，有种种区别。今且就常人最易了解者，略举之。

佛者，如释迦牟尼佛、阿弥陀佛等诸佛是也。法者，为佛所说之法，或菩萨等依据佛意所说之法，即现今所流传之大小乘经律论三藏也。僧者，如菩萨声闻诸圣贤众、下至仅剃发被（古同"披"）袈裟者皆是也。

归依者，归向依赖之意。

归依于三宝者，乞三宝救护也。《大方便佛报恩经》云：譬人获罪于王，投向异国以求救护。异国王言，汝来无畏，但莫出我境，莫违我教，必相救护，众生亦尔。系属于魔，有生死罪。皈向三宝，以求救护。若诚心归依，更无异向，不违佛教，魔王邪恶，无如之何。

既已归依于佛，自今以后，决不再依天仙神鬼一切诸外道等。

既已归依于法，自今以后，决不再依诸外道典籍。

既已归依于僧，自今以后，决不再依于不奉行佛法者。

第二章　授三皈之方法

一、忏悔。二、正授三归。三、发愿回向。

应先请授者详力解释此三种文义。因仅读文而未解义，不能获诸善法也。

正授三归之文有多种，常所用者如下：

我某甲，尽形寿，归依佛、归依法、归依僧。三说

我某甲，归依佛竟、归依法竟、归依僧竟。三结

前三说时，已得归依善法。后三结者，重更叮咛令不忘失也。

忏悔文及发愿回向文，由授者酌定之。但发愿回向，应有以此功德，回向众生，同生西方，齐成佛道之意。万不可惟求自利也。

第三章　受三皈之利益

经律论中，赞叹归依三宝功德之文甚多。今略举四则。《灌顶经》云：受三归者，有三十六善神，与其无量诸眷属，守护其人令其安乐。《善生经》云：若人受三归，所得果报，不可穷尽。如四大宝藏（四宝者：金、银、琉璃、玻璃。），举国人民，七年之中，运出不尽。受三归者，其福过彼，不可称计。《校量功德经》云：若三千大千世界，满中如来，如稻麻竹苇。若人四事供养（饮食、衣服、卧具、汤药）满二万岁，诸佛灭后，各起宝塔，复以香花供养，其福甚多，不如有人以清净心，归依佛法僧三宝所得功德。《大集经》云：**妊娠女人，恐胎不安，先受三皈已，儿无加害；乃至生已，身心具足，善神拥护。是母受兼资于子也。**

第四章　结语

在本寺正式讲律，至今日圆满。今日所以聚集缁素诸众，讲三归大意者，一以备诸师参考，俾他日为人授三归时，知其简要之方法也。一以教诸在家人，令彼等了知三归之大意，俾已受者，能了此意，应深自

庆幸。其未受者，先能了知此意，且为他日依师受三归之基础也。

癸酉（一九三三年）五月三十一日
在厦门万寿禅寺所作讲演

释门归敬仪撷录

敬本教兴篇第一

自法王之利见也，必以静见为先。故论云：何处何时谁起此见，一切诸见悉断故。文良证也。

然则习熏日久，取会无由。事须立敬设仪，开其信首之法。附情约相，显于成化之功。然后肝胆涂地，形骸摧折。知宇宙之极尊，则敬逾天属。晓教义之远大，则道越常途。

观斯以言，则识形心两途，事理双轨。形则缚于俗习，苦阴常缠，故当折挫以归依，剖析剖析，观其慢惑也。心则封于迷倒，倒在生常，故须镜生灭以惩之，追想追想，知其妄着也。固当抚揽诚教，以法纠征。则生身不徒委于下尘，无识不徒生于上趣矣。

济时护法篇第二

夫以立像表真，恒俗彝训。寄指筌月出道常规。

但以妄想倒情，相沿固习。无思悛革，随业漂沦。是以经言，为善若登清升若爪之土。为恶若崩沉滞如下之地。此言在斯，诚为极诚。

所以大圣知时，通化陶诱。立正三宝，导浊识之所归。开明四印，示迷生之不昧。固得住法万载，功由归敬之勋。神升四天，谅藉传扬之力。广如慈经所出，岂虚构哉。

今于此篇显三宝相，相随见起，随机四位。初谓一体，二谓缘理，三谓化相，四谓住持。各有名相。

初言一体三宝者。一是非二之名，体谓本识之谓。

但以无始心体，性净如空。妄想客尘，封迷随染。致使相从至于今日，经生历死，无由厌晓。

行者既知心性本净，悟解无邪，名为正觉，觉即佛也。性净无染，法也。性净无壅，僧也。今觉于本，名始觉也。本实体净，名先觉也。如此安心，如此练身，俯仰周循，无念不克。

问曰：卿发斯言，欲何标据。念念总是识心，言言都非智略。如何依准，得一举而腾九万耶。答曰：夫以圣道远而难希，净心近而易惑。为山基于一篑，为佛起于初念。故万里之克，离初步而不登。三劫之功，非始心而罔就。是知行人发足，常步此心。开示不由外来，悟入诚因内起。迷时谓礼外境，悟已还礼自心。故经云：心想佛时，是心是佛。如是敛念，会必精勤。积熏不已，自然清净。忘此外求，甫当行道，徒役身心，终为世福。

二明缘理三宝者。理谓至理，天真常住，还是心体。且从染说，无始有终。但为惑网，不能出障。今以三学克剪缠结，惑业既倾，心性光显，始终性净，无始无终。

由法成立，随境分相，即号此相为五分法身，谓戒定慧解脱解脱知见也。前之三学，从因受名。由戒护助，果成法身，故云戒身。定慧准此可以类知。后二从果次第受名。解脱身者，由慧克惑，惑无之处名解脱身。解脱知见，以乃出缠破障反照观心，故云知见身也。唯佛法中三乘圣者，具此五分，能为六道作大归依。故论云：归依于佛者谓一切智五分法身也，归依于法者谓灭谛涅槃也，归依于僧者谓诸贤圣学无学功德自身他身尽处也。即自他惑灭所无之处故云尽处也。

由此三宝常住于世，不为世法之所陵慢，故称宝也。如世珍宝，为生所重。今此三宝，为诸群生三乘七众之所归仰，故名正归。

或即名之同相三宝。由理通三世，义尽十方。常住三宝，此为至极。经云：若人得闻常住二字，是人生生不堕恶趣。斯何故耶？以知法佛本性常故。一时闻解，熏本识心。业种既成，净信无失。况能立愿归依，奉为师范。固当累劫清胜，义无陷没。如经，有人受三归依，弥勒初会解脱生死。此乃出苦海之良津，入佛法之阶位。但以罪多恶重，轻而慢者，虽曾受归，随缘还失。是故智人初受归时，专心缘此，得名归依，故感善神随逐护助。

上明佛竟。后之二宝，缘此而生。如前广叙，以开灵府。

此理三宝，能生化相。弘道利生，罪福通感。以化佛无心，犹如光焰。仪像非情，体唯无记。所感罪福，还约法身。由显相状，法身依故。以法本非形，无漏无色。不以相显，群有何依。故立像表真，厥趣斯矣。是知化佛供毁，一自法身。无有兴亡，独称常住，言极繁矣，意在通之。

此明理宝是归依所宗。故覆详之，令心有寄。故出耀云：道之在心，不问老少，惟在刚烈，乃名道耳。信心以存，何往不克。文良证也，可不镜哉。

三明化相三宝者。谓释迦如来，为佛宝也。所说灭谛，为法宝也。先智苦尽，为僧宝也。此化相三宝，或名别相。体是无常，四相所迁。灭过千载，但可追远，用增翘敬。

四明住持三宝者。人能弘道，万载之所流慈。道假人弘，三法于斯开位。遂使代代兴树，处处传弘。匪假僧扬，佛法潜没。至如汉武崇盛，初闻佛名。既绝僧传，开绪斯竭。及显宗开法，远访华胥。致有迦竺来仪，演布声教。开俗成务，发信归心，实假敷说之劳，诚资相状之力，名僧宝也。所说名句，表理为先，理非文言无由取悟。故约名教说听之缘，名法宝也。此理幽奥，非圣不知。圣虽云亡，影像斯立，名佛宝也。但以群生福浅，不及化源。薄有余资，犹逢遗法。

此之三宝，体是有为，具足漏染，不足陈敬。然是理宝之所依持。有能尊重，相从出有。今不加敬，更无尊重之方，投心何所，起归何寄。故当形敬灵仪，心存真理。导缘设化，义极于斯。经云：造像如麦，获福无穷。以是法身之器也。论云：金木土石体是非情，以造像故，敬毁之人自获罪福。莫不表显法身，致令功用无极。

故使有心行者，对此灵仪，莫不涕泣横流，不觉加敬。但以真形已谢，唯见遗踪。如临清庙，自然悲肃，举目摧感，如在不疑。今我亦尔。慈尊久谢，唯留影像，导我慢幢。是须倾屈接足，而行礼敬。如对真仪，为我说法。今不见闻，心由无信。何以知耶。但心用所拟，三界尚成。岂此一堂，顽痴不动。大论云：诸佛常放光说法，众生无始罪故对面不见。

又作是念。见虽是色，了色心生，心外无尘，名为真观。言从心起，实唯识有，名为俗观。渐次增明，念念无绝。时功既积，熏习逾增，观道修明，不迷缘假，名愿乐位修道人焉。

随机立教篇第三

恐好事者须禀教量，故出一二，用弘其道。

道贵清通，义非壅结。仍须识分以自揣摩，无容冒罔自谓超挺。生报茫然，孰识夷险。必有斯人，则自溺苦海，谁能济拔。

今约两缘，立仪表行。入道多门，不过理事。理谓道理，通圣心之远怀。事谓事局，约凡情之延度。圣非自圣，终假导而渐明。凡非定凡，亦因开而达解。是知愚智深浅，贤圣位阶，由解行之远近，致利钝之乖异。然使钝士依事，引方土之欢娱，且以安身，身安而后道也。利人行理，克正念而濯性灵，用以清心，心清而出有也。

然利钝千差，昏明等级。薄知纲领，标控神解。故历诸篇，通斯一致。则披者不昧于由径，行者无滞于发足矣。

乘心行事篇第四

上已显其机缘，心行备矣。识真俗之交务，鉴理事之相由。文明祖习之经，义晓疏通之理。至于附相行事，故习难倾。三贤犹染其尘，四果尚迷斯旨。是以迦叶起舞，舍利作嗔，难陀悦于练色，陵伽兴于慢相。斯并正使虽尽，余习未亡。犹增恼于六尘，自网弊于三受。况乃下凡烦惑，无始习熏，今生道种正论伦而不忍。以斯昏浊，徒生徒死，甚可惜哉。

若夫心尘使性，知谁不无。识则无邪，常须节约。若任而纵者，无解脱期。故经譬觉贼，论示御心。制之一处，无事不办。岂虚累哉！下凡烦恼，微细难知。粗而易觉，勿过三毒。自毒毒他，深可厌患。贪嗔一发，业构三涂。痴慢为本，故增垢结。

故论云：三三合九种（谓身口意此三能起业也。自作教他见作随喜此三能成业也。现报生报后报此三名业果也）从三烦恼起。以此文证，故知起业必由毒生。常须观度，方识毒相。故使行福而杂罪者，还承恶因，恶道杂受。故大丈夫论云，修行大布施，急性多嗔怒，不惟正忆念，后作大力龙。修施陵蔑人，后生金翅鸟。施本舍悭，故感财报。嗔心行事，还兴毒害，故龙受形。见触伤等三种害物，并由嗔生。况今行敬本为除慢，更增慢堕已是业科，复起贪嗔明招苦报。

然凡所作业，三性为宗。一俯一仰，非心不就。心必依缘，缘通内外。不起则已，起必性收。善恶两性，作业感生。无记之缘，多归痴种。种虽无记，亦有善恶。梦业受生如论具引。是知舍受昏蒙，难为醒决。故当临事筹理，必不陷溺清心。

寄缘真俗篇第五

真俗二谛，由来尚矣。不由功用，任运现前。故论云：诸佛说法常依二谛。今时行敬，亦准圣言，不虚设也。然须达解两谛所由。故论云：知尘无所有通达真，知唯有识通达俗。若不达俗无以通真，若不通真无以遣俗。以俗无别体故也。正论成观，令人受行。

但以无始倒凡，随情妄执。约相犹迷邪正，何能顿遣见闻。所以大圣观机，未得垂道，权说福业用接愚心。故举净方之胜相，发动迷心之背向。且摄邪心，令从正法。渐渍既久，心性转明，方示非真，令行理观。据此修舍，实是知机。若彼下愚未闻真道，即为化说色声非真。心路苍茫，莫知投寄，福业不行，道心无涉，遂即双废，长处罪流。由此方便，引令出有。

但此下愚贪滞难拔。纵任想像，何时通悟。故行事福，渐行理观。身本顽痴，不可绳持。心是道因，从缘便悟。谓此形仪，本唯识有。迷于本习，妄见我人。故须征研，令行敬养。令见我身俯仰上下，唯尘生灭来往屈申，此随俗也。重观此身，但尘非我。妄谓我所能有行敬。据此一理名通真也。真本非心，今随心起，名随俗也。知真非心，名道真也。如是念念以后夺前，渐渐增明，久而明利。若随故习忽此不修，还同无始生死轮转。是以力励随念克思，一一科程，令其升进。

理事行务，且隔形心。至于动用，真俗并观。所以随其发足，毕约两缘。知无显真，知识是俗。种从缘起，方可有阶。若身心两分，真俗二路，三倒常行，革凡何日。

有人心路惝惶，情投莫准。闻余此及，勃尔兴言，抚掌大笑曰：言何容易，一何虚诞。嗟乎不学，浪有涉言。吾闻真俗并观，登住方修。如何下凡，僭他上圣。理义不可，急须改之。余曰：不可改也。发心毕竟，初后心齐。唯识四位，凡圣通学。今则在凡不学，何有克圣之期。故须发足并修，修明自然位圣。是知修道行人，常观正理。不可执文，便乖义实。故四依检失，念念准承，当须依智不依于识。识俗所习，智是道筌。圣立正仪，无容辄滥。

引教征事篇第六

今立正仪行敬，须本教宗。教有权实不同，行亦昏明殊则。先须通其立本，然后附本兴怀可也。

经说四依，区分三位。足为末代之龟镜，信是众行之宗师。大圣致词，终不徒设。准教行事，毕正无邪。

初人四依。谓从初贤至于极圣，人资无漏，法体性空。据此依承，理无邪倒。

但以无相好佛尚惑魔形，况有识凡夫能无受乱。故立法依，显成楷定。

初明依法不依人者。人惟情有，法乃轨模。性空正理，体离非妄。即用此法为正法依。涅槃极教，盛明斯辙。

二明依义不依语者。语是言说止是张筌，义为达理化物之道。证解已后，绝虑杜言，法尚应舍，何况非法。

三言依智不依识者。识谓现行，随尘分见。眼色耳声，耽迷不觉。与牛羊而等度，同邪凡而共行。大圣示教，境是自心。下愚冰执，尘为识外。所以化导无由舍之。是知滞归凡识，倒遣圣心。愚迷履历常沦三倒，勇励特达念动即知。知倒难清名为依识，知流须返名随分智。如是加功，渐增明大。后见尘境，知非外来。境非心外，是自心相。安有愚迷生憎生爱。思择不已，解异牛羊。但出圣道，无始未经。今欲革凡，理变恒习。自揣形服都非俗流，如何想观全乖道望。诚可笑也。

四依了义经不依不了义经者。此之两经并圣言量。凡入道者率先晓之，则无壅不通，有疑皆决。但为群生性识深浅利钝不同，致令大圣随情别说。然据至道，但是自心。故经云：三界上下法，我说惟是心。此就世界依报以明心也。又云：如如与真际，涅槃及法界。种种意生身，佛说唯心量。此据出世法体以明心也。终穷至实，毕到斯源。随流赴感，还宗了义。故佛以法约定权机，何以知然。且如欲有乱善，体封下界。经中有说为不动业及以成佛，并非了义。以此凡愚，少厌欲苦。令修净观，多生退没。故随意乐，说为道业。然其此业，因乱果定。核其修证，成相似报。得生善趣事净国土。终非事业克于佛果。后因前业，重更修明，静智澄清，方遂前愿。故论云：若有诵持多宝佛名得生净土者，别时远意。

行四依者，律中自明。三乘行者通所资用。所谓纳衣乞食树下尘药，各有开制如常共传。

约时科节篇第七

夫为务学之士，无时不行。固得念念策心，新新习起。岂可前念背恶，遂克苦而静尘。后念陵善，便纵意而扬怠。所以论美四修（谓长时无间恭敬无余也），经叹一虑（谓行住食息常尔一心也），然后方能正想，革绝凡怀。

大圣立教，卓出恒伦。序其指归，终为离着。至于随境流观，陶甄性灵，广张声教，都惟可学。学在三位，以摄教源。

祖而修奉，不越斯位。乃至分时督课前修旧行，日夕三时礼悔相续，可谓仪形有据，不坠彝伦。外摄群小，开俗信于未然。内敛恒情，增天龙之护助。若此行之，不徒设也。

且礼念之法自有威仪，三学言归俗多分异。元立三学，同倾一惑为宗。以三征之，不可分为三别。如论所云：戒如捉贼，定如缚贼，慧如杀贼。明喻即目，何用深思。寻喻乃三，约贼唯一。事分三义，宗成一灭。故重张之，意存通领。且如礼敬一法，用息慢高。如不屈躬斯名犯戒，常念在心斯学定也，常知无我斯名慧也。一敬如此，余行同然。是则万行殊途，三学摄尽。今学教者皆三别踪。又执自计以破他部。拟前喻说，理不容非。固须一事沿修，随公三学。更为重显。如佛立戒，无境不修名作持，惰名止犯。犯从止起，畏犯修持，持名随戒，戒名警策，是为戒学。安心此学，非定不行，名定学也。深思此学为灭倒情，纵而不学还顺生死，为绝苦本非学不明，力励征责，名慧学也。

如此渐境，渐境托心。凡倒渐轻，圣解渐厚。积功不已，无往不成。千里一步，如前具述。时序可惜，无容自欺。

威容有仪篇第八

俗中周礼有九品之拜，出自太祝之官。斯非内教。今据内教，以礼敬为初。大略为二，即身心也。佛法以心为其本，身为其末。故须菩提静观室内，如来叹为礼见法身。华色初至宝阶，如来毁为拜于化佛。故知静处思微，念念趣道。观形鉴貌。新新在俗。能所未免，想见齐生，我倒现前，即为障道。故佛约此而分身心敬也。如能即色缘空，观境心造。纷纷集起，不无染净。知识妄念未可清澄，想倒空时缘念斯绝。今居凡地，力极制御，止得如斯，念念自然渐能清净。常起两观。不得单行。谓知无境是渐向真，谓知唯识是渐背俗。如此策修，长时不已，分分增明，三祇方就。前已明讫，数数须知。

经中明敬，有众位之差。至于律制，颇亦殊伦。

勒那三藏，见此下凡，悲心内充，为出七种礼法。文极周委，钞略出之。

初名我慢礼者，谓依次位，心无恭敬，高尊自德，无师仰意。耻于下问，咨受无所，心无法据，如碓上下。一形所作，无境住心，轻生薄道，徒劳无益。外睹似礼，内增慢惑，犹如木人，情不殷重。手不至地，五轮不具。此是慢业，名我慢礼。

二唱和礼者。虽非慢高，心无净想。粗正威仪，身心虔敬，起伏相顺。片有相扶，其福薄少。非真供养。

三身心恭敬礼者。闻唱佛名，便念佛身如在目前，相好具足，庄严晃曜。心相成就，实对三身。伸手摩顶，除我罪业。是以形心恭敬，无有异念。供养恭敬，情无厌足。是名境界礼佛。心眼现前，专注无昧。此人导利人天，为上为最。功德虽大，未是智心，后多退没。

四发智清净解达佛境界礼佛者。行者慧心明利，深知法界本无有碍。由我无始，顺于凡俗，非有有想，非碍碍想。今达自心虚通无碍。故行礼佛，随心现量，礼于一佛即一切佛，一切佛即一佛。以佛法身，通同无碍，故礼一佛遍通一切。如是种种香华供养，例同于此。法僧加敬，义亦同之。以三宝同性，理无异故。三乘名异，解脱床同。故知一礼则一切礼，一切礼则一礼。如是三宝既能通达，一切三界六道四生同作佛想。

供养礼拜，自净身心，荡荡无障。念佛境界，心相转明。一拜一起为尊为胜。是名真实，果报殊大。由心无限，故使净业无穷。

五明遍入法界礼敬供养者。行者想观自己身心法，从本已来，不在法界佛法身外。亦知诸佛身心法，不在我身外。发解贯达，自身一切身遍满法界。是名法界不增不减清净法门。如是解了。故知我今礼于一佛，一佛之身遍于法界，法界之中所有三界位地无漏法身皆有佛身。佛身既遍一切，我身随佛亦遍一切。所以礼敬供养，一切身中具足庄严。

如此行学法界法门，大有利益，终至此解。不学不知。是故行人常须缘观，所得功德不可校量。既知我身在佛身内，如何颠倒妄造业耶。

六明正观礼自身佛。不外缘境他佛他身。何以故。一切众生自有佛性，平等满足，随顺法界缘起炽然。但为迷解有外可观，所以妄倒常沦生死。若能返照，解脱有期。若向他境谓有可观，邪人邪行，经教不许。故云：不观佛，不观法，不观僧。以见自己正法性故。又云：色声见我，名行邪道。是故行人常行礼拜，但见身心有礼有敬，未能通解。常厌常行，后一通达，知心无外，方识自心清净本性，此即自性住佛性也。随力修明，引出佛性也。三祇果圆，十地位极，至得果佛性也。

此解微妙，唯圣达之。位在下凡，不宜不解不修习也。

七明实相三宝自他平等礼者。大意同前。前犹有礼有观，自他两异。今此无自无他，佛凡一如，古今无别。见佛可礼，大邪见人。经云：观身实相。观佛亦然。以实相离念，不可以心取，不可以相求，不可以礼敬，不可不礼敬。礼不礼等，供不供等。安心寂灭，名平等礼。故文殊十礼云：不生不灭故，敬礼无所观。

此后二礼，寂而能通，福而行道。故使止观双游，真俗并运。心乃虚荡，身实累缘。在凡行学，其相齐此。

功用显迹篇第九

今欲亲觐诸佛，闻出世法。作何方便，修行正行。以凡无始约相修福，故还约相，行远离法。所以先置道场，安设尊像，幡盖华香随力供养。有十种相，见佛善根。一者礼拜，二者赞叹，三者发愿回向，四者观佛相好，五者专念修慈，六者三归十善，七者发菩提心，八者读诵经戒，九者供养舍利造佛形像。十者修行正观。

修行正观者。至理真极，不越人法二空。唯佛道有，余道则无。由人法二空，则二执斯断，一切烦恼无因得生。

故《金刚般若》云：一切圣人皆以无为得名。此谓三乘圣贤深浅有异，至于入证唯在二空。

行者修习当依地持。论云：修行法者，托虚寂静，身不游行，口默少言，少睡多觉，常一坐食，不杂种食。思量如来所说诸法，知非有无。以其所知，遍通诸法，令得善解。以此文证，行者须知观察自心，从本已来，自性清净，非空非有，非染非净，离诸分别。但为妄想，致有是非，得失罪福因之增长。今达本性，可谓还源。常作此观，不见人法，即是达空。空本无形，如何起妄。如是一切作业，动身运想，不得失念。如上已明，此是实观，余名虚解。《华严经》云：观察诸法及众生，国土世间悉寂灭，心无所依无妄想，是名正念佛菩提。又云：若欲得佛智，当离诸妄想，有无俱通达，疾作天人师。

行者修行此观，一时一念功德无边。故《迦叶经》云：大千众生所有福德，如弥尼王，不如有人修远离法，净心相应，解诸法空，无来无去。如是少忍功德，非譬喻所能及之。又《普贤观经》云：若有昼夜六时，礼十方佛，诵大乘经，思第一义甚深空法。一弹指顷，除百万亿那由他恒河沙劫生死之罪。行此法者，真是佛子，从诸佛生。十方诸佛及诸菩萨为其和尚，是名具足菩萨戒者，不须羯磨自然成就。应受一切人天供养。

程器陈迹篇第十

余年侵蒲柳（古人用蒲柳来比喻人的容颜早衰），旦夕待尽。非业庄严，何假傍及。又述撰行相，其徒实繁，随时救急，总撮亦备。今有观方志道相从问津，季代常徒礼敬为切，领余撰录拟用箴铭（泛指规戒之言）。不堪苦及。遂复陈叙。

凡此十篇，止存三业，上弘佛道，下摄自他。词甚丁宁，义存遣著。庶其览者，知其意焉。如或有亏，请俟箴诲。

龙集庚辰九月十七日录竟，唯备自览。故多阙遗，未足流布传示时贤也。沙门善梦时六十又一居梵华精居。

别录四则

《智度论》云：外道是他法故，来则自坐。白衣如客法，故命之令坐。一切出家五众，身心属佛，故立不坐。若得道罗汉如舍利弗等，皆坐听法。三果已下并不听坐，以所作未办，结贼未破故。今有安坐像前，情无敬让，可谓无事受罪，枉坏身心。如上三果尚立，况下凡乎。像立而坐，弥是不敬。比今君父，可以例诸。此言易矣，临机难哉。常志在心，努力制抑，方可改革。不尔虽读，不救常习，思之惟之。

依教修习慈悲四无量心。何故如是。以诸佛心，所谓大慈。今不修习，行不同佛，无由得见。故念佛时，行修慈观。行者初心，欲修慈时。闲处端坐，系念十方一切众生皆如己亲，无患碍想，以上妙具四事供给。或一念顷一时一日。能生功德，随心分量不可限故。《大集经》云：若修慈者，当舍命时，见十方佛手摩其顶，蒙手触故心安快乐，寻得往生清净佛土。余见世间性行柔软，临终安隐，如意自在。本性粗疏，临终荒忽，眼光先落，失音不语，虽有善教不相领解。即事以求，行慈为极。今忽不行，止是恶业，无慈悲心，须投恶道。若修法缘无缘慈者，具四无量，获得佛道。

发菩提心者。菩提云觉。自觉觉他，故名佛也。行者既在佛法，即佛种子。须发觉求，作意观度。此乃趣佛果之津梁，成万行之根本。如空之含万像，若海之纳百川。若不先建此心，起行则便迷没。是菩提者，其相如何。今欲发心,有理有行。在缘乃二,于义则通。不尔,真俗两乖,非正法义。言理发者,即是自心。五阴诸法,本性无我。深知此要,名菩提心。故《净名》云:寂灭是菩提离诸相故,假名是菩提名字空故。又如《问菩提经》云:菩提相者,出三界,过俗法,言语断灭,诸发无发,是名发菩提心。如是众经,例遣相心,故名发心。谓此心体本清净,究达此理,作业令净,故曰发心即名行也。行者如上安止心已,生大欲心,我入佛道,广度众生,所修善根,皆悉回向无上正觉。

读诵佛正经典者。以此大乘了义经教,宣说甚深清净空法,由从如来法身所流。行者以清净心,爱重大乘,受持读诵书写供养,乃至余乘所有经典,皆是大乘之所流故,我亦受持无相违背,是故功德得见诸佛。

九月十九日录讫

《新集受三皈五戒八戒法式》凡例

一、五戒八戒,当分属于小乘;然欲秉受戒品,应发大菩提心。未可独善一身,偏趣寂灭;虽开遮持犯,不异声闻。而发心起行,宜同大士。清信之侣,幸其自勉!

二、皈戒功德,经论广赞。泛言果报,局在人天;故须勤修净行,期生弥陀净土。宋灵芝元照律师云:一者入道须有始,二者期心必有终。言有始者,即须受戒,专志奉持。今于一切时中,对诸尘境,常忆受体。着衣吃饭、行住坐卧,语默动静,不可暂忘也。言其终者,谓归心净土,决誓往生也。以五浊恶世,末法之时,惑业深缠,惯习难断。自无道力,何由修证?故释迦出世五十余年,说无量法。应可度者,皆悉已度。其未度者，皆亦已作得度因缘。因缘虽多，难为造入。惟净土法门，是修行径路；故诸经论，偏赞净土。佛法灭尽，惟《无量寿经》，百年在世。十方劝赞，信不徒然。

三、受皈戒者，应于出家五众边受。（出家五众者，苾刍、苾刍尼、式叉摩那，沙弥、沙弥尼。）然以从大僧受者（大僧者，苾刍、苾刍尼），为通途常例。必无其人，乃依他众。（依《成实论》及《大智度论》，皆开自受八戒。灵芝济缘记云：成智二论，并开自受，文约无师，义兼缘碍。灵峰云：受此八关斋法，须一出家人为作证明。不问大小两乘五众，但令毕世不非时食者，便可为师。设数里内决无其人，或可对经像前自誓秉受耳。）

四、受皈戒者，若依律制，应于师前，一一别受。其有多众并合一时受者，盖为难缘；非是通途之制。《有部毗奈耶杂事》云：如来大师将入涅槃，五百壮士愿受皈戒，时阿难陀作如是念："彼诸壮士，于世尊处一一别受近事学者，时既淹久，妨废圆寂，我今宜请与彼一时受其学处"，准斯明文，若无难缘，未可承用。

五、受皈戒时，授戒者说，受者随语。西国法式，惟斯一途。唐义净三藏云："准如圣教，及以相承，并悉随师说受戒语，无有师说，直问能不，戒事非轻，无容造次。"（是编专宗有部，与他律论之说小有歧异，学者亦毋因是疑谤他宗；以各被一机，并契圣教也。）

六、诸余经论有云：不能具受五戒者，一分、二分得受。若依《萨婆多毗尼毗婆沙》说："谓不具受者，不得戒。彼云：问曰：凡受优婆塞戒，设不能具受五戒，若受一戒乃至四戒，受得戒不？答曰：不得。若不得者，有经说有少分优婆塞、多分优婆塞、满分优婆塞，此义云何？答曰：所以作是说者，欲明持戒功德多少，不言有如是受戒法也。"灵峰亦云："若四分、三分等，既未全受，但可摄入出世福业，未可名戒学也。"准斯而论，今人欲受戒者，当自量度。必谓力弱心怯，不堪致远，未妨先受一分乃至四分，若不尔者，应具受持，乃可名为戒学。岂宜畏难，失其胜利。

七、今人乞师证明受皈依者，辄称皈依某师。俗例相承，沿效莫返。循名核实，颇有未妥；以所皈依者为僧伽，非惟皈依某师一人故。灵峰云："皈依僧者，则一切僧皆我师也。今世俗士，择一名德比丘礼事之，窃窃然矜曰：吾某知识某法师门人也。彼知识法师者，亦窃窃然矜曰：彼某居士某宰官皈依于我者也。噫！果若此，则应曰皈依佛、皈依法、结交一大德可也，可云皈依僧也与哉！"故已受皈依者，于一切僧众，若贤若愚，皆当尊礼为师，自称弟子；未可骄慢，妄事分别。

八、今人受五戒已，辄尔披五条衣，手持坐具，坏滥制仪，获罪叵测。依佛律制，必出家落发已，乃授缦条衣。若五条衣，惟有大僧方许披服。今以白衣，滥同大僧，深为未可。《方等陀罗尼经》云：在家二众入坛行道，着无缝三衣。无缝，即是缦条，非五衣也。又《成实论》云：听畜一礼忏衣，名曰钵吒。钵吒，即缦条也。（据经论言：着缦条衣，亦可听许；但准律部，无是明文，不着弥善。）若坐具者，梵言宜师但那。旧译作泥师坛。此云坐具，亦云卧具。惟大僧用，以衬毡席，防其污秽。此土敷以礼拜，盖出讹传。大僧持之，犹乖圣教；况在俗众，悖乱甚矣。（义净三藏云：尼师但那，本为衬替卧具，恐有所损，不拟余用。敷地礼拜，不见有文；故违圣言，谁代当罪。）

九、既受戒已；若犯上品重罪，即不可忏。若犯中品、下品轻罪，悉属可悔。宜依律制，向僧众前，发露说罪，罪乃可灭。岂可妄谈实相，轻视作法。灵峰云："说罪而不观心，犹能决罪之流；倘谈理而不发露，决难清罪之源。若必耻作法，而不肯奉行，则是顾惜体面，隐忍覆藏，全未了知罪性本空，岂名慧日！"又云："世人正造罪时，实是大恶，不以为耻；向人发露，善中之善，反以为羞。甘于恶而苦于善，遂成恶中之恶，永无出期，颠倒愚痴。莫此为甚。"今于篇末，依《有部律》，酌定说罪之文。若承用时，未可铺缀仪章，增减字句。是为圣制，不须僭易。

十、末世以来，受皈戒者，多宗华山三皈五戒正范。曲逗时机，是彼所长。惜其仪文，颇伤繁缛。灵峰受三皈五戒法，颇称精要，承用者希，盖可怅叹！（陈熙愿谓此法惟约受者自说，而略录之；若师前受，仍依华山。寻绎斯言，实出臆断，戒事法式，宜遵圣教，若以西土常规，目为略录，别宗异制，偏尚繁文，是非溷肴（亦作"溷淆"，意为混乱），若为安可！恐怀先惑，聊复辨陈。）是编集录，悉承有部。（具云根本说一切有部。唐义净三藏法师留学印度二十余年，专攻此部。归国已来，译传此部律文凡十九部，近二百卷。精确详明，世称新律。）宗彼律文，出其受法，简捷明了，不逾数行。西土相传，并依此制，匪曰泥古，且示一例，可用与否，愿任后贤！

此凡例据民国二十三年十一月天津刻经处刻行本录，若文钞所载，则与此不同。

受八关斋戒法
（依《佛说八种长养功德经》录出）

归命一切佛，惟愿一切佛菩萨众摄受于我。

我今归命胜菩提，最上清净佛法众。我发广大菩提心，自他利益皆

成就。忏除一切不善业，随喜无边功德蕴。先当不食一日中，（案即一日夜中，过午不食）。后修八种功德法。（以上三说）

我名某甲，惟愿阿阇梨摄受于我。我从今时发净信心，乃至坐菩提场成等正觉，誓归依佛二足胜尊！誓归依法离欲胜尊！誓归依僧调伏胜尊！如是三宝是所归趣。（以上三说）

我某甲净信优婆塞，（案受八戒者，正属在家二众，亦兼通于出家诸众，如《药师经》中所明。此文且据在家者言，故云优婆塞；若出家者随宜称之）惟愿阿阇梨忆持护念！我从今日今时发起净心，乃至过是夜分，讫于明旦日初出时，于其中间奉持八戒。所谓一不杀生、二不偷盗、三不非梵行、四不妄语、五不饮酒、六不非时食、七不花等庄严其身及歌舞戏等、八不坐卧高广大床；我今舍离如是等事，誓愿不舍清净禁戒八种功德。（以上三说）

我持戒行庄严其心，令心喜悦，广修一切相应胜行；求成佛果，究竟圆满。（一说）又诵伽陀颂曰：

我发无二最上心，为诸众生不请友。胜菩提行善所行，成佛世间广利益。愿我乘是善业故，此世不久成正觉。说法饶益于世间，解脱众生三有苦。

岁次寿星沙门善梦敬书时居丰州灵应山中
庚辰（一九四〇年）十一月作于福建南安灵应寺

受十善戒法
（南山三大部中不载，唯南山晚年所撰
《释门归敬仪》中略明）

《归敬仪》云：受十善法者，谓身三口四意三善行；此之十业，戒善之宗。今多依相，罕有受者；今谓不然！先须愿祈不造罪恶，依愿起行，有可承准。若不预作，辄然起善，内无轨辖；后遇罪缘，便造不止。由先无愿，故造众恶；大圣知机，故令受善。

又云：次明受法：有师从受，无师自誓，如上三归。三自归己；口自发言：

我某甲尽形寿，于一切众生起慈仁意，不起杀心；如后九善例此，而不复繁文。

按：受十善戒者，别有《受十善戒经》委明；今未及检寻。且依《归敬仪》文酌定受法如下。其示相文，依灵峰《选佛谱》"十善文"录写，可暂承用；俟后检寻《受十善戒经》，再为改订可耳。

我某甲，归依佛、归依法、归依僧，尽形寿受持十善戒法。（三说）

我某甲，归依佛竟、归依法竟、归依僧竟，尽形寿受持十善戒法竟。（三结）

我某甲，尽形寿，救护生命，不杀生。

我某甲，尽形寿，给施资财，不偷盗。

我某甲，尽形寿，遵修梵行，不淫欲（若在家人改为"不邪淫"）。

我某甲，尽形寿，说诚实言，不妄言。

我某甲，尽形寿，和合彼此，不两舌。

我某甲，尽形寿，善言安慰，不恶口。

我某甲，尽形寿，作利益语，不绮语。

我某甲，尽形寿，常怀舍心，不悭贪。

我某甲，尽形寿，恒生慈愍，不瞋恚。

我某甲，尽形寿，正信因果，不邪见。

已上各一说。

回向。如常可知。

南山律谓：意三者，大乘初念即犯；成宗次念乃犯。次念者，所谓重缘思觉；即是后念还追前事也。今初心受持者，宜先依成宗次念之例行之。

庚辰（一九四〇年）八月十六日作于福建永春普济寺

《菩萨璎珞经》自誓受菩萨五重戒法

一、初礼敬三宝

一心敬礼，过去世，尽过去际，一切佛；

一心敬礼，未来世，尽未来际，一切佛；

一心敬礼，现在世，尽现在际，一切佛。

一心敬礼，过去世，尽过去际，一切法；

一心敬礼，未来世，尽未来际，一切法；

一心敬礼，现在世，尽现在际，一切法。

一心敬礼，过去世，尽过去际，一切僧；

一心敬礼，未来世，尽未来际，一切僧；

一心敬礼，现在世，尽现在际，一切僧。

二、受四依

从今时，尽未来际身，皈依佛、皈依法、皈依贤圣僧、皈依法戒。（三说）

三、悔罪

若现在身口意十恶罪，愿毕竟不起，尽未来际。

若未来身口意十恶罪，愿毕竟不起，尽未来际。

若过去身口意十恶罪，愿毕竟不起，尽未来际。

如是悔过已，三业清净，如净琉璃，内外明照。

四、自誓受戒

我某甲，白十方佛，及大地菩萨等，我学菩萨五重戒。（三说）

五、说戒相

从今身，至佛身，尽未来际，于其中间，不得故杀生。若有犯，非菩萨行，失四十二贤圣法。不得犯。能持否？能。

从今身，至佛身，尽未来际，于其中间，不得故妄语。若有犯，非菩萨行，失四十二贤圣法。不得犯。能持否？能。

从今身，至佛身，尽未来际，于其中间，不得故淫。若有犯，非菩萨行，失四十二贤圣法。不得犯。能持否？能。

从今身，至佛身，尽未来际，于其中间，不得故盗。若有犯，非菩萨行，失四十二贤圣法。不得犯。能持否？能。

从今身，至佛身，尽未来际，于其中间，不得故酤酒。若有犯，非菩萨行，失四十二贤圣法。不得犯。能持否？能。

六、叹戒德

受戒已，过度四魔，越三界苦。从生至生，不失此戒，常随行人，乃至成佛。案灵峰蕅益大师依《梵网》、《璎珞》、《地持》，重定"授菩萨法"，与此大同。但悔罪之后，应发四弘誓愿（三说）。叹戒德后，今亦可增入。弘一。

癸酉（一九三三年）九月十九日在开元寺讲

《随分自誓受菩萨戒文》析疑

我名××，仰启十方一切如来，已入大地诸菩萨众，我今欲于十方世界佛菩萨所，誓受菩萨学处净戒中×××××，谓律仪戒、摄善法戒、饶益有情戒；如是学处，如是净戒，过去一切菩萨已具、未来一切菩萨当具、普于十方现在一切菩萨今具；于是学处，于是净戒，过去一切菩萨已学、未来一切菩萨当学、普于十方现在一切菩萨今学。（三说）

初释自誓受

自誓受者，未得良师，开自受故。若五戒八戒自誓受者，如南山《羯磨疏》等委明。今约菩萨戒自誓受者，如《梵网经》、《占察经》等及《瑜伽师地论》所说。《梵网》自受须见好相；其他经论皆无好相之文。各被一机，随宜用之。授菩萨戒师具德，如《梵网义寂疏》中略明，师具德者，应依师受；若不尔者，则开自誓。《梵网古迹记》云：问：自受功德劣耶？答：不尔，虽无现缘，心猛利故；如《瑜伽师地论》卷五十三云：自受从他（或自受、或从师受），若等心受，亦如是持；福德无别。

二释随分

随分受者，唯受一、二戒等。若五戒八戒随分受者，见南山《羯磨疏》。今约菩萨戒随分受者，见《璎珞本业经》、《梵网古迹记》及《菩萨戒本宗要》中；据此经义，广为劝赞。彼云：随其受者意乐所堪。或受一戒或多戒，皆得成戒，名为菩萨。乃至唯受一戒犹胜二乘一切功德。菩萨一戒为度一切，无一众生不荷恩故。今文空白之处，应补写受者名及随分所受之戒名。

三释今文改易及具列三聚名

今文，依《瑜伽》自誓受文稍有改易；因须适合随分受故。问：今既随分受一二戒，何以文中犹具列"律仪戒"、"摄善法戒"、"饶益有情戒"之三聚名耶？答：《梵网贤首疏》云：摄三聚戒者有二义：一、若从胜为论，各戒一一别配；二、若通辨，每一戒中皆具三聚：谓于此不犯，律仪戒摄。修彼对治之行，摄善法摄；以此二戒教他众生令如自所作，即为摄众生戒云云。今据《疏》中第二"通辨"之义。虽受一戒，即三聚摄，亦无妨也。

附记：刘莲星慧日居士，请写《随分自誓受菩萨戒文》，将付影印，为略析其疑义，未能详尽耳。于时岁次鹑尾秋仲，居莆林禅院。

略诵四分戒菩萨戒法

依南山律主《行事钞》，盛夏严冬应略说戒。

四分戒本　二不定诵毕；续云：诸大德！是三十尼萨耆波逸提法，僧常闻。诸大德。是九十波逸提法，僧常闻。诸大德。是四波罗提提舍尼法，僧常闻。诸大德。是众学法，僧常闻。诸大德。是七灭诤法，僧常闻。此是佛所说戒经云云。

菩萨戒本　十重戒诵毕，至八万威仪品当广明。（续云）诸大德！以下四十八轻戒，诸大德常闻。接云：诸佛子！是四十八轻云云。

普劝出家人常应受八戒文

八戒正为在家二众而制，但出家五众亦可受之；如《药师经》谓："苾刍、苾刍尼（即是比丘、比丘尼）等有能受持八分斋戒求生极乐世界而未定者，若闻药师名号，临命终时有八大菩萨乘神通来示其道路，即于彼界种种杂色众宝华中自然化生。"以此经文证之，可知出家之人，亦应受持八戒。虽八戒戒相，于比丘戒或沙弥戒中已具。今为令功德增上，故不妨再受八戒也。

八戒通大小乘。小乘者，如《成实论》等。大乘者，即菩萨八戒：如《文殊问经》及《八种长养功德经》（此经书余已书写，佛学书局流通）所明。吾等既已受菩萨戒，今受八戒亦即是大乘八戒也。

受八戒之时日，或每月六斋日受，或每日（长期）受；悉可随意。

若长期受者，或每日晨起受一次（限于一日夜）或数日数月而总受之（例如欲连受一月者，于第一日晨朝发心受时，陈明一月；则此一月限内皆有数，不须再受）；悉可随意。

受八戒时，可以在佛像前自誓受。

受时，限于晨朝。或因事须延至日午前后乃受者，必须于晨朝心念：决定今日受八戒。如此作意，虽延时缓受无妨也。

受戒之文，或依《随机羯磨》所载，或依《八种长养功德经》文；悉可随意。

若依《随机羯磨》文而自誓受者，应略删改。如净行优婆塞，应改为净行菩萨，或改为净行出家优婆塞；又如说戒相文中，每条有"能持否？答言"五字皆删去（因自誓受故）；又离高胜床上坐，今以因缘不具，未能十分如法（床足太高），于此条戒相说毕，下文"能持"二字不说，可改为"离高胜床上坐，今仅能随分受持。作倡伎乐故往观听，能持"。又受毕发愿之文，可以改为"愿我临欲命终时"四偈及"我此普贤殊胜行"一偈，或有人欲用原文者亦善。

受持八戒之受法详解，并其功德，广如《羯磨疏》记及《行事钞》记所明，自披寻之。

盗戒释相概略问答

绪言

【问】以何因故，编辑是卷耶？

【答】昔尝发愿编辑《南山律在家备览》，以卷帙繁重，未可急就；故先撷取盗戒戒相少分，辑为《问答》一卷，别以流通。

【问】何故先辑此盗戒耶？

【答】道俗诸戒中，以盗戒戒相最为繁密。《僧祇律》释盗戒文有五卷。《十诵律》四卷。《善见律》三卷。南山、灵芝诸撰述中，述盗戒者，亦有三卷。盗戒戒相既如是繁密，若欲护持，大非易事。南山律中颇多警诰之文，今略引之。《行事钞》云："性重之中，盗是难护。故诸部明述，余戒约略总述而已，及论此戒各并三卷、五卷述之。必善加披括，方能免患。"又云："盗戒相隐，极难分了。有心怀道者，细读附事，深思乃知。"《戒本疏》云："此戒人多潜犯，不谓重罪，但是粗心。故《善见》（律名）云：此第二戒事相难解，不得不曲碎解释，其义理分别，汝当善思。《论》文如此，临事可不勉耶！"圣教明文，谆切若是。故先辑此戒相，亟为流通。俾未受者，应知慎重，必须预习通利，乃可受持。（受盗戒后，一刹那顷，若有犯者，即结重罪。不以其未及学习，而加曲谅。故须预学也。）已受者，急宜细读深思，勉力护持，未可潜犯。

【问】古德亦有专辑盗戒。别以流通耶？

【答】有之。南山云："有人别标此盗，用入私钞。抑亦劝诫之意。"惜此私钞，久已佚失不传耳。

【问】今辑是卷，依何典籍为宗耶？

【答】专宗南山《行事钞》及灵芝《资持记》，并参用南山《戒本疏》及灵芝《行宗记》。南山《钞》与《疏》有互异者，今且专据《钞》文。

【问】今辑是卷，何以仅及概略，未能详尽耶？

【答】今为初机，且举少分，粗示其概。以为着手研习之初阶。若详明戒相，广引文证，纸数当十余倍此。将来别辑《南山律在家备览》，广明其义。学者幸进而披寻焉。

【问】下文所云"掌理三宝物"等，应唯属于道众。今辑是卷，既专被在家，云何复列是等诸缘耶？

【答】近今在家居士，亦有暂管护寺院者；又有任寺中会计、庶务诸职者。故应列入，以资参考。

【问】南山律义，虽云分通大乘，然教限正属小乘。若依小教，受五八戒者，固应奉此行持。若别受菩萨戒者，或可不拘是限耶？

【答】唐贤首《梵网戒疏，释初篇盗戒，第六种类轻重门》中，广陈犯相，与南山《行事钞》文大同。彼《疏》自设问答云："问：凡此所引，多是小乘，云何得通菩萨性戒用？答：菩萨性戒共学，《摄论》明文。故得用也。"准是而言，若受菩萨戒中盗戒者，亦应奉此行持也。

释相

【问】何谓盗戒耶？

【答】盗戒本有数名。或名曰"劫"，强力直夺故。或名曰"偷窃"，畏主觉知故。或名曰"不与取"，谓主不舍故。今名曰"盗"，非理侵损于人故。前之二名，名则公私不同，义则两不相摄。若"不与取"，虽是名通，然于义中有非盗之滥。故废前三名，唯标曰"盗"。既能该括"劫"与"偷窃"，复无非盗之滥也。"盗"是所观之境，"戒"者能治之行，能所通举，故曰"盗戒"。

【问】今释盗戒戒相，如何分门耶？

【答】南山《行事钞》，分为三大科。

一、所犯境；二、成犯相；三、开不犯。今依此科，分为三门如下：

第一门　所犯境

【问】何谓所犯境耶？

【答】凡六尘六大，有主之物，他所吝护者，皆谓之犯境。《戒本疏》中随文别释，至为繁广。今不详举也。

第二门　成犯相

【问】成犯相中，依何而释相耶？

【答】南山《行事钞》，先总列六缘，后随释五种。先总列六缘者：一、有主物，二、有主想，三、有盗心，四、是重物，五、兴方便，六、举离处。后随释五种者，依前列犯缘次第解释，唯不释第五兴方便，故仅有五种也。今依此科，分为五章如下：

第一章　有主物

【问】有主物中，如何分判耶？

【答】南山《行事钞》，分为三科：一、三宝物，二、人物，三、非人及畜牲物。今依此科，分为三节如下：

第一节　三宝物

【问】掌理三宝物，应须如何人耶？

【答】南山《行事钞》引《宝梁》、《大集》等经云："僧物难掌，佛法无主。我听二种人掌三宝物，一阿罗汉，二须陀洹。所以尔者，诸余比丘，戒不具足，心不平等，不令是人为知事也。更复二种：一能净持戒识知业报；二畏后世罪有诸惭愧及以悔心。如是二人，自无疮疣，护他人意。此事甚难等。"《钞》又云："若不精识律藏，善通用与者。并师心处分，多成盗损。"

【问】盗佛物者，依何结罪耶？

【答】望守护主边，结重罪。无守护主者，望断施主福边，结重罪。

【问】盗法物者，依何结罪耶？

【答】与盗佛物同。望守护主边，或望断施主福边，结重罪也。

【问】旧经残破，应焚化耶？

【答】若焚化者，得重罪，如烧父母。不知有罪者，犯轻。南山《戒疏》云："有人无识，烧毁破经，我今火净，谓言得福。此妄思度。半偈舍身，著在明典。两字除惑，亦列正经。何得焚除，失事在福也。"灵芝《资持记》云："古云，如烧故经，安于净处，先说是法因缘生偈已，焚之。此乃传谬，知出何文。引误后生，陷于重逆。必有损像蠹经，净处藏之可矣。"

【问】借他人经而不还者，应犯何罪耶？

【答】若因未还，令主生疑者，中罪。若心决绝不还者，重罪。

【问】盗僧物者，依何结罪耶？

【答】若有守护主，余人盗者，望守护主边结重。若主掌之人自盗者，亦犯重。若无守护主，余人盗僧物者，亦犯重。

【问】盗僧物者，与盗佛物法物同结重罪，然亦有所异耶？

【答】南山《行事钞》云："盗通三宝，僧物最重。随损一毫，则望十方凡圣一一结罪。"又《方等经》云："五逆四重，我亦能救。盗僧物者，我所不救。"（灵芝释云：我不救者，以佛威神不可加故，非舍弃也。）

【问】于三宝物，若互用者，应有罪耶？

【答】律中，互用有种种，结罪亦有轻重。今略举一二。如寺主互用三宝物，彼以好心，非入己故，谓言不犯；但依律应结重罪。若当分互用者，如本造释迦改作弥陀；本作《般若》改作《涅槃》，本作僧房改充车乘，应结小罪。

【问】白衣入寺，应与食耶？

【答】若悠悠俗人见僧过者，应与食物。若在家二众及识达俗士有入寺者，须说福食难消，非为悭客。

第二节　人物

【问】盗别人物中，如何分判耶？

【答】南山《行事钞》中，约二主分为七种。文义甚繁，今不具举。

【问】物主有财物，令他人守护，为作护主。若此财物，被贼所窃，应令护主为偿还耶？

【答】若护主谨慎不懈，贼来私窃，或强迫取，非是护主能禁之限者，物主不应令护主偿还，若强征者物主犯重。倘护主懈慢，为贼窃者，护主必须偿之，若不偿者，护主犯重。

【问】手执他人之物，不慎而误破者，应令其偿还耶？

【答】不应令其偿还。若强征者犯重。

【问】贼取财物已，物主应可夺还耶？

【答】此事大须审慎。若盗者已作决定得物想，无论物主于己物已作弃舍心或未作弃舍心，皆不可夺，夺者犯重，因此物已属贼故。若物主于己物已作弃舍心，无论盗者已作决定得物想或未作决定得物想，皆不可夺，夺者犯重，因先已舍，即非己物故。必须物主于己物未作弃舍心盗者未作决定得物想，乃可夺还也。

第三节　非人及畜牲物

【问】盗非人物者，应犯何罪耶？

【答】有守护者，望守护主边结重罪。若无守护者，望非人边结中罪。

【问】盗畜牲物者，应犯何罪耶？

【答】轻罪。

第二章　有主想

【问】若欲详释此章，应依何显示耶？

【答】应依境想、阙缘等，具如南山《钞》《疏》中诸文广明。文繁义密，初机难解，今且从略。将来别辑《南山律在家备览》，当于此义详述之也。

第三章　有盗心

【问】前云寺主以好心互用三宝物而结重罪，是岂有盗心耶？

【答】律列十种贼心，一曰"黑暗心"。愚教互用，正属此类。灵芝《资持记》云："望为三宝，故言好心。若论愚教，还是贼心。"

第四章　是重物

【问】何谓重物耶？

【答】依律，盗五钱，或值五钱物，结重罪。是为结罪之分限。

【问】何谓五钱耶？

【答】诸释不同。南山律谓摄护须急，即以随国通用之五钱为准。如此土今时，应以五铜圆为准也。

第五章　举离处

【问】何谓举离处耶？

【答】欲盗物时，若所盗之物未离本处，属己不显。故须于离处时，结其正罪也。

【问】亦有物未离处，即结犯耶？

【答】盗戒成犯虽约离处，然其离相不必物离。故律中，明离处义，以十门括示差别。今且略举。文书成明离处，约作字判断即犯。言教主明离处，约口断即犯，以言辞诳惑取者是。移标相明离处，即今丈尺度量之物。堕筹明离处，若计数筹若分物筹是。异色明离处，若破若烧若埋若坏色皆属此类。转齿明离处，以盗心移转赌具。如是等，皆统名曰离处也。

第三门　开不犯

【问】何谓不犯耶？

【答】律有五种，皆谓无盗心也。一、与想，意谓他与也。二、己有想，谓非他物也。三、粪扫想，谓无主也。四、暂取想，即持还也。五、亲厚意，无彼此也。

【问】何谓亲厚耶？

【答】律有七法：一、难作能作，二、难与能与，三、难忍能忍，四、密事相告，五、互相护藏，六、遭苦不舍，七、贫贱不轻。能行是七法者，是善亲友也。

己卯（一九三九年）八月作于福建永春普济寺

持非时食戒者应注意日中之时

比丘戒中有非时食戒，八关斋戒中亦有之。日中以后即不可食。又依《僧祇律》，日正中时，名曰时非时，若食亦得轻罪。故知进食必在日中以前也。

日中之时，俗称曰正午。常人每用日晷仪置于日光之下，俟日晷仪标影恰至正午，即谓是为日中之时。因即校正钟表，以此时为十二点钟也。然以此方法常常核对，则发见可怀疑者二事。一者，虽自置极精良正确之钟表，常尽力与日晷仪核对，其正午之时每与日晷仪参差少许，不能符合。二者，各都市城邑之标准时钟，如上海江海关大自鸣钟等，其正午之时，亦每见其或迟或早，茫无一定也。今说明其理由如下：

依近代天文学者言，普通纪日之法皆用太阳，而地球轨道原非平圆，故日之视行有盈缩，而太阳日之长短亦因是参差不齐。泰西历家以其不便于用，爰假设一太阳，即用真太阳之平均视行为视行，称之曰平太阳。平太阳中天时谓之平午。校对钟表者即依此时为十二点钟。若真太阳中天时，则谓之视午。就平午与视午相合或相差者大约言之，每年之中，惟有四天平午，与视午大致相合，余均有差。相差最多者，平午比视午或早十五分或迟十六分。其每日相差之详细分秒，皆载在吾国教育部中央观象台所颁发之历书中。

若能了解以上之义，于昔所怀疑者自能祛释。因钟表每日有固定同一之迟速，决不允许参差，而真太阳日之长短，则参差不齐。故不能以真太阳之视午而校正钟表，恒定是为十二点钟也。其各都市城邑之标准时钟皆据平午，以教育部历书核对即可了然。

吾人持非时食戒者，当依真太阳之视午而定日中食时之标准，决不可误据平午而过时也，至于如何校正钟表可各任自意。或依平午者，宜购求教育部历书核对，即可知每日视午之时。若如是者，倘自置精良正确之钟表，则可不必常常校对拨动。否则仍依旧法，以日晷仪之正午而校正钟表，恒定是为十二点钟，此亦无妨。但须常常核对日晷仪，常常拨动钟表时针。因如前所说真太阳日之长短参差不齐，未能如钟表每日有固定同一之迟速也。又近代天文学者以种种之理由，而斥日晷仪所测得者未能十分正确。此说固是，但其差舛甚微，无足计也。

壬午（一九四二年）作于泉州温陵养老院

依长养功德经或四分随机羯磨
受八戒者之区别

受时：

一、教宗不同：四分（小），长养（大）。

二、发心缘境同：皆三聚摄，如业疏委明。

（灵芝云：依小律仪，即成大行，岂曰弃舍，方为大乎！）

随行时：

一、依大乘戒旧疏家判：

（一）身口罪同，如杀人、盗五、大妄、乃犯重等，彼此全同。

（二）意方便罪不同，瞥尔、重缘异也。

二、依大乘戒新疏家判：身口罪多不同。（新疏较旧疏为急。）

今若依《长养经》受八戒，而发心据《大乘戒旧疏家所判者》行持，实与依四分随机羯磨所受者，无大异也。

八戒可以一月乃至尽形受，值难缘，则退去。后再受之。

剃发仪式
（即出家落发仪）

剃发仪式一卷，宋灵芝律师宗《行事钞》撰述。▲其中阇黎及引请师开示等文，且举一例。今人用时，宜观机而酌定之，应令行者了解其意；若依文谨诵，茫然莫解，则徒劳无益。▲又原定仪式，与现时丛林习惯有碍者，亦略改之。于彼原文，亦稍删润。匪敢擅窜古本，亦欲今人能依此行，广为流通，无所滞耳。于时岁次鹑火七月南山律苑沙门演音谨识。

一、选处设座

据律，令在露地，洒以香水，周匝七尺，四角悬幡等；今时多在大殿，或在法堂，亦无不可。▲和尚及阇黎二师之座，当须左右相对。今多背佛像而坐，大乖尊敬，罪过匪轻。南山律中，屡痛戒之。诸有智者，幸宜改悛。▲应预以缦衣一件，置于和尚座前。▲众僧坐处，随宜铺设。

行者应预洗浴，着俗人净衣，顶鬌留少发，立于殿堂外。▲彼之父母尊长等，应立于阶庭之下。

二、师僧入堂

打钟集僧，众人礼佛竟。和尚及阇黎二师，至佛前，拈香礼佛。▲二师礼佛时，大众同唱供养偈云：

戒香定香解脱香　光明云台遍法界

供养十方无量佛　见闻普熏证寂灭（或依常例，改唱"炉香赞"亦可）

二师即登本座，僧众随坐。

三、白众召入

阇黎云：

敬白大众，今有某寺行者某甲（若是当处，则改云当寺或本寺）厌世出家，归心三宝。将从和尚乞求剃发；今令教授座主引入道场与其披剃。

教授座主（今时谓引请师或引礼师），即从座起，至众前，合掌揖僧竟；即出众去，引彼行者。

四、入众请师

引请师前引，行者后随，至佛前，教行者作礼已；复引至和尚前，行者作礼已；长跪合掌，引请师云：

夫以儒敦事父，惟重于成身。释制依师，务存于学道；庶使四仪轨度，藉此以琢磨。五分法身，因兹而成立；理须竭诚事奉，克志陈词。恐汝未能，我今教汝。大德一心念！我某甲今请大德为和尚，愿大德为我作和尚！我依大德故，得剃发出家，慈悯故。（三说）

和尚告云：

可为汝作剃发和尚！

次又引至阇黎前，行者作礼已，长跪合掌，引请师云：

夫以厌处凡流，欣参宝位，将剪除于俗态，理宜警策于蒙心。矧在人中，必由名匠。今为汝请某人作剃发阿阇黎；此师诲人不倦，接物有方；故须专禀一心，恭陈三请。恐汝未能，我今教汝。

大德一心念！我某甲今请大德为剃发阿阇黎。愿大德为我作剃发阿阇黎！我依大德故，得剃发出家；慈悯故。（三说）

阇黎告云：

可为汝作剃发阇黎；所有教示，须当谛听！

五、辞亲脱素

阇黎云：

出家之人，高超俗表，为世福田。君不得而臣，父不得而子。应受人天供养；是故剃发着袈裟已，至于君父尚无设礼之义，况余人乎。然父母生汝，养育之恩；当往显处，拜辞父母尊长竟；却入道场，为汝落发。

言讫；行者即起。引请师引出阶庭之下，于彼父母尊长前，行者作礼已；长跪合掌，引请师教唱辞亲偈云：

流转三界中，恩爱不能脱，弃恩入无为。真实报恩者。

唱偈讫；行者即起。除俗衣，着僧服；但不着袈裟。

六、策导礼佛

引礼师复引入众，至阇黎前，行者长跪合掌。阇黎云：

善男子谛听！六道之中，人身难得。人伦之中，出家者难。汝今生处人道，值佛出家；自非宿植业深，何由至此？当须建出家心，立丈夫志，誓勤学道以求解脱。南山律师云：真诚出家者，怖四怨之多苦，厌三界之无常，辞六亲之至爱，舍五欲之深著；故知一切众生，系属于四怨，恋著于三界，情缠于六亲，心耽于五欲；由是流转生死，经百千劫，舍身受身，无由解脱。汝当舍诸虚妄，回向真实。持戒修定习慧，行六度万行，学无量法门。于末世中，建立法幢，续佛慧命，令三宝不断，使众生获益；若能如是，是名真出家！可以为六道福田，作三乘因种，堪受信施，不负四恩；是以佛言：若人以四事供养四天下满中罗汉，尽于百年；不如有人一日一夜发心出家功德。又云：若人起七宝塔，高三十三天；亦不如出家功德胜。广在大藏不复繁引；既知此身如此尊胜，弥生珍敬，勿得自轻！（如是随机劝诱，临时自述，不必诵语。）

阇黎说已，即取香汤，以指滴少许，灌于行者顶上，说偈云：

善哉大丈夫！能了世无常，舍俗趣泥洹，希有难思议！（此偈阇黎一人直声自说。）

资持云：以香汤灌顶者，使身器清净，堪受善法故。

▲说偈讫，告云：汝当往佛前，礼拜十方佛，说归依偈！

行者即起，引请师引至佛前，行者作礼已；长跪合掌。引请师教唱归依偈云：

归依大世尊，能度三有苦；亦愿诸众生，普入无为乐！

七、落发披衣

引请师复引至阇黎前，行者长跪合掌，以净巾围肩项。阇黎告云：

剃除须发，为舍骄慢。着坏色衣，为除贪爱。少选之间，即与三乘贤圣仪相无别，当自欣庆。

言讫；为剃四边发，留顶上少许。正剃发时，大众同唱出家偈云：

毁形守志节，割爱无所亲，弃家弘圣道，愿度一切人！

剃已；立起，又引至和尚前，行者长跪合掌，和尚云：

今为汝剃去顶发可否？

行者答云：

尔！

和尚便为剃之，大众再同唱出家偈云：

毁形守志节，割爱无所亲，弃家弘圣道，愿度一切人！

剃已，除去净巾。▲和尚取袈裟，授与行者。便顶戴受已；复还和尚。如是三反已，和尚亲为着之。说偈云：

大哉解脱服！无相福田衣。披奉如戒行，广度诸众生。（此偈和尚一人直声自说）

所授袈裟，即是缦衣。所以三授三反者，资持记云：三授与者，示勤至也。三反者，表辞让也。

八、授归教诫

引请师复引至阇黎前，行者长跪合掌。阇黎告云：

准毗尼母论，剃发着袈裟已；然后受三归五戒十戒。各登坛时，当自受之。今且为受翻邪三归，翻无始邪心，归三宝正觉。应示三宝境界；但创入道门，未谙法义。且示住持三宝，令寄在所。应云：雕塑灵仪是佛宝，琅函玉轴是法宝，剃染禀戒为僧宝。汝当志诚归向！从今以后，尽此形命，誓依佛为师，誓学法藏，誓同僧海！

如是种种，随机开导已；阇黎教行者说云：

我某甲尽形寿，归依佛、归依法、归依僧！（三说）

我某甲尽形寿，归依佛竟、归依法竟、归依僧竟！（三说）

前之三说，即发善法；后之三说者，重更结嘱，不令忘失也。

授三归已；复告云：

汝既出家，当依出家法，修出家行；不得懒惰懈怠，悠悠度日。从今已后，先须远离诸恶，且说六种：一淫、二盗、三杀、四妄、五饮酒、六食肉；是六种恶，障道之源，轮回之本，深须远离，慎勿为之。当须预择明师，咨问受戒方便仪式，策发开导令心明了；若茫无所知，名为受戒，实不得戒；由无戒故，一生虚受信施，将来堕坠恶道，长劫轮回，无由解脱。此非小事，宜切用心，又从今以去，即须除去杂务，日夜诵持，志诚祈祷，乞圣加被。及至受戒之后，或依师学律，或复听经，或参寻知识，或诵经课佛，或营事作福，荷护佛法，利益众生。不应求名逐利，作恶破戒，滥污僧伦，覆灭正法，翻种苦业，转增生死。是则出家无所利益。常记此语，以自策勤。无为空死，后致有悔！

（按：原文有劝告预办衣钵等言。现今受戒，皆由戒场备办，不许自制；故删备之。）

九、自庆礼谢

引请师复引至佛前，行者作礼已；绕佛三匝，长跪合掌。引请师教行者唱自庆偈云：

遇哉值佛者！何人谁不喜？福愿与时会，我今获法利。

唱已；即起。礼众僧及和尚阇黎二师，即在众僧下座。▲引请师事毕，至众前，合掌揖僧竟，复位。

十、祝赞回向

二师即从座起，大众随起。二师至佛前拈香，长跪合掌。维那白云：

上来行法所有功德，奉祝梵释四王、天龙八部、伽蓝真宰、土地灵聪，各轸威神，安邦护法。今上国主，圣化无穷，文武官员，长居禄位。师僧父母，善恶知识，十方信施，法界众生，承此善根，俱登彼岸 。

白讫二师起立，大众同念释迦牟尼佛号，绕佛数匝，复位，同唱偈云：

处世界如虚空　犹莲花不著水

心清净超于彼　稽首礼无上尊

或如常例，再增加唱三归偈，亦可。

大众礼佛退出。▲行者受彼父母尊长等拜贺。

附：诸偈释（▲释见《资持记》，今节录。）

戒香定香解脱香，光明云台遍法界。供养十方无量佛，见闻普熏证寂灭。

出晋译《华严经》。▲记释云：上半明能供，下半即所供。初中、上句，托彼香事，即表法供也。慧及知见，解脱通收，（由慧得脱，由脱具知见。）则五分备矣。次句，冥想如彼光云。下半所供中，初句明上求。下句即下化。涅槃翻寂灭，即果德也。

流转三界中，恩爱不能脱，弃恩入无为。真实报恩者。

《事钞》原注云：出度人经。▲记释云：上半明在家之损，下半明出家之益。弃恩，割情爱也。入无为者，趣圣境也。则知儒中顺色承意，立身扬名；皆是世情，未为实报。

善哉大丈夫！能了世无常，舍俗趣泥洹，希有难思议！

记释云：上句赞志干刚绝，次句赞心智开悟，第三句赞返妄归真，末句指上三种，总赞难能。

归依大世尊！能度三有苦。亦愿诸众生，普入无为乐！

记释云：上二字述能归心，次句半叹所归竟。大世尊者，人天师故。度三有者，大慈悲故。下二立期誓，自他兼利，大士行故。无为乐者，涅槃道故。

毁形守志节，割爱无所亲。弃家弘圣道，愿度一切人。

记释云：上二字明外仪，次三字言内志。持之无变，故云守也。第二句言志用，三四两句彰所为。弘道度人，出家本务故。

　　大哉解脱服！无相福田衣。披奉如戒行，广度诸众生。

　　记释云：上二句叹衣。解脱者，染坏割截，不著世故。无相福田者，出世无漏之福，离有为相故。下二句劝励。上句自行，如，依也。下句利他行。

　　遇哉值佛者，何人谁不喜？福愿与时会，我今获法利。

　　记释云：上半是能喜，上句自喜下句他喜。下半即所喜，上句喜缘会，下句喜得法。福愿，并宿因。时，即今缘。

　　附：剃发位置图

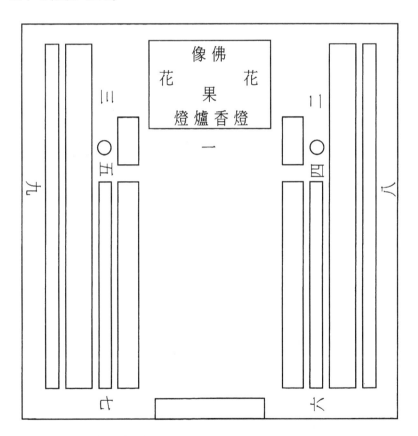

　　附：剃发之前应备手续说明

（一）　事先洗扫，庄严殿堂。

（二）　照剃发图，安置各件。

（三）　预备父母牌位两座。如父母现在，则位安之东方。如已亡故，则位安之西方。倘父母本身来，则不用牌位。

（四）　和尚桌上，预备静木一方，缦衣一领。

（五）　教授桌上，预备静木一方，檀香水一盏。

（六）　上座引请桌上，预备大磬一、引磬一。

下座引请桌上，预备引磬一、身上预备剃刀一、围巾一、包发巾一。

第四章　妙释经讲

地藏菩萨圣德大观

第一章　译名辨异

梵名乞叉底蘖沙，此云地藏。而诸经译传，亦有增文。列举如下：

地藏菩萨，此为诸经论通译之名。地藏之义，如明蕅益大师《占察善恶业报经疏》广释。

大地藏菩萨，出晋译《大方广佛华严经入法界品》。

持地藏菩萨，出西秦译《佛说罗摩伽经》，即是《入法界品》别译。

地藏王菩萨，出唐译《大乘本生心地观经》。清来舟释云：主执幽冥，随愿自在，故尊为王。然王义甚广，此释未能尽也。

第二章　十轮经大旨

以下三章大旨，皆依明蕅益大师阅藏知津文而增减之。

此经共有两译。

《佛说大方广十轮经》，八卷，出北凉录失译人名，与后同本，而文缺略。

《大乘大集地藏十轮经》，十卷，唐玄奘译，今依此本，略录大旨。

是经执笔译文者为大乘昉师，并撰序文冠于经首。师谓十轮经者，则此土末法之教也。何以明之？佛以末法恶时，去圣寝远。败根比之坏器，空见借喻生盲，沉醉五欲类石田之不苗，放肆十恶似臭身之垢秽。故此经，能濯臭身，开盲目，陶坯器，沃石田。观此数言，可以略知是经所被之机矣。

序品第一　佛在佉罗帝耶山。南方云来，雨诸供养，演诸法声。众会手中，各各现如意珠，雨宝放光，见十方土。又见身各地界增强，坚重难举。有天帝释，名无垢生，以颂问佛。佛为广叹地藏菩萨功德。文云：尔时世尊告无垢生帝释曰。汝等当知。有菩萨摩诃萨，名曰地藏。已于无量无数大劫，五浊恶时，无佛世界，成熟有情。今与八十百千那庾多频跋罗菩萨俱。为欲来此礼敬亲近供养我故，观大集会生随喜故。并诸眷属，作声闻像，将来至此。以神通力，现是变化。是地藏菩萨摩诃萨，有无量无数不可思议殊胜功德之所庄严。一切世间声闻独觉所不能测。此大菩萨，是诸微妙功德伏藏。是诸解脱珍宝出处。是诸菩萨明净眼目。是趣涅槃商人导首。如如意珠雨众财宝，随所希求皆令满足。譬诸商人所采宝渚。是能生长善根良田。是能盛贮解脱乐器。是出妙宝功德贤瓶。照行善者，犹如朗日。照失道者，犹如明炬。除烦恼热，如月清凉。如无足者，所得车乘。如远涉者，所备资粮。如迷方者，所逢示导。如狂乱者，所服妙药。如疾病者，所遇良医。如羸老者，所凭几杖。如疲倦者，所止床座。度四流者，为作桥梁。趣彼岸者，为作船筏。是三善根殊胜果报。是三善本所引等流。常行惠施，如轮恒转。持戒坚固，如妙高山。精进难坏，如金刚宝。安忍不动，犹如大地。静虑深密，犹如秘藏。等至严丽，如妙花鬘。智慧深广，犹如大海。无所染着，譬太虚空。妙果近因，如众花叶。伏诸外道，如师子王。降诸天魔，如大龙象。斩烦恼贼，犹如神剑。厌诸喧杂，如独觉乘。洗烦恼垢，如清净水。能除臭秽，如疾飘风。断众结缚，如利刀剑。护诸怖畏，如亲如友。防诸怨敌，如堑如城。救诸危难，犹如父母。藏诸怯劣，犹若丛林。如夏远行，所投大树。与热渴者，作清冷水。与饥乏者，作诸甘果。为露形者，作诸衣服。为热乏者，作大密云。为贫匮者，作如意宝。为恐惧者，作所归依。为诸稼穑，作甘泽雨。为诸浊水，作月爱珠。令诸有情，善根不坏。现妙境界，令众欣悦。劝发有情，增上惭愧。求福慧者，令具庄严。能除烦恼，如吐下药。能摄乱心，如等持境。辩才无滞，如水激轮。摄事系心，如观妙色。安忍坚住，如妙高山。总持深广，犹如大海。神足无碍，譬如虚空。灭除一切惑障习气，犹如烈日销释轻冰。常游静虑无色正道。一切智智妙宝洲渚。能无功用，转大法轮。善男子，是地藏菩萨摩诃萨，具如是等无量无数不可思议殊胜功德。与诸眷属欲来至此。先现如是神通之相。

菩萨寻与无量眷属，现声闻像，来礼佛足，赞叹供养。

佛复因好疑问菩萨问，广述地藏菩萨无量功德。文云：

佛言。谛听。善思念之。吾当为汝略说少分。如是大士，成就无量不可思议殊胜功德。已能安住首楞伽摩胜三摩地，善能悟入如来境界，已得最胜无生法忍，于诸佛法已得自在，已能堪忍一切智位，已能超度一切智海，已能安住师子奋迅幢三摩地，善能登上一切智山，已能摧伏外道邪论。为欲成熟一切有情，所在佛国悉皆止住。如是大士，随所止住诸佛国土，随所安住诸三摩地，发起无量殊胜功德，成熟无量所化有情。

以下广说地藏菩萨入种种定，由此定力，令彼有情利益安乐。今举其概，列表如下：

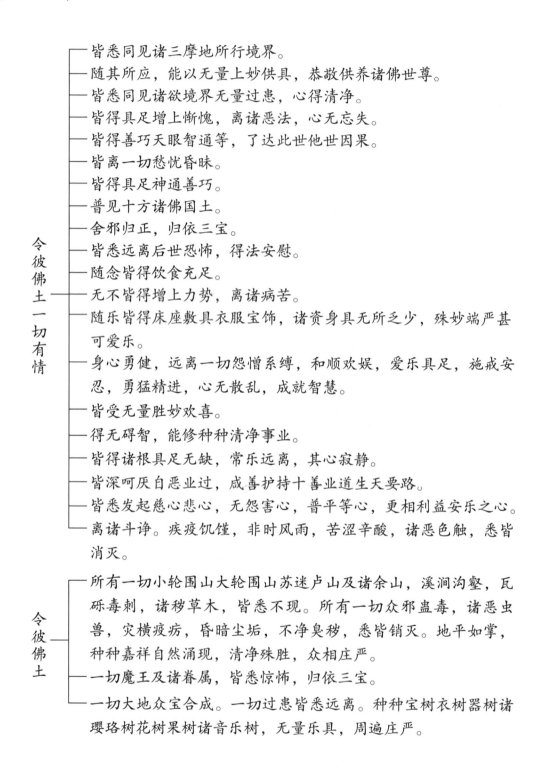

令彼佛土一切有情

— 皆悉同见诸三摩地所行境界。

— 随其所应，能以无量上妙供具，恭敬供养诸佛世尊。

— 皆悉同见诸欲境界无量过患，心得清净。

— 皆得具足增上惭愧，离诸恶法，心无忘失。

— 皆得善巧天眼智通等，了达此世他世因果。

— 皆离一切愁忧昏昧。

— 皆得具足神通善巧。

— 普见十方诸佛国土。

— 舍邪归正，归依三宝。

— 皆悉远离后世恐怖，得法安慰。

— 随念皆得饮食充足。

— 无不皆得增上力势，离诸病苦。

— 随乐皆得床座敷具衣服宝饰，诸资身具无所乏少，殊妙端严甚可爱乐。

— 身心勇健，远离一切怨憎系缚，和顺欢娱，爱乐具足，施戒安忍，勇猛精进，心无散乱，成就智慧。

— 皆受无量胜妙欢喜。

— 得无碍智，能修种种清净事业。

— 皆得诸根具足无缺，常乐远离，其心寂静。

— 皆深呵厌自恶业过，咸善护持十善业道生天要路。

— 皆悉发起慈心悲心，无怨害心，普平等心，更相利益安乐之心。

— 离诸斗诤。疾疫饥馑，非时风雨，苦涩辛酸，诸恶色触，悉皆消灭。

令彼佛土

— 所有一切小轮围山大轮围山苏迷卢山及诸余山，溪涧沟壑，瓦砾毒刺，诸秽草木，皆悉不现。所有一切众邪蛊毒，诸恶虫兽，灾横疫疠，昏暗尘垢，不净臭秽，悉皆销灭。地平如掌，种种嘉祥自然涌现，清净殊胜，众相庄严。

— 一切魔王及诸眷属，皆悉惊怖，归依三宝。

— 一切大地众宝合成。一切过患皆悉远离。种种宝树衣树器树诸璎珞树花树果树诸音乐树，无量乐具，周遍庄严。

以下又广说有能至心称名念诵归敬供养地藏菩萨摩诃萨者，所获种种利益安乐。文云：

随所在处。若诸有情，种种希求，忧苦逼切。有能至心称名念诵归敬供养地藏菩萨摩诃萨者。一切皆得如法所求，离诸忧苦。随其所应，安置生天涅槃之道。

随所在处。若诸有情，饥渴所逼。有能至心称名念诵归敬供养地藏菩萨摩诃萨者。一切皆得如法所求，饮食充足。随其所应，安置生天涅槃之道。

随所在处。若诸有情，乏少种种衣服宝饰医药床敷及诸资具。有能至心称名念诵归敬供养地藏菩萨摩诃萨者。一切皆得知法所求，衣服宝饰医药床敷及诸资具无不备足。随其所应，安置生天涅槃之道。

随所在处。若诸有情，爱乐别离，怨憎合会。有能至心称名念诵归敬供养地藏菩萨摩诃萨者。一切皆得爱乐合会，怨憎别离。随其所应，安置生天涅槃之道。

随所在处。若诸有情，身心忧苦，众病所恼。有能至心称名念诵归敬供养地藏菩萨摩诃萨者。一切皆得身心安隐，众病除愈。随其所应，安置生天涅槃之道。

随所在处。若诸有情，互相乖违，兴诸斗诤。有能至心称名念诵归敬供养地藏菩萨摩诃萨者。一切皆得舍毒害心，共相和穆，欢喜忍受，展转悔愧，慈心相向。随其所应。安置生天涅槃之道。

随所在处。若诸有情，闭在牢狱，杻械枷锁检系其身，具受众苦。有能至心称名念诵归敬供养地藏菩萨摩诃萨者。一切皆得解脱牢狱杻械枷锁，自在欢乐。随其所应，安置生天涅槃之道。

随所在处。若诸有情，应被囚执，鞭挞拷楚，临当被害。有能至心称名念诵归敬供养地藏菩萨摩诃萨者。一切皆得免离囚执鞭挞加害。随其所应，安置生天涅槃之道。

随所在处。若诸有情，身心疲倦，气力羸惙。有能至心称名念诵归敬供养地藏菩萨摩诃萨者。一切皆得身心畅适，气力强盛。随其所应，安置生天涅槃之道。

随所在处。若诸有情，诸根不具，随有损坏。有能至心称名念诵归敬供养地藏菩萨摩诃萨者。一切皆得诸根具足，无有损坏。随其所应，安置生天涅槃之道。

随所在处。若诸有情，颠狂心乱，鬼魅所著。有能至心称名念诵归敬供养地藏菩萨摩诃萨者。一切皆得心无狂乱，离诸扰恼。随其所应，安置生天涅槃之道。

随所在处。若诸有情，贪欲嗔恚愚痴忿恨悭嫉憍（古同"骄"）慢恶见睡眠放逸疑等皆悉炽盛，恼乱身心常不安乐。有能至心称名念诵归敬供养地藏菩萨摩诃萨者。一切皆得离贪欲等，身心安乐。随其所应，安置生天涅槃之道。

随所在处。若诸有情，为火所焚，为水所溺，为风所飘，或于山岩崖岸树舍颠坠堕落，其心惊惶。有能至心称名念诵归敬供养地藏菩萨摩诃萨者。一切皆得离诸危难，安隐无损。随其所应，安置生天涅槃之道。

随所在处。若诸有情，为诸毒蛇毒虫所螫，或被种种毒药所中。有能至心称名念诵归敬供养地藏菩萨摩诃萨者。一切皆得离诸恼害。随其所应，安置生天涅槃之道。

随所在处。若诸有情，恶鬼所持，成诸疟病，或日日发或隔日发或三四日而一发者。或令狂乱，身心颤掉，迷闷失念，无所了知。有能至心称名念诵归敬供养地藏菩萨摩诃萨者。一切皆得解脱无畏，身心安适。随其所应，安置生天涅槃之道。

随所在处。若诸有情，为诸药叉、罗刹、饿鬼、毕舍遮鬼、布怛那鬼、鸠畔荼鬼、羯吒布怛那鬼、吸精气鬼，及诸虎狼师子恶兽，蛊毒厌祷诸恶咒术，怨贼军阵，及余种种诸怖畏事之所缠绕。身心惊惶，惧失身命，恶死贪生，厌苦求乐。有能至心称名念诵归敬供养地藏菩萨摩诃萨者。一切皆得离诸怖畏，保全身命。随其所应，安置生天涅槃之道。

随所在处。若诸有情，或为多闻，或为净信，或为净戒，或为静虑，或为神通，或为般若，或为解脱，或为妙色，或为妙声，或为妙香，或为妙味，或为妙触，或为利养，或为名闻，或为功德，或为工巧，或为花果，或为树林，或为床座，或为敷具，或为道路，或为财谷，或为医药，或为舍宅，或为仆使，或为彩色，或为甘雨，或为求水，或为稼穑，或为扇拂，或为凉风，或为求火，或为车乘，或为男女，或为方便，或为修福，或为温暖，或为清凉，或为忆念，或为种种世出世间诸利乐事。于追求时，为诸忧苦之所逼切。有能至心称名念诵归敬供养地藏菩萨摩诃萨者。此善男子功德妙定威神力故，令彼一切皆离忧苦，意愿满足。随其所应，安置生天涅槃之道。

随所在处。若诸有情，以诸种子植于荒田或熟田中，若勤营务或不营务。有能至心称名念诵归敬供养地藏菩萨摩诃萨者。此善男子功德妙定威神力故，令彼一切果实丰稔，所以者何？此善男子曾过无量无数大劫，于过数量佛世尊所发大精进坚固誓愿。由此愿力，为欲成熟诸有情故，常普任持一切大地，常普任持一切种子，常普令彼一切有情随意受用。此善男子威神力故，能令大地一切草木根须芽茎枝叶花果皆悉生长，药谷苗稼花果茂实成熟润泽香洁软美。

随所在处。若诸有情，贪嗔痴等皆猛利故，造作杀生、或不与取、或欲邪行、或虚诳语、或粗恶语、或离间语、或杂秽语、或贪、或嗔、或复邪见、十恶业道。有能至心称名念诵归敬供养地藏菩萨摩诃萨者。一切烦恼悉皆销灭，远离十恶，成就十善，于诸众生起慈悲心及利益心。

此善男子，成就如是功德妙定威神之力，勇猛精进，于一食顷能于无量无数佛土，一一土中以一食顷皆能度脱无量无数殑伽沙等所化有情，令离众苦皆得安乐。随其所应，安置生天涅槃之道。

佛复广说地藏菩萨现种种身，于十方界，为诸有情如应说法。文云：

或时现作大梵王身，为诸有情如应说法。或复现作大自在天身，或作欲界他化自在天身，或作乐变化天身，或作睹史多天身，或作夜摩天身，或作帝释天身，或作四大王天身，或作佛身，或作菩萨身，或作独觉身，或作声闻身，或作转轮王身，或作刹帝利身，或作婆罗门身，或作筏舍身，或作戌达罗身，或作丈夫身，或作妇女身，或作童男身，或作童女身，或作健达缚身，或作阿素洛身，或作紧捺洛身，或作莫呼洛伽身，或作龙身，或作药叉身，或作罗刹身，或作鸠畔荼身，或作毕舍遮身，或作饿鬼身，或作布怛那身，或作羯吒布怛那身，或作奥阇诃洛鬼身，或作师子身，或作香象身，或作马身，或作牛身，或作种种禽兽之身，或作剡魔王身，或作地狱卒身，或作地狱诸有情身，现作如是等无量无数异类之身，为诸有情如应说法。随其所应，安置三乘不退转位。

佛复较量，至心归依称名念诵礼拜供养地藏菩萨，求诸所愿，最为殊胜。文云：

假使有人，于其弥勒及妙吉祥并观自在、普贤之类而为上首，殑伽沙等诸大菩萨摩诃萨所，于百劫中，至心归依称名念诵礼拜供养，求诸所愿。不如有人，于一食顷，至心归依称名念诵礼拜供养地藏菩萨，求诸所愿速得满足。所以者何？地藏菩萨利益安乐一切有情，令诸有情所愿满足。如如意宝，亦如伏藏。如是大士，为欲成熟诸有情故，久修坚固大愿大悲，勇猛精进过诸菩萨。是故汝等应当供养。

佛既广述地藏菩萨不可思议诸功德已，众会兴供。文云：

尔时十方诸来大众一切菩萨摩诃萨及诸声闻天人药叉健达缚等，皆从座起，随力所能，各持种种金银等屑众宝花香，奉散地藏菩萨摩诃萨。复持种种上妙衣服末尼宝珠真珠花鬘真珠璎珞金银宝缕幢幡盖等，奉上地藏菩萨摩诃萨。复以无量上妙音乐种种赞颂，恭敬供养地藏菩萨。

众会既兴供已。地藏菩萨转供世尊，兼说神咒利益一切。

以上悉为序品第一大旨。此品之文，多赞地藏菩萨功德。故挈（古同"锲"，刻）录较繁。以下诸品，多从略录。

十轮品第二　地藏菩萨问佛，云何于五浊世能转佛轮？佛答由本愿力，成就十种佛轮，能居此土。即十力也。一一喻如转轮圣王。

无依行品第三　尔时会中有大梵天，名曰天藏。问佛禅定读诵营福等。佛言二种十无依行，若修定者随有一行，终不能成诸三摩地。世尊复赞修定行者，应受释梵护世四王转轮王等赞叹礼拜恭敬承事，奉施百千那庾多供。及说偈颂。文云：

修定能断惑，余业所不能。故修定为尊，智者应供养。

次明出家破戒，犹能生人十种殊胜思惟，国王大臣不宜非理辱害。

次明五无间罪，四根本罪，谤正法及疑三宝罪，名为极重大罪恶业无依行法，皆非佛之弟子。宜极护持四根本戒。

次因尊者优波离问，未来世有恶行苾刍（即比丘），云何方便呵举驱摈及以治罚。佛具答之。

次因地藏菩萨愿救末世，为说末世有十恶轮。谓国王宰官等护恶苾刍，恼害净众，即名为旃荼罗。乃至破戒无戒不应辱害，引古罗刹醉象敬重袈裟为证。若能远离十恶轮者，则得十法增长，离二十过。

天藏复说护国不退轮心神咒。

有衣行品第四　金刚藏菩萨问。既言破戒非佛弟子，云何不许辱害。又他经处处独赞大乘，今经云何说三乘法，悉皆不许隐没。佛答十种有情，难得人身。复有十种无依行法差别，有四种僧及四沙门。是故破戒虽非佛子，不应受供。犹有圣贤幢相，不得辱害。三乘并是如来度生方便，虽修大乘不得废二。

次示十有依行，三乘所共。复有十有依行，独觉大乘所共。

次复广示大乘无尘垢行轮，无取行轮。随众生根说三乘法。戒净慈悲安乐一切，乃名大乘。

忏悔品第五　众会闻法，各忏先罪。佛为说十种法，能令菩萨获得无罪正路法忍。

次明已得法忍，许处王位。或行十善，或信三宝，亦可为王。否则决当堕落。

善业道品第六 金刚藏菩萨复问，云何于三乘人法得无过失，乃至菩提行愿心无厌足。佛答十善业道即菩萨十轮，广说因果利益。以下又复斥非劝修。文云：

是故善男子。若不真实希求如是十善业道所证佛果，及不真实下至守护一善业道。乃至命终，而自称言，我是真实行大乘者，我求无上正等菩提。当知如是补特伽罗，是极虚诈，是大妄语，对十方界佛世尊前诳惑世间，无惭无愧，说空断见，诱诳愚痴。身坏命终，堕诸恶趣。

善男子。若但言说及但听闻，不由修行十善业道，能得菩提般涅槃者。于一劫中，或一念顷，可令十方一切佛土地界微尘算数众生皆登正觉，入般涅槃。然无是事。所以者何？十善业道是大乘本，是菩提因，是证涅槃坚固梯磴。

善男子。若但发心发誓愿力，不由修行十善业道，能得菩提般涅槃者。于一劫中，或一念顷，可令十方一切佛土地界微尘算数众生皆登正觉，入般涅槃。然无是事。所以者何？十善业道是世出世殊胜果报功德根本。

善男子。若不修行十善业道，设经十方一切佛土微尘数劫，自号大乘，或说或听或但发心或发誓愿，终不能证菩提涅槃，亦不令他脱生死苦。善男子。要由修行十善业道，世间方有诸刹帝利婆罗门等大富贵族。四天王天乃至非想非非想处，或声闻乘或独觉乘乃至无上正等菩提，皆由修行十善业道品类差别。

是故善男子。若欲速满无上正等菩提愿者，当修如是十善业道以自庄严。非住十恶不律仪者，能满如是无上正等菩提大愿。若求速悟大乘境界，速证无上正等菩提，速满一切善法愿者，先应护持十善业道。所以者何？十善业道是能安立一切善法功德根本，是世出世胜果报因。是故应修十善业道。

福田相品第七　复明菩萨十财施大甲胄轮、十法施大甲胄轮、净戒大甲胄轮、安忍大甲胄轮、精进大甲胄轮、静虑大甲胄轮、般若及善巧方便大甲胄轮、大慈大甲胄轮、大悲大甲胄轮、坚固大忍大甲胄轮。故为一切声闻独觉作大福田。

获益嘱累品第八　众各获益无量。佛以此法付嘱虚空藏菩萨。文云：

善男子！吾今持此地藏十轮大记法门付嘱汝手。汝当受持广令流布。若诸众生于此法门，有能读诵思惟其义，为他解说住正行者。汝当为彼守护十法，令于长夜利益安乐。何等为十？一者为彼守护一切财位令无损乏。二者为彼守护一切怨敌令不侵害。三者为彼守护，令舍一切邪见邪归十恶业道。四者为彼守护，令免一切身语谪罚。五者为彼守护，遮断一切谤毁轻弄。六者为彼守护，令于一切轨范尸罗皆得无犯。七者为彼守护，令悉除灭一切非人、四大乖反、非时老病。八者为彼守护，不遭一切非时非理灾横夭殁。九者为彼守护，命欲终时，得见一切诸佛色像。十者为彼守护，令其终后，往生善趣利益安乐。善男子。若诸有情于此法门，有能读诵思惟其义，为他解说住正行者。汝当为彼勤加守护如是十法，令于长夜利益安乐。

附：地藏菩萨陀罗尼　一卷，唐慧琳译，载一切经音义卷第十八中。即是十轮经序品陀罗尼别译本。

唐慧琳法师云：地藏菩萨陀罗尼，经中本为是古译。或有音旨不切，用字乖僻。今有自受持梵本，因修音义，依文再译。识梵文者，请校勘前后二译，方知疏密。案此陀罗尼先后共三译。一载北凉录十轮经序品中，二载唐译十轮经序品中，三即今译别行之本。

第三章　占察经大旨

《占察善恶业报经》，二卷，隋外国沙门菩提登译。

明蕅益大师云：此经诚末世救病神丹，不可不急流通。

卷上 佛在王舍城耆阇崛山中。坚净信菩萨为末世众生请问方便。文云：

坚净信菩萨言。如佛先说。若我去世，正法灭后，像法向尽，及入末世。如是之时，众生福薄多诸衰恼，国土数乱灾害频起，种种厄难怖惧逼绕。我诸弟子失其善念，唯长贪嗔嫉妒我慢。设有像似行善法者，但求世间利养名称以之为主，不能专心修出要法。尔时众生睹世灾乱，心常怯弱，忧畏己身及诸亲属不得衣食充养躯命。以如此等众多障碍因缘故，于佛法中钝根少信，得道者极少。乃至渐渐于三乘中信心成就者亦复甚鲜。所有修学世间禅定发诸通业自知宿命者，次转无有。如是于后入末法中经久，得道获信禅定通业等一切全无。我今为此未来恶世像法向尽及末法中有微少善根者，请问如来，设何方便开示化导，令生信心得除衰恼。以彼众生遭值恶时，多障碍故，退其善心。于世间出世间因果法中数起疑惑，不能坚心专求善法。如是众生可愍可救。世尊大慈，一切种智，愿兴方便而晓喻之，令离疑网，除诸障碍，信得增长，随于何乘速获不退。

佛令转问地藏菩萨，并示位高，兼明缘胜。文云：

地藏菩萨发心已来，过无量无边不可思议阿僧祇劫。久已能度萨婆若海，功德满足。但依本愿自在力故，权巧现化，影应十方。虽复普游一切刹土，常起功业。而于五浊恶世，化益偏厚。亦依本愿力所熏习故，及因众生应受化业故也。彼从十一劫来，庄严此世界，成熟众生。是故在斯会中，身相端严，威德殊胜，唯除如来无能过者。又于此世界所有化业，唯除遍吉观世音等，诸大菩萨皆不能及。以是菩萨本誓愿力，速满众生一切所求，能灭众生一切重罪，除诸障碍，现得安隐。又是菩萨名为善安慰说者。所谓巧说深法，能善开导初学发意求大乘者令不怯弱。以如是等因缘，于此世界众生渴仰，受化得度。是故我今令彼说之。

地藏菩萨为示三种轮相，占察三世善恶业报。兼示忏悔之法。如经广说。

卷下　地藏菩萨复示一实境界，及唯心识观真如实观二种观法。

地藏菩萨又复为善根薄烦恼厚多疑多障者，别示方便。令离障缘，求生净土。文云：

若人虽学如是信解，而善根业薄未能进趣，诸恶烦恼不得渐伏。其心疑怯，畏堕三恶道生八难处，畏不常值佛菩萨等不得供养听受正法，畏菩提行难可成就，有如此疑怖及种种障碍等者。应于一切时一切处，常勤诵念我之名字。若得一心，善根增长，其意猛利。当观我法身及一切诸佛法身，与己自身体性平等，无二无别，不生不灭，常乐我净，功德圆满，是可归依。又复观察己身心相，无常苦无我不净，如幻如化，是可厌离。

若能修学如是观者，速得增长净信之心，所有诸障渐渐损减。何以故？此人名为学习闻我名者，亦能学习闻十方诸佛名者。名为学至心礼拜供养我者，亦能学至心礼拜供养十方诸佛者。名为学闻大乘深经者，名为学执持书写供养恭敬大乘深经者，名为学受持读诵大乘深经者，名为学远离邪见于深正义中不堕谤者，名为于究竟甚深第一实义中学信解者，名为能除诸罪障者，名为当得无量功德聚者。此人舍身，终不堕恶道八难之处，还闻正法习信修行。亦能随愿往生他方净佛国土。复次，若人欲生他方现在净国者，应当随彼世界佛之名字专意诵念，一心不乱，如上观察者，决定得生彼佛净国，善根增长速获不退。复示三忍四佛以彰圆位。及善巧说法安慰怯弱，离相违过。地藏菩萨说法已，佛嘱付受持。文云：

尔时佛告诸大众言。汝等各各应当受持此法门，随所住处广令流布。所以者何？如此法门甚为难值，能大利益。若人得闻彼地藏菩萨摩诃萨名号及信其所说者，当知是人速能得离一切所有诸障碍事，疾至无上道。于是大众皆同发言，我当受持，流布世间。不敢令忘。

第四章　本愿经大旨

《地藏菩萨本愿经》二卷流通本作三卷，唐于阗国沙门实叉难陀译。

忉利天宫神通品第一　佛在忉利天，为母说法。十方诸佛菩萨集会赞叹。如来含笑，放光明云，出微妙音。十方天龙鬼神亦皆集会。佛为文殊菩萨说地藏菩萨往因。

分身集会品第二　十方地狱处分身地藏菩萨，与诸受化众生来见世尊。世尊摩顶付嘱。文云：

汝观吾累劫勤苦，度脱如是等难化刚强罪苦众生。其有未调伏者，随业报应，若堕恶趣受大苦时。汝当忆吾在忉利天宫殷勤付嘱，令娑婆世界至弥勒出世已来众生悉使解脱，永离诸苦，遇佛授记。

观众生业缘品第三　摩耶夫人问业报所感恶趣。地藏菩萨略答五无间事。

阎浮众生业感品第四　定自在王菩萨更问往因，佛又略说二事。四天王请问菩萨大愿方便，佛述其所说报应之法。

地狱名号品第五　普贤菩萨问，地藏菩萨答。

如来赞叹品第六　佛放身光，出大音声，赞叹地藏菩萨。普广菩萨请问利益。佛为说供像读经持名等，分别答之。

利益存亡品第七　地藏菩萨白佛，普劝众生断恶修善。大辨长者请问荐亡功德，地藏菩萨为说七分获一。

阎罗王众赞叹品第八　鬼王与阎罗天子，承佛菩萨神力，俱诣忉利，请问众生不依善道之故。佛以如迷路人喻之。次有恶毒鬼王、主命鬼王各发善愿。佛赞印之，并授主命道记。

称佛名号品第九　地藏菩萨为利众生，演说过去诸佛名号功德。

校量布施功德缘品第十　地藏菩萨请问。佛分别答。

地神护法品第十一　坚牢地神明供像十利。

见闻利益品第十二　佛放顶光，妙音称赞地藏菩萨。观世音菩萨请问不思议事。佛为说供像持名等，分别答之。

嘱累人天品第十三 佛又摩地藏菩萨顶，以诸众生付嘱令度。

文云：

地藏地藏。记吾今日，在忉利天中，于百千万亿不可说不可说一切诸佛菩萨天龙八部大会之中，再以人天诸众生等未出三界在火宅中者付嘱于汝。无令是诸众生堕恶趣中一日一夜。何况更落五无间及阿鼻地狱，动经千万亿劫无有出期。

地藏。是南阎浮提众生志性无定，习恶者多。纵发善心须臾即退，若遇恶缘念念增长。以是之故，吾分是形百千亿化度，随其根性而度脱之。地藏。吾今殷勤以人天众付嘱于汝。未来之世，若有天人及善男子善女人，于佛法中种少善根，一毛一尘一沙一渧。汝以道力拥护是人，渐修无上，勿令退失。复次地藏。未来世中，若天若人，随业报应落在恶趣，临堕趣中，或至门首。是诸众生若能念得一佛一菩萨名，一句一偈大乘经典。是诸众生，汝以神力方便救拔，于是人所现无边身为碎地狱，遣令生天受胜妙乐。日尔时世尊而说偈言。现在未来天人众，吾今殷勤付嘱汝。以大神通方便度，勿令堕在诸恶趣。

次为虚空藏菩萨说见像闻经二十八益，又说七益。

附：《佛说地藏菩萨发心因缘十王经》 一卷 唐藏川述。载日本《续藏经》中。乃是人造伪经，不宜流通。

第五章 法身赞及仪轨大旨并灭定业真言

百千颂大集经地藏菩萨请问法身赞，一卷，唐不空译。

赞法身、法界、菩提、涅槃、十地、等觉、妙觉功德，皆五言偈。最后有七言一偈。文云：

若有相应显此理，唯身以慧作分析。彼人生于净莲华，闻法所说无量寿。

地藏菩萨仪轨，一卷，唐天竺输婆迦罗此云善无畏译。

佛在佉罗提耶山，地藏菩萨腾空说咒。次说画像法等。复说成就法中云，若念灭罪生善，生（或作舍）身后生极乐。以草护摩三万遍等。

地藏菩萨灭定业真言，载于宋蒙山甘露法师不动集，蒙山施食仪中。未审出何经。后贤幸为考证焉。咒云：

唵，钵啰末邻（有本作宁）陀宁，娑婆诃。

第六章　他经流传

金刚三昧经，二卷，出北凉录。

总持品第八，地藏菩萨白佛问答，广为分别无生之义，以决众疑。经文甚广，须者寻之。

后众疑既决。地藏菩萨知众心已，而为说偈。文云：

我知众心疑，所以殷固问。如来大慈善，分别无有余。是诸二众等，皆悉得明了。我今于了处，普化诸众生。如佛之大悲，不舍于本愿。故于一子地，而住于烦恼。

如来复告大众，广说持经持名功德。文云：

是菩萨者，不可思议，恒以大慈拔众生苦。若有众生持是经法，持是菩萨名，即不堕于恶趣，一切障难皆悉除灭。若有众生持此经者，无余杂念，专念是经，如法修习。尔时菩萨常作化身而为说法，拥护是人终不暂舍，令是人等速得阿耨多罗三藐三菩提。汝等菩萨，若化众生，皆令修习如是大乘决定了义。

明圆澄法师注云：偈云不舍本愿，而菩萨之愿云：众生度尽方证菩提，地狱未空终不成佛。以其誓愿不可思议，慈悲不可思议，拔众生苦，而众生不可不知报恩也。若欲报恩者无他，若持此经，若持菩萨名，非惟知恩报本。抑且广获自利，不堕恶道，灭障除罪也。汝等现前菩萨，有二种缘：一者，当学地藏菩萨大慈普护；二者，常教众生修习如是经典。

大集须弥藏经，二卷，今合部大集经卷五十七、五十八须弥藏分，高齐乌苌国那连提黎耶舍共法智译。

菩萨禅品第二：

佛说菩萨不堕二乘定聚，如实观察，得一切法无语言空三昧。如地藏菩萨，于此三昧到自在彼岸，能利益一切众生。

以下经文，广说地藏菩萨入定利生之事。经文甚广，今为略举。文云：

或令诸众生所须资生之具，如饮食衣服卧具园宅等，一切可爱色声香味触等，悉皆充足；

或令诸众生风黄印等分之病，乃至贪嗔痴等烦恼诸病，如是身心病苦，悉皆除灭；

或令三恶道苦，及寒热、怨憎会、爱别离、求不得诸苦，悉皆除灭；令诸众生离一切苦恼及不善法，成就一切善法，慈心相向，乃至令诸众生于第一义谛心善安住。

灭非时风雨品第三：

功德天为地藏菩萨述其往昔誓愿。复求地藏菩萨起悲愍心。地藏菩萨令其请佛演说水风摩尼宫陀罗尼。说已，大地震动。地藏菩萨亦说磨刀大陀罗尼。

地藏菩萨说陀罗尼已。世尊广赞地藏菩萨陀罗尼功德。文云：

善哉！善哉。善男子。汝今能为一切众生如大妙药，能灭一切众生苦恼，能施一切众生乐具，成就大悲；乃至以此陀罗尼力故，令我三宝种及以法眼得久住世。使此愚闇薄福、我慢所坏者，不修善根恶刹利及诸宰相，于我如是百千万亿阿僧祇劫精勤苦行所集之法，不灭不坏；比丘比丘尼优婆塞优婆夷无有恼乱，以无恼故，诸天不忿。天不忿故，一切众生悉皆获得如上乐具。

陀罗尼品第四：

地藏菩萨复说幢杖大陀罗尼。

《严经普贤行愿品》（贞元译），《华严十地经》《大乘本生心地观经》《佛说八大菩萨经》等，皆列有地藏菩萨之名。

秘密部中，常有礼诵供养地藏菩萨之文。今举其例：

《佛说大轮金刚总持陀罗尼经》说念诵南无地藏菩萨摩诃萨等。

《焰罗王供行法次第》说一心奉请地藏菩萨摩诃萨等。

《胜军不动明王四十八使者秘密成就仪轨》说第二十三火罗诸天王是地藏菩萨所变身等。

《大毗卢遮那成佛神变加持经成就仪轨》载地藏菩萨真言。又有偈颂。文云：

北方地藏尊，其座极巧严，身处于焰胎，杂宝庄严地，绮错互相间，四宝为莲华，圣者所安住，金刚不可坏，行境界三昧，及与大名称，无量诸眷属等。

以上所列，皆此方大藏未收，近自日本传来者，为略举之。已外尚多，若欲具知者，披藏检寻。

又在密教，其密号为悲愿金刚，或称与愿金刚。在金刚界示现南方宝生如来之幢菩萨。在胎藏界则为地藏院中九尊之中尊地藏萨埵也。

附：

《莲华三昧经》说六地藏菩萨，及胜军地藏菩萨。

《延命地藏经》说延命地藏菩萨。

《地藏菩萨念诵仪轨》说地藏菩萨六使者。

此三经，皆日本台密一派所传，疑似伪经，今不写录。

又有日本古传种种杜撰之说，今亦不录。

第七章　诸家章疏

《大乘大集地藏十轮经解》明蕅益大师拟撰未就

《占察善恶业报经玄义》一卷，明蕅益大师述。

《占察善恶业报经疏》二卷，同上

明蕅益大师占察善恶业报经疏自跋。文云：

忆辛未冬，寓北天目。有温陵徐雨海居士，法名弘铠，向予说此占察妙典。予乃倩人特往云栖请得书本。一展读之，悲欣交集。癸酉冬日，寓金庭西湖寺，依经立忏。乙亥夏初，寓武水智月庵，讲演分科。是时即有作疏之愿。病冗交沓，弗克如愿。屈指十五年来，梵网佛顶唯识法华皆已注释，独此夙愿尚未填还，亦可叹也。今庚寅年，阅世已及五十二岁，百念灰尽。偶有同志数人，仍来结夏北天目之藏堂，究心毗尼。予念末世欲得净戒，舍此占察轮相之法，更无别途。爰命笔于六月朔日，成稿于十有四日。输一滴以益大海，捧一尘而培须弥。虽无补于高深，庶善钻于乳酪。公我同志，共享醍醐。

《地藏菩萨本愿经疏》明蕅益大师拟撰未就。

《地藏菩萨本愿经科文》一卷，清灵乘撰。

《地藏菩萨本愿经纶贯》一卷，同上。

《地藏菩萨本愿经科注》六卷，同上。

《地藏菩萨本愿经开蒙》三卷，清品玕集依科注抄集而成。紊乱糅杂，无足流通。

《地藏菩萨本愿经演孝疏》三卷，清知性述。

《地藏菩萨本愿经白话解》未就，清胡宅梵述。

第八章　诸家忏仪

《赞礼地藏菩萨忏愿仪》一卷，明蕅益大师述。

明蕅益大师赞礼地藏菩萨忏愿仪后自序。文云：

大法久湮，人多谬解。执大谤小，举世皆然。然地狱众苦已随其后，暗哑余报复更难穷。故地藏慈尊，大集会中，现声闻相。世尊广叹胜德。且较云：假于弥勒、妙吉祥、观自在、普贤，殑伽沙等大菩萨所，百劫至心归依称念礼供求诸所愿，不如一食顷，归依称念礼供地藏菩萨，以久修坚固，大愿大悲，勇猛精进，过诸菩萨故也。盖末世驾言大乘甚易，躬行僧行实难。宁知废小谈大，并大亦非。悟大用小，即小本胜。故法华诚弘经者，必依四安乐行。涅槃极谈常住佛性，尤扶戒律。大士功德独盛，得非亦在此乎。智旭深憾夙生恶习，少年力诋三宝，造无间罪。赖善根未殒，得闻本愿尊经，知出世大孝，乃转邪见而生正信。仍以谤法余业，辛勤修证，不登法忍。每展读大士三经，辄不禁涕泗横流。悲昔日之无知，感大士之拯拔也。因念浊智流转之日，同此过者不少。敬宗十轮并本愿占察二典，述此仪法。庶几共涤先愆，克求后果，不终为无依行乎。未登无生正位，皆可修之。无论初心久学也。

清印光法师赞礼地藏菩萨忏愿仪重刻序。文云：

心体本净，因根尘而浊念斯兴。佛性常存，由迷背而凡情孔炽。于是承寂照之力，反作昏动之缘。于常住之中，妄受生死之苦。执著五阴，不知毕竟皆空。障蔽一心，曷了本不可得。耽染六尘之幻境，坠堕三恶之苦途。纵经微尘劫数，莫出六道轮回。故我世尊特垂哀愍，因地藏菩萨之问，说十力佛法之轮。摧碾烦惑，成就道器。由兹弃舍恶法，断除一切无依行，修持善法，具足一切有依行。然欲得无生法忍，须忏宿世愆尤。若能不著五阴，自可圆证三身。外承佛力法力菩萨誓愿力，内仗诚力悔力自性功德力。故得弥空罪雾，彻底消灭；本有性天，全体显现。是知十轮、本愿、占察三经，同由地藏大悲愿力，令末世孤露无依众生，悉皆得大恃怙也。蕅益大师已证法身，乘愿再来。初现阐提之迹，后为如来之使。一生行解，事理圆融。毕世著述，性修双备。欲令浊智成净智，依三经而制忏仪。冀使凡心作佛心，即十轮而明赞悔。宝镜既磨，光明自发。摩尼既濯，珍宝斯雨。诚可谓反本还元之妙法，即心作佛之达道也。弘一上人宿钦大师著述，特为刻板用广流通。俾有志于灭幻妄之惑业，证本有之真心，上续如来之慧命，下作末世之典型者，咸得受持云。

《占察善恶业报经行法》一卷，明蕅益大师集

明蕅益大师占察善恶业报经行法，分为六门。

第一缘起。文云：

夫诸佛菩萨愍念群迷，不啻如母忆子。故种种方便，教出苦轮。而众生不了业报因缘，罔知断恶修善。净信日微，五浊增盛。由此剧苦机感，倍关无缘慈应。爰有当机名坚净信，咨请世尊曲垂悲救。佛乃广叹地藏功德，令其建立方便。于是以三种轮相示善恶差别，以二种观道，归一实境界。仍诫业重之人，不得先修定慧，应依忏法，得清净已，然后修习二观。尅获无难。此诚末世对症之神剂，而方便中之殊胜方便也。予悲障深，丁兹法乱，律教禅宗淆讹匪一。幸逢斯典，开我迷云，理观事仪昭然可践。窃以诸忏十科行法，详略稍殊。一一阐陈，纤疑始决。罔敢师心，乃述缘起。

第二劝修。文云：

若佛弟子，欲修出世正法者，欲现在无诸障缘者，欲除灭五逆十恶无间重业者，欲求资生众具皆得充饶者，欲令重难轻遮皆得消灭者，欲得优婆塞沙弥比丘清净律仪者，欲得菩萨三聚净戒者，欲获诸禅三昧者，欲获无相智慧者，欲求现证三乘果位者，欲随意往生净佛国土者，欲悟无生法忍圆满证入一实境界者，皆应受持修行此忏悔法。何以故？此是释迦如来格外弘慈，地藏菩萨称机悲愿。无苦不拔，无乐不与。依此修行，净信坚固。如经广明，所宜谛信。

以下四门，行法中广明。

上列二种忏仪，最为完善。忏愿仪多依十轮，行法专宗占察。后之学者，随己所乐，勉力行之。

《**慈悲地藏菩萨忏法**》三卷，此书繁杂，未能适用。

《**地藏菩萨本愿忏仪**》一卷，清乘戒集。此书简明，尚未完善。

第九章　诸家赞述

自古迄今，诸家撰录之中赞述地藏菩萨者甚多，或有别编一卷专述地藏菩萨灵感等事。今以匆促未及遍检，唯就所忆及者依时代先后略录如下。

天台宗诸撰述中，常引占察经文。占察经，渐次作佛有四种。蕅益大师谓，天台六即盖本诸此。

唐南山律祖四分律行事钞等，常引。十轮经文。

唐贤首国师华严经传记，述地藏菩萨灵感。文云：

文明元年。京师人，姓王，失其名。既无戒行，曾不修善。因患致死。被二人引至地狱门前，见有一僧，云是地藏菩萨。乃教王氏诵一行偈。其文云：若人欲求知，三世一切佛，应当如是观，心造诸如来。菩萨既授经文，谓之云：诵得此偈，能排地狱。王氏尽诵，遂入见阎罗王。王问此人有何功德。答云唯受持一四句偈，具如上说。王遂放免。当诵此偈时，声所及处，受苦人皆得解脱。王氏三日始苏，忆持此偈，向诸沙门说之。参验偈文，方知是晋译华严经第十二卷夜摩天宫无量诸菩萨云集说法品。王氏自向空观寺僧定法师说云然也。

唐清凉国师释华严经十回向品初章代苦救护，亦赞叹地藏菩萨。文云：

由菩萨初修正愿，为生受苦。至究竟位，愿成自在，常在恶趣，救代众生，如地藏菩萨等。

宋高僧传神僧传载。唐永徽时。新罗国王族，姓金，名乔觉。至中国，居九华山。灵迹甚多，具载传中。相传是地藏菩萨垂迹。

《地藏菩萨像灵验记》一卷，宋常谨集，载日本续藏经中。今编入地藏菩萨本迹灵感录。

明莲池大师为比丘性安撰地藏菩萨本愿经跋。文云：

地藏经译于唐实叉难陀。而时本译人为法灯法炬，不著世代，不载里族，于藏无所考。虽小异大同，理固无伤。而核实传信，必应有据。乃比丘性安者，承先志刻唐译易之。或谓是经，谆谆乎众生因果地狱名相，无复玄论，不足新世耳目，恶用是订正为？噫！布帛菽粟平时不如明珠，凶年则为至宝。救末法之凶年，是经其可少耶？若夫众生度尽方证菩提，地狱未空誓不成佛。探玄上士，试终身味之。

《灵峰赞地藏菩萨别集》一卷，明蕅益大师撰，清演音集。

蕅益大师少年在俗常谤佛法，后闻地藏菩萨本愿，乃发出世之心。故其一生尽力宏扬赞叹地藏菩萨。余见灵峰宗论中，赞地藏文甚多，因掣录之，辑为一卷，名曰灵峰赞地藏菩萨别集。今附录之，以广法益。是书分为五门。

（一）关于十轮经者

赞礼地藏菩萨忏愿仪后自序。文见前第八章。

（二）关于占察经者

占察善恶业报经疏自跋。文见前第七章。

刻占察行法助缘疏。文云：

易曰：积善之家必有余庆，积不善之家必有余殃。书曰：惠迪吉，从逆凶，惟影响，作善降之百祥，作恶降之百殃。因果报应之说，未尝不彰明较著于世间也。但儒就现世论，未足尽愚者之疑情。自释典入支那，备明三世果报，益觉南宫所悟及孔子尚德之称，事理不诬。然三藏权诠，只明因缘生法，未直明因缘无性，故云佛能转一切业，不能转定业。逮大乘会中，始广明格外深慈，建胜异方便，依万法唯心、缘生无性之理，设取相、无生二忏以通作法之穷。然后罪无大小，障无浅深，依教行持，悉堪消灭。如赫日当空，霜露顿收也。

昧者谓重罪许忏，开造罪门。盖不惟罔识佛菩萨之弘慈，亦岂知儒者之了义。孔子曰：过而不改，是谓过矣；忧悔吝者存乎介，震无咎者存乎悔。盖明示人以自新之端矣。夫罪有重轻，事非一概。世法不能治，佛法治之；作法不能治，取相治之，取相不能治，无生治之。则究竟离苦解脱之法，不得不归功佛门，又不得不归功观音、地藏诸大士也。观音应十方世界，尤于五浊有缘。地藏游五浊娑婆，尤于三涂悲重。如父母等爱诸子，而于幼者及无能者尤所钟情。此占察善恶业报经，诚末世多障者之第一津梁也。坚净信菩萨殷勤致请，释迦牟尼佛珍重付嘱。三根普利，四悉咸周。无障不除，无疑不破。三种轮相全依理以成事，故可即事达理。二种观道全即事而入理，未尝执理废事。又复详陈忏法，即取相即无生，初无歧指。开示称名，观法身观己身，顿同一致。乃至善安慰说，种种巧便不违实理。此二卷经，已收括一代时教之大纲，提挈性相禅宗之要领，曲尽佛祖为人之婆心矣。予依经立忏。程用九居士捐资，并募善信助成之。此正欲立立人、欲达达人之极致也。谁谓学佛非儒者分内事哉！

与沈甫受、甫敦书。文云：

占察行法，蒙昆玉梓梵册。而不肖屡结坛，俱不获清净轮相。此可信天下后世耶。今誓作背水阵，掩死关礼之。

与圣可书。文云：

不肖三业罪过不少，杂乱垢心岂致清净轮相。爰发惭愧，退作但三归人；誓不为师作范，誓不受人礼拜，誓不出山。誓得清净轮相，不论百日千日六年九年，毕死为期。辞嘉兴事竟，嗣当辞留都事也。

与了因及一切缁素书。文云：

宋儒云：才过德者不祥，名过实者有殃，文过质者莫之与长。旭一人犯此三病，无怪久滞凡地，不登圣阶也。旭十二三时，因任道学而谤三宝，此应堕无间狱，弥陀四十八愿所不收。善根未殒，密承观音、地藏二大士力，转疑得信，转邪归正。二十年来力弘正法，冀消谤法之罪。奈烦恼深厚，于诸戒品说不能行。癸酉中元拈阄，退作菩萨沙弥。盖以为今比丘则有余，为古沙弥则不足，宁舍有余企不足也。夙障深重，病魔相缠，从此为九华之隐，以为可终身矣。半年余，又渐流布。浸假而新安而闽地而苕城，携李留都，虚名益盛，实德益荒。今夏感两番奇疾，求死不得。平日慧解虽了了，实不曾得大受用。且如占察行法一书，细玩精思，方敢遵古式述成。仔细简点，并无违背经宗。乃西湖礼四七不得清净轮相，去年礼二七不得，今入山礼一七又一日仍不得。礼忏时，烦恼习气现起更觉异常。故发决定心，尽舍菩萨沙弥所有净戒，作一但三归弟子。待了因进山，作千日关房，邀佛菩萨慈悲拔济。不然者，宁粉此骨于关中矣。

佛菩萨上座忏愿文。文云：

（上略）曾闻造像功德，最能灭罪除愆。礼拜忏摩，实可洗心涤虑。爰发虔诚，集资改造一佛二菩萨像。仍发誓愿，恒礼占察行法，不论年月，专祈纯善轮相。众生虽垢重，诸佛不厌舍。必以大慈悲，哀愍度脱我。使我从今以后，心无掉举，身得轻安。护口过而勿出绮语恶言，净意地而不起杂思欲觉。速得清净三轮，克臻自他二利。普化众生，同生净土。

赠石涳掩关礼忏占轮相序。文云：

（上略）曩觉比丘多惭，退为求寂。今更愧沙弥真义，仅称但三归矣。敢更以空言赠人。然窃玩占察善恶业报一经，原属释迦大圣彻底悲心，地藏菩萨格外方便。三种轮相，巧示业报因缘，无疑不决。二种观道，深明进趣方便，大乘可登。以五悔称名为发轫先容，以一实境界为平等归趣。夫五悔者敌体反世情者也，二观者敌体反妄想计著者也。忏悔发露，永断相续，灭业障。劝请说法，灭魔障。随喜功德，灭嫉妒障。善巧回向，灭著有障。发坚固愿，灭退忘障。唯心识观，先知外境本虚皆心所现，次达内心如幻了无真实。真如实观，深达若境若心统惟法性，法性不生不灭，故诸法皆当体不生不灭。如千沤万波统惟湿性，千器万像统惟金性。五悔翻破无始事障，二观翻破无始理障。二障既净，成真应二身，三聚净戒一念圆发。而三轮清净之相，特表示取信，以显住持僧宝绝仍可续。孟轲所谓豪杰之士无文王犹兴，闻而知之不异见而知之云尔。嗟乎。予能知占察大旨依经立忏，而未能自得轮相，人谁信之。此实说药不服，咎不在药也。良方良药昭昭具在，地藏菩萨决不我欺。我已知不服之咎，誓将服之。而石涳法友先得我心，亦将掩关以祈清净。愿各努力，日夜涂抹。并慎药忌，避风寒。他日绍舍那真胤，灵峰片石当与灵鹫第一峰同时点首矣。

祖堂结大悲坛忏文。文云：

（上略）智旭于四十六岁，自反多愧，退作但三归人。勤礼千佛万佛及占察行法。幸蒙诸佛菩萨大慈大悲，于今年正月元旦，赐以清净轮相。稍自慰安。（下略）案大师于癸酉三十五岁七月十五日退为菩萨沙弥，遂发心礼占察忏法。甲申四十六岁，退为但三归人。乙酉四十七岁正月元旦，乃获清净轮相，得比丘戒。

占察行法愿文。案此文为大师既获清净相后一年丙戌所作。

文云：

归命慈威无等尊，拔苦与乐真出要，定力能除三劫灾，救世真士垂悲拯。弟子智旭痛念劫浊难逃，刀兵竞起。虽云同分妄见，实非无因误招。往业莫追，来事可谏。爰偕同志某等十人各捐净资，营修供养。三日方便，七日正修。如法结清净坛，顶礼占察行法。六时行道，五悔炼心。哀吁同体大悲，恳乞无缘拔济。伏念众生障垢虽至重至深，三宝洪慈终不厌不舍。苟一念知改过，必随许以自新。况释迦本师勇猛称最，地藏大士誓愿无忘。子幼弱父爱偏强，儿不肖母怜益甚。悯兹匍匐入井之愚，赐以身手衣袯之用。俾毫光照处，消兵戈为瑞日祥云。法雨沾时，转邪孽为道芽灵种。所愿风调雨顺，国泰民安。正教流通，魔邪窜绝。次祈比丘智旭身无病苦，心脱结缠。定与慧而等持，戒并乘而悉净。期主某法社虽复三年，摄护愿如一日。某等各各真为生死，发菩提心。克除习气，臻修法门。三学圆成，二严克备。续佛慧命，普利人天。又祈外坛随喜缁素，悟知一实，开显三因。二观圆修，三忍圆证。又祈外护助缘，广及法界含识，若见若闻，若不闻见，等植良因，均沾胜益。又祈江北江南乃至震旦域内，近日遭兵难者，种种债负消除，一一怨嫌解释。脱幽冥之剧苦，胎莲萼以超升。恭干法界三宝地藏圣师，真实证知，真实摄受。

化持地藏菩萨名号缘起。文云：

吾人最切要者，莫若自心。世间善明心要者，莫若佛法。然佛法非僧不传，僧宝非戒不立。戒也者，其佛法纲维，明心要径乎。慨自正教日替，习俗移人。髡首染衣，不知比丘戒为何事。一二弘律学者，世谛流布，开遮持犯，茫无所晓。况增上威仪，增上净行，增上波罗提木叉乎。又况依四念处行道，增心增慧，以成三聚五支者乎。嗟嗟！三聚五支不明，谓大乘僧宝，吾不信也。僧既有名无义，谓传持佛法明了自心，吾尤不信也。坚净信菩萨悯之，以问释尊。释尊倍悯之，委责地藏大士。大士更深悯之，爰说占察善恶业报经。经云：恶业多厚者，不得即学定慧，当先修忏法。所以者何？此人宿习恶心猛利，现在必多造恶毁犯重禁。若不忏净而修定慧，则多障碍，不能克获。或失心错乱，或外邪所恼，或纳受邪法增长恶见。故先修忏悔。若戒根清净及宿世重罪得微薄者，则离诸障。又云：虽学信解修唯心识观、真如实观，而善根业薄未能进趋，诸恶烦恼不得渐伏，其心疑怯怖畏及种种障碍，应一切时处，常勤诵念我之名字。若得一心，善根增长，其意猛利。当观我及诸佛法身与己自身体性平等，无二无别，不生不灭，常乐我净，功德圆满，是可归依。又观自身心相，无常苦无我不净，如幻如化，是可厌离。如是观者，速得增长净信之心，所有诸障渐渐损减。此人名为学习闻我名者。若杂乱垢心诵我名字，不名为闻。以不能生决定信解，但获世间善报，不得广大深妙利益。案已上九行余皆撮引经文。嗟嗟！由此观之。戒不清净，二观决不易修。二观不修，一实何由证契。而欲戒根清净，舍忏悔持名岂更有方便哉！且持名一法，自其浅近言之，愚夫愚妇孰不能矢口。自其深远言之，不达法身平等，杂乱垢心不得名为闻矣。故知以二观为指南，能修二观方为闻菩萨名。以闻名为方便，真实持名便是圆摄二观。故名闻障净，障净戒得，戒得定慧发生，定慧而一，实证入矣，明心见性，是真僧宝，真传佛法。吾辈生末叶，闻此真法，宜如何努力以自勉也。

（三）关于本愿经者

警心居士持地藏本愿经兼劝人序。文云：

惟圣罔念作狂，惟狂克念作圣，此危微的传也。佛法亦尔，一念迷，常寂光土便成阿鼻地狱；一念悟，阿鼻地狱便是常寂光土。所以地藏本愿，直与华严同一血脉。试观华严世界即空即假即中不可思议，地狱众苦亦即空即假即中不可思议。华严明自心本具之净土令人知归，地藏明自心本具之苦轮令人知避。一归一避，旨趣永殊。而归亦唯心，避亦唯心，心外决无别法。儒所谓道二，仁与不仁而已。危乎微乎！善利分舜蹠之关，去存为人禽之别。熟读本愿经，不思自觉觉他，出地狱归华藏者，必不仁之甚者也。警心居士悯之，遂毕世受持，兼以劝人。予谓适发此心，地狱苦轮便当顿息。欢喜为序，代法界众生普劝云。

九华芙蓉阁建华严期疏。文云：

予每谓地藏本愿一经，当与八十一卷华严并参。华严明佛境界，称性不可思议。本愿明地狱境界，亦称性不可思议。一则顺性而修，享不思议法性之乐。一则逆性而修，受不思议法性之苦。顺逆虽殊，全性起修、全修在性，一也。一念迷佛界不思议性，则常寂光土应念化成刀山剑树炉炭镬汤。一念悟地狱不思议性，则泥犁苦具应念化成普光明殿寂灭道场。迷悟虽殊，性德无增无减又一也。然性德虽无增减，非逆顺不属迷悟。而迷之为九界逆修，遂感分段变易二死苦报。悟之为佛界顺修，遂成菩提涅槃二种转依；迷为三惑，悟为三智。逆修为十恶五逆，顺修为六度万行。生死为三界四相，转依为三身四德。苦即法身，惑即般若，业即解脱。谚谓推人扶人只是一手，赞人毁人只是一口。大佛顶谓如水成冰，冰还成水。讵不信然。然则芙蓉九朵，信可与华严九会同其表法；岂谓地藏本愿经仅谈地狱因果事相而已。况华藏世界安住大莲华中，如来成道亦坐宝莲华。而优钵罗波头摩等地狱亦复名青莲华赤莲华。可见一名一喻一事一法，皆悉具足十界。在当人迷悟顺逆何如耳。不思议法性，体非群相，不碍诸相发挥，又奚间于地狱及寂光哉。愿诸开士率诸檀越，即以此为顺修因缘，开发正悟。则铁围两山，即是金刚菩提道场。无令火焰幻作金莲，斯大妙矣！

（四）关于灭定业真言者

化持灭定业真言一世界数庄严地藏圣像疏。文云：

释迦佛谓定业不可救，所以寒造罪之心。地藏菩萨说灭定业真言，所以慰穷途之客。旭少习东鲁，每谤西干。承观音大士感触摄受。后闻地藏本愿尊经，始发大心，誓空九界。今得与僧伦，染神乘戒，皆慈愿冥加，不可诬也。爰念娑婆弊恶，惑业苦三，如恶叉聚；无上醍醐，悉成毒药。持律者唯事衣钵，作犯止持茫无所晓；习教者唯事口耳，禅那理观瞀无所得。参宗者流入机境，播弄精魂，心佛真源毫无亲证。净土一门稍切时机，亦苦多成退托，未合不思议大乘。良由业重障深，浊智流转。虽有圣者，末如何也。唯地藏慈尊悲深愿重，专愍刚强，尚能转我当年殷厚邪心，使得正信出家。岂难转大地众生无知过犯，使归真际乎。故于三宝前发心，欲造万佛铜殿，中供大士，永镇九华。爰受一食法，结百日坛，持灭定业真言五百万。又化大心缁素或持十万或百千万，共成十万万，表三千大千世界数。以其总数，供大士像中，作尽未来广化十方左券云。

宗论卷一中，有续持回向偈，补总持疏，灭定业咒坛忏愿文，及其他愿文中附言持灭定业咒者，今悉阙略未录。欲广览者，幸披寻焉。

答黄稚谷问二则。原问附文云：

【问】佛不能灭定业，地藏菩萨胡为有灭定业真言耶？且既达本来罪福皆空，又何谓耶？

【答】业之与报，皆是自心现量。心空一切皆空，心假一切皆假，心中一切皆中。特凡夫不达能造所造，能受所受，当体三德秘藏；而以殷重倒心，作殷重恶业，必招殷重苦报，名为定业。彼心既定不可挽回，大觉亦不能即令消灭。故大慈悲巧设方便，令地藏大士说咒劝持，即是转其定心渐使消灭也。是故菩萨功能，全是佛之功能。佛既不居，菩萨亦不居，究竟只在当人一念信受持咒之心耳。此正所谓既达本来罪福皆空之旨，原非拨无因果。以罪福因果当体即空，亦复即假即中。迷则灭与不灭俱非达本，达则灭与不灭总不碍空也。古人云：如何是本来空，业障是。如何是业障。本来空是。透此二语，便出野狐窠臼矣。

【进问】毕竟佛何不自说。所谓佛不能灭，尚有疑在。

【答】释此须知三义。一、诸佛说法，必系四悉因缘。有闻佛说而欢喜生善灭恶入理者，佛即自说，如棱严尊胜诸咒皆灭定业也。有闻菩萨说而欢喜生善灭恶入理者，须菩萨说，如此咒及大悲等咒是也。二、罪不自灭，不他灭，不共灭，不无因灭。而有时唯说自灭，云心空业空。有时唯说他灭，云佛菩萨力。有时说须共灭，双举内因外缘。有时说无因灭，云非自非他。皆四悉因缘，否则便成四谤也。三、不能灭，约三藏迹佛。能灭指圆教因人，如华严云，初发心时已胜牟尼，亦其例也。知此三义，一切法无不通达。

（五）杂著

九华地藏塔前愿文。文云：

稽首慈悲大愿王，本源心地如来藏，善安慰说真救世，现声闻相护法者。愿承本誓度众生，鉴我微忱垂加护。智旭凤造深殃，丁兹末世。虽受戒品，轻犯多端。虽习禅思，粗惑不断。读诵大乘，仅开义解。称念名号，未入三摩。外睹魔党纵横，痛心疾首，内见烦恼纷动，愧地惭天。复由恶业，备受病苦。痛娑婆之弊恶，叹沉溺之无端。由是扶病入山，求哀大士。矢菩提于永劫，付身命于浮云。臂香六炷。三炷，供忉利胜会化身无数，大集胜会现声闻相，六根聚会善巧说法地藏菩萨摩诃萨。一炷，悔三业重失，生来杀业淫机谤三宝罪口过恶念，乃至旧岁染疾后种种不尽如法，如是等愿尽消除。一炷，为求四愿，律仪清净，断惑证真，长康无病，广作福事。一炷，为决疑网，若先礼忏求净律仪，若先习禅断除烦惑，若先阅藏以开慧解，若先立行以广福缘。唯愿救世真士，大智开士，一切知见者，于诸众生得不忘念者，必垂哀鉴开我迷云。我复于大慈悲父前，沥血铭心作如是愿。如一众生未成佛，终不先自取泥洹。傥凤业因缘牵入恶道，愿菩萨弘慈常觉悟我，使我念念忆菩提心，令菩提心相续不断。若夙障稍轻，愿大士威神令我早成念佛三昧，决生阿弥陀佛世界，乘本愿力无边刹海化度有情，尽未来际无有疲厌。

化铁地藏疏。文云：

洪钟具无边音性，一击而顿彻铁围。地藏圆同体大悲，瞻礼而顿蒙与拔。幽冥之觉悟可期，现在之障缘宜转。灵峰心怀礼公既已铸钟打钟，复思是像作像。虽丹青刻画，咸皆性同虚空。而炼就纯钢，可表坚固不坏。四德非尘，藉一尘而圆显。三身无像，即影像以妙彰。寄语高贤，共行檀施。助铁者如正因心发，法身妙果可登。助炭者如了因心发，般若光明可悟。助食用者如缘因心发，解脱神通可基。从大士而发其心，正是全性起修。由众信而成此像，正是全修在性。如是事如是理，如是因如是果，真语实语，谛思谛行。

九华山海灯油疏。文云：

劫初人有身光，不假日月。身光渐减，日月出生。而日月有时不照，则继以膏火。此膏火功德，不惟等于日月而已。日月属悲田，灯火供养悲敬双具。又况地藏大士以无缘慈力，同体悲心，示居九子峰头，遍救尘沙含识。肉身灵塔，四海归依。由是有海灯之供。当知一茎光照，全彰自性妙明。缘善既孚，正了同显。傥谓是事相，是尘缘，无关修证者。则离事谈理，离境觅心，理若龟毛，心同兔角。谁与万善庄严，成两足果哉。昔有盗寺物，剔佛灯者，尚感多劫身光之报。况以好心施供，藉大士慈悲，俾焰焰普烛幽涂。方将续如来慧灯，耀法界宝炬。若自若他，同开长夜幽关。又岂止生死中乐报已耶。请速发心，毋贻后悔。

九华山营建众僧塔疏。文云：

福田有二，曰敬曰悲。敬田以田胜，悲田以心胜。供舍利而福等虚空，敬田也。泽及枯骨，万世称为仁主，悲田也。一田功德已不思议，况悲敬具足者乎。夫罗汉四果，证入无生，永离我执，既入涅槃，不爱枯骨。凡夫比丘未断思惑，觇尸骸暴露则神识不安。神识不安，可悲也。堂堂僧宝，可敬也。矧凡圣莫测，神圣渊府。龙蛇混居，安知肉眼所谓凡僧，非即大士曲示乎。是故随供一骨，罔不具悲敬二田。九华为天下第一名山。乃荒原暴骼，悚目伤心。予初到山，首以此事经怀。适有众耆，快为鼓舞。不揣陋拙，倡作先声。其有见闻随喜，无论若缁若素，若少若多，既投最胜之因，必克无上之果。敬则成佛道而有余，悲则度众生而无量。系以偈云：僧相堂堂，福德之海。纵令朽骨，福性奚改。起塔供养，应至梵天。况复丈许，讵云不然。大士示形，遍在生死。青淤朽骨，黄金锁子。弹指合掌，的的真因。谁为证佐，妙法华经。

复九华常住书。文云：

向年托迹宝山，于一切精律行者作地藏大士想，即一二不拘小节者亦作志公济颠等想。圣道场地，龙蛇混杂，凡圣交参；不敢以牛羊眼妄测，自招无间重罪也。适闻山中稍稍构难。虽大菩萨示现作略。然经云：宁破千佛戒，莫与外人知。又世典云：胡越人相为仇敌，及乘舟遇风则相救如左右手。九华实地藏慈尊现化地。山中大众，无非地藏真实子孙。不知历几劫修行，到此名山福地。乃为小小一朝之忿，遂使智不若胡越同舟。非所谓一芥翳天，一尘覆地者耶。不肖智旭，少时无知，毁谤三宝，罪满虚空。仗地藏大士深慈厚愿，拔我邪见，令厕僧流。故今日称地藏孤臣。山中大众，皆吾幼主。臣无轻君之念，而有谏君之职。惟是诚惶诚恐，稽首顿首，遥向宝山披陈忠告。惟愿众师，各各舍是非人我之心，念法门山门之体。同修无诤三昧，永播大士道风。古人云：官不容针，私通车马。又云：家无小人，不成君子。纵有实非大士真正眷属，亦须慈恕，令其渐种善根可也。

地藏慈尊像赞，五首。文云：

其一，同体大悲，无缘宏誓。千佛之祖，群生之裔；定入刹尘，珠悬三际。轮相破疑，辩才显谛。欲令戒学重明，顶礼莫存分剂。

其二，人但知其地狱救苦，不知其无处不现。人但知其临终扶持，不知其无时不念。三部经王，二种妙观。十轮重匡末法，三轮尽裂疑罥。此无量门中第一神速法门，从来若逢不逢似见非见。不肖子一生极力举扬，独许归信无间。尚有一事怀疑，问取法身莫辨。

其三，众生堕落地狱，皆由破戒重障。大士入狱救苦，独现声闻戒相。不解剖判法身，偏解拈提向上。此是无作妙色，众生性具家当。握珠坚强戒身，地藏人人地藏。

其四，五乘该尽孝慈心，最是医王愿力深。百草根茎皆不弃，赢来大地足知音。

其五，涕出何须更著惭，馆人相识恨长含。一哀偶遇横流泪，处处临丧欲脱骖。

遣病歌。文云：

九华峰头云雾浓，三月四月如隆冬。厚拥敝袍供高卧，暖气远遁来无从。九华山中泉味逸，百滚千沸中边蜜。拾取松毬镇日煨，权作参苓疗我疾。我疾堪嗟疗偏难，阿难隔日我三日。岂向旦暮恋空华，悲我知门未诣室。是以持名日孜孜，拟开同体妙三慈；我病治时生界治，刹那非速劫非迟。

礼千佛于九华藏楼，赠诸友五偈。文云：

非干苦瓠换甜瓜，处处慈尊并我家。念性枉劳参水月，低头已驾白牛车。

堆山积岳尽尘埃，力把慈风一夕摧。吹散铁围无暗地，何须拭目问明来。

昔年窠臼刹那掀，腊尽春回日已暄。欲信昆仑泉脉动，但看河冻不胜辕。

灵犀一点性元通，触境逢渠道自融。蓦地举时声历历，相看同在宝楼中。

一体横分想与情，泠然性计即无生。功成五悔非留惑，莫替楼头最后盟。

丙戌春，幻游石城。随缘阅藏，以偿夙愿。夜梦塑地藏大士，身首具手足未成。感赋。文云：

积雨溟蒙缛客思，鸽声传怨度新枝。千年学脉凭谁寄，万古愁怀只自知。

镜里病容衰已甚，梦中慈相体犹亏；何时了却文言债，蓦入重岩就故医。

《地藏菩萨行愿纪》一卷，清显荫述。

《地藏菩萨本迹灵感录》一卷，清李圆净述。

《地藏大士圣迹》一卷，清范幻修述。

《地藏菩萨往劫救母记》一卷，清汪奉持述。

《地藏菩萨九华垂迹图赞》一卷，清演音赞书，清卢世侯绘。

《九华山志》未就，清许止净编，旧刊山志未善。无足流通。

第十章　问答遣疑

【问】第一章谓地藏菩萨为诸经等通译之名。而近世中持名号者，皆曰地藏王菩萨。未审应依何者为善？

【答】《占察经》卷上，详示占法中云：一心告言南无地藏菩萨摩诃萨。准此，持名之时，应云南无地藏菩萨摩诃萨，斯为善矣。若因句长未易持诵者，可略摩诃萨字，直云南无地藏菩萨。但有仍欲依彼旧习念南无地藏王菩萨者，亦宜随其好乐，因与《大乘本生心地观经》相符合也。

【问】《十轮经》谓于弥勒文殊观音普贤诸大菩萨所百劫之中至心归依称名念诵礼拜供养，不如于一食顷归依乃至供养地藏菩萨。《本愿经》亦谓文殊普贤观音弥勒其愿尚有毕竟，是地藏菩萨所发誓愿劫数如千百亿恒河沙。准此二经，地藏为胜，其他诸大菩萨悉为劣耶？

【答】文殊普贤观音弥勒乃至地藏诸大菩萨，皆示位居等觉，未有高下之殊。而诸众生多劫已来所结法缘，不无深浅之异。是约机感似有胜劣，若约菩萨位置决无胜劣可言也。地藏菩萨于此世界诸众生等有大因缘，故释迦如来偏赞最胜，令诸众生信心坚固，悉皆渴仰，受化得度耳。

【问】地藏经中，何以广说人天果报，未有劝赞往生净土耶？

【答】本愿经中虽未显说，而于他经劝赞者多。今略举之。地藏十轮经云：当生净佛国，导师之所居。又云：当生净佛土，远离诸过恶。又云：不久安住清净佛国，证得无上正等菩提。又云：速住净佛国，证得大菩提。占察善恶业报经中，如前第三章所引文云：此人舍身亦能随愿往生他方净佛国土。又云：若人欲生他方现在净国者，应当随彼世界佛之名字专意诵念一心不乱，如上观察者，决定得生彼佛净国。地藏菩萨请问法身赞中，如前第五章所引七言偈云：彼人生于净莲华，闻法所说无量寿。地藏菩萨仪轨中，如前第五章所引文云：舍身后生极乐。又蕅益大师占察行法中，如前第八章所引文云：欲随意往生净佛国土者，应受持修行此忏悔法。故行法中最后发愿云：舍身他世生在佛前，面奉弥陀历侍诸佛，亲蒙授记回入尘劳，普会群迷同归秘藏。大师所撰行法，悉宗地藏占察经文。劝赞往生，可为诚证矣。

【问】后世缁侣（即僧侣）所传地藏赞文，未能雅饬，不足承用。今欲于菩萨前称扬赞叹诸功德者，应唱何偈乃为殊胜？

【答】余所用者，依十轮经序品偈文挈集二种。又蕅益大师忏愿仪中所述赞偈，悉宗十轮长行经文，称美圣德无不周遍，叹观止矣。今并写录于此章后，藉以为圣德大观一卷作综结焉。

依经挈集赞偈二种。第一文云：

七圣财伏藏，无畏佛音声，诸菩萨胜幢，众生之尊首。与怖者为城，如明月示道，生善根如地，破惑如金刚。假使百劫中，赞说其功德，犹尚不能尽，故皆当供养。

第二文云：

一日称地藏，功德大名闻。胜俱胝劫中，称余智者德。众生五趣身，诸苦所逼切。归敬地藏者，有苦悉皆除。现作种种身，为众生说法。具足施功德，悲愍诸众生。假使百劫中，赞说其功德，犹尚不能尽，故皆当供养。

蕅益大师忏愿仪中赞偈。文云：

南无地藏菩萨摩诃萨。以神通力，现声闻像。是诸微妙功德伏藏。是诸解脱珍宝出处。是诸菩萨明净眼目。是趣涅槃商人导首。如如意珠雨众财宝，随所希求皆令满足。照行善者，犹如朗日。照失道者，犹如明炬。除烦恼热，如月清凉。渡四流者，为作桥梁。趣彼岸者，为作船筏。伏诸外道，如师子王。降诸天魔，如大龙象。护诸怖畏，如亲如友。防诸怨敌，如堑如城。救诸危难，犹如父母。藏诸怯劣，犹若丛林。令诸有情，善根不坏。现妙境界，令众欣悦。劝发有情，增上惭愧。求福慧者，令具庄严。能无功用，转大法轮。殊胜功德，不能测量。久修坚固大愿大悲，勇猛精进过诸菩萨。于一食顷，至心归依，称名念诵，礼拜供养。能令一切，皆离忧苦。求诸所愿，速得满足。安置生天涅槃之道。故我一心，归命顶礼。

地藏菩萨圣经大观竟

地藏菩萨之灵感

地藏菩萨广大灵感，为诸大菩萨中第一。其灵感之益，见于各经中者，甚多。今且举《地藏菩萨本愿经》中"二十八种利益"略讲之。

佛言。若未来世，有善男子善女人，见地藏形像，及闻此经乃至读诵。香华饮食衣服珍宝布施供养，赞叹、瞻礼。得二十八种利益。

一者天龙护念。（以前为恶鬼神等随逐。今则不然。）

二者善果日增。（恶鬼神随逐，则起恶心。行恶事。令恶果日增。今则不然。）

三者集圣上因。（若行善而不发愿回向，仅成人天之因。今则不然。）

四者菩提不退。

五者衣食丰足。

六者疾疫不临。

七者离水火灾。

八者无盗贼厄。

九者人见钦敬。

十者神鬼助持。

十一者女转男身。

十二者为王臣女。

十三者端正相好。

十四者多生天上。

十五者或为帝王。

十六者宿智命通。

十七者有求皆从。

十八者眷属欢乐。

十九者诸横消灭。

二十者业道永除。

二十一者去处尽通。

二十二者夜梦安乐。

二十三者先亡离苦。

二十四者宿福受生。（未发愿求生西方者，如前所说生天上，为帝王，为王臣女等。今则不然。）

二十五者诸圣赞叹。

二十六者聪明利根。

二十七者饶慈愍心。

二十八者毕竟成佛。

以上所举者。仅二十八种利益。据实言之，所得利益无量无边。二十八种，为其利益最大，且为常人所最易了解者。且举此，令人生信仰心耳。

又须知如是种种利益，皆真实不虚。其有虽礼敬供养地藏菩萨，而未能获得如是利益者，皆因诚心未至也。倘能一心至诚礼敬供养，决定能获如是利益。

二十八种中，第八为"无盗贼厄"。余于数年前，曾亲历之。今愿为诸仁者，略说其事。

余于在家之时，房内即供养地藏菩萨圣像。香烛供奉，信心甚诚。

出家以后，随所住处，皆供奉地藏菩萨。

距今七年以前，余在杭州乡间某小寺过夏。寺中正房三间，各分前后，隔成六间。上有楼，藏蓄物品，无人居住。楼下，中间前为大殿，后为客堂。上首前后二间，余居之。下首前后二间，本寺老和尚居之，楼梯即在其房中。其时老和尚抱病甚重，卧床不起。此外尚有出家者二人，在家者一人，分居客堂前小屋中。前面大门永久不开，皆由客堂侧之后门进出。

一日，有客人来，见外墙角，有大石。告余曰：此应是贼盗欲入而未得也。

余闻其言，即知注意。因将存置楼上之物，移入房内。并将各房之窗闩寻出，余室皆闩好。因以前各窗皆可随意自外开闭。并以所余之闩，转交诸师，令彼等亦各安竖，又警其注意。奈彼不信，遂即置之。

是夕，照例持诵地藏菩萨名号，心甚安静。及入夜，余睡眠甚安。但于中夜之时。闻楼上有数人行走之声，又闻老和尚说话。余以为老和尚扶病上楼，检点门窗，预防盗入也。

不久，余即睡去。次日晨起，如常开门。见客堂中，满地诸物，狼藉不堪。他人即告余云：汝尚不知夜间之事，汝实有福也。

遂续告余云：夜间有强盗数人，执刀杖等逾墙而入。先至小房，令出家者二人在家者一人起床。并检觅彼等室中之银钱，及在家人之衣服一件，悉已取去。后以刀逼迫彼等，令带往老和尚处。彼等不得已，乃同往见老和尚。盗遂令老和尚偕往楼上，开橱门。盗乃取洋二百余元。又于楼上所存各物皆加检查，有欲者随意携去。后乃下楼。

盗等以为全寺诸屋中，唯有余所居之屋未经检查。遂尽力拨门，又用木棍杆之。历一小时许而不能开。（盗所拨者后室之门，余居前室故不得闻。前室另有二门，在大殿侧，而盗等不知也。）

又欲从窗而入。因内已闩，自外不能开。遂屡击玻璃，而玻璃不破。盗等精疲力尽，决不得入余房中。时天已将晓。彼等乃相率而去。

以上之事，皆由同居出家者二人为余述者。想与当时之情形相符也。此是余自己经历之一事，为"二十八种利益"之中，第八"无盗贼厄"也。

诸君倘能自今以后，发十分至诚之心，礼敬供养地藏菩萨。则于二十八种利益，必能一一具获，决定无疑。此则余可为诸君预庆者也。

余述地藏菩萨灵感已竟。请维那师领众诵地藏菩萨圣号，及以回向。（回向，用"愿以此功德"偈。）

癸酉（一九三三年）四月初七在万寿岩讲

普劝净宗道侣兼持诵《地藏经》

予来永春，迄今一年有半。在去夏时，王梦惺居士来信，为言拟偕林子坚居士等将来普济寺，请予讲经。斯时予曾复一函，俟秋凉后即入城讲《金刚经》大意三日。及秋七月，予以掩关习禅，乃不果往。日昨梦惺居士及诸仁者入山相访，因雨小住寺院，今日适逢地藏菩萨圣诞，故乘此胜缘，为讲净宗道侣兼持诵《地藏经》要旨，以资纪念。

净宗道侣修持之法，固以净土三经为主。三经之外，似宜兼诵《地藏经》以为助行。因地藏菩萨，与此土众生有大因缘。而《地藏本愿经》，尤与吾等常人之根器深相契合。故今普劝净宗道侣，应兼持诵《地藏菩萨本愿经》。谨述旨趣于下，以备净宗道侣采择焉。

一、净土之于地藏，自昔以来，因缘最深。而我八祖莲池法师，撰《地藏本愿经序》，劝赞流通。逮我九祖蕅益法师，一生奉事地藏菩萨，赞叹弘扬益力。居九华山甚久，自称为"地藏之孤臣"。并尽形勤礼地藏忏仪，常持地藏真言，以忏除业障，求生极乐。又当代净土宗泰斗印光法师，于《地藏本愿经》尤尽力弘传流布，刊印数万册，令净业学者至心读诵，依教行持。今者窃遵净宗诸祖之成规，普劝同仁兼修并习。胜缘集合，盖非偶然。

二、地藏法门以三经为主。三经者，《地藏菩萨本愿经》、《地藏菩萨十轮经》、《地藏菩萨占察善恶业报经》。《本愿经》中虽未显说往生净土之义，然其他二经则皆有之。《十轮经》云："当生净佛国，导师之所居。"《占察经》云："若人欲生他方现在净国者，应当随彼世界佛之名字，专意诵念，一心不乱，如上观察者，决定得生彼佛净国。"所以我莲宗九祖蕅益法师，礼地藏菩萨占察忏时，发愿文云："舍身他世，生在佛前，面奉弥陀，历事诸佛，亲蒙授记，回入尘劳，普会群迷，同归秘藏。"由是以观，地藏法门实与净宗关系甚深，岂唯殊途同归，抑亦发趣一致。

三、《观无量寿佛经》，以修三福为净业正因。三福之首，曰孝养父母。而《地藏本愿经》中，备陈地藏菩萨宿世孝母之因缘。故古德称《地藏经》为"佛门之孝经"，良有以也。凡我同仁，常应读诵《地藏本愿经》，以副观经孝养之旨。并依教力行，特崇孝道，以报亲恩，而修胜福。

四、当代印光法师教人持佛名号求生西方者，必先劝信因果报应，诸恶莫作，众善奉行。然后乃云"仗佛慈力，带业往生。"而《地藏本愿经》中，广明因果报应，至为详尽。凡我同仁，常应读诵《地藏本愿经》，依教奉行，以资净业。倘未能深信因果报应，不在伦常道德上切实注意，则岂仅生西未能，抑亦三途有分。今者窃本斯意，普劝修净业者，必须深信因果，常检点平时所作所为之事。真诚忏悔，努力改过。复进而修持五戒十善等，以为念佛之助行，而作生西之资粮。

五、吾人修净业者，倘能于现在环境之苦乐顺逆一切放下，无所挂碍。依苦境而消除身见，以逆缘而坚固净愿，则诚甚善。但如是者，千万人中罕有一二。因吾人处于凡夫地位，虽知随分随力修习净业，而于身心世界犹未能彻底看破，衣食住等不能不有所需求，水火刀兵饥馑等天灾人祸亦不能不有所顾虑。倘生活困难，灾患频起，即于修行作大障碍也。今若能归信地藏菩萨者，则无此虑。依《地藏经》中所载，能令吾人衣食丰足，疾疫不临，家宅永安，所求遂意，寿命增加，虚耗辟除，出入神护，离诸灾难等。古德云：身安而后道隆。即是之谓。此为普劝修净业者，应归信地藏之要旨也。

以上略述持诵《地藏经》之旨趣。义虽未能详尽，亦可窥其梗概。惟冀净宗道侣，广为传布。于《地藏经》至心持诵，共获胜益焉。

庚辰（一九四〇年）地藏诞日 在永春讲 王梦惺记

占察法

木轮相：〈不杀〉 共十九轮

$$轮相有三种差别 \begin{cases} 一、能示宿世所作善恶业种差别。（但观善恶\\ \quad 种子有无。）\\ 二、观善恶业力强弱。\\ 三、遍示三世受报差别。 \end{cases}$$

一、共十轮。书十善十恶之名。一面书善，一面书恶，令使相对。则余两面皆空；故使善恶有现有不现也。

二、共三轮。书身口意之名。

三、共六轮。书1到18之数。

占时用初二：初轮念相应否。（二皆有、不再掷；或再掷。）次轮，唯取前相应者问，不符再掷。

菩萨戒 自誓受，依瑜伽羯磨。（先羯磨，后戒相。）

比丘及比丘尼戒 羯磨同上。（菩萨一，比丘二）年未满，似亦应依前羯磨受；年满时，仍依前羯磨受。

行法

先洒净——增加（楞严咒绕坛）。

礼忏七日后，掷三业。（最好用九个，闭目三掷后再看。）

《药师经》析疑

凡例

一、经文据《丽藏》（高丽版《大藏经》）玄奘译本，与世所习诵者异。

二、科依"义疏"（日僧实观撰：《药师琉璃光如来本愿功德经义疏》三卷，收入日本《大正藏》中）。

三、问多增文，答据《义疏》，间或遗略，时有润文；而观解表法多缺。

四、唯引他文而略疏释，引文止处，未易见者，旁加（文）字。

五、若属私意，则上冠“案”字，以区别也。

六、唐疏者，指《药师本愿经疏》，唐慧观撰。系敦煌石室所发现之佚本。

七、经文句读，据大师写本。（目次中甲一之“一”，即内文子目之“初”字。）

八、析疑文标点，乃后人所加。

序

《药师经析疑》，原系弘一律师遗稿。弘公圆寂后，该稿经圆拙法师整理完成，圆师并嘱余筹印。数年前余曾请慧剑居士协助付梓（把稿件交付刊印），但因缘未能圆满，故尔中止，仅就岷市先印一千余本。慧剑居士崇仰弘一大师，其情殷诚，曾撰写《弘一大师传》流通行世，今又再印《药师经析疑》及《弘一大师文钞》，以供世人同飨，嘱余为序，故略述其因缘，以表赞喜！

菲律宾三宝颜福泉寺沙门传贯　丙辰（一九三六年）二月十二日叙

药师经析疑

【问】若依台宗，说玄义五重，今应如何分判耶？

【答】玄义五重：（一）人法为名；（二）正法宝藏为体；（三）如来因果为宗；（四）与拔功德为用；（五）大乘方等为教相。

（一）人法为名者。魏塘云：药师琉璃光如来是人名，本愿功德是法名，此说是也。青丘、秋篠及长谷，同以药师为喻者，此等不知从德立名。

（二）正法宝藏为体者。正谓中正，法谓妙法，贵重为宝，包容为藏。与华严之诸法实性相，方等之实相如来藏，般若之佛母，法华之秘要之藏，涅槃之三德秘藏，金刚宝藏，同出异名。下文云：于其国中有二菩萨摩诃萨，乃至悉能持彼世尊药师琉璃光如来正法宝藏。若正法宝藏非经体者，二菩萨云何奉持耶？虽魏塘云：诸佛甚深行处为体者，今所不取。何者？诸佛言通，甚深叹行，行字是宗，处字非体。如下文云：流行之处。故行处字不正指体。

（三）如来因果为宗者。本愿二字，是如来因；其余九字，是如来果。魏塘以愿行方便为宗，引下文证者。今谓此昧宗致。既是因果，岂非因而不该始末耶！

（四）与拔功德为用者。此与魏塘同。彼云：此经始终，只明拔苦与乐。

大科为三：初序，二正宗，三流通。　甲初序分二：初通序，二别序。今初

如是我闻。一时，薄伽梵游化诸国，至广严城，住乐音树下。与大苾刍众八千人俱，菩萨摩诃萨三万六千，及国王、大臣、婆罗门、居士、天、龙、药叉、人、非人等，无量大众，恭敬围绕，而为说法。

【问】广严，梵语旧云毗舍离等。秋篠云：此是城名，而隋译本称为国者，误欤？

【答】非也。国总，城别耳。《西域记》云：吠舍厘国（即是隋云毗舍离国）。周五千余里。吠舍厘城，已甚倾毁，其故基址周六七十里，宫城周四五里。

【问】诸经列声闻众数，每云千二百五十人，今何甚多？

【答】聚散随缘，何必一概。而经列千二百五十人者，如《南山》云：重其初故。又八千何多，如《金光明》云九万八千。

【问】凡诸列众，何故数全耶？

【答】《大论》释云：若过若减，皆存大数。

乙二　别序三：初文殊请，二如来许，三文殊领。今丙初

尔时曼殊室利法王子，承佛威神。从座而起，偏袒一肩，右膝著

地，向薄伽梵曲躬合掌。白言：世尊！惟愿演说如是相类诸佛名号，及本大愿，殊胜功德。令诸闻者，业障消除，为欲利乐像法转时诸有情故。

【问】像法转时，是何义耶？

【答】长谷云：转者，变也，恐指末法。今谓不尔。《七佛经》中，虽于此云末法之时，其后救脱章则云，于后末世像法起时。对佛灭后，虽蒙末名，实是像法。秋篠云：转者，起也。其说则是。

丙二　如来许

尔时，世尊赞曼殊室利童子言：善哉善哉！曼殊室利。汝以大悲，劝请我说诸佛名号本愿功德。为拔业障所缠有情，利益安乐像法转时诸有情故。汝今谛听，极善思惟。当为汝说。

丙三　文殊领

曼殊室利言：唯然愿说！我等乐闻。

甲二　正宗分二：初举依正名号，二明本誓利益。今乙初

佛告曼殊室利：东方去此过十殑伽沙等佛土，有世界名净琉璃。佛号药师琉璃光如来、应供、正等觉、明行圆满、善逝、世间解、无上士、调御丈夫、天人师、佛、薄伽梵。

【问】药师在东方者，魏塘云：震方为群动之首，甲木又发生之相，以药治病，贵乎起死回生，不当同金方肃杀之号。其说然欤？

【答】八卦释经，起自李长者，此是一期之说，何必拘泥。有物于此，自东观之为西，自西观之在东。西观岂但生长，东观不定肃杀。故东方过十殑伽沙佛土，应云西方有世界名净琉璃；西方过十万亿佛土，应云东方有世界名曰极乐。须知诸佛有无量德，应有无量名，莫认一名而固执矣。

又诸佛各有别缘，且示方位。皆悉无不竖穷横遍，故密教五大云：大悲胎藏包合万行，且在东方生长万物之首。金刚智界显现万德，且在西方成就万物之终。此是随方布教标帜，非谓真如法界定

有方面。四方四佛，亦复如是，只是标帜，非谓定位。（文）斯言得之。

【问】前文殊请云，唯愿演说诸佛名号；世尊许云，劝请我说诸佛名号。何至于此，但约一佛？

【答】若约《七佛经》，七岂非诸。若约今经，乃是《华严》：一身一智慧，力无畏亦然之义。故下文云：如我称扬药师如来所有功德，此是诸佛甚深行处。又云：若闻药师如来名号，此是诸佛甚深所行。须知请诸答一，理不乖背。

乙二明本誓利益二：初明依正庄严，二明种种功德。丙初明依正庄严二：初正明本愿，二明佛土及侍。丁初正明本愿三：初标，二列，三结。今戊初

曼殊室利！彼世尊药师琉璃光如来，本行菩萨道时，发十二大愿。令诸有情，所求皆得。

【问】何谓愿耶？

【答】愿是要求之名。又《摩诃止观》云：发愿者，誓也。若无誓愿，如牛无御，不知所趣。愿来持行，将至所在。愿有四种：（一）众生无边誓愿度，依苦谛立。（二）烦恼无边誓愿断，依集谛立。（三）法门无尽誓愿知，依道谛立。（四）佛道无上誓愿成，依灭谛立。初二愿拔众生苦集二谛苦，后二愿与众生道灭二谛乐，此四为总愿。而今佛十二，弥陀四十八等，皆是别愿。《止观辅行记》云：一切菩萨凡见诸佛，无不发于总愿、别愿。应知总，总于别；别，别于总。故彼别愿，不出四弘而缘四谛。（文）下文十二大愿中，魏塘约四谛分、不失旨矣。

案：今据魏塘直解文、列表如下。

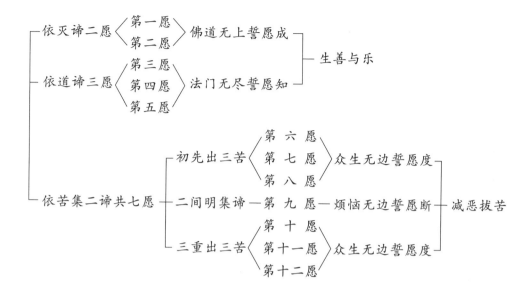

　　第一大愿：**愿我来世，得阿耨多罗三藐三菩提时。自身光明，炽然照曜无量无数无边世界。以三十二大丈夫相，八十随好，庄严其身。令一切有情，如我无异。**

　　第二大愿：**愿我来世，得菩提时。身如琉璃，内外明彻，净无瑕秽，光明广大，功德巍巍，身善安住；焰网庄严，过于日月。幽冥众生，悉蒙开晓，随意所趣，作诸事业。**

　　【问】儒胤云：初愿约应，次愿约报。其说然欤？

　　【答】初愿约三身。光明照曜，即报身；相好严身，即应身；其所庄严，乃是法身。次愿亦尔。身下三句，应也；光下五句，报也。所净、所住，无非法身。

　　第三大愿：**愿我来世，得菩提时。以无量无边智慧方便，令诸有情，皆得无尽所受用物；莫令众生，有所乏少。**

　　【问】青丘、秋篠，以第三第四愿为出世间门，而第三愿约人天乘者。其说然欤？

　　【答】此说局矣。晋云：无量众生饥渴，何隔出世耶。

　　【问】此愿与最后二愿何异？

【答】长谷云：后别，此总。今谓不尔，皆是别愿。此重权实二智，后在衣食，故不同也。

第四大愿：愿我来世，得菩提时。若诸有情行邪道者，悉令安住菩提道中。若行声闻、独觉乘者；皆以大乘，而安立之。

第五大愿：愿我来世，得菩提时。若有无量无边有情，于我法中修行梵行。一切皆令得不缺戒，具三聚戒。设有毁犯，闻我名已，还得清净，不堕恶趣。

【问】何谓还得清净？

【答】因忏戒复，故云还得。《止观》云：大乘许悔斯罪。罪从重缘生，还从重心忏悔，可得相治。无殷重心，徒忏无益。（文）故欲至心发露，宜修药师妙忏。

第六大愿：愿我来世，得菩提时。若诸有情其身下劣，诸根不具，丑陋顽愚，盲聋喑哑，挛躄背偻，白癞癫狂，种种病苦，闻我名已，一切皆得端正黠慧，诸根完具，无诸疾苦。

【问】第六大愿中，先列诸苦，闻我名已下，次第翻上。应如何分配耶？

【答】青丘云云。

案：今据青丘古迹记文，列表如下。

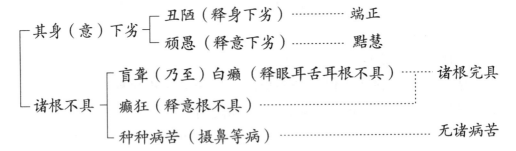

第七大愿：**愿我来世，得菩提时。若诸有情众病逼切，无救无归，无医无药，无亲无家；贫穷多苦。我之名号，一经其耳，众病悉除，身心安乐；家属资具，悉皆丰足。乃至证得无上菩提。**

【问】第七大愿中，先列诸苦，我之名号下，次第翻上。应如何分配耶？

【答】秋篠有释。今不取。今谓云云。

案：今据《义疏》文，列表如下。

【问】药师除病救苦，是其本旨。但众病悉除，足矣。云何便复证得无上菩提？

【答】扬氏有释，今不取。今谓不尽一品无明，岂真众病悉除。以知证得菩提，是真病除。

第八大愿：**愿我来世，得菩提时。若有女人，为女百恶之所逼恼，极生厌离，愿舍女身。闻我名已，一切皆得转女成男，具丈夫相。乃至证得无上菩提。**

【问】扬氏谓转女成男，为来世受男身者。其说然欤？

【答】不尔。长谷云：今愿现世转女成男。其说则是，以符《七佛经》故。

第九大愿：**愿我来世，得菩提时。令诸有情，出魔胃网，解脱一切外道缠缚。若堕种种恶见稠林，皆当引摄置于正见。渐令修习诸菩萨行，速证无上正等菩提。**

【问】渐令修习诸菩萨行，速证无上正等菩提者。秋篠释云：渐修菩萨十地之行，因中渐出四魔胃网，终至菩提究竟出离。其说然欤？

【答】如是释者，速证之义不成。今谓三教纡曲，故云渐修；皆入圆住，故云速证。若就圆论者，此约理外七种方便，渐入圆因，谓之渐圆。当知往前作意，未免渐修；住上任运，故速证耳。

第十大愿：愿我来世，得菩提时。若诸有情，王法所录，绳缚鞭挞，系闭牢狱，或当刑戮。及余无量灾难陵辱，悲愁煎迫，身心受苦。若闻我名，以我福德，威神力故，皆得解脱一切忧苦。

第十一大愿：愿我来世，得菩提时。若诸有情，饥渴所恼，为求食故，造诸恶业。得闻我名，专念受持。我当先以上妙饮食，饱足其身。后以法味，毕竟安乐而建立之。

第十二大愿：愿我来世，得菩提时。若诸有情，贫无衣服；蚊虻寒热，昼夜逼恼。若闻我名，专念受持。如其所好，即得种种上妙衣服。亦得一切宝庄严具，华鬘涂香，鼓乐众伎，随心所玩，皆令满足。

戊三　结。

曼殊室利！是为彼世尊药师琉璃光如来应正等觉，行菩萨道时，所发十二微妙上愿。

丁二　明佛土及侍者：初总标，二别明，三结劝。今戊初。

复次，曼殊室利！彼世尊药师琉璃光如来行菩萨道时，所发大愿，及彼佛土功德庄严，我若一劫，若一劫余，说不能尽。

戊二　别明二：初佛土，二侍者。今己初。

然彼佛土，一向清净。无有女人，亦无恶趣，及苦音声。琉璃为地，金绳界道；城阙宫阁，轩窗罗网，皆七宝成。亦如西方极乐世界功德庄严，等无差别。

【问】秋篠谓净琉璃土为报土，其说然欤？

【答】报土虽胜，不接凡夫。台宗以西方为同居净土。西方既尔，东方亦然。又据下文，有二菩萨次补佛处。既有补处，知同居土。

【问】既与西方等无差别，何遣八士引导西方！

【答】佛事门头，等无差别。随机门时，随彼所好。

己二　侍者

于其国中，有二菩萨摩诃萨：一名日光遍照，二名月光遍照。是彼无量无数菩萨众之上首；悉能持彼世尊药师琉璃光如来正法宝藏。

戊三　结劝。

是故曼殊室利。诸有信心善男子、善女人等，应当愿生彼佛世界。

丙二　明种种功德二：初灭恶，二生善。丁初灭恶四：初悭贪，二破戒，三赞毁，四乖离。戊初悭贪二：初举过，二获益。己初举过二：初生报，二后报。今庚初。

尔时，世尊复告曼殊室利童子言："曼殊室利！有诸众生，不识善恶，唯怀贪吝。不知布施，及施果报。愚痴无智，阙于信根。多聚财宝，勤加守护，见乞者来，其心不喜。设不获已，而行施时，如割身肉，深生痛惜。复有无量悭贪有情，积集资财，于其自身，尚不受用；何况能与父、母、妻、子、奴婢、作使，及来乞者。

庚二　后报。

彼诸有情，从此命终；生饿鬼界，或傍生趣。

【问】今译本云，饿鬼旁生，晋云地狱。应如何合会欤？

【答】境有三品，于心亦然，此约中下品说。若晋本所云：恐就心境上品言耳。

己二　获益二：初在彼忆念，二转生获益。今庚初。

由昔人间，曾得暂闻药师琉璃光如来名故。今在恶趣，暂得忆念彼如来名。

庚二　转生获益。

即于念时，从彼处没，还生人中。得宿命念，畏恶趣苦，不乐欲乐；好行惠施，赞叹施者；一切所有，悉无贪惜。渐次尚能以头目手足，血肉身分，施来求者；况余财物。

【问】此获益文，如何翻上而分配耶？

【答】青丘云云。

案：今据青丘古迹记文，列表如下。

┌─ 不识恶 ───────────────── 畏恶趣苦，不乐欲乐。

├─ 不识善，唯怀贪吝，不知布施，及施果报 ──── 好行惠施，赞叹施者。

├─ 愚痴无智 ───────────────── 得宿命念。

├─ 阙于信根。多聚财宝，勤加守护 ────── 一切所有，悉无贪惜。

└─ 见乞者来，其心不喜，（乃至）及来乞者 ───── 渐次尚能，（乃至）况余财物。

戊二　破戒二：初举过，二获益。己初举过二：初自过，二及他。
庚初自过二：初示过，二示报。今辛初

复次，曼殊室利！若诸有情，虽于如来受诸学处，而破尸罗。有虽不破尸罗，而破轨则。有于尸罗、轨则，虽得不坏，然毁正见。有虽不毁正见，而弃多闻；于佛所说契经深义，不能解了。有虽多闻，而增上慢。

辛二　示报。

由增上慢，覆蔽心故；自是非他，嫌谤正法，为魔伴党。

庚二　及他二：初现报，二后报。今辛初

如是愚人，自行邪见，复令无量俱胝有情，堕大险坑。

辛二　后报

此诸有情，应于地狱、旁生、鬼趣，流转无穷。

己二　获益

若得闻此药师琉璃光如来名号，便舍恶行，修诸善法，不堕恶趣。设有不能舍诸恶行，修行善法，堕恶趣者，以彼如来本愿威力，令其现前暂闻名号。从彼命终，还生人趣。得正见精进，善调意乐；便能舍家，趣于非家；如来法中，受持学处，无有毁犯。正见多闻，解甚深义；离增上慢，不谤正法，不为魔伴。渐次修行诸菩萨行，速得圆满。

【问】同闻药师名号，或便舍恶修善，不堕恶趣；或不能舍恶修善，先堕恶趣，乃生人趣者。是何故欤？

【答】秋篠云：有情业有轻重，根有利钝。若业轻根利者，现闻佛名，即能舍恶行善不堕恶趣。若业重根钝者，要先堕恶趣深生厌离，更闻佛名，方生人趣。

（文）——案：此文本唐疏。

【问】此获益文，如何翻上而分配耶？

【答】秋篠云云。

案：今据秋篠记抄文，列表如下。

┌ 虽于如来受诸学处，（乃至）而破轨则 …………… 无有毁犯。
├ 有于尸罗、轨则，（乃至）然毁正见 …………… 正见。
├ 有虽不毁正见，（乃至）不能解了……………… 多闻，解甚深义。
├ 有虽多闻，而增上慢……………………………… 离增上慢。
└ 由增上慢，（乃至）为魔伴党 …………………… 不谤正法，不为魔伴。

戊三　赞毁三：初举过，二明报，三获益。今己初

复次，曼殊室利！若诸有情，悭贪嫉妒，自赞毁他。

【问】青丘、秋篠、魏塘等，释悭贪嫉妒自赞毁他，互有不同。今须宗何说软？

【答】诸释皆非。今据青丘释《梵网》自赞毁他戒云：《瑜伽》戒本谓：为欲贪求利养、恭敬，自赞毁他；是即多分以贪究竟。若无所得，但由嫉妒，以嗔究竟。（文）以故乃知今文所云，即是或起悭贪，或嫉妒心，而自赞毁他。其主意在自赞毁他，不在悭妒，又对余三释之文，亦应如是释也。

己二　明报

当堕三恶趣中，无量千岁，受诸剧苦。受剧苦已，从彼命终，来生人间。作牛、马、驼、驴，恒被鞭挞，饥渴逼恼。又常负重，随路而行。或得为人，生居下贱，作人奴婢。受他驱役，恒不自在。

己三　获益

若昔人中，曾闻世尊药师琉璃光如来名号。由此善因，今复忆念，至心归依。以佛神力，众苦解脱。诸根聪利，智慧多闻。恒求胜法，常

遇善友。永断魔罥（网）。破无明壳，竭烦恼河，解脱一切生老病死忧悲苦恼。

戊四　乖离二：初举过，二获益。今己初

复次，曼殊室利！若诸有情，好喜乖离，更相斗讼，恼乱自他。以身语意，造作增长种种恶业。展转常为不饶益事。互相谋害，告召山林树冢等神。杀诸众生，取其血肉，祭祀药叉罗刹婆等。书怨人名，作其形像，以恶咒术而咒咀之。厌媚蛊道咒起尸鬼，令断彼命及坏其身。

【问】文云以身语意，如何分配上文耶？

【答】青丘有释，今不取。今谓好喜乖离是总称耳，斗是身业，讼是语业，恼乱属意。

案：众生，新译为有情。故此经中多作有情。亦有数处仍作众生者。如此段文云杀诸众生；前文中第二大愿云幽冥众生；第三大愿云莫令众生；悭贪章云有诸众生；后文中阿难章云，有诸众生；救脱章云，有诸众生；又云杂类众生；又云杀种种众生。此或是随宜润文，或亦疏于检校欤！

己二　获益

是诸有情，若得闻此药师琉璃光如来名号。彼诸恶事，悉不能害。一切展转皆起慈心，利益安乐。无损恼意，及嫌恨心；各各欢悦。于自所受，生于喜足。不相侵陵，互为饶益。

丁二　生善二：初生净土，二生善道。戊初生净土二：初举机，二明益。今己初

复次，曼殊室利！若有四众：苾刍、苾刍尼、邬波索迦、邬波斯迦，及余净信善男子、善女人等。有能受持八分斋戒，或经一年、或复三月受持学处。以此善根，愿生西方极乐世界无量寿佛所，听闻正法，而未定者。

己二　明益

若闻世尊药师琉璃光如来名号。临命终时，有八菩萨乘神通来，示

其道路。即于彼界，种种杂色众宝华中，自然化生。

【问】各有净土，何以示导西方耶？

【答】如《心地观经》云：或一菩萨多佛化。是也。

【问】应生极乐何品耶？

【答】难以定知。或上三品，文云具诸戒行故。或中二品，文说持戒故。或虽秉戒而回向心弱者，生中下品或下三品。岂止极乐，生十方者亦然。故晋本云：若欲生十方妙乐国土者，亦当礼敬药师琉璃光佛，若欲得生兜率天上见弥勒者，亦当礼敬药师琉璃光佛。

【问】十方兜率亦引导否？

【答】或不导，经不说故。或导，愿力无边故。

戊二　生善道二：初正明，二转报。今己初

或有因此，生于天上。虽生天中，而本善根亦未穷尽；不复更生诸余恶趣。天上寿尽，还生人间。或为轮王，统摄四洲，威德自在；安立无量百千有情，于十善道。或生刹帝利、婆罗门、居士、大家，多饶财宝，仓库盈溢；形相端严，眷属具足；聪明智慧，勇健威猛，如大力士。

【问】何谓因此，及本善根？

【答】因此者，秋篠云：因此闻药师如来名故。长谷云：指戒善也。今从秋篠，符晋本故。本善根者，秋篠云：谓本出世善根，或闻药师如来名号善根。今用后解。

案：秋篠二段文，皆本唐疏。

己二　转报

若是女人，得闻世尊药师如来名号，至心受持，于后不复更受女身。

【问】何谓于后？

【答】后谓后报。上文第八大愿现身转者，例如《法华》龙女现身变成男子，此是后报，例如《法华药王品》中约命终后。故《七佛经》

中，前大愿云即于现身转成男子，此文亦云于后而已。

【问】《七佛经》中于此文后有说咒文，他译皆无。后人常取《七佛经》中咒文及其前后之文四百余字，增入今本，谓为完足。其说然欤？

【答】同是佛语，糅杂无妨。《七佛经》本，别行于世；今本不增，有何不足。如《法华普门品》偈，什公不译。荆溪判云：此亦未测什公深意。今可例云：此亦未测奘公深意也。

甲三　流通分

【问】诸师将经末尔时阿难白佛言，云为流通分，今何不然？

【答】曼殊救脱及以药叉发誓弘经，岂非流通。

流通分三：初诸士发誓弘经，二佛说题名奉持，三大众闻说奉行。乙初诸士发誓弘经三：初曼殊发誓，二救脱明益，三药叉发誓。丙初曼殊发誓三：初对佛发誓，二如来许说，三阿难称赞。丁初对佛发誓二：初正誓，二利益。戊初正誓二：初闻名，二持经。今己初。

尔时，曼殊室利童子白佛言：世尊！我当誓于像法转时，以种种方便，令诸净信善男子、善女人等，得闻世尊药师琉璃光如来名号。乃至睡中，亦以佛名觉悟其耳。

己二　持经

世尊！若于此经受持读诵，或复为他演说开示，若自书、若教人书，恭教尊重。以种种华、香、涂香、末香、烧香、华鬘、璎珞、幡盖、伎乐，而为供养。以五色彩，作囊盛之；扫洒净处，敷设高座，而用安处。尔时四大天王与其眷属，及余无量百千天众，皆诣其所供养、守护。

【问】以伎乐供佛，是何意欤？

【答】《大智度论》云：问曰：诸佛贤圣是离欲人，则不须音乐歌舞，何以伎乐供养？答曰：诸佛虽于一切法中，心无所著；于世间法，尽无所须。诸佛怜愍众生故出世，应随供养者，令随愿得福故受。如以华、香供养，亦非佛所须，佛身常有妙香，诸天所不及，为利益众生故受。

【问】出家诸众，亦应以伎乐供佛欤？

【答】《法华经方便品》记云：音乐供养者，有出家内众，音乐自随，云供养者。自思己行，与何心俱。虽有此文，必须裁择，《梵网》诚制，何待固言。祇恐供养心微，增己放逸，长他贪慢，敬想难成。

戊二　利益

世尊！若此经宝流行之处，有能受持。以彼世尊药师琉璃光如来本愿功德及闻名号，当知是处，无复横死，亦复不为诸恶鬼神，夺其精气；设已夺者，还得如故，身心安乐。

【问】既云经宝流行之处，应连向之持经科中，今何不尔？

【答】虽蹑（跟随）向经宝流行，复有及闻名号之言，须知此举闻持之益。

丁二　如来许说二：初略许可，二广印定。今戊初

佛告曼殊室利：如是如是，如汝所说。

戊二　广印定二：初印向持经，二印向闻名（文但不次耳）。今己初

曼殊室利！若有净信善男子、善女人等，欲供养彼世尊药师琉璃光如来者。应先造立彼佛形像，敷清净座而安处之。散种种华，烧种种香，以种种幢幡，庄严其处。七日七夜，受八分斋戒，食清净食。澡浴香洁，著新净衣。应生无垢浊心，无怒害心，于一切有情，起利益安乐，慈悲喜舍，平等之心。鼓乐歌赞，右绕佛像。复应念彼如来本愿功德，读诵此经，思惟其义，演说开示。随所乐愿，一切皆遂。求长寿得长寿，求富饶得富饶，求官位得官位，求男女得男女。若复有人，忽得恶梦，见诸恶相，或怪鸟来集，或于住处百怪出现。此人若以众妙资具，恭敬供养彼世尊药师琉璃光如来者。恶梦恶相，诸不吉祥，皆悉隐没，不能为患。或有水、火、刀、毒、悬崄、恶象、狮子、虎、狼、

熊、罴、毒蛇、恶蝎、蜈蚣、蚰蜒、蚊、虻等怖。若能至心忆念彼佛，恭敬供养。一切怖畏，皆得解脱。若他国侵扰，盗贼反乱。忆念恭敬彼如来者，亦皆解脱。

【问】澡浴之文，《七佛经》云：日别三时澡浴清净。不繁数欤？

【答】《摩诃止观》云：日三时洗浴，一日即一实谛也。三洗即观一实，修三观，荡三障，净三智也。《辅行》云：三时洗者，纵无他缘，亦须三洗，有所表故。

【问】随所乐愿，一切皆遂，乃至得男女之文。魏塘云：一切皆遂句，则该四教圣贤三昧辩才，愿生佛国等出世正求；下四即遂世间浅深富寿之求。其说然欤？

【答】今谓初二句，总举。求长寿，别列。所举寿等，岂一切外；若知一切皆遂，乃是出世正求，谁言富寿等四，但是世间倒求，文似语近，意实穷远。故释四求者，应例观音《普门品》疏释之。

【问】水、火、虎、狼等文，魏塘谓：此皆灭世间之恶，不必约《普门》烦恼业报释之。其说然欤？

【答】今谓如请《观音经》云：一切怖畏，一切毒害，一切恶鬼虎狼狮子。闻此咒时，口即闭塞，不能为害。疏云：一切怖畏者：（一）历十种行人，各各有怖畏也。（二）作恶鬼虎狼者，例如《金光明》，初地至十地，皆有虎狼狮子之难。此中十人乃无事中虎狼，约烦恼法为虎狼也。须知但云灭世间恶，使药师利益局在界内，其咎莫大；况一切之言，岂指少分！

己二　印向闻名

复次，曼殊室利！若有净信善男子、善女人等，乃至尽形不事余天。唯当一心，归佛法僧，受持禁戒。若五戒、十戒、菩萨四百戒、苾刍二百五十戒、苾刍尼五百戒。于所受中，或有毁犯，怖堕恶趣。若能专念彼佛名号，恭敬供养者，必定不受三恶趣生。或有女人，临当产时，受于极苦。若能至心，称名、礼赞、恭敬、供养彼如来者，众苦皆除。所生之子，身分具足，形色端正，见者欢喜。利根聪明，安隐少病，无有非人夺其精气。

【问】何谓菩萨四百戒？

【答】《法藏》云：菩萨戒以十善为根本，十善者，言信等五根，无贪等三，及与惭愧合为十善。一一经十，合为百数。此各有四：（一）自持，（二）他持，（三）赞叹，（四）随喜。如是即成四百戒也。（文），神谟、遁伦，皆述此说。

【问】何谓苾刍尼五百戒？

【答】《南山行事钞》云：问：律中僧列二百五十戒，戒本具之。尼则五百，此言虚实？答：两列定数，略指而言。诸部通言，不必依数。约境相明，乃有尘沙。律中尼有三百四十八戒，可得指此而为所防。准《智论》云：尼受戒法，略则五百，广说八万。（文）

丁三 因阿难称赞三：初如来问，二阿难答，三如来称赞。 今戊初

尔时，世尊告阿难言：如我称扬彼佛世尊药师琉璃光如来所有功德。此是诸佛甚深行处，难可解了。汝为信不？

【问】诸佛甚深行处，如何释耶？

【答】《金光明经》序品初云：如来游于无量甚深法性诸佛行处。并方等部，彼此义同。释迦所游，药师所住，二无差别，体性全一，故引大师彼疏释之。彼云：微妙三谛，故言甚深；非是二乘下地菩萨之所逮及，故言甚深也。又非别有一法，名为甚深；即事而真，无非实相；一色一香，莫非中道；皆中道故，即是甚深。诸佛行处者，正显佛智甚深；佛智甚深故，行处亦甚深；行处甚深故，佛智亦甚深。举盖显函，正在此也。

戊二 阿难答二：初明持经不疑，二明持名难信（若夫持经不疑，以何持名难信；若夫持名难信，以何持经不疑？何况迹示三果非庸常人，岂有一信一不信耶？一纵一夺，譬励后来耳）。今己初

阿难白言：大德世尊！我于如来所说契经，不生疑惑。所以者何？

一切如来，身、语、意业，无不清净。世尊！此日月轮，可令堕落；妙高山王，可使倾动；诸佛所言，无有异也。

己二　明持名难信

世尊！有诸众生，信根不具。闻说诸佛甚深行处，作是思惟，云何但念药师琉璃光如来一佛名号，便获尔所功德胜利。由此不信，返生诽谤。彼于长夜，失大利乐，堕诸恶趣，流转无穷。

戊三　如来称赞（此中单举持名蹑阿难答故也。）文五：初反斥，二正宗，三简非，四校叹，五结叹。今己初

佛告阿难：是诸有情，若闻世尊药师琉璃光如来名号，至心受持，不生疑惑；堕恶趣者，无有是处。

己二　正示

阿难！此是诸佛甚深所行，难可信解。汝今能受，当知皆是如来威力。

己三　简非

阿难！一切声闻、独觉，及未登地诸菩萨等，皆悉不能如实信解，唯除一生所系菩萨。

【问】何谓唯除一生所系菩萨？

【答】秋篠云：一生所系菩萨者，即一生补处菩萨，如弥勒等也。道理通论，初地以上菩萨，各得无分别智，地地别证真如法界，于佛所成名称功德，随分信解。今言唯除一生所系者，据因位之中信极者而言，以此菩萨因中见性分明，故作此说非谓一生以外，皆不信解也。（文）——案：此文本唐疏。

己四　校叹

阿难！人身难得；于三宝中，信敬尊重亦难可得；得闻世尊药师琉璃光如来名号，复难于是。

己五　结叹

阿难！彼药师琉璃光如来无量菩萨行，无量善巧方便，无量广大

愿。我若一劫、若一劫余而广说者，劫可速尽；彼佛行、愿、善巧、方便，无有尽也。

【问】文云无量广大愿者，于前十二大愿外，更有无量广大愿耶？

【答】非也。凡诸菩萨，皆发总别二愿。总则四弘，别则数异。若开出之，即是无量广大愿耳。

丙二　救脱明益三：初明救病患，二明攘灾难，三明转后报。丁初明救病患二：初正向佛明，二答阿难问。戊初正向佛明二：初正明，二结劝。己初正明二：初正明苦相，二略出忏仪。（有生已来谁无病患，如薄拘罗虽无头痛，未离无明。止观十境，通称病患。蕅益所谓众生良药无如病，思之思之！）今庚初

尔时，众中有一菩萨摩诃萨，名曰救脱。即从座起，偏袒右肩，右膝著地，曲躬合掌，而白佛言：大德世尊！像法转时，有诸众生，为种种患之所困厄，长病羸瘦，不能饮食。喉唇干燥，见诸方暗，死相现前，父母、亲属、朋友、知识，啼泣围绕。然彼自身，卧在本处，见琰魔使引其神识，至于琰魔法王之前。然诸有情有俱生神，随其所作，若罪若福，皆具书之，尽持授与琰魔法王。尔时彼王推问其人，算计所作，随其罪福而处断之。

【问】见琰魔使，引其神识，至于琰魔法王之前。古疏作何释耶？

【答】秋篠云：若其患人，决定令死，则受鬼身，容可琰王别遣鬼为使，而引取之。如其未决定死，则未受鬼身，何有鬼身，有得引生人之识！不可别人之识在别鬼身中，若不在鬼使身中，识心既不孤游，云何可引得至琰魔王前？当知此是药师如来及经之威力，令得患人第六意识见分之上，起此三种行解相分：（一）为琰魔王，（二）为王使，（三）为己身，为自神识所依随使之行至琰王前。其实，神识未曾离身，若是本识随所舍处，则死成尸，不可说离身；若是六、七等识依本识故，而得现起；若离本识，无种子故，无由得生；是故八识俱无离身孤行之理。此盖如人梦中梦现见师僧，或复父母，遣使来唤，梦现

见己身随使而行，远至师僧及父母前，当知师僧或复父母、使人、己身，皆是第六意识见分上，现此三种相分；似有去来，实无去来。所以然者，以一切心及心所取境之时，非如灯明舒光照物，不同铁钳动作取物；但如明镜远照，影现镜中，如人在远，遥见日月，此亦如是。药师如来，及经威力，令彼患人，见如此相，似有往来，实无往来。故《涅槃经》云：若有闻是《大涅槃经》，言我不用发菩提心，诽谤正法，是人梦中，见罗刹像，心中怖惧。罗刹语云：咄！善男子！汝今若不发菩提心，当断汝命。是人惶怖觉已，即发无上菩提心。是人命终，若在三恶及在人天，续复忆念菩提之心，以是义故，是大涅槃威神力故，能令未发心者，作菩提因。一案：此文本唐疏。《义疏》云：此是唐靖迈疏意。今谓云云，兹略不录。

【问】有俱生神，随其所作，若罪若福皆具书之，尽持授与琰魔法王。古疏作何释耶？

【答】秋篠云：言俱生神者，若约实而言，神即识也，俱生神者，即阿赖耶识。以阿赖耶识，是受生之主，与身俱时而生，故名俱生。随诸有情所作罪福，皆熏在阿赖耶识中，故言随其所作，乃至皆具书之。或是琰魔王为令罪人无有妄拒，伏本所作故，化作俱生神，从生已来书其罪福，或是药师如来及经威力，现作俱生神书其罪福。言尽持授与琰魔法王者，由阿赖耶识中，具有罪福种子为因缘，药师如来及经威力为增上缘，令罪福相分，现于患人第六意识之上。令琰魔王他心智起，尽见患人罪福之相，义称尽持授与。或琰魔化作俱生神，或佛及经现俱生神，授与亦然。

——案：此文本唐疏。《义疏》有别解，兹略不录。

庚二 略出忏仪

时彼病人，亲属知识，若能为彼归依世尊药师琉璃光如来；请诸众僧，转读此经，燃七层之灯；悬五色续命神幡。或有是处，彼识得还，如在梦中，明了自见。或经七日、或二十一日、或三十五日、或四十九日，彼识还时，如从梦觉；皆自忆知善不善业，所得果报。由自证见业果报故；乃至命难，亦不造作诸恶之业。

【问】灯七层，幡五色，有何义欤？

【答】青丘有释。今谓灯有七层，应表七觉。《止观》云：灯，即慧也。《辅行》云：慧灯圆照。幡有五色，应表五阴。

【问】灯幡之二，同是供具；如其表法，一是法门，一是正报、何为不齐？

【答】五阴乃是四念处也，同是七科法门而已。

【问】或有是处，彼识得还，如在梦中，明了自见。曰或，曰如，是何义欤？

【答】秋篠云：谓有实死，虽复修福，识不得还；或因修福故，彼向王使所引之识，得还身中。二理不同，故复称或。如在等者，秋篠云：此亦即是梦，以梦类梦，故称为如——案：此文本唐疏。

己二　结劝

是故净信善男子、善女人等，皆应受持药师琉璃光如来名号；随力所能，恭敬供养。

戊二　答阿难问二：初阿难问，二救脱答。今己初

尔时，阿难问救脱菩萨曰：善男子！应云何恭敬、供养彼世尊药师琉璃光如来？续命幡灯，复云何造？

己二　救脱答

救脱菩萨言：大德！若有病人，欲脱病苦。当为其人，七日七夜，受持八分斋戒。应以饮食及余资具，随力所办，供养苾刍僧；昼夜六时，礼拜、供养彼世尊药师琉璃光如来，读诵此经，四十九遍。然四十九灯。造彼如来形像七躯，一一像前，各置七灯；一一灯量，大如车轮；乃至四十九日，光明不绝。造五色彩幡，长四十九搩手。应放杂类众生，至四十九。可得过度危厄之难，不为诸横恶鬼所持。

【问】云何供养苾刍僧耶？

【答】《消灾轨》云：仍须请七僧。今谓若随力，堪请七七僧弥善。

【问】云何一一皆须四十九耶？

【答】魏塘约《易经》大衍之数而释。今谓不尔。数用七者，如《成实论》广明。今皆四十九者，以复七故为数之极。例如中有不过七七。何假大衍以消今文。

【问】何谓四十九搩手？

【答】搩手长一尺。故晋、隋二本，及《七佛经》，皆云四十九尺。又准《七佛经》，应外造幡。故彼经云：造杂彩幡四十九首，并一长幡四十九尺。——案：考南山、灵芝撰述，佛搩手二尺，人搩手为一尺。今约人搩手言也。搩手者，谓以大母指与中指张开相去之间。尺约周尺，古今人考订周尺量，有种种异说。且据清冯云鹏《金石索》中所考者，一周尺等于清工部营造尺六寸四分强，其说较为近似。

【问】应放杂类众生，至四十九，作何释钬？

【答】秋篠引唐遁伦释云：案《正法念处经》云：畜生有三十四亿种类。此中言四十九者，应放水陆异类至四十九。

【问】生类无量，何放七七？

【答】有所表故。境有齐限，心应平等。

【问】文中屡列七等数字，亦皆有所表钬？

【答】一一以七数者，应表七觉。智慧发生，故云七日；烦恼灭尽，故云七夜。七觉生八正道，故云七日夜受八斋戒。觉觉各具七觉，故云四十九遍。佛之七觉，我之七觉，众生七觉，三无差别，故云造像七躯。觉觉各具七觉，故云各置七灯。

丁二　明攘灾难二：初正明攘难，二答阿难问。戊初　正明攘难二：初帝王，二臣民。（从重至轻，次第言耳。魏塘云：天子四海为家，臣妾亿兆，一人有庆，兆民赖之；四方有罪，在予一人。故岁祲民疫，皆君休戚，所当急先求忏者也。且药师之药，先治此人者，一是责备贤者，二是一正君而天下定之道也。今谓非谓先治帝王之意。如戒经云：欲受国王位时，受转轮王位时，百官受位时，应先受菩萨戒，非谓受菩萨戒，先被国王，次转轮王，次及百官；况责备贤者，一正国定功在卿相，王何独贤？隋本：但王不及臣民，以故而知先治之说，不通甚矣。）

己初　帝王

复次，阿难！若刹帝利灌顶王等，灾难起时。所谓：人众疾疫难，他国侵逼难，自界叛逆难，星宿变怪难，日月薄蚀难，过时不雨难。彼刹帝利灌顶王等，尔时应于一切有情，起慈悲心，赦诸系闭。依前所说供养之法，供养彼世尊药师琉璃光如来。由此善根，及彼如来本愿力故。令其国界即得安稳。风雨顺时，谷稼成熟。一切有情，无病欢乐；于其国中，无有暴恶药叉等神，恼有情者。一切恶相，皆即隐没。而刹帝利灌顶王等，寿命色力，无病自在，皆得增益。

【问】依前所说供养之法，何谓依前耶？

【答】秋篠云：谓应依前七日七夜，自受持斋戒，乃至放杂类众生等。——案：此文本唐疏。

【问】今列七难，与《仁王经》中七难有异同欤？

【答】与《仁王》有异。若类同者云云。

案：今据《义疏》文，列表如下：

```
┌── 人众疾疫难 ──《仁王护国品》云：不但获福，亦护众难，若疾病苦难。
│
├── 他国侵逼难 ┐ 《仁王受持品》云：四方贼来侵国，内外贼起。他
├── 自界叛逆难 ┘   国即外贼，自界即内贼。
│
├── 星宿变怪难 ──────── 彼云：二十八宿，乃至各各变现。
│
├── 日月薄蚀难 ──────── 彼云：日月失度，乃至二三四五重轮现。
│
│                ┌── 风难 ── 彼云：大风吹杀，乃至火风，水风。
├── 非时风雨难 ──┤
│                └── 雨难 ── 彼云：大水漂没，乃至浮山流石。
│
└── 过时不雨难 ──────── 彼云：天地国土亢阳，乃至万姓灭尽。
```

彼又云：大火烧国等，今文无。

己二 臣民

阿难！若帝后妃主，储君王子，大臣辅相，中宫彩女，百官黎庶，为病所苦，及余厄难；亦应造立五色神幡，燃灯续明，放诸生命，散杂色华，烧众名香。病得除愈，蒙难解脱。

【问】文云造幡燃灯等，与前二段文互有不同。何耶？

【答】秋篠云：造幡燃灯，放生命等，具如前法，今此中有散杂色华，烧众名香，当知前二亦有；前二所有，此亦非无，绮互为文耳。

（文）今谓此中五法，皆是助行；必应称药师名，读诵此经，文不言者，助助于正。

戊二 答阿难问，二重问答。 己初 第一问答二：初问，二答。今庚初

尔时，阿难问救脱菩萨言：善男子！云何已尽之命，而可增益？

庚二 答。

救脱菩萨言：大德！汝岂不闻如来说有九横死耶？是故劝造续命幡灯，修诸福德。以修福故；尽其寿命，不经苦患。

【问】何谓横死？

【答】秋篠云：夫言横死者，皆不定之业，此业若有顺缘资助，则得延长，若无顺缘资助，及属违缘，则便短促。对彼顺缘，寿长无延；若无此缘，寿短横死故。是故我今劝造幡灯，修敬三宝等福德。以修福德等为资助顺益命缘故，遂使是人，尽彼先业，所感寿命，终不中途更经枉横苦患也。

己二 第二问答二：初问，二答。今庚初。

阿难问言：九横云何？

庚二 答二：初释，二结。今辛初。

救脱菩萨言：若诸有情，得病虽轻；然无医药及看病者。设复遇医，授以非药，实不应死而便横死。又信世间邪魔外道，妖孽之师，妄说祸福，

便生恐动；心不自正，卜问觅祸。杀种种众生，解奏神明，呼诸魍魉，请乞福祐。欲冀延年，终不能得。愚痴迷惑，信邪倒见。遂令横死，入于地狱，无有出期。是名初横。二者、横被王法之所诛戮。三者、畋猎嬉戏，耽淫嗜酒，放逸无度，横为非人夺其精气。四者、横为火焚。五者、横为水溺。六者、横为种种恶兽所啖。七者、横堕山崖。八者、横为毒药厌祷咒咀起尸鬼等之所中害。九者、饥渴所困，不得饮食，而便横死。

【问】九横之文，古疏作何释耶？

【答】初横中。秋篠云：无医药及看病者，以无资缘故而便致死。设复遇医等，以遇违缘故而便致死。第二横中，秋篠云：佛法之宗，无有因缘终不得果。因，谓名言熏习种子。缘有二种：（一）以先业缘，（二）由现发缘。此人今被王法诛戮，虽有名言种子为正因，及有先业为缘因，而无现在缘，如来随顺世俗，名为横死，以无现缘故。又云：此人寿命是不定业，亦是杀生增上果；若遇顺缘修福等资助，故不受王戮得寿命长。若不修福，攘昔杀缘，则被王戮，不得长寿，故得横死云云。——案：秋篠释第一横已下，乃至第九横，文义相似，今不具录。唯撮要列表如下。

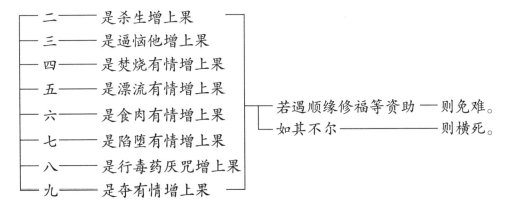

案：上文皆本唐疏。

【问】何谓觅祸？

【答】即下文杀种种众生等是。秋篠云：何但横死而已，后由愚痴，信邪倒见，杀众生故，乃入地狱，无有出期，岂不哀哉！

辛二 结

是为如来略说横死，有此九种。其余复有无量诸横，难可具说。

丁三 明转后报

复次，阿难！彼琰魔王主领世间名籍之记。若诸有情，不孝五逆；破辱三宝；坏君臣法；毁于信戒；琰魔法王随罪轻重，考而罚之。是故我今劝诸有情，燃灯造幡，放生修福，令度危厄，不遭众难。

【问】青丘科此文为结，然欤？

【答】今谓味复次字，非结上文。

【问】此与上文何异？

【答】上约病人，今约逆罪，故知非结。

丙三 药叉发誓二：初正明誓，二佛印劝。今丁初

尔时，众中有十二药叉大将，俱在会坐。所谓：宫毗罗大将，伐折罗大将，迷企罗大将，安底罗大将，頞你罗大将，珊底罗大将，因达罗大将，波夷罗大将，摩虎罗大将，真达罗大将，招杜罗大将，毗羯罗大将。此十二药叉大将，一一各有七千药叉，以为眷属。同时举声白佛言：世尊！我等今者蒙佛威力，得闻世尊药师琉璃光如来名号，不复更有恶趣之怖。我等相率皆同一心，乃至尽形归佛、法、僧。誓当荷负一切有情，为作义利饶益安乐。随于何等村城国邑，空闲林中，若有流布此经，或复受持药师琉璃光如来名号，恭敬供养者，我等眷属卫护是人，皆使解脱一切苦难；诸有愿求，悉令满足。或有疾厄，求度脱者，亦应读诵此经。以五色缕，结我名字；得如愿已，然后解结。

【问】以五色缕，结我名字；得如愿已，然后解结。其仪轨如何？

【答】秋篠引遁伦云：西域僧口传言，以布缕结神名字也。谓若人临厄难时，应请七僧，即请道场，令读此经四十九遍。尔时施主，为藏结缕，作新匣长七寸，广二寸。作匣竟，施主捧匣进七僧前，至心三礼，胡跪叉手，誓愿所求。尔时，七僧一时发愿读经，一僧各读七卷，

七七四十九遍竟。每一卷节，各其神名处，息读经。时施主进七僧前，以缕次第结其神名，后五神名者，七僧一时等唱，一一神名，而施主如前例结。结竟而取缕入匣闭户，然后送七僧。待其难息，若得求已；更请七僧，如前先结十二神名字，次第还解也。

案《疏》云：每一卷节各其神名处，以缕结者，读经七卷，即随结前七神名。又云后五神名者，即其余也。又云七僧一时等唱神名者，前已读经竟，此惟唱五神名耳。

丁二　佛印劝

尔时，世尊赞诸药叉大将言：善哉善哉！大药叉将。汝等念报世尊药师琉璃光如来恩德者，常应如是利益安乐一切有情。

乙二　佛说题名奉持

尔时，阿难白佛言：世尊！当何名此法门？我等云何奉持？佛告阿难：此法门名说《药师琉璃光如来本愿功德》；亦名说《十二神将饶益有情结愿神咒》；亦名《拔除一切业障》。应如是持。

【问】亦名结愿神咒。何以今译本中无咒耶？

【答】有二义：（一）、神将白佛乃是神咒。虽《大品经》无一真言，帝释白佛，般若波罗蜜，是大明咒，无上明咒，无等等咒；佛印可之。龙树释云：谓咒术能随贪欲嗔恚自在作恶，是般若咒，能灭禅定佛道涅槃诸著，何况贪恚粗病；是故名为大明咒，无上咒，无等等咒。岂以无一真言而为疑耶！故隋本云自誓，《七佛经》云护持耳。（二）、列神将名自是神咒。如《陀罗尼集经》法印咒也。

乙三　大众闻说奉行

时薄伽梵，说是语已。诸菩萨摩诃萨，及大声闻，国王、大臣、婆罗门、居士、天龙、药叉、健达缚、阿素洛、揭路茶、紧捺洛、莫呼洛伽、人、非人等。一切大众，闻佛所说；皆大欢喜，信受奉行。

《药师经》析疑终

弘一大师答佛学书局书（乙亥年）

前承惠书，谓今年药师如来圣诞，拟别刊行专号，属撰文以为提倡。近多忙碌，未暇撰文。谨述拙见如下，以备参考焉。余自信佛法以来，专宗弥陀净土法门，但亦尝讲《药师如来本愿功德经》。讲此经时，所最注意者三事：

（一）若犯戒者，闻药师名已，还得清净。

（二）若求生西方极乐而未定者，得闻药师名号，临命终时，有八大菩萨示其道路，即生极乐众宝华中。

（三）现生种种厄难，悉得消除。故亦劝诸缁素，应诵《药师功德经》，并执持药师名号。而于求生东方净琉璃世界之文，未及详释，谓为别被一机也。

今者佛学书局诸贤，欲弘扬药师圣典，提倡求生东方，胜愿大心，甚可钦佩。但依拙见，唯可普劝众生诵经、持名。至于求生何处，宜任其自然，即昔日求生极乐或求生兜率者，亦可发心诵《药师经》并持名号；而于本愿无违。因经中谓求生极乐者，命终有八大菩萨示路；又东晋译本云：若欲得生兜率天上见弥勒者，亦当礼敬药师琉璃光佛。如是则范围甚广，可以群机并育矣。略陈拙见，敬乞有以教之。幸甚！

　　　　原载上海《佛学半月刊》第九十期药师如来专号

后记

是经唐疏，今多遗佚。弘一大师暮年，据中、日古德著述，编著《析疑》一卷。末附数语，以系例言，今移卷首。大师躬自署签，下注辛巳十月二十一日始录稿。惟方缮数行，应泉城之请弘法而辍，旋即迁化。遗稿珍藏箧笥，知者实纱。

按《义疏》：日僧实观撰，共三卷。文中冠"案"字者，大师所阐释也。辛巳为一九四一年，大师年六十又二，时居温陵莉林禅苑之尊瞻堂，盖示寂之前一年也。越二十年，乃克校录。谨缀数语，用志因缘。

　　甲辰仲冬，录者谨识

药师如来法门略录

　　药师法门依据《药师经》而建立。此土所译《药师经》有四种：

　　（一）《佛说灌顶拔除过罪生死得脱经》一卷，即《大灌顶神咒经》卷十二，东晋帛尸梨蜜多罗译。又相传有刘宋慧简译《药师琉璃光经》一卷今已佚失，或云即是东晋所译之《灌顶经》。

　　（二）《佛说药师如来本愿经》一卷，隋达摩笈多译。

　　（三）《药师琉璃光如来本愿功德经》一卷，唐玄奘译。此即现今流通本所据之译本。现今流通本与原译本稍有不同者有增文两段，一为依东晋译本补入之八大菩萨名，二为依唐义净译本补入神咒及前后文二十余行。

　　（四）《药师琉璃光七佛本愿功德经》二卷，唐义净译。前数译惟述药师佛，此译复增六佛故云《七佛本愿功德经》，以外增加之文甚多。西藏僧众所读诵者为此本。

　　修持之法具如经文所载，今且举四种如下：

　　（一）持名，经中屡云闻名持名因其法最为简易其所获之益亦最为广大也。今人持名者皆曰"消灾延寿药师佛"似未尽善，佛名惟举"药师"二字未能具足。佛德惟举"消灾延寿"四字亦多所缺略，故须依据经文而曰"药师琉璃光如来"斯为最妥善矣。

　　（二）供养，如香华幡灯等。

　　（三）诵经，及演说开示书写等。

　　（四）持咒。

　　所获利益广如经文所载，今且举十种如下：

（一）速得成佛，经中屡言之。

（二）行邪道者令入正道，行小乘者令人大乘。

（三）能得种种戒，又犯戒者还得清净不堕恶趣。

（四）得长寿富饶官位男女等。

（五）得无尽所受用物，无所乏少。

（六）一切痛苦皆除，水火刀兵盗贼刑戮诸灾难等悉免。

（七）转女成男。

（八）产时无苦，生子聪明少病。

（九）命终后随其所愿往生：

　1.人中，得大富贵。

　2.天上，不复更生诸恶趣。

　3.西方极乐世界，有八大菩萨接引。

　4.东方净琉璃世界。

（十）在恶趣中暂闻佛名即生人道修诸善行速证菩提。

灵感事迹甚多如旧录所载，今且举近事一则如下：

泉州承天寺觉圆法师，于未出家时体弱多病，即出家后两年之内病苦缠绵诸事不顺。后得闻药师如来法门，遂专心诵经持名忏悔，精勤不懈，迄至于今，身体康健，诸事顺利。法师近拟编辑药师圣典汇集，凡经文疏释及仪轨等，悉搜集之，刊版流布，以报佛恩焉。

跋

曩（以往，从前）余在清尘堂讲药师如来法门，后由诸善友印施讲录，其时经他人辗转钞写，颇有讹误。兹由觉圆法师捐资再版印行，请余校正原稿，广为流布。法师出家以来，于药师法门最为信仰，近拟于泉州兴建大药师寺，其愿力广大，尤足令人赞叹云。

戊寅（一九三八年）十一月在泉州清尘堂讲

药师如来法门一斑

今天所讲，就是深契时机的药师如来法门。我近年来，与人谈及药师法门时，所偏注重的有几样意思，今且举出，略说一下。

药师法门甚为广大，今所举出的几样，殊不足以包括药师法门的全体，亦只说是法门之一斑了。

一、维持世法

佛法本以出世间为归趣，其意义高深，常人每难了解。若药师法门，不但对于出世间往生成佛的道理屡屡言及，就是最浅近的现代实际上人类生活亦特别注重。如经中所说："消灾除难，离苦得乐，福寿康宁，所求如意，不相侵陵，互为饶益"等，皆属于此类。就此可见佛法亦能资助家庭社会的生活，与维持国家世界的安宁，使人类在这现生之中即可得到佛法的利益。

或有人谓佛法是消极的，厌世的，无益于人类生活的，闻以上所说药师法门亦能维持世法，当不至对于佛法再生种种误解了。

二、辅助戒律

佛法之中，是以戒为根本的，所以佛经说："若无净戒，诸善功德不生。"但是受戒容易，得戒为难，持戒不犯更为难。今若能依照药师法门去修持力行，就可以得到上品圆满的戒。假使于所受之戒有毁犯时，但能至心诚恳持念药师佛号并礼敬供养者，即可消除犯戒的罪，还得清净，不至再堕落在三恶道中。

三、决定生西

佛法的宗派非常之繁，其中以净土宗最为兴盛。现今出家人或在家人修持此宗，求生西方极乐世界者甚多。但修净土宗者，若再能兼修药师法门，亦有资助决定生西的利益。依《药师经》说："若有众生能受持八关斋戒，又能听见药师佛名，于其临命终时，有八位大菩萨来接引往西方极乐世界众宝莲花之中。"依此看来，药师虽是东方的佛，而也可以资助往生西方，能使吾人获得决定往生西方的利益。

再者。吾人修净土宗的，倘能于现在环境的苦乐顺逆一切放下，无所挂碍，则固至善。但是切实能够如此的，千万人中也难得一二。因为我们是处于凡夫的地位，在这尘世之时，对于身体衣食住处等，以及水火刀兵的天灾人祸，在在都不能不有所顾虑，倘使身体多病，衣食住处等困难，又或常常遇着天灾人祸的危难，皆足为用功办道的障碍。若欲免除此等障碍，必须兼修药师法门以为之资助，即可得到《药师经》中所说"消灾除难离苦得乐"等种种利益也。

四、速得成佛

《药师经》，决非专说世间法的。因药师法门，惟是一乘速得成佛的法门。所以经中屡云："速证无上正等菩提，速得圆满"等。

若欲成佛，其主要的原因，即是"悲智"两种愿心。药师经云："应生无垢浊心，无怒害心，于一切有情起利益安乐慈悲喜舍平等之心"就是这个意思。前两句从反面转说，"无垢浊心"就是智心，"无怒害心"就是悲心。下一句正说，"舍"及"平等之心"就是智心，余属悲心。悲智为因，菩提为果，乃是佛法之通途。凡修持药师法门者，对于以上几句经文，尤宜特别注意，尽力奉行。

假使不如此，仅仅注意在资养现实人生的事，则惟获人天福报，与夫出世间之佛法了无关系。若是受戒，也不能得上品圆满的戒。若是生西，也不能往生上品。

所以我们修持药师法门的，应该把以上几句经文特别注意，依此发起"悲智"的弘愿。假使如此，则能以出世的精神来做世间的事业，也能得上品圆满的戒，也能往生上品，将来速得成佛可无容疑了。

药师法门甚为广大，上所述者，不过是我常对人讲的几样意思。将来暇时，尚拟依据全部经义，编辑较完备的药师法门著作，以备诸君参考。

最后，再就持念药师佛名的方法，略说一下。念佛名时，应依经文，念曰"南无药师琉璃光如来"，不可念 "消灾延寿药师佛"。

己卯（一九三九年）五月在永春普济寺讲 王世英记

药师法门修持课仪略录

药师如来法门大略，如大药师寺已印行之《药师如来法门略录》所载。

今所述者，为吾人平常修持简单之课仪。若正式供养法，乃至以五色缕结药叉神将名字法等，将来拟别辑一卷专载其事，今不述及。

欲修持药师如来法门者，应供药师如来像。上海佛学书局有石印彩色之像，可以供奉，宜装入玻璃镜中。供像之处，不可在卧室。若不得已，在卧室中供奉者，睡眠之时，宜以净布覆盖像上。

《药师经》，供于几上。不读诵时，宜以净布覆盖。供佛像之室内，须十分洁净，每日宜扫地，并常常拂拭几案。供佛之香，须择上等有香气者。供佛之花，须择开放圆满者。若稍残萎，即除去。花瓶之水，宜每日更换。若无鲜花时，可用纸制者代之。此外如供净水供食物等，随各人意。但所供食物，须人可食者乃供之，若未熟之水果及未烹调之蔬菜等皆不可供。

以上所举之供物，应于礼佛之前预先供好。凡在佛前供物或礼佛时，必须先洗手漱口。此外如能悬幡燃灯尤善，无者亦可。

以下略述修持课仪，分为七门。其中礼敬赞叹供养回向发愿，必须行之。诵经持名持咒，可随己意，或惟修二法，或仅修一法，皆可。

一、礼敬

十方三宝一拜，或分礼佛法僧三拜。本师释迦牟尼佛一拜。药师琉璃光如来三拜。此外若欲多拜，或兼礼敬其他佛菩萨者，随己意增加。

礼敬之时，须至诚恭敬，缓缓拜起，万不可匆忙。宁可少拜。不可草率。

二、赞叹

礼敬既毕，于佛前长跪合掌，唱赞偈云：

归命满月界　净妙琉璃尊　法药救人天　因中十二愿

慈悲弘誓广　愿度诸含生　我今申赞扬　志心头面礼

上赞偈出《药师如来消灾除难念诵仪轨》。唱赞之时，声宜迟缓，宜庄重。

三、供养

赞叹既毕，于佛前长跪合掌，唱供养偈云：

愿此香花云　遍满十方界　一一诸佛土

无量香庄严　具足菩萨道　成就如来香

供养毕，或随己意增诵忏悔文，或可略之。

四、诵经

字音不可讹误，宜详考之。诵经时，或跪或立或坐或经行皆可。

五、持名

先唱赞偈云：

药师如来琉璃光　焰网庄严无等伦

无边行愿利有情　各遂所求皆不退

续云：南无东方净琉璃世界药师琉璃光如来。以后即持念药师琉璃光如来名号一百八遍。若欲多念者，随意。

六、持咒

或据经中译音持念，或别依师学梵文原音持念，皆可。或念全咒一百八遍。或先念全咒七遍，继念心咒一百八遍，后复念全咒七遍。心咒者，即是咒中"唵"字以下之文。未经密宗阿阇黎传授，不可结手印。擅结者，有大罪。持咒时，不宜大声，惟令自己耳中得闻。持咒时，以坐为正式，或经行亦可。

七、回向发愿

回向与发愿大同，故今并举。其稍异者，回向须先修功德，再以此功德回向，惟愿如何云云。若先未修功德者，仅可云发愿也。

回向发愿，为修持者最切要之事。若不回向，则前所修之功德，无所归趣。今修持药师如来法门者，回向之愿，各随己意。凡《药师经》中所载者，皆可发之，应详阅经文，自适其宜可耳。

以上所述之修持课仪，每日行一次或二次三次。必须至心诚恳，未可潦草塞责。印光老法师云："有一分恭敬，得一分利益，有十分恭敬，得十分利益。"吾人修持药师如来法门者，应深味斯言，以自求多福也。

己卯（一九三九年）二月于泉州光明寺讲演

《般若波罗蜜多心经》讲录

自今日始，讲三日，先说此次讲经之方法。《心经》虽仅二百余字，摄全部佛法。讲非数日、一二月，至少须一年。今讲三日，岂能尽。仅说简略大意，及用通俗的浅显讲法。（无深文奥义，不释名相，一解大科。）

效果：

一、令粗解法者及未学法者，皆稍得利益。

二、又对常人（已信佛法）仅谓《心经》为空者，加以纠正。

三、又对常人（未信佛法）谓佛法为消极者，加以辨正。

（先经题，后经文。）

经题：般若波罗蜜多心经

前七字为别题，后一字为总题。

般若————梵语也，译为智慧。

```
┌─ 常人之小智小慧 ─┐
├─ 学者之俗智俗慧 ─┼── 非
├─ 二乘之空智空慧 ─┘
└─ 照见五蕴皆空，能除一切苦，真实不虚之大智大慧。
```

```
┌─ 小智慧　小聪明、小巧，亦云有智慧，与佛法相远。
├─ 俗智慧　研学问，上等人甚好，亦云有智慧，但与佛法无涉。
└─ 空智慧　小乘人。
```

波罗蜜多，译为到彼岸。（就一事之圆满成功言）

若以渡河为喻：

动身处……………此岸

欲到处……………彼岸

以舟渡河竟………到彼岸

约法言之：

此岸………轮回生死　　须依般若舟，乃能渡到彼岸，

　　　↓　　　　　　↓

彼岸………圆满佛果　　而离苦得乐。

心，有数释。一释心乃比喻之辞，即是般若波罗蜜多之心。

（心为一身之必要，此经为般若之精要。）

```
　　　┌─《大般若经》云：余经犹如枝叶，般若犹如树根。
引证 ─┼─ 又云：不学般若波罗蜜多，证得无上正等菩提，无有是处。
　　　└─ 又云：般若波罗蜜多能生诸佛，是诸佛母。
```

案《般若部》，于佛法中甚为重要。佛说法四十九年，说般若者二十二年。而所说《大般若经》六百卷，亦为《藏经》中最大之部。《心经》虽二百余字，能包六百卷《大般若》义，毫无遗漏，故曰"心"也。

经，梵语"修多罗"，此翻"契经"。"契"为契理契机。"经"谓贯穿摄化。

经者，织物之直线也。与横线之纬对。

此外尚有种种解释。

此经有数译（七译）。今常诵者，为唐三藏法师玄奘所译。

已略释经题竟。于讲正文之前，先应注意者。

研习《心经》者最应注意不可著空见。因常人闻说空义，误以为著空之见。此乃大误，且极危险。经云：宁起有见如须弥山，不起空见如芥子许。因起有见者，著有而修善业，犹报在人天。若著空见者，拨无因果则直趣泥犁。故断不可著空见也。

若再进而言之，空见既不可著，有见亦非尽善。应（一）不著有，（二）亦不著空，乃为宜也。

（一）若著有者，执人我皆实有。既分人我，则有彼此。不能大公无私，不能有无我之伟大精神，故不可著有。须忘人我，乃能成就利生之大事业。

（二）若著空，如前所说拨无因果且不谈。即二乘人仅得空慧而著偏空者，亦不能做利生事业也。

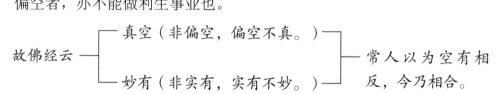

真空者，即有之空，虽不妨假说有人我，但不执著其相。

妙有者，即空之有，虽不执著其相，亦不妨假说有人我。

如是终日度生，实无所度。虽无所度，而又决非弃舍不为。若解此意，则常人所谓利益众生者，能力薄弱、范围小，时不久，不彻底。若欲能力不薄弱，范围大者，须学佛法。了解真空妙有之理，精进修行，如此乃能完成利生之大事业也。

或疑《心经》少说有，多说空者，因常人多著于有，对症下药，故多说空。虽说空，乃即有之空，是真空也。若见此真空，即真空不空。因有此空，将来做利生事业乃成十分圆满。

合前（三）非消极者，是积极，当可了然。世人之积极，不过积极于暂时，佛法乃永久。

般若法门具有"空"与"不空"二义，"以无所得故"已前之经文，皆从般若之"空"一方面说。依此空义，于常人所执著之妄见，打破消灭一扫而空，使破坏至于彻底。"菩提萨埵"已下，是从般若"不空"方面说，复依此不空义，而炽然上求佛法，下化众生，以完成其圆满之建设。

亦犹世间行事，先将不良之习惯等一一推翻，然后良好建设乃得实现也。

世有谓佛法唯是消极者，皆由不知佛法之全系统，及其精神所在，故有此误解也。

今讲正文，讲时分科。今唯略举大科，不细分。

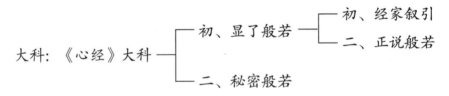

由序：再就说法之由序言，此译本不详。按宋施护译本，先云：世尊在灵鹫山中，入三摩提。（三昧，译言正定等。）舍利子白观自在菩萨言。若有欲修学甚深般若法门者，当云何修学。而观自在菩萨遂说此经云云。

正文：观自在菩萨。

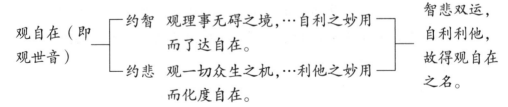

菩萨，"菩提萨埵"之省文，是梵语。

```
  ┌ 菩提 ── 觉……………………以智上求佛法 ┐ 故称菩提萨埵
  │                                            ├
  └ 萨埵 ── 有情（即众生）……以悲下化众生 ┘ 此外有多释。
```

行深般若波罗蜜多时。

```
      ┌ 浅…人空般若 ─ 二乘人入。（人空者，人体为五蕴之假和
  深 ─┤                           合，其中无有真实之我体。）
      └ 深…法空般若 ─ 菩萨入。 （法空者，五蕴亦空，如后所明。）
```

照见五蕴皆空。

"五蕴"，即旧译之"五阴"也。世间万法无尽。欲研高深哲理及正当人生观，应先于万法有整个之认识，有统一之概念。佛法既含有高深之哲理及正当人生观，应知亦尔。

此五蕴，即佛教用以总括世间万法者。故仅研五蕴，与研究一切万法无异。

"蕴"者，蕴藏积聚也。"五蕴"亦称为"五法聚"，亦即"五类"之义。乃将一切精神、物质之法，归纳于此五类中也。

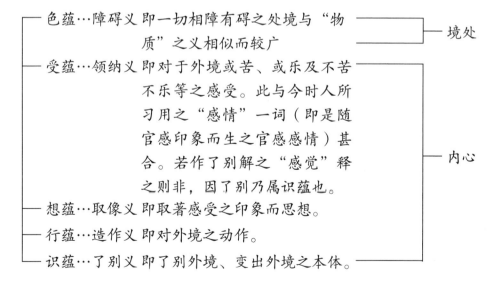

```
 ┌ 色蕴…障碍义 即一切相障有碍之处境与"物            ┐
 │             质"之义相似而较广               ├ 境处
 │                                             ┘
 ├ 受蕴…领纳义 即对于外境或苦、或乐及不苦
 │             不乐等之感受。此与今时人所
 │             习用之"感情"一词（即是随
 │             官感印象而生之官感感情）甚         ├ 内心
 │             合。若作了别解之"感觉"释
 │             之则非，因了别乃属识蕴也。
 ├ 想蕴…取像义 即取著感受之印象而思想。
 ├ 行蕴…造作义 即对外境之动作。
 └ 识蕴…了别义 即了别外境、变出外境之本体。     ┘
```

```
┌─ 由外境色………而感著种种受      轮转
├─ 由种种受………而引起种种想      生死
├─ 由种种想………而发起种种行
├─ 由种种行………而熏习内心之识      循环
└─ 由内心之识……而变成外境之色      不绝
```

空，此空之真理及境界，须行深般若时，乃能亲见实证。

今且就可能之范围略说。

五蕴中最难了解其为空者，即色蕴。因有物质，有阻碍，似非空也。凡夫迷之，认为实有，起诸分别。其实乃空。且举二义：

（一）无常　若色真实不虚者，应常恒不变，但外境之色蕴，乃息息变动。山河大地因有沧海桑田之感，即我自身，今年去年，今月上月，今日昨日，所谓"我"者亦不相同。即我鼻中出入息，此一息我，非前一息我。后一息我，非此一息我。因于此一息中，我身已起无数变化。最显者，我全身之血，因此一呼吸遂变其性质成分、位置及工作也。若进言之，匪惟一息有此变化，即刹那刹那中亦悉尔也。既常常变化，故知是空。

（二）所见不同　若色真实不空者，应何时何人所见悉同。但我等外境之色蕴，乃依时依人而异。

```
                ┌─ 鱼龙认为窟宅 ─┐
                │  天众认为琉璃  │
如恒河水 ───┤  人间认为波流  ├─ 皆依其识，而所见不同。
                └─ 饿鬼认为猛焰 ─┘
```

故外境之色，唯是我识妄认，非有真实。

有如喜时，觉天地皆春。忧时，觉景物愁惨。于同一境中，一喜一忧，所见各异。

既所见不同，故知是空。

上略举二义，未能详尽。

既知色空，其他无物质无阻碍之受想行识，谓为是空，可无疑矣。"照见"者， 非肉眼所见，明见也。

度一切苦厄。

苦，生死苦果。

厄，烦恼苦因。能厄缚众生。

此二皆由五蕴不空而起。由妄认五蕴不空，即生贪瞋痴等烦恼。由有烦恼，即种苦因，由种苦因，即有苦果。

度，若照见五蕴皆空，自能解脱一切苦厄。解脱者，超出也。

舍利子等

以上为结经家叙引。以下乃正说般若。皆观自在菩萨所说，故先呼舍利子名。

舍利子。

是佛之大弟子。舍利此云百舌鸟，其母辩才聪利，以此鸟为名。

舍利子又依母为名，故名舍利子。以上皆依《法华玄赞》释。

色不异空，空不异色。色即是空，空即是色。

即前云五蕴皆空之真理，以"五蕴"与"空"对观，显明空义。

能知"色不异空"，无声色货利可贪，无五欲尘劳可恋，即出凡夫境界。能知"空不异色"，不入二乘涅槃，而化度众生，即出二乘境界，如是乃菩萨之行也。

故应于"不异"与"即是"二义详研，不得仅观"空"之一边，乃善学般若者也。

不异——粗浅色与空互较不异。仍是二事。

即是——深密色与空相即。空依色，色依空，非空外色，非色外空。乃是一事。

受想行识，亦复如是。

　┌ 受想行识不异空，空不异受想行识。
　└ 受想行识即是空，空即是受想行识。

依上所云"不异"、"即是"二者观之，五蕴乃根本空，彻底空。

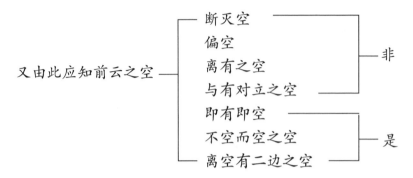

舍利子，是诸法空相。

诸法，前言"五蕴"，此言"诸法"，无有异也。

空相，此"相"字宜注意，上段说诸法空性，此处说诸法空相。所谓"空"者，非是"但空"，是诸法之"有"上所显之"空"，是离空、有二边之"空"。最宜注意。

不生不灭，不垢不净，不增不减。

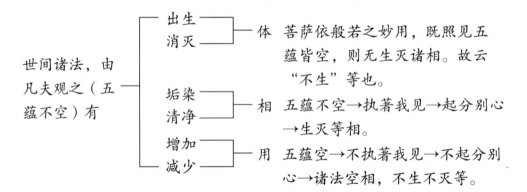

由此可知生死即涅槃，烦恼即菩提，众生即佛，而不厌离生死，怖畏烦恼，舍弃众生。乃能证不生等境界。如此乃是菩萨，乃是般若，乃是自在。

是故空中无色，无受想行识。无眼耳鼻舌身意，无色声香味触法。无眼界，乃至无意识界。

以下广说 ┌（一）空凡夫法 ——（经文）是故空中无色……乃至无意识界。
五蕴皆空 ┤（二）空二乘法 ——（经文）无无明……无苦集灭道。
　之义　 └（三）空大乘法 ——（经文）无智亦无得，以无所得故。

分为三段：

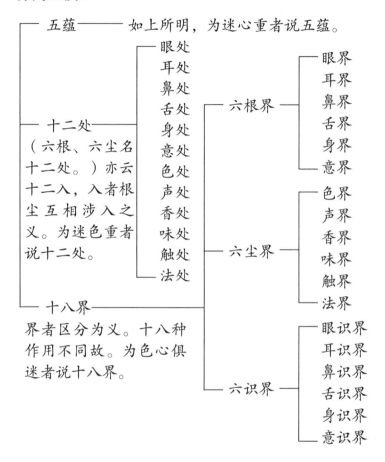

虽分三科，皆总括一切法而说。因学者根器不同，而开合有异耳。

蕴处界三科经文 ┌ 是故空中无色，无受想行识。
　　　　　　　 ┤ 无眼耳鼻舌身意，无色声香味触法。
　　　　　　　 └ 无眼界，乃至无意识界。

无无明，亦无无明尽，乃至无老死，亦无老死尽。无苦集灭道。
此乃空二乘法，上四句约缘觉言，下一句约声闻言。

缘觉者，常观十二因缘而悟道。

声闻者，（闻佛声教）观四谛而悟道。

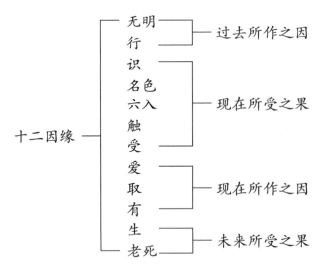

此十二因缘，乃说人生之生死苦果之起源及次序。藉流转、还灭二门以显示世间及出世间法。流转者，"无明"乃至"老死"之世间法。还灭者，"无明尽"乃至"老死尽"之出世间法。

若行般若者，世间法空，故经云：无无明，乃至无老死。出世间法亦空，故经云：无无明尽，乃至无老死尽。

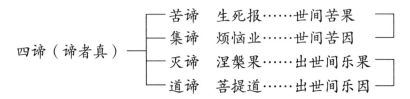

亦分二门，前二流转，后二还灭。若行般若者，世间及出世间法皆空，故经云：无苦集灭道。

无智亦无得，以无所得故。

此乃空大乘法。

大乘菩萨求种种智，以期证得佛果。故超出声闻缘觉之境界。但所谓"智"，所谓"得"，皆不应执著。所谓"智"者，用以破迷。迷时说有智，悟时即不待言，故云"无智"。所谓"得"者，乃对未得而言。既得之后，便知此事本来具足，在凡不减，在圣不增，亦无所谓得，故云"无得"。"以无所得故"一句，证其空之所以。

以上经文中，"无"字甚多，亦应与前"空"字解释相同。乃即有之无，非寻常有无之无也。若常人观之，以为无所得，则实有一无所得在，即有一无所得可得。非真无所得也。若真无所得或亦即是有所得。观下文所云佛与菩萨所得可知。

菩提萨埵（乃至）三藐三菩提。

菩提萨埵等　说菩萨乘依般若而得之益。

三世诸佛等　说佛乘依般若而得之益。

菩提萨埵，依般若波罗蜜多故，心无挂碍。无挂碍故，无有恐怖，远离颠倒梦想，究竟涅槃。

菩提萨埵，即"菩萨"之具文。

三世诸佛，依般若波罗蜜多故，得阿耨多罗三藐三菩提。

阿耨多罗者，无上也。

三藐三菩提者，正等正觉也。

故知般若波罗蜜多，是大神咒，是大明咒，是无上咒，是无等等咒，能除一切苦，真实不虚。

咒者，秘密不可思议，功能殊胜。此经是经，而今又称为咒者，极言其神效之速也。

是大神咒者，称其能破烦恼，神妙难测。

是大明咒者，称其能破无明，照灭痴闇。

是无上咒者，称其令因行满，至理无加。

是无等等咒者，称其令果德圆，妙觉无等。

真实不虚者，约般若体。

能除一切苦者，约般若用。

故说般若波罗蜜多咒。即说咒曰：揭谛揭谛，波罗揭谛，波罗僧揭

谛，菩提萨婆诃。

以上说显了般若竟，此说秘密般若。

般若之妙义妙用，前已说竟。尚有难于言说思想者，故续说之。

咒文依例不释。但当诵持，自获利益。

戊寅（一九三八年）三月讲于温陵大开元寺

佛说《无常经》叙

庚申之夏，余居钱塘玉泉龛舍，习《根本说一切有部律》。有诵三启无常经（亦名《佛说无常经》）之事数则。《根本萨婆多部律摄》卷七云："佛言：'若苾刍来及五时者，应与利分。云何为五：一打犍椎时，二诵三启无常经时，三礼制底时，四行筹时，五作白时'。"其余数则，分注下文。又阅义净《南海寄归内法传》，载诵三启无常经之仪至详（注一）。因以知是经为佛世诸大弟子所习诵者；或以是为日课焉。经译于唐，其时流传未广，诵者盖罕（注二）。宋元以来，始无道及之者。余惧其湮没不传，致书善友丁居士，劝请流通。居士赞喜，属为之叙。窃谓是经流通于世，其利最普，愿略述之。经中数说老病死三种法，不可爱，不光泽，不可念，不称意。诵是经者，痛念无常，精进向道，其利一。正经文字，不逾三百，益以偈颂，仅千数十。文约义丰，便于持诵，其利二。佛许苾刍，惟诵是经，作吟咏声（注三）。妙法稀有，梵音清远，闻者喜乐（注四），其利三。此土葬仪诵经未有成轨；佛世之制，宜诵是经，毗奈耶藏（注五），本经附文，及内法传（注六），皆详言之，其利四。斩草伐木，大师所诃。筑室之需，是不获已。依律所载，宜诵是经；并说十善。不废营作，毋伤仁慈（注七），其利五。是经附文，临终方决，最为切要。修净业者，所宜详览。若兼诵经，获益弥广。了知苦、空、无常、无我；方诸安养乐国，风鼓乐器，水注华间，所演法音，同斯微妙，其利六。生逢末法，去圣时遥；佛世芳规，末由承奉。幸有遗经，可资诵讽，每当日落黄昏，暮色苍茫，吭声哀吟，讽是经偈。逝多林山，窣堵波畔，流风遗俗，仿佛遇之，其利七。是经之要，略具于斯。惟愿流通，普及含识。见者闻者，欢喜受持，共悟无常，同生极乐，广度众生，齐成佛道云尔。

是岁七月初二日大慈弘一沙门演音，撰于新城贝多山中。时将筑室掩关，鸠工伐木。先夕诵无常经，是日草此序文，求消罪业。

注一：南海寄归内法传云："神州之地，自古相传，但知礼佛题名，多不称扬赞德。何者？闻名但听其名，罔识智之高下。赞叹具陈其德，乃体德之宏深。即如西方，制底畔睇，及常途礼敬，每于晡（午后三点至五点）后或曛黄（黄昏）时，大众出门，绕塔三匝。香华具设，并悉蹲踞。令其能者，作哀雅声，明彻雄朗，赞大师德，或十颂，或二十颂。次第还入寺中，至常集处。既共坐定，令一经师，升师子座，读诵少经。其师子座，在上座头。量处度宜，亦不高大。所诵之经多诵三启。乃是尊者马鸣之所集置。初可十颂许，取经意而赞叹三尊。次述正经，是佛亲说。读诵既了，更陈十余颂，论回向发愿。节段三开，故云三启。经了之时，大众皆云苏婆师多。苏，即是妙。婆师多，是语；意欲赞经是微妙语。或云娑婆度，义曰善哉。经师方下，上座先起，礼师子座。修敬既讫，次礼圣僧座，还居本处。第二上座，准前礼二处已，次礼上座，方局自位而坐。第三上座，准次同然，迄乎众末。若其众大，过三五人，余皆一时望众起礼，随情而去。斯法乃是东方圣耽摩立底国僧徒轨式。"

注二：日本沙门最澄显戒论，开示大唐贡名出家，不欺府官明据五十一，转有当院行者赵元及，年三十五，贯京兆府云阳县龙云乡修德里，父贞观为户身无籍，诵无常经一卷等。

注三：《根本说一切有部毗奈耶杂事》卷第四云："佛言苾刍，不应作吟咏声，诵诸经法，及以读经。请教白事，皆不应作。然有二事，依吟咏声：一谓赞大师德，二谓诵三启经；余皆不合。"

注四：《根本说一切有部毗奈耶杂事》卷第四云："是时善和苾刍，作吟讽声，赞诵经法。其音清亮，上彻梵天。时有无数众生，闻其声音，悉皆种植解脱分善根，乃至傍生禀识之类，闻彼声者，无不摄耳，听其妙音。后于异时，憍萨罗胜光大王，乘白莲华象，与诸从者，于后夜时，有事出城，须诣余处。善和苾刍，于逝多林内，高声诵经。于时象王，闻音爱乐，属耳而听，不肯前行。御者即便推钩振足，象终不动。王告御者曰：可令象行！答言：大王！尽力驱前，不肯移足。未知此象意欲何之？王曰：放随意去！彼即纵钩，便之给园，于寺门外，摄耳听声。善和苾刍，诵经既了；便说四颂，而发愿言：天阿苏罗药叉等，乃至随所住处常安乐。时彼象王，闻斯颂已；知其经毕，即便摇耳举足而行，任彼驰驱，随钩而去。"

注五：《根本说一切有部毗奈耶杂事》卷第十八云："佛言：苾刍身死，应为供养！苾刍不知云何供养。佛言：应可焚烧。具寿邬波离请世尊曰：如佛所说，于此身中，有八万户虫，如何得烧？佛言：此诸虫类，人生随生，若死随死；此无有过。身有疮者，观察无虫，方可烧殡。欲烧殡时，无柴可得。佛言：可弃河中，若无河者，穿地埋之。夏中地湿，多有虫蚁？佛言：于丛薄深处，令其北首，左胁而卧，以草稕支头。若草若叶，覆其身上。送丧苾刍，可令能者，诵《三启无常经》；并说伽他，为其咒愿。"《根本萨婆多部律摄》卷十二云："苾刍身死，应检其尸。若无虫者，以火焚烧。无暇烧者，应弃水中，或埋于地。若有虫及天雨，应共舆弃空野林中，北首而卧，竹草支头，以叶覆身，面向西望。当于殡处，诵《无常经》；复令能者，说咒愿颂。丧事既讫，宜还本处。其捉尸者，连衣浴身，若不触者，应洗足。"《根本说一切有部毗奈耶》卷第四十三云："出尊者尸，香肠洗浴，置宝舆中。奏众伎乐，幢幡满路，香烟遍空。王及大臣，倾城士女，从佛及僧，送诸城外。至一空处，积众香木，灌洒香油，以火焚之，诵无常经毕；取舍利罗置金瓶内，于四衢路侧，建窣堵波。种种香华，及众音乐，庄严供养，昔未曾有。"

注六：《南海寄归内法传》云："然依佛教，苾刍亡者，观知决死，当日舁向烧处，寻即以火焚之。当烧之时，亲友咸萃，在一边坐。或结草为坐；或聚土作台，或置砖石，以充坐物。令一能者，诵《无常经》，半纸、一纸，勿令疲久。然后各念无常，还归住处。"

注七：《根本说一切有部毗奈耶》卷第二十七云："佛告阿难陀，营作苾刍，所有行法，我今说之。凡授事入，为营作故，将伐树时，于七八日前，在彼树下，作曼荼罗（坛场），布列香华，设诸祭食，诵《三启经》。耆宿（年高有德者之称）苾刍，应作特欹拏咒愿，说十善道，赞叹善业；复应告语：若于此树，旧住天神，应向余处，别求居止。此树今为佛法僧宝，有所营作。过七八日已，应斩伐之。若伐树时，有异相现者，应为赞叹施舍功德，说悭贪过。若仍现异相者，即不应伐。若无别相者，应可伐之。"又《根本萨婆多部律摄》卷第九所载者，与此略同。

《八大人觉经》释要

八大人觉经（后汉沙门安世高译）

为佛弟子，常于昼夜，至心诵念八大人觉。

第一觉悟，世间无常，国土危脆。四大苦空，五阴无我。生灭变异，虚伪无主。心是恶源，形为罪薮。如是观察，渐离生死。

第二觉知，多欲为苦。生死疲劳，从贪欲起。少欲无为，身心自在。

第三觉知，心无厌足，唯得多求，增长罪恶。菩萨不尔，常念知足，安贫守道，唯慧是业。

第四觉知，懈怠坠落。常行精进，破烦恼恶。摧伏四魔，出阴界狱。

第五觉悟，愚痴生死。菩萨常念广学多闻，增长智慧，成就辩才，教化一切，悉以大乐。

第六觉知，贫苦多怨，横结恶缘。菩萨布施，等念怨亲，不念旧恶，不憎恶人。

第七觉悟，五欲过患。虽为俗人，不染世乐。常念三衣、瓦钵、法器，志愿出家，守道清白，梵行高远，慈悲一切。

第八觉知，生死炽然，苦恼无量。发大乘心，普济一切。愿代众生受无量苦，令诸众生毕竟大乐。

如此八事，乃是诸佛菩萨大人之所觉悟。精进行道，慈悲修慧，乘法身船，至涅槃岸。复还生死，度脱众生，以前八事，开导一切。令诸众生，觉生死苦，舍离五欲，修心圣道。若佛弟子，诵此八事，于念念中，灭无量罪。进趣菩提，速登正觉。永断生死，常住快乐。

释 要

佛（释迦）说八（八种）大人（诸佛菩萨）觉（觉悟、觉知）经（梵语"修多罗"之译意）

诸佛、诸大菩萨，昔已觉悟此八种事，而依此修行，乃渐证入佛菩萨位也。

此经全文分为三章：前一行总标，后六行结叹，中间之文即别列。于别列中，再分为八节。

先讲第一章总标

为佛弟子（出家或在家已皈依佛者），常于昼夜，至心诵念，八大人觉。

以下第二章别列八节。第一节为主要，最宜注意，故须详释之。
别列八节，各别标名。

第一节　无常无我觉

今先释"无常无我"四字。以此四字分括经文如下：

┌ 无常（即经云："世间无常，国土危脆。"）　"无
│ 　　　常"者，时时变化。此义易知，无须详释。
└ 无我（即经云："四大苦空，五阴无我。生灭变
　　　　异，虚伪无主。"）此义难解，详释如下。

总论世间一切万法，不出"色"、"心"。

┌ 色　经云："四大"，又"五阴"中之"色阴"，皆属于
│ 　　此。有形质有阻碍，无知觉之用者，谓之"色"。
└ 心　反之而无形质阻碍，有知觉之用者，谓之"心"。经云"五
　　　阴"中之"受"、"想"、"行"、"识"四阴，皆属于此。

▲前引经文"四大"、"五阴"之名，今预释其义如下：

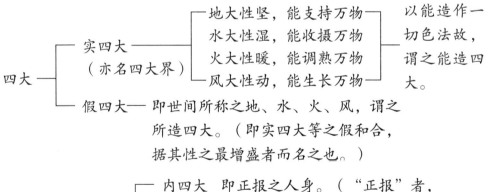

251

"四大"之解释甚繁，今且略述如此。

五阴　　"阴"者，盖覆也，音、义与"荫"同。由此五法盖覆真性，不能显现，故名曰"阴"。

新译为"五蕴"。"蕴"者，积聚也。诸法和合，略为一聚，故称为"蕴"。

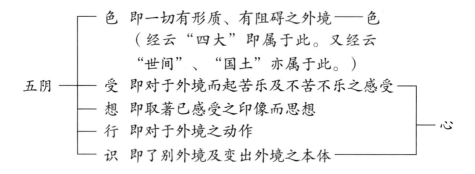

经文"无我"之义，今预释如下。

"我"者，有常一之体，及主宰之用，乃可谓之为"我"。

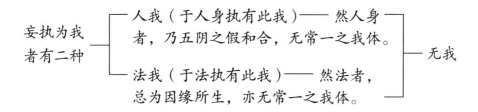

已上释此节科文"无常无我"义竟。

已下正释经文。

第一觉悟（已下八节，或作"觉悟"，或作"觉知"，乃译文互用也。）

世间无常等二句

四大苦空等六句——（"四大"可以并入"五阴"，因"四大"即属于"五阴"中之"色阴"故。于经文可作"五阴苦空、无我"等，而连续观之。）

　　苦　佛谓世间有八苦：生、老、病、死、爱别离、怨憎会、求不得、五阴炽盛。此第八五阴炽盛苦，为一切诸苦之本。即吾人现前之起心动念，及动作云为，皆是未来得苦之因也。因果牵连，相续不断，永无解脱，故云"苦"也。

　　空　诸法皆假合而成，各无实体，故云"空"也。

　　无我　见前解。

　　生灭　五阴色心，从无始来，以因缘合散力故，念念生灭，相续无穷，有如流水，亦如灯焰。

　　变异　刹那刹那，变迁转异。

　　虚伪　虚者不实，伪者非真。

　　无主　既非常一之体，岂有主宰之用。

　　心是恶源，形为罪薮　上句约心而言，下句兼身、心而言。经文唯云"形"者，略也。

　　心是恶源　既执五阴假合之身心，妄谓是我。宝此我故，即因此而心起贪、瞋、痴三毒之烦恼。

```
┌─ 贪  贪一切名利之事，欲以荣之。
├─ 瞋  瞋一切违情之境，恐损害之。
└─ 痴  愚痴之情，非理计较。
```

　　形为罪薮　既由心起三毒烦恼。即依身、口、意造种种有漏之染业，而受种种苦乐之果报。

```
┌─ 恶　业  因三毒猛盛而造 ──────── 报在四恶道
├─ 善　业  因贪富贵等之乐而造 ──── 报在人道及六欲天等
└─ 不动业  因贪禅定之乐而造 ───── 报在色、无色天等
```

　　以上所述，由烦恼而造业，由业而感报。于其感报所受之五阴身

253

心，还执为我，仍起贪、瞋、痴三毒而造业而受报。如是世世生生，轮转不绝，所谓人生之黑幕，不过如此而已。

已下续讲后二句。此二句，教人修观获益也。

如是观察，渐离生死 既已觉悟上文所示之理，即依是而修"无我"等观，则身心之妄执渐轻，自可渐离生死矣。

生死者，随业轮转于六道也。

或问：若离生死，岂非弃舍众生，自求安乐乎？答：非也。观经末之文可知。

已上第一节讲毕。

听众或应于前所云"空"、"无我"等而怀疑问。谓既一切皆空，则不须认真做事。何以今见学佛法者，于保护国土、利益众生等事，犹十分努力，认真苦干耶？

今于此略解释之。佛法所以云"空"、"无我"者，意在破除常人所执之小我，将其多生以来自私自利之卑劣丑陋之恶习惯彻底消灭。然后以真实光明之态度，于世间一切之事，皆认真实行。勇猛精进，决无倦怠，虽丧身命，亦不顾惜。

故佛经之体裁，大半皆先说空理，然后再广列应行之事。此经亦然。第二节至第八节，皆示所应行之事，绝非以空为究竟也。古人云："上智知空而进德，下愚知空而废业。"即此义也。若执空以为究竟，则佛法所绝不许，斥为"著空魔"，斥为"堕顽空"。由此空见而拨无因果，即造极恶之重业矣。是事关系甚大，故略为解释，以息群疑。

第二节　常修少欲觉（已下七节，每节中皆可分为示过、止行两段。）

生死疲劳　轮回六道不绝也。

无为　即是无我之理。能修少欲，则可以悟无为而身心得自在矣。

第三节　知足守道觉

唯慧是业　"慧"者，如第一节所示。非世俗之智慧也。

第四节　当行精进觉

烦恼　"烦恼"者，见思二惑。

四魔　"四魔"者，一烦恼魔、二五阴魔、三死魔、四天魔。

阴界　"阴"者五阴。"界"者十八界。其义甚繁，不能详释。约大意而言，此指精进用功时，渐次所脱离之种种障碍也。

第五节　多闻智慧觉

愚痴生死　因愚痴而流转轮回。

广学多闻　正约佛法而言。若已通佛法者，亦可兼学世俗学问，以为弘扬佛法之工具。

智慧　如第一节所示。

辩才　善巧说法之才能也。已得智慧者乃有之。与世俗之口才大异。

大乐　指成佛而言，即是佛果所具之德也。非世俗之乐。

第六节　布施平等觉

旧恶　约已改过者言。佛谓能改过者是谓智人。

恶人　约未改过者言。其人即无一毫之善可取，亦应观其佛性而赞叹之。不应起瞋心。

第七节　出家梵行觉

五欲　财、色、饮食、名、睡眠。

三衣　五衣、七衣、大衣。

守道等三句　上二句自行，下一句化他。

守道清白　趣向菩提，不杂名利心。

梵行高远　唯求佛果，不起二乘心。

第八节　大心普济觉

大乐　如前释。

第三章结叹又分为四节。

第一节　结成名义

如此八事，（乃至）之所觉悟。

第二节　结成自觉功德

精进行道，（乃至）至涅槃岸。

法身船　指所悟性德。

涅槃岸　指修德所显。"涅槃"者，此云"真解脱"，解脱世间一切缠缚而已。若云消极，若云死灭，则大误矣。

第三节　结成觉他功德

复还生死，（乃至）修心圣道。

复还生死，度脱众生　前经云"渐离生死"，又云"出阴界狱"等。或疑是为弃舍众生，自求安乐。今阅此文，应知不尔。依佛法之常途次第，先能自觉，乃可觉他。上节之文，已明究竟解脱生死，自觉圆满。故此节文，即明复还生死，而觉他也。若不能彻底真实自觉，而能彻底真实觉他者，无有是处。

第四节　结成诵念功德（即前文云"至心诵念八大人觉"也。）

若佛弟子，（乃至）常住快乐。

快乐　与前"大乐"同。

已上略释全经竟。

跋

衰老日甚，体倦神昏。勉强录此，芜杂无次，讹误不免。此稿未可刊布流传，唯由友人收存以留纪念可耳。壬午八月十三日书竟并记，弘一。

> 壬午（一九四二年）九月二十二日撰录
> 二十四日讲于泉州温陵养老院

《华严经》读诵研习入门次第

读诵研习，宜并行之。今依文便，分为二章。每章之中，先略后广。学者根器不同，好乐殊致，应自量力，各适其宜可耳。龙集辛未首夏沙门亡言述。

第一章 读诵

若好乐简略者，宜读唐贞元译《华严经·普贤行愿品》末卷。（即是别行一卷，金陵版最善，共一册。）唐清凉国师曰：今此一经，即彼《四十卷》中第四十也。而为《华严》关键，修行枢机，文约义丰，功高德广。能简能易，唯远唯深，可赞可传，可行可宝。故西域相传云：《普贤行愿赞》为略《华严经》，《大方广佛华严经》为广《普贤行愿赞》。

或兼读唐译《华严经·净行品》。清徐文霨居士曰：当以《净行》一品为入手，以《行愿》末卷为归宿。又曰：《净行》一品，念念不舍众生。夫至念念不舍众生，则我执不破而自破。纵未能真实利益众生，而是人心量则已超出同类之上。胜异方便，无以逾此。

以上二种，宜奉为日课。此外，若欲读他品者，如下所记数品之中，或一或多，随力读之。《菩萨问明品》、《贤首品》、《初发心功德品》、《十行品》、《十回向品初回向章》、《十忍品》、《如来出现品》。（以上皆唐译。）若欲读全经者，宜读唐译（扬州砖桥法藏寺版最善，共二十册）。徐居士曰：读全经至第五十九卷《离世间品》毕，宜接读贞元译《普贤行愿品》四十卷，共九十九卷，较为完全。盖《入法界品》，晋译十七卷，唐译二十一卷，皆非全文。贞元译本，乃为具足。不独末卷"十大愿王"为必读之文，即如第三十八卷《文殊答善财修真供养》一章，足与末卷《广修供养文》互相发明，同为要中之要。而晋唐二译皆阙也（贞元译《普贤行愿品》亦法藏寺版，并十册）。

若有余力者，宜兼读晋译（金陵版共十六册）。徐居士曰：晋译亦宜熟读，盖贤首以前诸祖师引述《华严》，皆用晋译。若不熟读，则莫知所指。

第二章　研习

若好乐简略者，宜先阅《华严感应缘起传》（扬州版共一册）。若欲参阅他种者，宜阅《华严悬谈》第七"部类品会"、第八"传译感通"二章（金陵版共八册，此二章载于卷二十五）。

全经大旨，《悬谈》第七"品会"抄文，已述其概。若更欲详知者，宜阅《华严吞海集》（金陵版共一册）。并宜略阅唐译全经一遍，乃可贯通。若欲知《普贤行愿品》末卷大旨者，宜阅《普贤行愿品》第四十卷《疏》节录（附刊于下记之《华严纲要》后）。又读他品时，宜读《华严纲要》此品释文（北京版共三十二册）。

若更欲穷研者，宜依《大藏辑要•目录提要•华严部》所列者随力阅之（《提要》载于《天津居士林林刊》，又转载于绍兴《大云杂志》）。更益以此宗诸祖撰述等。兹不具录（徐居士近辑《续大藏辑要•目录提要》，"华严部"详载之）。

《华严合论》最后阅之。徐居士曰：所以劝学者研究《华严》，先《疏》后《论》者，以《疏》是疏体，解得一分即获一分之益，解得十分便获十分之益。终身穷之，而勿能尽。纵使全不能解，亦可受熏成种，有益而无损。《论》是论体，利根上智之士，读之有大利益。而初心学人，于各种经教既未深究，于《疏》、《钞》又未寓目，则于《论》旨未易领会。但就《论》文颟顸笼统读去，恐难免空腹高心之病。莲池大师谓统明大意，则方山专美于前；极深探颐，强微尽玄，则方山得清凉而始为大备。斯实千古定论，方山复起，不易斯言。

第五章 净土法门

净土法门大意

今日在本寺演讲，适值念佛会期。故为说修净土宗者应注意的几项。

修净土宗者，第一须发大菩提心。《无量寿经》中所说三辈往生者，皆须发无上菩提之心。《观无量寿佛经》亦云：欲生彼国者，应发菩提心。

由是观之，唯求自利者，不能往生。因与佛心不相应，佛以大悲心为体故。

常人谓净土宗惟是送死法门（临终乃有用）。岂知净土宗以大菩提心为主。常应抱积极之大悲心，发救济众生之宏愿。

修净土宗者，应常常发代众生受苦心。愿以一肩负担一切众生，代其受苦。所谓一切众生者，非限一县一省，乃至全世界。若依佛经说，如此世界之形，更有不可说不可说许多之世界，有如此之多故。凡此一切世界之众生，所造种种恶业应受种种之苦，我愿以一人一肩之力完全负担。决不畏其多苦，请旁人分任。因最初发誓愿，决定愿以一人之力救护一切故。

譬如日。不以世界多故，多日出现。但一日出，悉能普照一切众生。今以一人之力，负担一切众生，亦如是。

以上但云以一人能救一切，是横说。若就竖说，所经之时间，非一日数日数月数年。乃经不可说不可说久远年代，尽于未来，决不厌倦。因我愿于三恶道中，以身为抵押品，赎出一切恶道众生。众生之罪未尽，我决不离恶道，誓愿代其受苦。故虽经过极长久之时间，亦决不起一念悔心，一念怯心，一念厌心。我应生十分大欢喜心，以一身承当此利生之事业也。已上讲应发大菩提心竟。

至于读诵大乘，亦是《观经》所说。修净土法门者，固应诵《阿弥陀经》，常念佛名。然亦可以读诵《普贤行愿品》，回向往生。因经中最胜者，《华严经》。《华严经》之大旨，不出《普贤行愿品》第四十卷之外。此经中说，诵此普贤愿王者，能获种种利益，临命终时，此愿不离，引导往生极乐世界，乃至成佛。故修净土法门者，常读诵此《普贤行愿品》，最为适宜也。

至于做慈善事业，乃是人类所应为者。专修念佛之人，往往废弃世缘，懒做慈善事业，实有未可。因现生能做种种慈善事业，亦可为生西之资粮也。

就以上所说：
> 第一劝大家应发大菩提心。否则他人将谓净土法门是
> 复劝常读《行愿品》，可以助发增长大菩提心。
> 至于作慈善事业尤要。

小乘
消极的
厌世的
送死的
若发心者，
自无此讥评。

因既为佛徒，即应努力做利益社会种种之事业，乃能令他人了解佛教是救世的、积极的。不起误会。

关于净土宗修持法，于诸书皆详载，无俟赘陈。故唯述应注意者数事，以备诸君参考。

壬申（一九三二年）十月在厦门妙释寺讲

净宗问辨

古德撰述，每设问答，遣除惑疑，翼赞净土，厥功伟矣。宋代而后，迄于清初，禅宗最盛，其所致疑多原于此。今则禅宗渐衰，未劳攻破。而复别有疑义，盛传当时。若不商榷，或致讹乱。故于万寿讲次，别述所见，冀息时疑。匪曰好辩，亦以就正有道耳。

【问】当代弘扬净土宗者，恒谓专持一句弥陀，不须复学经律论等，如是排斥教理，偏赞持名，岂非主张太过耶？

【答】上根之人，虽有终身专持一句圣号者，而决不应排斥教理。若在常人，持名之外，须于经律论等随力兼学，岂可废弃.且如灵芝疏主，虽撰《义疏》，盛赞持名，然其自行亦复深研律藏，旁通天台法相等，其明证矣。

【问】有谓净土宗人，率多抛弃世缘，其信然欤？

【答】若修禅定或止观或密咒等，须谢绝世缘，入山静习。净土法门则异于是。无人不可学，无处不可学，士农工商各安其业，皆可随分修持净土。又于人事善利群众公益一切功德，悉应尽力集积，以为生西资粮，何可云抛弃耶！

【问】前云修净业者不应排斥教理抛弃世缘，未审出何经论？

【答】经论广明，未能具陈，今略举之。《观无量寿佛经》云：欲生彼国者，当修三福。一者，孝养父母，奉事师长，慈心不杀，修十善业。二者，受持三归，具足众戒，不犯威仪。三者，发菩提心，深信因果，读诵大乘，劝进行者。如此三事，名为净业，乃是过去、未来、现在三世诸佛净业正因。《无量寿经》云：发菩提心，修诸功德，植诸德本，至心回向，欢喜信乐，修菩萨行。《大宝积经·发胜志乐会》云：佛告弥勒菩萨言：菩萨发十种心。一者，于诸众生，起于大慈，无损害心。二者，于诸众生，起于大悲，无逼恼心。三者，于佛正法，不惜身命，乐守护心。四者，于一切法，发生胜忍，无执著心。五者，不贪利养，恭敬尊重，净意乐心。六者，求佛种智，于一切时，无忘失心。七者，于诸众生，尊重恭敬，无下劣心。八者，不著世论，于菩提分，生决定心。九者，种诸善根，无有杂染，清净之心。十者，于诸如来，舍离诸相，起随念心。若人于此十种心中，随成一心，乐欲往生极乐世界，若不得生，无有是处。

【问】菩萨应常处娑婆，代诸众生受苦。何故求生西方？

【答】《灵芝疏》主初出家时，亦尝坚持此见，轻谤净业。后遭重病，色力痿羸，神识迷茫，莫知趣向。既而病瘥，顿觉前非，悲泣感伤，深自克责。以初心菩萨未得无生法忍。志虽洪大，力不堪任也。《大智度论》云：具缚凡夫有大悲心，愿生恶世救苦众生无有是处。譬如婴儿不得离母，又如弱羽只可传枝。未证无生法忍者，要须常不离佛也。

【问】法相宗学者欲见弥勒菩萨，必须求生兜率耶？

【答】不尽然也。弥勒菩萨乃法身大士，尘尘刹刹同时等遍。兜率内院有弥勒，极乐世界亦有弥勒，故法相宗学者不妨求生西方。且生西方已，并见弥陀及诸大菩萨，岂不更胜？《华严经·普贤行愿品》云：到已，即见阿弥陀佛、文殊师利菩萨、普贤菩萨、观自在菩萨、弥勒菩萨等。又《阿弥陀经》云：其中多有一生补处，其数甚多，非是算数所能知之，但可以无量无边阿僧祇说。众生闻者，应当发愿，愿生彼国。所以者何？得与如是诸上善人俱会一处。据上所引经文，求生西方，最为殊胜也。故慈恩教主窥基大师曾撰《阿弥陀经通赞》三卷及《疏》一卷普劝众生同归极乐。遗范具在，的可依承。

【问】兜率近而易生，极乐远过十万亿佛土，若欲往生，不綦难欤？

【答】《华严经·普贤行愿品》云：一刹那中，即得往生极乐世界。灵芝《弥陀义疏》云：十万亿佛土，凡情疑远，弹指可到。十方净秽同一心故。心念迅速不思议故。由是观之，无足虑也。

【问】闻密宗学者云：若唯修净土法门，念念求生西方，即渐渐减短寿命，终致夭亡。故修净业者，必须兼学密宗长寿法，相辅而行，乃可无虑。其说确乎？

【答】自古以来，专修净土之人，多享大年，且有因念佛而延寿者。前说似难信也。又既已发心求生西方，即不须顾虑今生寿命长短，若顾虑者必难往生。人世长寿不过百年，西方则无量无边阿僧祇劫。智者权衡其间，当知所轻重矣。

【问】有谓弥陀法门，专属送死之教，若药师法门，生能消灾延寿，死则往生东方净刹，岂不更善？

【答】弥陀法门，于现生何尝无有利益，具如经论广明，今且述余所亲闻事实四则证之，以息其疑。

一、瞽（瞎子）目重明。嘉兴范古农友人戴君，曾卒业于上海南洋中学，忽尔双目失明，忧郁不乐。古农乃劝彼念"阿弥陀佛"，并介绍居住平湖报本寺，日夜一心专念。如是年余，双目重明如故。此事古农为余言者。

二、沉疴顿愈。海盐徐蔚如旅居京师，屡患痔疾，经久不愈。曾因事远出，乘人力车磨擦颠簸，归寓之后，痔乃大发，痛彻心髓，经七昼夜不能睡眠，病已垂危。因忆《华严·十回向品》代众生受苦文，依之发愿。后即一心专念"阿弥陀佛"，不久遂能安眠，醒后痔疾顿愈，迄今已十数年，未曾再发。此事蔚如尝与印光法师言之。余复致书询问，彼言确有其事也。

三、冤鬼不侵。四川释显真，又字西归。在家时历任县长，杀戮土匪甚多，出家不久，即住宁波慈溪五磊寺，每夜梦见土匪多人，血肉狼藉，凶暴愤怒。执持枪械，向其索命。遂大恐惧，发勇猛心，专念"阿弥陀佛"，日夜不息，乃至梦中亦能持念。梦见土匪，即念佛号以劝化之。自是梦中土匪渐能和驯。数月以后，不复见矣。余与显真同住最久，尝为余言其往事，且叹念佛功德之不可思议也。

四、危难得免。温州吴璧华勤修净业，行住坐卧，恒念弥陀圣号。十一年壬戌七月下旬，温州飓风暴雨，墙屋倒坏者甚多。是夜璧华适卧墙侧，默念佛号而眠。夜半，墙忽倾圮，砖砾泥土坠落遍身，家人疑已压毙，相率奋力除去砖土，见璧华安然无恙，犹念佛号不辍。察其颜面以至肢体，未有毫发损伤，乃大惊叹，共感佛恩。其时余居温州庆福寺，风灾翌日，璧华亲至寺中向余言之。璧华早岁奔走革命，后信佛法，于北京、温州、杭州及东北各省，尽力弘扬佛化，并主办赈济慈善诸事，临终之际，持念佛号，诸根悦豫，正念分明。及大殓时，顶门犹温。往生极乐，可无疑矣。

乙亥（一九三五年）三月于万寿岩讲

劝念佛菩萨求生西方

近印光法师尝云：飞机炸弹大炮常常有，当此时应精进念佛菩萨名号。不应死者、可消灾免难。若定业不可转，应被难命终者，即可因此生西方。

以上法师之言，今略申说其意。

念佛（阿弥陀佛），常人惟知生西，但现生亦有利益。古德尝依经论之义，谓念佛有十大利益。念观世音名号，常人皆知现生获益，故念佛菩萨可避飞机炸弹大炮，亦决定无疑。

常人见飞机来，惟知惧。空怕，何益。上山亦无益。惟有诚心念佛菩萨（有益）。

于十分危险时，念佛菩萨必恳切，容易获感应。若欲免难，惟有勤念佛菩萨。

危险时须念，平日亦须念。因平日勤念，危险时更得力。

业有二种，以上且约不定业言。倘定业不可转，必须被难命终者，虽为弹炮所伤，亦决定生西。

常人惟知善终（即因病）乃生西，但为弹炮所伤亦可生。因念佛菩萨诚，佛菩萨必来接引。无痛苦生西。

须知生西后，无苦但乐。衣食自然，居处美丽，常见佛菩萨闻法，乃最好之事。故被伤生西，可谓因祸得福。

无论何人，皆应求生西方。即现在不应死者，暂免灾难，亦不能永久安乐。

娑婆苦。今生尚轻，前几生更苦。此次苦尚轻，以后更苦。故欲十分安全，不可专顾目前暂时，必须放开远大眼光，求生西方也。

若约通途教义言，应观我身人身山河大地等皆虚妄不实，飞机炸弹大炮等亦当然空无所有。如常人所诵之《心经》、《金刚经》等皆明此义。《心经》云：照见五蕴皆空，度一切苦厄。《金刚经》云：一切有为法，如梦幻泡影，如露亦如电，应作如是观。

若再详言，应分为空假中三观，复有次第一心之别。但吾人仅可解其义，若依此修观则至困难，即勉强修之，遇境亦不得力。故印光法师劝人专修净土法门也。因此法门易解，人人皆可实行。

故劝诸君须深信净土法门。又须于印光法师前所说者，深信不疑，安心念佛菩萨名号，不必忧惧也。

此次与日本抗战，他处皆多少受损害，惟泉州安然。此是诸君念佛诵经之力，故能免一时之危险。但后患方长，不可安心，必须精进念佛菩萨，俾今生命终时，决定生西。乃是十分安全之道也。

略说劝念佛菩萨求生西方。至要至要。

戊寅（一九三八年）十二月作于泉州开元寺

人生之最后

岁次壬申十二月，厦门妙释寺念佛会请余讲演，录写此稿。于时了识律师卧病不起，日夜愁苦。见此讲稿，悲欣交集，遂放下身心，屏弃医药，努力念佛。并扶病起，礼大悲忏，吭声唱诵，长跽（长跪）经时，勇猛精进，超胜常人。见者闻者，靡不为之惊喜赞叹，谓感动之力有如是剧且大耶。余因念此稿虽仅数纸，而皆撮录古今嘉言及自所经验，乐简略者或有所取。乃为治定，付刊流布焉。弘一演音记。

第一章 绪言

古诗云："我见他人死，我心热如火，不是热他人，看看轮到我。"人生最后一段大事，岂可须臾忘耶！令为讲述，次分六章，如下所列。

第二章 病重时

当病重时，应将一切家事及自己身体悉皆放下。专意念佛，一心希冀往生西方。能如是者，如寿已尽，决定往生。如寿未尽，虽求往生而病反能速愈，因心至专诚，故能灭除宿世恶业也。傥（同"倘"）不如是放下一切专意念佛者，如寿已尽，决定不能往生，因自己专求病愈不求往生，无由往生故。如寿未尽，因其一心希望病愈，妄生忧怖，不惟不能速愈，反更增加病苦耳。

病未重时，亦可服药，但仍须精进念佛，勿作服药愈病之想。病既重时，可以不服药也。余昔卧病石室，有劝延医服药者，说偈谢云："阿弥陀佛，无上医王，舍此不求，是谓痴狂。一句弥陀，阿伽陀药，舍此不服，是谓大错。"因平日既信净土法门，谆谆为人讲说。今自患病，何反舍此而求医药，可不谓为痴狂大错耶！

若病重时，痛苦甚剧者，切勿惊惶。因此病苦，乃宿世业障。或亦是转未来三途恶道之苦，于今生轻受，以速了偿也。

自己所有衣服诸物，宜于病重之时，即施他人。若依《地藏菩萨本愿经•如来赞叹品》所言供养经像等，则弥善矣。

若病重时，神识犹清，应请善知识为之说法，尽力安慰。举病者今生所修善业，一一详言而赞叹之，令病者心生欢喜，无有疑虑。自知命终之后，承斯善业，决定生西。

第三章 临终时

临终之际，切勿询问遗嘱，亦勿闲谈杂话。恐彼牵动爱情，贪恋世间，有碍往生耳。若欲留遗嘱者，应于康健时书写，付人保藏。

觉自言欲沐浴更衣者，则可顺其所欲而试为之。若言不欲，或噤口不能言者，皆不须强为。因常人命终之前，身体不免痛苦。觉强为移动沐浴更衣，则痛苦将更加剧。世有发愿生西之人，临终为眷属等移动扰乱，破坏其正念，遂致不能往生者，甚多甚多。又有临终可生善道，乃为他人误触，遂起嗔心，而牵入恶道者，如经所载阿耆达王死堕蛇身，岂不可畏。

临终时，或坐或卧，皆随其意，未宜勉强。若自觉气力衰弱者，尽可卧床，勿求好看勉力坐起。卧时，本应面西右胁侧卧。若因身体痛苦，改为仰卧，或面东左胁侧卧者，亦任其自然，不可强制。

大众助念佛时，应请阿弥陀佛接引像，供于病人卧室，令彼瞩视。

助念之人，多少不拘。人多者，宜轮班念，相续不断。或念六字，或念四字，或快或慢，皆须预问病人，随其平日习惯及好乐者念之，病人乃能相随默念。今见助念者皆随己意，不问病人，既已违其平日习惯及好乐，何能相随默念。余愿自今以后，凡任助念者，于此一事切宜留意。

又寻常助念者，皆用引磬小木鱼。以余经验言之，神经衰弱者，病时甚畏引磬及小木鱼声，因其声尖锐，刺激神经，反令心神不宁。若依余意，应免除引磬小木鱼，仅用音声助念，最为妥当。或改为大钟大磬大木鱼，其声宏壮，闻者能起肃敬之念，实胜于引磬小木鱼也。但人之所好，各有不同。此事必须预先向病人详细问明，随其所好而试行之。或有未宜，尽可随时改变，万勿固执。

第四章 命终后一日

既已命终，最切要者，不可急忙移动。虽身染便秽，亦勿即为洗涤。必须经过八小时后，乃能浴身更衣。常人皆不注意此事，而最要紧。惟望广劝同人，依此谨慎行之。

命终前后，家人万不可哭。哭有何益，能尽力帮助念佛乃于亡者有实益耳。若必欲哭者，须俟命终八小时后。

顶门温暖之说，虽有所据，然亦不可固执。但能平日信愿真切，临终正念分明者，即可证其往生。

命终之后，念佛已毕，即锁房门。深防他人入内，误触亡者。必须经过八小时后，乃能浴身更衣。（前文已言，今再谆嘱，切记切记。）因八小时内若移动者，亡人虽不能言，亦觉痛苦。

八小时后著衣，若手足关节硬，不能转动者，应以热水淋洗。用布搅热水，围于臂肘膝弯。不久即可活动，有如生人。

殓衣宜用旧物，不用新者。其新衣应布施他人，能令亡者获福。

不宜用好棺木，亦不宜做大坟。此等奢侈事，皆不利于亡人。

第五章 荐亡等事

七七日内，欲延僧众荐亡，以念佛为主。若诵经拜忏焰口水陆等事，虽有不可思议功德，然现今僧众视为具文，敷衍了事，不能如法，罕有实益。印光法师文钞中屡斥诫之，谓其惟属场面，徒作虚套。若专念佛，则人人能念，最为切实，能获莫大之利矣。

如请僧众念佛时，家族亦应随念。但女众宜在自室或布帐之内，免生讥议。

凡念佛等一切功德，皆宜回向普及法界众生，则其功德乃能广大，而亡者所获利益亦更因之增长。

开吊时，宜用素斋，万勿用荤，致杀害生命，大不利于亡人。

出丧仪文，切勿铺张。毋图生者好看，应为亡者惜福也。

七七以后，亦应常行追荐以尽孝思。莲池大师谓年中常须追荐先亡。不得谓已得解脱，遂不举行耳。

第六章 劝请发起临终助念会

此事最为切要。应于城乡各地，多多设立。《饬终津梁》中有详细章程，宜检阅之。

第七章 结语

残年将尽，不久即是腊月三十日，为一年最后。若未将钱财预备稳妥，则债主纷来，如何抵挡。吾人临命终时，乃是一生之腊月三十日，为人生最后。若未将往生资粮预备稳妥，必致手忙脚乱呼爷叫娘，多生恶业一齐现前，如何摆脱。临终虽恃他人助念，诸事如法。但自己亦须平日修持，乃可临终自在。奉劝诸仁者，总要及早预备才好。

癸酉（一九三三年）一月讲于厦门妙释寺

劝人听钟念佛文

【按】本文原载1926年《净业月刊》第九期，署名为"永嘉某师"。又载《世界居士林林刊》第十七期，署名"论月"。"永嘉某师"和"论月"都是弘一大师的别名。该文发表之前，在温州时写信给印光大师鉴定，获得了认可。所以，本文后面有《复永嘉论月律师函》的引文。

近有人新发明听钟念佛之法，至为奇妙。今略述其方法如下，修净业者，幸试用之；并希以是广为传播焉。

凡座钟、挂钟行动之时，若细听之，作叮当叮当之响（叮字响重，当字响轻）。

即依此叮当叮当四字，设想作"阿弥陀佛"四字。

或念六字佛者，以第一叮字为"南无"，第一当字为"阿弥"，第二叮字为"陀"，第二当字为"佛"。亦止用叮当叮当四字而成之也。又倘以其转太速，而欲迟缓者。可加一倍，用叮当叮当叮当叮当八字，假想作"阿弥陀佛"四字，即是每一叮当为一字也。或念六字佛者，以第一叮当为"南无"，第二叮当为"阿弥"，第三叮当为"陀"，第四叮当为"佛"也。绘图如下：

	四 字 佛	六 字 佛
普通念法	丁　当　丁　当 ｜　｜　｜　｜ 阿　弥　陀　佛	丁　当　丁　当 〈　　〉〈　　〉｜　｜ 南无　阿弥　陀　佛
迟缓念法	丁当　丁当　丁当　丁当 〈　〉〈　〉〈　〉〈　〉 阿　　弥　　陀　　佛	丁当　丁当　丁当　丁当 ｜　｜　｜　｜ 南无　阿弥　陀　　佛

所用之钟，宜择叮当叮当速度调匀者用之。又欲其音响轻微者，可以布类覆于其上。（如昼间欲其响大者，将布撤去。夜间欲其音响轻者，将布覆上。）

初学念佛者若不持念珠记数，最易懈怠间断。若以此钟时常随身，倘有间断，一闻钟响，即可警觉也。又在家念佛者，居室附近，不免喧闹，若摄心念佛，殊为不易。今以此钟置于身旁，用耳专听钟响，其他喧闹之声，自可不至扰乱其耳也。又听钟工夫能纯熟者，则叮当叮当之响，即是阿弥陀佛之声。钟响佛声，无二无别。钟响则佛声常现矣。

普陀印光法师《覆永嘉论月律师函》云："凡夫之心，不能无依，而娑婆耳根最利。听自念佛之音亦亲切。但初机未熟，久或昏沉，故听钟念之，最为有益也。"

丁卯（一九二七年）春于杭州吴山常寂光寺讲

略述印光大师之盛德

大师为近代之高僧，众所钦仰。其一生之盛德，非短时间所能叙述。今先略述大师之生平，次略举盛德四端，仅能于大师种种盛德中，粗陈其少分而已。

一、略述大师之生平

大师为陕西人。幼读儒书，二十一岁出家，三十三岁居普陀山，历二十年，人鲜知者。至一九一一年，师五十二岁时，始有人以师文隐名登入上海佛学丛报者。一九一七年，师五十七岁，乃有人刊其信稿一小册。至一九一八年，师五十八岁，即余出家之年，是年春，乃刊文钞一册，世遂稍有知师名者。以后续刊文钞二册，又增为四册，于是知名者渐众。有通信问法者，有亲至普陀参礼者。一九三〇年，师七十岁，移居苏州报国寺。此后十年，为弘法最盛之时期。一九三七年，战事起，乃移灵岩山，遂兴念佛之大道场。一九四〇年十一月初四日生西。生平不求名誉，他人有作文赞扬师德者，辄痛斥之。不贪蓄财物，他人供养钱财者至多。师以印佛书流通，或救济灾难等。一生不畜剃度弟子，而全国僧众多钦服其教化。一生不任寺中住持监院等职，而全国寺院多蒙其护法，各处寺房或寺产，有受人占夺者，师必为尽力设法以保全之。

故综观师之一生而言，在师自己决不求名利恭敬，而于实际上能令一切众生皆受莫大之利益。

二、略举盛德之四端

大师盛德至多，今且举常人之力所能随学者四端，略说述之。因师之种种盛德，多非吾人所可及，今所举之四端，皆是至简至易，无论何人，皆可依此而学也。

甲、习劳

大师一生，最喜自做劳动之事。余于一九二四年曾到普陀山，其时师年六十四岁，余见师一人独居，事事躬自操作，别无侍者等为之帮助。直至去年，师年八十岁，每日仍自己扫地，拭几，擦油灯，洗衣服。师既如此习劳，为常人的模范，故见人有懒惰懈怠者，多诚劝之。

乙、惜福

大师一生，于惜福一事最为注意。衣食住等，皆极简单粗劣，力斥精美。一九二四年，余至普陀山，居七日，每日自晨至夕，皆在师房内观察师一切行为。师每日晨食仅粥一大碗，无菜。师自云："初至普陀时，晨食有咸菜，因北方人吃不惯，故改为仅食白粥，已三十余年矣。"食毕，以舌舐碗，至极净为止。复以开水注入碗中，涤荡其余汁，即以之漱口，旋即咽下，惟恐轻弃残余之饭粒也。至午食时，饭一碗，大众菜一碗。师食之，饭菜皆尽。先以舌舐碗，又注入开水涤荡以漱口，与晨食无异。师自行如是，而劝人亦极严厉。见有客人食后，碗内剩饭粒者，必大呵曰："汝有多么大的福气？竟如此糟蹋！"此事常常有，余屡闻人言及之。又有客人以冷茶泼弃痰桶中者，师亦呵诫之。以上且举饭食而言。其他惜福之事，亦均类此也。

丙、注重因果

大师一生最注重因果，尝语人云："因果之法，为救国救民之急务。必令人人皆知现在有如此因，将来即有如此果，善有善报，恶有恶报。欲挽救世道人心，必须于此入手。"大师无论见何等人，皆以此理痛切言之。

丁、专心念佛

大师虽精通种种佛法，而自行劝人，则专依念佛法门。师之在家弟子，多有曾受高等教育及留学欧美者。而师决不与彼等高谈佛法之哲理，唯一一劝其专心念佛。彼弟子辈闻师言者，亦皆一一信受奉行，决不敢轻视念佛法门而妄生疑议。此盖大师盛德感化有以致之也。

以上所述，因时间短促，未能详尽，然即此亦可略见大师盛德之一斑。若欲详知，有上海出版之《印光大师永思集》，泉州各寺当有存者，可以借阅。今日所讲者止此。

辛巳（一九四一年）夏在泉州檀林福林寺结夏期间所讲

万寿岩念佛堂开堂演词

今日万寿禅寺念佛堂开堂，余得参末席，深为荣幸。近十数年来，闽南佛法日益隆盛，但念佛堂尚未建立，悉皆引为憾事。今由本寺住持本妙法师发愿创建，开闽南风气之先。大众欢喜，叹为希有。本妙法师英年好学，亲近兴慈法主讲席已历多载。于天台教义及净土法门悉能贯通。故今本其所学，建念佛堂弘扬净土，可谓法门之龙象，僧中之芬陀矣。

今念佛堂既已成立。而欲如法进行，维持永久，胥赖护法诸居士有以匡辅而助理之。

考江浙念佛堂规则，约分二端。一为长年念佛，二为临时念佛。

长年念佛者，斋主供设延生或荐亡牌位，堂中住僧数人乃至数十人，每日念佛数次。

临时念佛者，斋主或因寿诞或因保病或因荐亡，临时念佛一日，乃至多日，此即是水陆经忏之变相。

以上二端中，长年念佛尚易实行。因规模大小可以随时变通，勉力支援犹可为也。若临时念佛，实行至为困难。因旧日习惯，惟尚做水陆诵经拜忏放焰口等。今遽废此习惯，改为念佛，非易事也。

印光老法师文钞中，屡言念佛胜于水陆经忏等。今略引之。与徐蔚如书云：至于七中，及一切时，一切事，俱宜以念佛为主。何但丧期。以现今僧多懒惰，诵经则不会者多。而又其快如流，会而不熟亦不能随念。纵有数十人，念者无几。惟念佛则除非不发心，决无不能念之弊。又纵不肯念，一句佛号入耳经心，亦自利益不浅，此余决不提倡作余道场之所以也。又复黄涵之书，数通中，皆言及此。文云：至于保病荐亡，今人率以诵经拜忏做水陆为事。余与知友言，皆令念佛。以念佛利益。多于诵经拜忏做水陆多多矣。何以故？诵经则不识字者不能诵，即识字而快如流水，稍钝之口舌亦不能诵，懒人虽能亦不肯诵，则成有名无实矣。拜忏做水陆亦可例推。念佛则无一人不能念者，即懒人不肯念，而大家一口同音念，彼不塞其耳，则一句佛号固已历历明明灌于心中，虽不念与念亦无异也。如染香人，身有香气，非特欲香，有不期然而然者，为亲眷保安荐亡者皆不可不知。又云：至于做佛事，不必念经拜忏做水陆，以此等事，皆属场面，宜专一念佛，俾令郎等亦始终随之而念，女眷则各于自室念之，不宜附于僧位之末。如是则不但尊夫人令眷实获其益，即念佛之僧并一切见闻无不获益也。凡做佛事，主人若肯临坛，则僧自发真实心，倘主人以此为具文，则僧亦以此为具文矣。又云：做佛事一事，余前已详言之，祈勿徇俗徒作虚套，若念四十九天佛，较诵经之利益多多矣。

又复周孟由昆弟书云：做佛事，只可念佛，勿做别佛事，并令全家通皆恳切念佛，则于汝母，于汝等诸眷属及亲戚朋友，皆有实益。又云：请僧念七七佛甚好。念时，汝兄弟必须有人随之同念。

统观以上印光老法师之言，于念佛则尽力提倡，于做水陆诵经拜忏放焰口等，则云决不提倡。又云念佛利益多于诵经拜忏做水陆多多矣。

又云诵经拜忏做水陆有名无实。又云念经拜忏做水陆等事皆属场面。又云徒作虚套。老法师悲心深切，再三告诫，智者闻之，详为审察，当知何去何从矣。厦门泉州诸居士，归依印光老法师者甚众。惟望懔遵师训，努力劝导诸亲友等，自今以后，决定废止拜忏诵经做水陆等，一概改为念佛。若能如此实行，不惟闽南各寺念佛堂可以维持永久，而闽南诸邑人士信仰净土法门者日众，往生西方者日多，则皆现前诸居士劝导之功德也。幸各勉旃！

> 甲戌（一九三四年）九月
> 于万寿岩念佛堂开堂演讲

为性常法师掩关笔示法则

古人掩关（闭关）皆为专修禅定或念佛，若研究三藏则不限定掩关也。仁者此次掩关，实为难得之机会。应于每日时间，以三分之二专念佛诵经（或默阅，但不可生分别心），以三分之一时间温习《戒本》、《羯磨》及习世间文字。因机会难可再得，不于此时专心念佛，以后恐无此胜缘。至于研究等事，在掩关时虽无甚成绩，俟将来出关后，尽可缓缓研究也。

念佛一事，万不可看得容易。平日学教之人，若令息心念佛，实第一困难之事。但亦不得不勉强而行也。此事至要至要，万不可轻忽！诵经之事可以如常。又每日须拜佛若干拜，既有功德，亦可运动身体也。念佛时亦宜数数经行，因关中运动太少，食物不宜消化，故宜礼拜经行也。念佛之事，一人甚难行，宜与义俊法师协定课程，二人同时行之。可以互相策励，不致懈怠中止也。

课程大致如下：

早粥前念佛，出声或默念随意。

早粥后稍休息。礼佛诵经。九时至十一时研究。

午饭后休息。二时至四时研究（研究时间，每日以四小时为限，不可多）。四时半起礼佛诵经。

黄昏后专念佛。晚间可以不点灯，唯佛前供琉璃灯可耳。

三年之中，可与义俊法师讲《戒本》及《表记》、《羯磨》六遍。每半年讲一遍。自己既能温习，亦能令他人得益。昔南山律祖，尚听律十二遍，未尝厌倦。何况吾等钝根之人耶？《戒本》、《羯磨》能十分明了，且记忆不忘，将来出关之后，再学《行事钞》等非难事矣。

世俗文字略学《四书》及历史等。《学生字典》宜学全部，但若鲜暇，不妨缺略。因此等事，出关之后仍可学习也。若念佛等，出关之后，恐难继续，唯在关中，能专心也。

又在闭关时，宜注意者如下：

不可闲谈，不晤客人，不通信。（有十分要事，写一纸条交与护关者。）

凡一切事，尽可俟出关后再料理也。时机难得，光阴可贵，念之！念之！

余既无道德，又乏学问。今见仁者以诚恳之意，谆谆请求，故略据拙见拉杂书此，以备采择。

性常关主慧察。

乙亥（一九三五年）四月一日作于泉州开元寺

苦乐对览表

宋 慈云忏主说二土修行难易十种，今以苦乐对之，列表如下：

婆娑世界	极乐世界
一、有不常值佛苦	一、受花开见佛常得亲近之乐
二、有不闻说法苦	二、受水鸟树林皆宣妙法之乐
三、有恶友牵缠苦	三、受诸上善人俱会一处之乐
四、有群魔恼乱苦	四、受诸佛护念远离魔事之乐
五、有轮回不息苦	五、受横截生死永脱轮回之乐
六、有难免三涂苦	六、受远离恶道名且不闻之乐
七、有尘缘障道苦	七、受受用自在不须经营之乐
八、有寿命短促苦	八、受与佛同寿更无限量之乐
九、有修行退失苦	九、受入正定聚永无退转之乐
十、有佛道难成苦	十、受一生行满所作成办之乐

《阿弥陀经》云："无有众苦，但受诸乐。"众苦者，谓三苦、八苦、无量诸苦。三苦统论三界，八苦唯约人间。今以八苦与极乐世界之乐对之，列表如下：

一、生苦，居于胎狱之中	一、受莲花化生之乐
二、老苦，现其衰朽之相	二、受相好具足之乐
三、病苦，诸根痛患	三、受安宁自在之乐
四、死苦，四大分离	四、受寿命无疆之乐
五、爱别离苦，欲合偏离	五、受海会相聚之乐
六、冤憎会苦，欲避偏逢	六、受上善俱会之乐
七、求不得苦，欲得偏失	七、受所欲如意之乐
八、五蕴炽盛苦，烦恼之火昼夜炽燃	八、受观照蕴空之乐

华民二十七年（一九三八年），岁次戊寅七月十三日，余剃染出家二十周年。是日诸善友集聚尊元经楼，为余诵经忏罪。余于是日始讲《阿弥陀经》一卷，回向众生，同证菩提。并书《苦乐对览表》二纸，呈奉经楼，以为纪念焉。

沙门一音 漳州尊元经楼

第六章　大师心路

断食日志

　　此为弘一大师于出家前两年在杭州大慈山虎跑寺试验断食时所记之经过。自入山至出山，首尾共二十天。对于起居身心，详载靡遗。据大师年谱所载，时为民国五年，大师三十七岁。原稿曾由大师交堵申甫居士保存。文多断续，字迹模糊，其封面盖有李息翁章，并有日文数字。兹特向堵居士借缮，并与其详加校对，冀为刊播流通，藉供众览。想亦为景仰大师者所喜闻，且得为后来预备断食者之参考也。后学陈鹤卿谨识。

　　丙辰（1916年）嘉平一日始。断食后，易名欣，字叔同，黄昏老人，李息。

　　十一月廿二日，决定断食，祷诸大神之前，神诏断食，故决定之。

　　择录村井氏说："妻之经验，最初四日，预备半断食。六月五日、六日，粥、梅干。七日、八日，重汤、梅干。九日始本断食，安静。饮用水一日五合，一回一合，分五六回服用。第二日，饥饿胸烧，舌生白苔。第三、四日，肩腕痛。第四日，腹部全体凝固，体倦就床，晨轻晚重。第五日，同，稍轻减，坐起一度散步。第六日，轻减，气分爽快，白苔消失，胸烧愈。第七日，最平稳，断食期至此止。后一日，摄重汤，轻二碗三回，梅干无味。后二日，同。后三日，粥、梅干、胡瓜，摄入吸物。后四日，粥，吸物，少量刺身。后五日，粥、野菜、轻鱼。后六日，普通食，起床。此两三日，手足浮肿。断食期内，或体痛不能眠，或下痢，或嚏。便时以不下床为宜。预备断食或一周间，粥三日，重汤四日。断食后或须一周间，重汤三日，粥四日，个半月体量恢复。半断食时服リチネ（西药Richine）。"

到虎跑携带品：被褥帐枕、米、梅干、杨子、齿磨、手巾、手帕、便器、衣、漉水布、リチネ、日记纸笔书、番茶、镜。

预定期间：一日下午赴虎跑。上午闻玉去预备。中食饭，晚食粥、梅干。二日、三日、四日，粥、梅干。五日、六日、七日，重汤、梅干。八日至十七日断食。十八日、十九日、二十日，重汤、梅干。廿一日、廿二日、廿三日、廿四日，粥、梅干、轻菜食。廿五日返校，常食。廿八日返沪。

三十日晨，命闻玉携蚊帐、米、纸、糊、用具到虎跑。室宜清闲，无人迹，无人声，面南，日光遮北，以楼为宜。是晚食饭，拂拭大小便器桌椅。

午后四时半入山，晚餐素菜六簋，极鲜美。食饭二盂，尚未餍（吃饱）。因明日始即预备断食，强止之，榻于客堂楼下，室面南，设榻于西隅，可以迎朝阳。闻玉设榻于后一小室，仅隔一板壁，故呼应便捷。晚燃菜油灯，作楷字八十四字。自数日前病感冒，伤风微嗽，今日仍未愈。口干鼻塞，喉紧声哑，但精神如常。八时眠，夜间因楼上僧人足声时作，未能安眠。（据《觉有情》杂志编者按："据前节所记预定期间十二月一日下午赴虎跑。而此节所记，只三十日午后四时半即已入山，当系临时改定。"）

十二月一日，晴，微风，五十度。断食前期第一日。

疾稍愈，七时半起床。是日午十一时食粥二盂、紫苏叶二片、豆腐三小方。晚五时食粥二盂、紫苏叶二片、梅干一枚。饮冷水三杯，有时混杏仁露，食小橘五枚。午后到寺外运动。

余平日之常课，为晨起冷水擦身，日光浴，眠前热水洗足。自今日起冷水擦身暂停，日光浴时间减短，洗足之热水改为温水，因欲使精神聚定，力避冷热极端之刺激也。对于后人断食者，应注意如下：一、未断食时练习多饮冷开水。断食初期改饮冷生水，渐次加多。因断食时日饮五杯冷水殊不易，且恐腹泻也。二、断食初期时之粥或米汤，于微温时食之，不可太热，因与冷水混合，恐致腹痛。

余每晨起后，必通大便一次。今晨如常，但十时后屡放屁不止。二时后又打嗝儿甚多，此为平日所无。是日书楷字百六十八、篆字百零八。夜观焰口，至九时始眠。夜嗽，多恶梦，未能入眠。

二日，晴和，五十度。断食前期第二日。

七时半起床，晨起无大便，是日午前十一时食粥一盂、梅一枚、紫苏叶二片。午后五时同。饮冷水三杯，食桔子三枚，因运动归来体倦故。是日舌苔白，口内粘滞，上牙里皮脱。精神如常，但过则疲倦耳，运动微觉疲倦，头目眩晕。自明日始即不运动。

晚侍和尚念佛，静坐一小时。写字百三十二，是日鼻塞。摹"大同造像"一幅。原拓本自和尚假来，尚有三幅，明后续摹写。八时半眠，夜梦为升高跳越运动。其处为器具拍卖场，陈设箱柜几椅并玩具装饰品等。余跳越于上，或腾空飞行于其间，足不履地，灵捷异常，获优胜之名誉。旁观有德国工程师二人，皆能操北京语。一人谓有如此之技能，可以任远东大运动会之某种运动，必获优胜。余逊谢之。一人谓练习身体，断食最有效，吾二人已二日不食。余即告余现在虎跑断食，亦已预备二日矣。其旁又有一中国人，持一表，旁写题目，中并列长短之直红线数十条，知计算增减高低之表式，是记余跳越高低之顺序者。是人持以示余，谓某处由低而高而低之处，最不易跳越，赞余有超人之绝技。后余出门下土坡，屡遇西洋妇人，皆与余为礼，贺余运动之成功，余笑谢之。梦至此遂醒。余生平未尝为一次运动，亦未尝梦中运动，头脑中久无此思想，忽得此梦，至为可异，殆因胃内虚空，有以致之欤？

三日，晴和，五十二度。断食前第三日。

七时半起床。是晨觉微饿，胸中扰乱，苦闷异常，口干，饮冷水。勉坐起披衣，头昏心乱，发虚汗作呕，力不能支，仍和衣卧少时。饮梅茶二杯，乃起床，精神疲倦，四肢无力。九时后精神稍复元，食桔子二枚。是晨无大便，饮药油一剂，十时半软便一次，甚畅快。十一时水泻一次，精神颇佳，与平常无大异。十一时二十分食粥半盂、梅一个、紫苏一枚。摹"普泰造像"、"天监造像"二页。饮水、食物，喉痛，或因泉水性太烈，使喉内脱皮之故。午后四时，饮水后打嗝笃，食小梨一个，五时食粥半盂。是日感冒伤风已愈，但有时微嗽。是日午后及晚，侍和尚念佛，静坐一小时。八时半眠。入山预断以来，即不能为长时之安眠，旋睡旋醒，辗转反侧。

四日，晴和，五十三度。断食前第四日。

七时半起床。是晨气闷、心跳、口渴，但较昨晨倒轻减多矣，饮冷水稍愈。起床后头微晕，四肢乏力。食小桔一枚，香蕉半个。八时半精神如常，上楼访弘声上人，借佛经三部。午后散步至山门，归来已觉微疲。是日打嗝儿甚多，口时作渴，共饮冷水四大杯。摹"大明造像"一页。写楷字八十四，篆字五十四。无大便。四时后头昏，精神稍减。食小桔二枚。是日十一时饮米汤二盂，食米粒二十余。八时就床，就床前食香蕉半个。自预备断食，每夜三时后腿痛，手足麻木（余前每逢严冬有此旧疾，但不甚剧）。

五日，晴和，五十三度。断食前第五日。

七时半起床。是夜前半颇觉身体舒泰，后半夜仍腿痛，手足麻木。三时醒，口干，心微跳，较昨减轻。食香蕉半个，饮冷水稍眠。六时醒，气体甚好。起床后不似前二日之头晕乏力，精神如常，心胸愉快。到菜园采花供铁瓶。食梨半个，吐渣。自昨日起，多写字，觉左腰痛。是日腹中屡屡作响，时流鼻涕，喉中肿烂尚未愈。午后侍和尚念佛，静坐一小时，微觉腰痛，不如前日之稳静。三时食梨半个，吐渣，食香蕉半个。午、晚饮米汤一盂。写字百六十二。傍晚精神稍差，恶寒口渴。本定于后日起断食，改自明日起断食，奉神诏也。

断食期内，每日饮梨汁一个之分量，饮桔汁三小个之分量，饮毕漱口。又因信仰上每晨餐供神生白米一粒，将眠，食香蕉半个。是日无大便，七时起床。是夜神经过敏甚剧，加以鼠声人鼾声，终夜未安眠。口甚干，后半夜腿痛稍轻，微觉肩痛。

六日，晴暖，晚半阴，五十六度。断食正期第一日。

八时起床。三时醒，心跳胸闷，饮冷水桔汁及梅茶一杯。八时起床，手足乏力，头微晕，执笔作字殊乏力，精神不如昨日八时半饮梅茶一杯。脑力渐衰，眼手不灵，写日记时有误字，多遗忘。九时半后精神稍可。十时后精神甚佳，口渴已愈。数日来喉中肿烂亦愈。今日到大殿去二次，计上下甘四级石级四次，已觉足乏力，为以往所无。是日共饮梨汁一个，桔汁二个。傍晚精神不衰，较胜昨日，但足乏力耳。仍时流鼻涕，晚间精神尤佳。是日不觉如何饥饿。晚有便意，仅放屁数个，仍无便。是夜能安眠，前半夜尤稳安舒泰。眠前以棉花塞耳，并诵神人合一之旨。夜间腿痛已愈，但左肩微痛。七时就床，梦变为丰颜之少年，自谓系断食之效。

七日，阴复晴，夜大风，五十四度。断食正期第二日。

六时半起床。四时醒，心跳微作即愈，较前二日减轻。饮冷水甚多。六时半即起床，因是日头晕已减轻，精神较昨日为佳，且天气甚暖故早起床也。起床后饮桔汁一枚。晨览《释迦如来应化事迹图》。八时后精神不振，打呼欠，微寒，流鼻涕，但起立行动如常，午后身体寒益甚，拥被稍息。想出食物数种，他日试为之：炒饼、饼汤、虾仁豆腐、虾子面片、十锦丝、咸胡瓜。三时起床，冷已愈，足力比昨日稍健。是日无大便，饮冷水较多。前半夜肩稍痛，须左右屡屡互易，后半夜已愈。

八日，阴，大风、寒，午后时露日光，五十度。断食正期第三日。

十时起床。五时醒，气体至佳，如前数日之心跳头晕等皆无。因天寒大风，故起床较迟。起床后精神甚佳，手足有力，到院内散步。四时半就床，午后益寒，因早就床。是日食欲稍动，有时觉饿，并默想各种食物之种类及其滋味。是夜安眠，足关节稍痛。

九日，晴、寒、风，午后阴，四十八度。断食正期第四日。

八时半起床。四时醒，气体极佳，与常日无异。起床后精神如常，手足有力。朝日照人，心目豁爽。小便后尿管微痛，因饮水太多之故。自今日始不饮梨桔汁，改饮盐梅茶二杯。午后因饮水过多，胸中苦闷。是日午前精神最佳，写字八十四，到菜圃散步。午后寒，一时拥被稍息。三时起床，室内运动。是日不感饥饿。因天寒，五时半就床。

十日，阴，寒，四十七度。断食正期第五日。

十时半起床。四时半醒，气体精神与昨同。起床后精神全佳。是日因寒故起床较迟。今日加饮盐汤一小杯。十一时杨刘二君来谈至欢。因寒四时就床。是日写字半页。近日神经过敏已稍愈，故夜间较能安眠，但因昨日饮水过多伤胃，胃时苦闷，今日饮水较少。

十一日，阴寒、夕晴，四十七度。断食正期第六日。

九时半起床。四时半醒，气体与昨同。夜间右足微痛，又胃部终不舒畅。是日口干，因寒起床稍迟，饮盐汤半杯，饮梨汁。夕晴，心目豁爽。写字百三十八。坐檐下曝日，四时就床，因寒早就床。是晚感谢神恩，誓必皈依。致福基书。

十二日，晨阴、大雾、寒，午后晴，四十八度。断食正期第七日。

十一时起床。四时半醒，气体与昨同，足痛已愈，胃部已舒畅，口干，因寒不敢起床。十一时福基遣人送棉衣来，乃披衣起。饮梨汁及盐汤、桔汁。午后精神甚佳，耳目聪明，头脑爽快，胜于前数日。到菜圃散步，写字五十四。自昨日始，腹部有变动，微有便意，又有时稍感饥饿。是日饮水甚少。晚晴甚佳，四时半就床。

十三日，晨半晴半阴，后晴和，多风，五十四度。断食后期第一日。

八时半起床。气体与昨同，晨饮淡米汤二盂，不知其味，屡有便意，口干后愈。饮梨汁、桔汁，十一时饮浓米汤一盂，食梅十一个，不知其味。十时服泻油少许，十一时半大便一次甚多，便色红，便时腹微痛，便后渐觉身体疲弱，手足无力。午后勉强到菜圃一次。是日不饮冷水。午前写字五十四。是日身体疲倦甚剧。断食正期未尝如是。胃口未开，不感饥饿，尤不愿饮米汤，是夕勉饮一盂，不能再多饮。

十四日，晴，午前风，五十度。断食后期第二日。

七时半起床。气体与昨同，夜间较能安眠。五时饮米汤一盂，口干，起床后精神较昨佳。大便轻泻一次，又饮米汤一盂，饮桔汁，食苹果半枚。是日因米汤、梅干与胃口不合，于十时饮薄藕粉一盂，炒米糕二片，极觉美味，精神亦骤加。精神复元，是日极愉快满足。一时饮薄藕粉一盂、米糕一片。写字三百八十四。腰腕稍痛，暗记诵《神乐歌序章》。四时食稀粥一盂，咸蛋半个，梅干一个。是日不感十分饥饿，如是已甚满足。五时半就床。

十五日，晴，四十九度。断食后期第三日。

七时起床。夜间渐能眠，气体无异平时。拥衾饮茶一杯，食米糕三片。早食藕粉米糕，午前到佛堂菜圃散步，写字八十四。午食粥二盂，食梨一个、桔二个。敬抄《御神乐歌》二叶（同"页"），暗记诵一、二、三叶。晚饮粥二盂，青菜咸蛋，少许梅干。晚食粥后，又食米糕饮茶，未能调和，胃不合，终夜屡打嗝儿，腹鸣。是日无大便。七时就床。

十六日，晴，四十九度。断食后期第四日。

七时半起床。晨饮红茶一杯，食藕粉、芋。午食薄粥三盂，青菜、芋大半碗，极美，有生以来不知菜芋之味如是也。食桔、苹果。晚食与午同。是日午后出山门散步，诵《神乐歌》，甚愉快。入山以来，此为愉快之第一日矣。敬抄《神乐歌》七叶，暗记诵四、五下目。晚食后食烟一服。七时半就床，夜眠较迟，胃甚安，是日无大便。

十七日，晴暖，五十二度。断食后期第五日。

七时起床。夜间仍不能多眠，晨饮泻油极少量。晨餐浓粥一盂、芋五个，仍不足，再食米糕三片、藕粉一盂。九时半，大便一次，极畅快。到菜圃诵《御神乐歌》。中膳，米饭一盂，粥二盂，油炸豆腐一碗。本寺例初一、十五始食豆腐。今日特因僧人某死，葬资有余，故以之购食豆腐。午前后到山门外散步二次。拟定出山后剃须。闻玉采萝卜来，食之至甘。晚膳粥三盂、豆腐青菜一盂，极美。今日抄《御神乐歌》五叶，暗记诵六下目。作书寄普慈。是日大便后愉快，晚膳后尤愉快。坐檐下久。拟定今后更名欣，字叔同。七时半就床。

十八日，阴、微雨，四十九度。断食后期最后一日。

五时半起床。夜间酣眠八小时，甚畅快，入山以来未之有也。是晨早起，因欲食寺中早粥。起床后大便一次，甚畅。六时半食浓粥三盂、豆腐青菜一盂，胃甚涨。坐菜圃小屋诵《神乐歌》，今日暗记诵七下目，敬抄《神乐歌》八页。午，食饭二盂，豆腐青菜一盂，胃涨大，食烟一服。午后到山中散步，足力极健。采干花草数枝，松子数个。晚食浓粥二盂、青菜半盂，仅食此不敢再多，恐胃涨也。餐后胸中极感愉快。灯下写字五十四，辑订断食中字课，七时半就床。

十九日，阴、微雨。

四时半起床。午后一时出山归校。嘱托闻玉事件：晚饭菜，桔子，做衣服附袖头。廿二要：轿子油布，轿夫选择，新蚊帐，夜壶。自己事件：写真，付饭钱，致普慈信。

日语名词注释：梅干即咸梅（腌过的梅子）。重汤即米汤。胡瓜即黄瓜。吸物即汤或清汤。刺身即生鱼片。番茶是日本粗茶。写真为照相。杨子即牙刷。齿磨即牙粉。食烟一服即抽烟一支。

我在西湖出家的经过

杭州这个地方实堪称为佛地，因为寺庙之多约有两千余所，可想见杭州佛法之盛了！

最近《越风》社要出关于《西湖》的增刊，由黄居士来函，要我做一篇《西湖与佛教之因缘》。我觉得这个题目的范围太广泛了，而且又无参考书在手，于短期间内是不能做成的；所以，现在就将我从前在西湖居住时，把那些值得追味的几件事情来说一说，也算是纪念我出家的经过。

我第一次到杭州是光绪二十八年（1902）七月（按：本篇所记的年月皆依旧历）。在杭州住了约一个月光景，但是并没有到寺院里去过。只记得有一次到涌金门外去吃过一回茶，同时也就把西湖的风景稍微看了一下。

第二次到杭州是民国元年的七月。这回到杭州倒住得很久，一直住了近十年，可以说是很久的了。我的住处在钱塘门内，离西湖很近，只两里路光景。在钱塘门外，靠西湖边有一所小茶馆名景春园。我常常一个人出门，独自到景春园的楼上去吃茶。

民国初年，西湖的情形完全与现在两样——那时候还有城墙及很多柳树，都是很好看的。除了春秋两季的香会之外，西湖边的人总是很少；而钱塘门外更是冷静了。

在景春园楼下，有许多茶客都是那些摇船抬轿的劳动者居多；而在楼上吃茶的就只有我一个人了。所以，我常常一个人在上面吃茶，同时还凭栏看着西湖的风景。

在茶馆的附近，就是那有名的大寺院——昭庆寺了。我吃茶之后，也常常顺便到那里去看一看。

民国二年夏天，我曾在西湖的广化寺里住了好几天。但是住的地方却不在出家人的范围之内，是在该寺的旁边，有一所叫做痘神祠的楼上。痘神祠是广化寺专门为着要给那些在家的客人住的。我住在里面的时候，有时也曾到出家人所住的地方去看看，心里却感觉很有意思呢！

记得那时我亦常常坐船到湖心亭去吃茶。曾有一次，学校里有一位名人来演讲，我和夏丏尊居士却出门躲避，到湖心亭上去吃茶呢！当时夏丏尊对我说："像我们这种人，出家做和尚倒是很好的。"我听到这句话，就觉得很有意思。这可以说是我后来出家的一个原因了。到了民国五年的夏天，我因为看到日本杂志中有说及关于断食可以治疗各种疾病，当时我就起了一种好奇心，想来断食一下。因为我那时患有神经衰弱症，若实行断食后，或者可以痊愈亦未可知。要行断食时，须于寒冷的季候方宜。所以，我便预定十一月来作断食的时间。至于断食的地点须先考虑一下，似觉总要有个很幽静的地方才好。当时我就和西泠印社的叶品三君来商量，结果他说在西湖附近的虎跑寺可作为断食的地点。我就问他："既要到虎跑寺去，总要有人来介绍才对。究竟要请谁呢？"他说："有一位丁辅之是虎跑的大护法，可以请他去说一说。"于是他便写信请丁辅之代为介绍了。因为从前的虎跑不像现在这样热闹，而是游客很少，且十分冷静的地方啊。若用来作为我断食的地点，可以说是最相宜的了。到了十一月，我还不曾亲自到过。于是我便托人到虎跑寺那边去走一趟，看看在哪一间房里住好。回来后，他说在方丈楼下的地方倒很幽静的。因为那边的房子很多，且平常时候都是关着，客人是不能走进去的；而在方丈楼上，则只有一位出家人住着，此外并没有什么人居住。等到十一月底，我到了虎跑寺，就住在方丈楼下的那间屋子里。我住进去以后，常看见一位出家人在我的窗前经过（即是住在楼上的那一位）。我看到他却十分的欢喜呢！因此，就时常和他谈话；同时，他也拿佛经来给我看。

我以前从五岁时，即时常和出家人见面，时常看见出家人到我的家里念经及拜忏。于十二三岁时，也曾学了放焰口。可是并没有和有道德的出家人住在一起，同时，也不知道寺院中的内容是怎样的，以及出家人的生活又是如何。这回到虎跑去住，看到他们那种生活，却很欢喜而且羡慕起来了。我虽然只住了半个多月，但心里却十分地愉快，而且对于他们所吃的菜蔬，更是欢喜吃。及回到学校以后，我就请用人（同"佣人"）依照他们那样的菜煮来吃。这一次我到虎跑寺去断食，可以说是我出家的近因了。到了民国六年的下半年，我就发心吃素了。在冬天的时候，即请了许多的经，如《普贤行愿品》、《楞严经》及《大乘起信论》等很多的佛经。自己的房里，也供起佛像来，如地藏菩萨、观世音菩萨等的像。于是亦天天烧香了。到了这一年放年假的时候，我并没有回家去，而到虎跑寺里面去过年。我仍住在方丈楼下。那个时候，则更感觉得有兴味了，于是就发心出家。同时就想拜那位住在方丈楼上的出家人做师父。他的名字是弘祥师。可是他不肯我去拜他，而介绍我拜他的师父。他的师父是在松木场护国寺里居住。于是他就请他的师父回到虎跑寺来，而我也就于民国七年正月十五日受三皈依了。我打算于此年的暑假入山。预先在寺里住了一年后再实行出家的。当这个时候，我就做了一件海青，及学习两堂功课。二月初五日那天，是我母亲的忌日，于是我就先于两天前到虎跑去，诵了三天的《地藏经》，为我的母亲回向。到了五月底，我就提前先考试。考试之后，即到虎跑寺入山了。到了寺中一日以后，即穿出家人的衣裳，而预备转年再剃度。及至七月初，夏丏尊居士来。他看到我穿出家人的衣裳但还未出家，他就对我说："既住在寺里面，并且穿了出家人的衣裳，而不出家，那是没有什么意思的。所以还是赶紧剃度好！"我本来是想转年再出家的，但是承他的劝，于是就赶紧出家了。七月十三日那一天，相传是大势至菩萨的圣诞，所以就在那天落发。落发以后仍须受戒的，于是由林同庄君介绍，到灵隐寺去受戒了。灵隐寺是杭州规模最大的寺院，我一向是很欢喜的。我出家以后，曾到各处的大寺院看过，但是总没有像灵隐寺那么好！八月底，我就到灵隐寺去，寺中的方丈和尚很客气，叫我住在客堂后面芸香阁的楼上。当时是由慧明法师做大师父的。有一天，我在客堂里遇到这位法师了。他看到我时就说"既系来受戒的，为什么不进戒堂呢？虽然你在家的时候是读书人，但是读书人就能这样地随便吗？就是在家时是一个皇帝，我也是一样看待的！"那时方丈和尚仍是要我住在客堂楼上，而于戒堂里有了紧要的佛事时，方去参加一两回的。那时候，我虽然不能和慧明法师时常见面，但是看到他那样的忠厚笃实，却是令我佩服不已的！受戒以后，我就住在虎跑寺内。到了十二月，即搬到玉泉寺去住。此后即常常到别处去，没有久住在西湖了。

　　曾记得在民国十二年夏天的时候，我曾到杭州去过一回。那时正是慧明法师在灵隐寺讲《楞严经》的时候。开讲的那一天，我去听他说法，因为好几年没有看到他，觉得他已苍老了不少，头发且已斑白，牙齿也大半脱落。我当时大为感动，于拜他的时候，不由泪落不止！听说以后没有经过几年工夫，慧明法师就圆寂了。

　　关于慧明法师一生的事迹，出家人中晓得的很多，现在我且举几样事情，来说一说。慧明法师是福建的汀州人。他穿的衣服却不考究，看起来很不像法师的样子，但他待人是很平等的。无论你是大好佬或是苦恼子，他都是一样地看待。所以凡是出家在家的上中下各色各样的人物，对于慧明法师是没有一个不佩服的。他老人家一生所做的事情固然很多，但是最奇特的，就是能教化"马溜子"(马溜子是出家流氓的称呼)了。寺院里是不准这班"马溜子"居住的。他们总是住在凉亭里的时候为多，听到各处的寺院有人打斋的时候，他们就会集了赶斋(吃白饭)去。

　　在杭州这一带地方，马溜子是特别来得多。一般人总不把他们当人看待，而他们亦自暴自弃，无所不为的。但是慧明法师却能够教化马溜子呢！那些马溜子常到灵隐寺去看慧明法师，而他老人家却待他们很客气，并且布施他们种种好饮食，好衣服等。他们要什么就给什么，而慧明法师也有时对他们说几句佛法。慧明法师的腿是有毛病的。出来入去的时候，总是坐轿子居多。有一次他从外面坐轿回灵隐时，下了轿后，旁人看到慧明法师是没有穿裤子的，他们都觉得很奇怪，于是就问他道："法师为什么不穿裤子呢？"他说他在外面碰到了"马溜子"，因为向他要裤子，所以他连忙把裤子脱给他了。

　　关于慧明法师教化"马溜子"的事，外边的传说很多很多，我不过略举了这几样而已。不单那些"马溜子"对于慧明法师有很深的钦佩和信仰，即其他一般出家人，亦无不佩服的。

　　因为多年没有到杭州去了。西湖边上的马路、洋房也渐渐修筑得很多，而汽车也一天比一天地增加，回想到我以前在西湖边上居住时，那种闲静幽雅的生活，真是如同隔世，现在只能托之于梦想了。

丙子（一九三六年）春述于厦门南普陀寺 高文显记录

余弘律之因缘

初出家时，即读《梵网合注》。续读《灵峰宗论》，乃发起学律之愿。

受戒时，随时参读《传戒正范》及毗尼事义集要（全名《重治毗尼事义集要》）。

庚申之春，自日本请得古版南山灵芝三大部（即《三大部》和《灵芝三部记》）；计八十余册。

辛酉之春，始编戒相表记（即《四分律比丘戒相表记》）。六月，第一次草稿乃讫。以后屡经修改，手抄数次。

是年阅藏，得见义净三藏所译《有部律》（即有部宗之戒律，又作《十诵律》）及《南海寄归内法传》；深为赞叹。谓较旧律为善；故《四分律戒相表记》第一二次草稿中，屡引义净之说，以纠正南山。其后自悟轻谤古德，有所未可，遂涂抹之。经多次删改，乃成最后之定本。

以后虽未敢谤毁南山，但于南山《三大部》仍未用心穷研；故即专习《有部律》。二年之中，编《有部犯相摘记》一卷、《自行抄》一卷。

其时徐蔚如居士创刻经处于天津，专刻南山宗律书，费资数万金，历时十余年。乃渐次完成。徐居士始闻余宗有部而轻南山，尝规劝之。以为吾国千余年来秉承南山一宗，今欲弘律，宜仍其旧贯，未可更张。余因是乃有兼学南山之意。尔后此意渐次增进。至辛未二月十五日，乃于佛前发愿，弃舍有部，专学南山。并随力弘扬，以赎昔年轻谤之罪。

昔佛灭后九百年，北天竺有无著、天亲等兄弟三人。天亲先学小乘而谤大乘，后闻长兄无著示诲，忏悔执小之非，欲断舌谢其罪。无著云："汝既以舌诽谤大乘，更以此舌赞大乘可也。"于是天亲遂造五百部大乘论。余今亦尔，愿尽力专学南山律宗，弘扬赞叹，以赎往失。此余由新律家而变为旧律家之因缘，亦即余发愿弘南山宗之因缘也。

未来之希望

余于初出家受戒之时，未能如法，准以律义，实未得戒，本不能弘扬比丘戒律。但因昔时既虚承受戒之名，其后又随力修学，粗知大意。今欲以一隙之明，与诸师互相研习，甚愿得有精通律仪之比丘五人出现，能令正法住于世间，则余之弘律责任即竟。故余于讲律时，不欲聚集多众。但欲得数人发弘律之大愿，肩荷南山之道统，以此为毕生之事业者。余将尽其绵力，誓舍身命而启导之。

余于前年二月，既发弘律愿后，五月居某寺，即由寺主发起欲办律学院。唯与余意见稍有不同，其后寺主亦即退居，此事遂罢。以后有他寺数处，皆约余往办律学院，因据以前之经验知其困难，故未承诺。唯于宁波白衣寺门前存一"南山律学院筹备处"之牌，余则允为造就教员二、三人耳。以后即决定弘律办法：不立名目、不收经费、不集多众、不固定地址等。

去年春间在某寺，有数人愿学律。余为讲四重、十三僧残，后以他故中止。夏间居某寺，有数人来愿学律，道心坚固，行持甚严。乃不久彼等即与寺主有故，遂往他处。以后在此寺有旧住者数人，谆嘱余讲律。本拟于八月开讲，而学者于七月即就职他方。故此次在本寺讲律，实可谓余弘律第一步也。

以上略述余发心弘律后所经过诸事。余业重福轻，断不敢再希望大规模之事业。唯冀诸师奋力兴起，肩荷南山一宗，高树律幢，广传世间。此则为余所祝祷者矣！

癸酉（一九三三年）二月讲于厦门妙释寺

南闽十年之梦影

我一到南普陀寺，就想来养正院和诸位法师讲谈讲谈，原定的题目是"余之忏悔"，说来话长，非十几小时不能讲完。近来因为讲律，须得把讲稿写好，总抽不出一个时间来，心里又怕负了自己的初愿，只好抽出很短的时间，来和诸位谈谈，谈我在南闽十年中的几件事情！

我第一回到南闽，在民国十七年的十一月，是从上海来的。起初还是在温州，我在温州住得很久，差不多有十年光景。由温州到上海，是为着编辑《护生画集》的事，和朋友商量一切；到十一月底，才把《护生画集》编好。

那时我听人说：尤惜阴居士也在上海。他是我旧时很要好的朋友，我就想去看一看他。一天下午，我去看尤居士。居士说要到暹罗国（泰国）去，第二天一早就要动身的。我听了觉得很喜欢，于是也想和他一道去。

我就在十几小时中，急急地预备着。第二天早晨，天还没大亮，就赶到轮船码头，和尤居士一起动身到暹罗国去。从上海到暹罗，是要经过厦门的，料不到这就成了我来厦门的因缘。十二月初，到了厦门，承陈敬贤居士的招待，也在他们的楼上吃过午饭，后来陈居士就介绍我到南普陀寺来。那时的南普陀，和现在不同，马路还没有建筑，我是坐着轿子到寺里来的。

到了南普陀寺，就在方丈楼上住了几天。时常来谈天的，有性愿老法师、芝峰法师等。芝峰法师和我同在温州，虽不曾见过面，却是很相契的。现在突然在南普陀寺晤见了，真是说不出的高兴。

我本来是要到暹罗去的，因着诸位法师的挽留，就留滞在厦门，不想到暹罗国去了。

在厦门住了几天，又到小雪峰那边去过年。一直到正月半以后才回到厦门，住在闽南佛学院的小楼上，约莫住了三个月工夫。看到院里面的学僧虽然只有二十几位，他们的态度都很文雅，而且很有礼貌，和教职员的感情也很不差，我当时很赞美他们。

这时芝峰法师就谈起佛学院里的课程来。他说："门类分得很多，时间的分配却很少，这样下去，怕没有什么成绩吧？"因此，我表示了一点意见，大约是说："把英文和算术等删掉，佛学却不可减少，而且还得增加，就把腾出来的时间教佛学。"他们都很赞成。听说从此以后，学生们的成绩，确比以前好得多了！

我在佛学院的小楼上，一直住到四月间，怕将来的天气更会热起来，于是又回到温州去。第二回到南闽，是在民国十八年十月。起初在南普陀寺住了几天，以后因为寺里要做水陆，又搬到太平岩去住。等到水陆圆满，又回到寺里，在前面的老功德楼住着。

当时闽南佛学院的学生，忽然增加了两倍多，约有六十多位，管理方面不免感到困难。虽然竭力地整顿，终不能恢复以前的样子。

不久，我又到小雪峰去过年，正月半才到承天寺来。

那时性愿老法师也在承天寺，在起草章程，说是想办研究社。

不久，研究社成立了，景象很好，人才济济，很有一种难以形容的盛况。现在妙释寺的善契师、南山寺的传证师，以及已故南普陀寺的广究师等等，都是那时候的学僧哩！

研究社初办的几个月间，常住的经忏很少，每天有工夫上课，所以成绩卓著，为别处所少有。当时我也在那边教了两回写字的方法，遇有闲空，又拿寺里那些古版的《藏经》来整理整理，后来还编成目录，至今留在那边。这样在寺里约莫住了三个月，到四月，怕天气要热起来，又回到温州去。

民国二十年九月，广洽法师写信来，说很盼望我到厦门去。当时我就从温州动身到上海，预备再到厦门。但许多朋友都说：时局不大安定，远行颇不相宜。于是我只好仍回温州。直到转年（即民国二十一年）十月，到了厦门，计算起来，已是第三回了！

到厦门之后，由性愿老法师介绍，到山边岩去住，但其间妙释寺也去住了几天。

那时我虽然没有到南普陀来住，但佛学院的学僧和教职员，却是常常来妙释寺谈天的。

民国二十二年正月廿一日，我开始在妙释寺讲律。这年五月，又移到开元寺去。当时许多学律的僧众，都能勇猛精进，一天到晚地用功，从没有空过的工夫；就是秩序方面也很好，大家都啧啧地称赞着。

有一天，已是黄昏时候了，我在学僧们宿舍前面的大树下立着，各房灯火发出很亮的光；诵经之声，又复朗朗入耳，一时心中觉得有无限的欢慰！可是这种良好的景象，不能长久地继续下去，恍如昙花一现，不久就消失了。但是当时的景象，却很深地印在我的脑中，现在回想起来，还如在大树底下目睹一般。这是永远不会消灭，永远不会忘记的啊！

十一月，我搬到草庵来过年。

民国二十三年二月，又回到南普陀。当时旧友大半散了；佛学院中的教职员和学僧，也没有一位认识的！我这一回到南普陀寺来，是准了常惺法师的约，来整顿僧教育的。后来我观察情形，觉得因缘还没有成熟，要想整顿，一时也无从着手，所以就作罢了。此后并没有到闽南佛学院去。

讲到这里，我顺便将我个人对于僧教育的意见说明一下：

我平时对于佛教是不愿意去分别哪一宗、哪一派的，因为我觉得各宗各派，都各有各的长处。

但是有一点，我以为无论哪一宗哪一派的学僧，却非深信不可，那就是佛教的基本原则，就是深信善恶因果报应的道理——善有善报，恶有恶报；同时还须深信佛菩萨的灵感！这不仅初级的学僧应该这样，就是升到佛教大学也要这样！

善恶因果报应和佛菩萨的灵感道理，虽然很容易懂；可是能彻底相信的却不多。这所谓信，不是口头说说的信，是要内心切切实实去信的呀！

咳！这很容易明白的道理，若要切切实实地去信，却不容易啊！

我以为无论如何，必须深信善恶因果报应和诸佛菩萨灵感的道理，才有做佛教徒的资格！须知善有善报，恶有恶报，这种因果报应，是丝毫不爽的！又须知我们一个人所有的行为，一举一动，以至起心动念，诸佛菩萨都看得清清楚楚！

一个人若能这样十分决定地信着，他的品行道德，自然会一天比一天地高起来！

要晓得我们出家人，就所谓"僧宝"，在俗家人之上，地位是很高的。所以品行道德，也要在俗家人之上才行。

倘品行道德仅能和俗家人相等，那已经难为情了，何况不如？又何况十分的不如呢？……咳！……这样他们看出家人就要十分地轻慢，十分地鄙视，种种讥笑的话，也接连地来了。……

记得我将要出家的时候，有一位住在北京的老朋友写信来劝告我。你知道他劝告的是什么？他说："听到你要不做人，要做僧去。……"

咳！……我们听到了这话，该是怎样地痛心啊！他以为做僧的都不是人，简直把僧不当人看了！你想，这句话多么厉害呀！

出家人何以不是人？为什么被人轻慢到这地步？我们都得自己反省一下！我想：这原因都由于我们出家人做人太随便的缘故；种种太随便了，就闹出这样的话柄来了。

至于为什么会随便呢？那就是由于不能深信善恶因果报应和诸佛菩萨灵感的道理的缘故。倘若我们能够真正生信，十分决定地信，我想就是把你的脑袋斫掉，也不肯随便的了！

以上所说，并不是单单养正院的学僧应该牢记，就是佛教大学的学僧也应该牢记，相信善恶因果报应和诸佛菩萨灵感不爽的道理！

就我个人而论，已经是将近六十的人了，出家已有二十年，但我依旧喜欢看这类的书——记载善恶因果报应和佛菩萨灵感的书。

我近来省察自己，觉得自己越弄越不像了。所以我要常常研究这一类的书，希望我的品行道德，一天高尚一天；希望能够改过迁善，做一个好人；又因为我想做一个好人，同时我也希望诸位都做好人！

这一段话，虽然是我勉励我自己的，但我很希望诸位也能照样去实行！

关于善恶因果报应和佛菩萨灵感的书，印光老法师在苏州所办的弘化社那边印得很多，定价也很低廉。诸位若要看的话，可托广洽法师写信去购请，或者他们会赠送也未可知。

以上是我个人对于僧教育的一点意见。下面我再来说几样事情：

我于民国二十四年到惠安净峰寺去住。到十一月，忽然生了一场大病，所以我就搬到草庵来养病。

这一回的大病，可以说是我一生的大纪念！

我于民国二十五年的正月，扶病到南普陀寺来。在病床上有一只钟，比其他的钟总要慢两刻。别人看到了，总是说这个钟不准。我说："这是草庵钟。"别人听了"草庵钟"三字还是不懂，难道天下的钟也有许多不同的么？现在就让我详详细细地来说个明白：

我那一回大病，在草庵住了一个多月。摆在病床上的钟，是以草庵的钟为标准的。而草庵的钟总比一般的钟要慢半点。

我以后虽然移到南普陀，但我的钟还是那个样子，比平常的钟慢两刻，所以"草庵钟"就成了一个名词了。这件事由别人看来，也许以为是很好笑的吧！但我觉得很有意思！因为我看到这个钟，就想到我在草庵生大病的情形了；往往使我发大惭愧，惭愧我德薄业重。

我要自己时时发大惭愧，我总是故意地把钟改慢两刻，照草庵那钟的样子，不止当时如此，到现在还是如此，而且愿尽形寿，常常如此。

以后在南普陀住了几个月，于五月间，才到鼓浪屿日光岩去。十二月仍回南普陀。

到今年民国二十六年，我在闽南居住，算起来，首尾已是十年了。

回想我在这十年之中，在闽南所做的事情，成功的却是很少很少，残缺破碎的居其大半。所以我常常自己反省，觉得自己的德行，实在十分欠缺！

因此近来我自己起了一个名字，叫"二一老人"。什么叫"二一老人"呢？这有我自己的根据。

记得古人有句诗："一事无成人渐老。"

清初吴梅村（伟业）临终的绝命词有："一钱不值何消说。"

这两句诗的开头都是"一"字，所以我用来做自己的名字，叫做"二一老人"。

因此我十年来在闽南所做的事，虽然不完满，而我也不怎样地去求他完满了！

诸位要晓得：我的性情是很特别的，我只希望我的事情失败，因为事情失败、不完满，这才使我常常发大惭愧！能够晓得自己的德行欠缺，自己的修善不足，那我才可努力用功，努力改过迁善！

一个人如果事情做完满了，那么这个人就会心满意足、洋洋得意，反而增长他贡高我慢的念头，生出种种的过失来！所以还是不去希望完满的好！

不论什么事，总希望他失败，失败才会发大惭愧！倘若因成功而得意，那就不得了啦！

我近来，每每想到"二一老人"这个名字，觉得很有意味！这"二一老人"的名字，也可以算是我在闽南居住了十年的一个最好的纪念！

丁丑（一九三七年）三月二十八日
讲于厦门南普院寺佛教养正院

泉州弘法记

戊寅（一九三八年）旧历正月元旦始，至初十日止，在草庵，讲《华严经·普贤行愿品》。

二十日，到泉州，住承天寺月台别院。

二十六日，在大开元寺，讲《念佛能免灾难》。

二月初一日始，至初十日止，在承天寺，讲《华严经·普贤行愿品》。

十二日，在开元慈儿院，讲释迦牟尼佛在因地中为法舍身事。

十三日，在妇人养老院，讲净土法门。

十四日，在温陵男养老院，讲《劳动与念佛》。

十六日，在崇福寺，讲《三归五戒浅义》。复在救济院，劝念观世音菩萨名号，为院众近百人授三归依。

十七日始，至二十日止，在大开元寺，讲《心经大意》。

二十三日，在朵莲寺，讲《药师如来本愿功德经大意》。

二十六日，在昭昧国学专校，讲《佛教之源流及宗派》。复有他校二处请讲演，未能往。

三月初一日始，至初三日止，在清尘堂，讲《华严大意》。

初五日，往惠安。

初八日，值念佛会，为讲修净土宗者应注意之数事。

初九日，讲《十宗略义》。

初十日，讲《华严五教大意》。学校请演讲，未往。

十一日，归泉州。

二十一日，往厦门，应鼓浪屿了闲社法会请，演讲三日。复往漳州弘法。

十月下旬，在清尘堂，讲《药师如来法门》一次。此讲稿已印行两次。

十一月初旬，在承天寺，讲《金刚经大意》一次。法院曾院长请讲。

十一月下旬，在承天寺，讲《最后之□□》一次，已印行，为养正院学僧讲。

十二月一日始，至正月廿四日，闭关谢客。

己卯正月元旦始，在月台别院，即关房内，讲《药师经》共十日。因阅省府令，将使僧众服兵役事。于正月廿五日在寺演讲一次，安慰僧众，倘此事实行时，愿为力争，并绝食以要求，令大众毋惧。虽往永春，亦仍负责。

二月五日始，在月台别院，讲《裴相发菩提心文》共三日。

二月十日始，在承天寺，讲《药师经》共七日。

二月十九日，在朵莲寺，讲《读诵华严经之灵感事迹》一次。

二月二十日，在光明寺，即世斋堂，讲《持诵药师咒之方法》一次。不久可以印行。

二月二十一日，在同莲寺，讲《净土法门之殊胜》一次。

二月二十二日，在温陵养老院，讲《地藏菩萨之灵感事迹》。

惠安弘法日志

乙亥四月，传贯学弟请余入惠安弘法。始居净山半载，又须奔走乡村。虽未能大宏佛化，而亦随分随力，小有成就。适将掩室日光岩，词源居士以素帖属书。词源惠人，因择录《旅惠日记》付之，聊以为纪念耳。岁次玄枵，月旅姑洗（1935年阴历三月），南山律苑沙门一音。

后二十四年乙亥四月十一日夕，自泉州南门外，乘古帆船航海。

十二日晨，到崇武，改乘小舟，风逆浪大，午前十时抵净峰寺。

十六日，往崇武，居普莲堂。

十七日、十八日、十九日，讲三皈五戒、观音菩萨灵感及净土法门等。

十九日下午，返净山。

二十一日为亡母冥诞，开讲《华严经·普贤行愿品》，五月一日讲竟。

初三日为灵峰蕅益大师圣诞，午后讲大师事迹。

六月七日，始讲《四分律戒本疏行宗记》。（二十一日，第二册讲竟。）

七月三十日，为地藏菩萨圣诞，午后讲《九华山示迹大意》。

八月五日为亡父讳日，开讲《普贤行愿品偈颂》，七日讲竟。听者甚众，大半为耶教徒也。

二十三日，性愿老法师到净峰，二十五日请讲《佛法大要》。

二十七日，请师往崇武晴霞寺，代余讲《法华经·普门品》。二十九日讲讫。每日听众百人左右。

十月将去净峰，留题云："乙亥四月，余居净峰，植菊盈畦。秋晚将归去，犹复含蕊未吐。口占一绝，聊以志别：我到为植种，我行花未开。岂无佳色在？留待后人来。"

二十二日，去净峰，到惠安城，遇诸居士留宿。

二十三日上午，到科峰寺讲演，并为五人证受皈依。下午到泉州。

十一月十九日，复到惠安城，寓黄善人宅。

二十日，到科峰寺讲演，并为十人证受皈依。

二十一日上午，为一人证受皈依。下午乘马，行二十里，到许山头东堡，寓许连木童子宅。

二十二日，在瑞集岩讲演。

二十三日、二十四日，在许童子宅讲演，并为二十人证受皈依及五戒。

二十五日上午，到后尾，寓刘清辉居士菜堂，下午讲演。

二十六日上午，到胡乡，寓胡碧莲居士菜堂，下午开讲《阿弥陀经》。

二十八日讲经竟，为十七人证受皈依及五戒。

二十九日上午，到谢贝，寓黄成德居士菜堂，三十日讲演。

十二月初一日上午，到惠安城，寓李氏别墅，今为某小学校。

初二日，到如是堂讲演，听众近百人。

初三日，到泉州，卧病草庵。

乙亥（一九三五年）十一月书赠曹词源居士

壬丙南闽弘法略志

余以宿缘，三游南闽。始于戊辰，次为己巳，逮及壬申，是最后矣。迄今丙子，首尾五载，辄不自揆，常预讲筵。尔将掩室，因录《弘法略志》，都为一卷，以奉契诚居士。匪曰伐德，亦志吾过，思忏悔耳。去岁弘法惠安，尝记其事，别赠词源贤首。彼所载者，是册悉阙略也。岁集玄枵夏首，南山律苑沙门一音。

壬申十月，在厦门妙释寺念佛会期，讲《净土法门大意》。

十二月，同上，讲《人生之最后》。

癸酉正月十二日，同上，讲《余之改过实验谈》。

正月二十一日始，在妙释寺，开讲《四分律含注戒本》及《戒相表记》。至二十五日，初、二篇讲讫。

三月九日，在万寿岩，讲《随机羯磨》，至五月八日，上卷讲讫。

四月七日，在万寿岩，讲《地藏菩萨灵感》。

八日，讲《授三归依大意》。

五月十五日，在泉州大开元寺，讲《放生与杀生之果报》。

闰五月五日，同上，讲《敬三宝》。

六日，同上，讲《佩玉编》共数次。

七月十一日，在承天寺，讲《常随佛学》。

同日，在大开元寺，讲《读诵华严经文之灵感》。

七月下旬，同上，讲《梵网戒本》。七日讫。

八月十一日，同上，讲《普贤行愿品大意》。三日讫。

八月二十四日，同上，续讲《四分律含注戒本》及《随机羯磨》。
十月初三日讫。

十一月十五日，在草庵，讲《梵网戒本》。三日讫。

十二月一日，讲《药师经》。三日讫。为故瑞意法师回向菩提。

除夕夜，同上，讲蕅益大师"普说"二则。

甲戌元旦，在草庵，开讲《随机羯磨》初、二篇。十四日讲讫。

十九日、二十日，补讲。

二十一日为蕅益大师涅槃日，讲大师遗作二首。

三月十八日，在南普陀寺，讲《行事钞·大盗戒》。四月六日讲
讫。

七月，讲《一梦漫言》。半月余讲讫。

十一月，万寿岩开创念佛堂，讲说三日。

除夕夜，在万寿岩念佛堂讲说。

乙亥元旦，在万寿岩，开讲《阿弥陀经》。七日讫。

二月，在泉州温陵养老院讲说。

二月，在开元慈儿院讲说。

二月，在大开元寺念佛会讲说。

三月，在大开元寺，讲《一梦漫言》。半月讫。

十月，在承天寺戒坛，讲《律学要略》三日。

十一月，同上，讲参学。

除夕，在草庵病榻讲说。

丙子闰三月一日，在南普陀寺，开讲《四分律含注戒本》初、二篇。半月讲讫。

五月，在鼓浪日光岩，讲《净土法门大意》。

丙子（一九三六年）初夏书赠蔡契诚居士

泉州开元慈儿院讲录

我到闽南，已有十年，来到贵院，也有好几回，一回到院，都觉得有一番进步，这是使我很喜欢的。贵院各种课程，都有可观，其最使我满意赞叹的，就是早晚两堂课诵。古语道：人身难得，佛法难闻。诸生倘非夙有善根，怎得来这里读书，又复得闻佛法哩！今这样，真是好极了。诸生得这难得机缘，应各各起欢喜心，深自庆幸才是。

我今讲本师释迦牟尼佛在因地中为法舍身几段故事给诸位听，现在先引《涅槃经》一段来说。释迦牟尼佛在无量劫前，当无佛法时代，曾作婆罗门，这位婆罗门，品格清高，与众不同，发心访求佛法。那时忉利天王在天宫瞧见，要试此婆罗门，有无真心，化为罗刹鬼，状极凶恶，来与婆罗门说法，但是仅说半偈（印度古代的习惯以四句为一偈）。婆罗门听了罗刹鬼所说的半偈很喜欢，要求罗刹再说后半偈，罗刹不肯。婆罗门力求，罗刹便向婆罗门道："你要我说后半偈，也可以，你应把身上的血给我饮，身上的肉给我吃，才可许你。"婆罗门为求法故，即时答应道："我甚愿将我身上的血肉给你。"罗刹以婆罗门既然诚恳地允许，便把后半偈说给他听。婆罗门得闻了后半偈，真觉心满意足，不特自己欢喜，并且把这偈书写在各处，遍传到人间去。婆罗门在各处树木山岩上书写此四句偈后，为维持信用，便想应如何把自己肉血给罗刹吃呢？他就要跑上一棵很高很高的树上，跳跃下来，自谓可以丧了身命，便将血肉给罗刹吃。罗刹那时，看婆罗门不惜身命求法，心中十分感动，当婆罗门在高处舍身跃下，未坠地时，罗刹便现了天王的原形把他接住，这婆罗门因得不死。罗刹原系切利天王所化，欲试试婆罗门的，今见婆罗门求法如此诚恳，自然是十分欢喜赞叹。若在婆罗门因志求无上正法，虽弃舍身命亦何所顾惜呢！刚才所说：婆罗门如此求法困难，不惜身命。诸位现在不要舍身，而很容易的得闻佛法，真是大可庆幸呀！

还有一段故事，也是《涅槃经》上说。过去无量劫时候，释迦牟尼佛，为一很穷困的人，当时有佛出世，见人皆先供养佛然后求法，己则贫穷无钱可供，他心生一计，愿以身卖钱来供佛，就到大街上去卖自己的身体。当在大街上喊卖身时，恰巧遇一病人，医生叫他每日应吃三两人肉，那病人看见有人卖身，便十分欢喜，因向贫人说：'你每日给我三两人肉吃，我可以给你五枚金钱！'这位穷人，听了这话，与那病人商洽说：你先把五枚金钱拿来，我去买东西供养佛，求闻佛法，然后每日把我身上的肉割下给你吃。当时病人应允，即先付金钱。这穷人供佛闻法已毕，即天天以刀割身上的三两肉给病人吃，吃到一个月，病才痊愈。当穷人每天割肉的时候，他常常念佛所说的偈，精神完全贯注在法的方面，竟如没有痛苦，而且不久他的身体也就平复无恙了。这穷人因求法之故，发心做难行的苦行有如此勇猛。诸生现今在这院里求学，早晚皆得闻佛法，不但每日无须割去若干肉，而且有衣穿，有饭吃，这岂不是很难得的好机缘吗？

再讲一段故事，出于《贤愚经》。释迦牟尼佛在因地时候，有一次身为国王，因厌恶终其身居于国王位，没有什么好处，遂发心求闻佛法。当时来了一位婆罗门，对这国王说："王要闻法，可能把身体挖一千个孔，点一千盏灯来供养佛吗？若能如此，便可为你说法。"那国王听婆罗门这句话，便慨然对他说："这有何难，为要闻法，情愿舍此身命，但我现有些少国事未了，容我七天，把这国事交下着落，便就实行。"到第七天，国事办完，王便欲在身上挖千个孔，点千盏灯，那时全国人民知道此事，都来劝阻。谓大王身为全国人民所依靠，今若这样牺牲，全国人民将何所赖呢？国王说："现在你们依靠我，我为你们做依靠，不过是暂时，是靠不住的，我今求得佛法，将来成佛，当先度化你们，可为你们永远的依靠，岂不更好，请大家放心，切勿劝阻。"那时国王马上就实行起来。呼左右将身上挖了一千孔，把油盛好，灯心安好，欣然对婆罗门说："请先说法，然后点灯。"婆罗门答应，就为他说法。国王听了，无限的满足，便把身上一千盏灯，齐点起来，那时万众惊骇呼号。国王乃发大誓愿道："我为求法，来舍身命，愿我闻法以后，早成佛道，以大智慧光普照一切众生。"这声音一发，天地都震动了，灯光晃耀之下，诸天现前，即问国王："你身体如此痛苦，你心里也后悔吗？"国王答："绝不后悔。"后来国王复向空中发誓言："我这至诚求法之心，果能永久不悔，愿我此身体即刻回复原状。"话说未已，至诚所感，果然身上千个火孔，悉皆平复，并无些少创痕。刚才所说，闻法有如此艰难，诸生现在闻法则十分容易，岂不是诸生有大幸福吗！自今以后，应该发勇猛精进心，勤加修习才是！

以前我曾居住开元寺好几次，即住在贵院的后面，早晚闻诸生念佛念经很如法，音声亦甚好听，每站在房门外听得高兴。因各种课程固好，然其他学校也是有的，独此早晚二堂课诵，是其他学校所无，而贵院所独有的，此皆是贵院诸职教员善于教导，和你们诸位努力，才有这十分美满的成绩，我希望贵院，今后能够继续精进努力不断的进步，规模益扩大，为全国慈儿院模范，这是我最后殷勤的希望。

戊寅（一九三八年）二月

最后之□□

【按】本文标题后二字空缺，根据弘一大师本意及通篇主旨，这两个字当作"忏悔"为是，意在表明其"悔过自新"之意。

佛教养正院已办有四年了。诸位同学初来的时候，身体很小，经过四年之久，身体皆大起来了，有的和我也差不多。啊！光阴很快。人生在世，自幼年至中年，自中年至老年，虽然经过几十年之光景，实与一会儿差不多。就我自己而论，我的年纪将到六十了，回想从小孩子的时候起到现在，种种经过如在目前。啊！我想我以往经过的情形，只有一句话可以对诸位说，就是"不堪回首"而已。

我常自来想，啊，我是一个禽兽吗？好像不是，因为我还是一个人身。我的天良丧尽了吗？好像还没有，因为我尚有一线天良常常想念自己的过失。我从小孩子起一直到现在都埋头造恶吗？好像也不是，因为我小孩子的时候，常行袁了凡的功过格，三十岁以后，很注意于修养。初出家时，也不是没有道心。虽然如此，但出家以后一直到现在，便大不同了。因为出家以后二十年之中，一天比一天堕落，身体虽然不是禽兽，而心则与禽兽差不多。天良虽然没有完全丧尽，但是惛愦糊涂，一天比一天厉害，抑或与天良丧尽也差不多了。讲到埋头造恶的一句话，我自从出家以后，恶念一天比一天增加，善念一天比一天退失，一直到现在，可以说是醇乎其醇的一个埋头造恶的人，这个也无须客气，也无须谦让了。

就以上所说看起来，我从出家后已经堕落到这种地步，真可令人惊叹。其中到闽南以后十年的功夫，尤其是堕落的堕落。去年春间曾经在养正院讲过一次，所讲的题目，就是《南闽十年之梦影》，那一次所讲的，字字之中，都可以看到我的泪痕，诸位应当还记得吧。

可是到了今年，比去年更不像样子了。自从正月二十到泉州，这两个月之中，弄得不知所云。不只我自己看不过去，就是我的朋友也说我以前如闲云野鹤，独往独来，随意栖止，何以近来竟大改常度，到处演讲，常常见客，时时宴会，简直变成一个"应酬的和尚"了！这是我的朋友所讲的。啊！"应酬的和尚"这五个字，我想我自己近来倒很有几分相像。

如是在泉州住了两个月以后，又到惠安到厦门到漳州，都是继续前稿。除了利养，还是名闻；除了名闻，还是利养。日常生活，总不在名闻利养之外，虽在瑞竹岩住了两个月，稍少闲静，但是不久，又到祈保亭冒充善知识，受了许多的善男信女的礼拜供养，可以说是惭愧已极了。

九月又到安海，住了一个月，十分的热闹。近来再到泉州，虽然时常起一种恐惧厌离的心，但是仍不免向这一条名闻利养的路上前进。可是近来也有件可庆幸的事，因为我近来得到永春十五岁小孩子的一封信。他劝我以后不可常常宴会，要养静用功。信中又说起他近来的生活，如吟诗、赏月、看花、静坐等，洋洋千言的一封信。啊！他是一个十五岁的小孩子，竟有如此高尚的思想，正当的见解。我看到他这一封信，真是惭愧万分了。我自从得到他的信以后，就以十分坚决的心，谢绝宴会，虽然得罪了别人，也不管他，这个也可算是近来一件可庆幸的事了。

虽然是如此，但我的过失也太多了，可以说是从头至足，没有一处无过失，岂只谢绝宴会，就算了结了吗？尤其是今年几个月之中，极力冒充善知识，实在是太为佛门丢脸。别人或者能够原谅我，但我对我自己，绝不能够原谅，断不能如此马马虎虎地过去。所以我近来对人讲话的时候，绝不顾惜情面，决定赶快料理没有了结的事情，将"法师""老法师""律师"等名目，一概取消，将学人侍者等一概辞谢，孑然一身，遂我初服，这个或者亦是我一生的大结束了。

啊！再过一个多月，我的年纪要到六十了。像我出家以来，既然是无惭无愧，埋头造恶，所以到现在所做的事，大半支离破碎不能圆满，这个也是份所当然。只有对于养正院诸位同学，相处四年之久，有点不能忘情。我很盼望养正院从此以后，能够复兴起来，为全国模范的僧学院。可是我的年纪老了，又没有道德学问，我以后对于养正院，也只可说"爱莫能助"了。

啊！与诸位同学谈得时间也太久了，且用古人的诗来作临别赠言。诗云：

> 未济终焉心缥缈　万事都从缺陷好
> 吟到夕阳山外山　古今谁免余情绕

戊寅（一九三八年）十一月十四日
在厦门南普陀寺佛教养正院同学会席上讲　瑞今法师记

弘一大师最后一言
——关于写字的方法

我到闽南这边来，已经有十年之久了。

前几年冬天的时候，我也常常到南普陀寺来，看到大殿、观音殿及两廊旁边的栏杆上，排列了很多的花，尤其正在过年的时候，更是多得很，多得很。

其中有一种名叫"一品红"的（按闽南人称为圣诞花，其顶端之叶均作红色。学名为Euphorbia Pulcherrima）颜色非常地鲜明，非常地好看；可以说是南国特有的一种风味，特有的色彩。每当残冬过去、春天快到来的时候，把它摆出来，好像是迎春的样子，而气象确也为之一新。

　　我于去年冬天到这里来，心中本来预料着，以为可以看到许多的"一品红"了。岂知一到的时候，空空洞洞，所看到的，尽是其他的花草，因而感到很伤心。为什么？以前那么多的"一品红"现在到哪里去了呢？找来找去，找了很久，只在那新功德楼的地方，发现了三棵，都是憔悴不堪，颜色不大鲜明很怨惨的样子。也没有什么人要去赏玩了。于是使我联想到佛教养正院：过去的时候，也曾经有很光荣的历史，像那些"一品红"一样，欣欣向荣，有无限生机；可是现在，则有些衰败的气象了。

　　养正院开办已经三年了，这期间自然有很多可纪念的事迹，可是观察其未来，则很替它悲观，前途很不堪设想。我现在在南普陀这里，还可以看到养正院的招牌，下一次再来的时候，恐怕看不到了。这一次，也许可以说是我"最后的演讲"。

一

　　这一次所要讲的，是这里几位学生的意思——要我来讲"关于写字的方法"。

　　我想写字这一回事，是在家人的事，出家人讲究写字有什么意思呢？所以，这一讲讲写字的方法，我觉得不对。因为出家人假如只会写字，其他学问一点也不知道，尤其不懂得佛法，那可以说是佛门的败类。须知出家人不懂得佛法，只会写字，那是可耻的。出家人唯一的本分，就是要懂得佛法，要研究佛法。不过，出家人并不是绝对不可以讲究写字的，但不可用全副精神，去应付写字就对了；出家人固应对于佛法全力研究，而于有空的时候，写写字也未尝不可。写字如果写到了有些样子能写对子、中堂来送与人，以作弘法的一种工具，也不是无益的。

　　倘然只能写得几个好字，若不专心学佛法，虽然人家赞美他字写得怎样的好，那也不过是"人以字传"而已。我觉得：出家人字虽然写得不好，若是很有道德，那么他的字是很珍贵的，结果是能够"字以人传"；如果对于佛法没有研究，而且没有道德，纵能写得很好的字，这种人在佛教中是无足轻重的了，他的人本来是不足传的。即能"人以字传"——这是一桩可耻的事，就是在家人也是很可耻的。

今天虽然名为讲写字的方法其实我的本意是要劝诸位来学佛法的。因为大家有了行持，能够研究佛法，才可利用闲暇时间，来谈谈写字的法子。

关于写字的源流、派别，以及笔法、章法、用墨……古人已经讲得很清晰了，而且有很多的书可以参考，我不必多讲。现在只就我个人关于写字的心得及经验，随便来说一说。

诸位写字的成绩很不错。但是每天每个人只限定写一张，而且只有一个样子是不对的。每天练习写字的时候，应该将篆书、大楷、中楷、小楷四个样子，都要多多地写与练习。如果没有时间，关于中楷可以略掉；至于其他的字样，是缺一不可的，且要多练习才对。我有一点意见，要贡献给诸位，下面说的几种方法，我认为是很重要的。

二

我对于发心学写字的人，总是劝他们：先由篆字学起。为什么呢？有几种理由：

（一）可以顺便研究《说文》，对于文字学，便可以有一点常识了。因为一个字一个字都有它的来源，并不是凭空虚构的，关于一笔一划，都不能随随便便乱写的。若不学篆书，不研究《说文》，对于字学及文字的起源就不能明白——简直可以说是不认得字啊！所以写字若由篆书入手，不但写字会进步，而且也很有兴味的。

（二）能写篆字以后，再学楷书，写字时一笔一划，也就不会写错的了。我以前看到养正院几位学生所抄写的稿子，写错的字很多很多。

要晓得：写错了字，是很可耻的——这正如学英文的人一样，不能把字母拼错一个。若拼错了字，人家怎么认识呢？写错了我们自己的汉文字，更是不可以的。我们若先学会了篆书，再写楷字时，那就可以免掉很多错误。此外，写篆字也可以为写隶书、楷书、行书的基础。学会了篆字之后，对于写隶书、楷书、行书就很容易——因为篆书是各种写字的根本。

若要写篆字的话，可以先参看《说文》这一类的书。有一部清人吴大澂（音同"征"）的《说文部首》，那是不可缺少的。因为这部书很好，便于初学，如果要学写字的话，先研究这一部书最好。

既然要发心学写字的话，除了写篆字而外，还有大楷、中楷、小楷，这几样都应当写。我以前小孩子的时候，都通通写过的。至于要学一尺二尺的字，有一个很简便的方法：那就可用大砖来写，平常把四块大砖拼合起来，做成桌面的样子而且用架子架起来也可以当桌子用；要学写大字，却很方便，而且一物可供两用了。

大笔怎样得到呢？可用麻扎起来做大笔，要写时，就可以任意挥毫。大砖在南方也许不多，这里倒有一个方面可以替代：就是用水门汀拼起来成为桌子。而用麻来写字，这都是一样了。这样一来，既可练习写字，而纸及笔，也就经济得多了。

篆书、隶书及至行书都要写，样样都要学才好；一切碑帖也都要读，至少要浏览一下才可以。照以上的方法学了一个时期以后，才可专写一种或专写一体。这是由博而约的方法。

三

至于用笔呢？算起来有很多种，如羊狼毫、兔毫等。普通是用羊毫，紫毫及狼毫亦可用，并不限定哪一种。最要注意的一点，就是写大字须用大笔，千万不可用小笔！用小的笔写大字，那是很错误的。宁可用大笔写小字，不可以用小笔写大字。

还有纸的问题。市上所售的油光纸是很便宜的，但太光滑，很难写。若用本地所产的粗纸，就无此毛病的了。我的意思：高年级的同学可用粗纸，低年级的可用油光纸。

此地所用的有格子的纸，是不大适合的，和我们从前的九宫格的纸不同。以我的习惯而论，我用九宫格的方法，就不是这样子。现在画在下面，并说明我的用法。

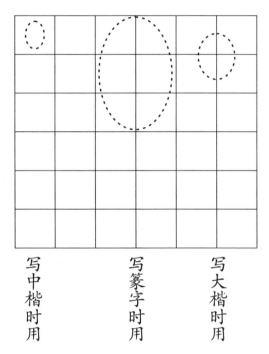

写中楷时用　　写篆字时用　　写大楷时用

若用这种格子的纸，写起字来，是很方便的，这样一来，每个字都有规矩绳墨可守的。如果写大楷时，两线相交的地方，成了一个十字形，就不致上下左右不对称了。要晓得：写字总不能随随便便。每个字的地位要很正，要不偏左不偏右，不上不下，要有一定的标准。因为线有中心点，初学时注意此线，则写起字来，自然会适中、很"落位"了。

平常写字时，写这个字，眼睛专看这个字，其余的字就不管，这也是不对的。因为上面的字，与下面的字都有关系的——即全部分的字，不论上下左右，都必须连贯才可以。这一点很要紧，须十分注意。不可以只管写一个字，其余的一切不去管它。因为写字要使全体都能够配合，不能单就每个字去看的。

再有一点须十分注意的：当我们写字的时候，切不可倚在桌上，须使腕高高地悬起来，才可以运用如意。

写中楷悬腕固好，假如肘部要倚着，那也无妨。至于小楷，则可以倚在桌上，不必悬腕的。

四

以上所说的，是写字的初步法门。现在顺便讲讲关于写对联、中堂、横披（即"横批"）、条幅等的方法。

我们写对联或中堂，就所写的一幅字而论，是应该有章法的。普通的一幅中堂，论起优劣来，有几种要素须注意的。现在估量其应得的分数如下：

章法五十分、字三十五分、墨色五分、印章十分。

就以上四种要素合起来，总分可以算上一百分。其中并没有平均的分数。我觉得其差异及分配法，当照上面所分配的样子才可以。

一般人认为每个字都很要紧，然而依照上面的记分，只有三十五分。大家也许要怀疑，为什么章法反而占多数呢？就章法本身而论，它之所以占着重要的原因，理由很简单——在艺术上有所谓三原则，即：（一）统一、（二）变化、（三）整齐。

这在西洋绘画方面是认为很重要的。我便借来用在此地，以批评一幅字的好坏。我们随便写一张字，无论中堂或对联，普通将字排列起来，或横或直，首先要能够统一，字与字之间，彼此必须互相联络、互相关系才可以的。

就写字的章法而论，大略如此。说起来很简单，却不是一蹴可就的。这需要经验的，多多地练习，多看古人的书法及碑帖，养成赏鉴艺术的眼光，自己能常去体认，从经验中体会出来，然后才可以慢慢地养成，有所成就。

所谓墨色要怎样才可以？即质料要好，而墨色要光亮才对。还有，印章盖坏了，也是不可以的。盖的地方要位置适中，很落位才对。同事印章当然要刻得好，印章上的字须写得好。至于印色，也当然要好的。盖用时，可盖以一颗两颗。印章有圆的方的，大的小的不一，且有种种的区别。如何区别及使用呢？那就要于写字之后再注意盖用，因为它也可以补救写字时章法的不足。

五

以上所说的，是关于写字的基本法则。可当作一种规矩及准绳讲，不过是一种呆板的方法而已。

写字最好的方法是怎样，用哪一种方法才可以达到顶好顶好的呢？我想诸位一定很热心地要问。

我想了又想，觉得要写好字，还是要多多地练习，多看碑，多看帖才对，那就自然可以写得好了。

诸位或者要说，这是普通的方法，假如要达到最高的境界须如何呢？我没有办法再回答。曾记得《法华经》有云："是法非思量分别之所能解。"我便用这句子，只改了一个字，那就是"是字非思量分别之所能解"了。因为世间上无论哪一种艺术，都是非思量分别之所能解的。

即以写字来说，也是要非思量分别才可以写得好的。同时要离开思量分别，才可以鉴赏艺术，才能达到艺术的最上乘的境界。

记得古来有一位禅宗的大师，有一次人家请他上堂说法，当时台下的听众很多，他登台后默默地坐一会儿以后，即说："说法已毕。"便下堂了。所以，今天就写字而论，讲到这里，我也只好说"谈写字已毕了"。

假如诸位用一张白纸（完全是白的），没有写上一个字，送给教你们写字的法师看，那么他一定说："善哉，善哉！写得好，写得好！"

诸位听了我所讲的以后，要明白我的意思——学佛法最为要紧。如果佛法学得好，字也可以写得好的。不久会泉法师要在妙释寺讲《维摩经》，诸位有空的时候，要去听讲，要去研究。经典要多多地参考，才能懂得佛法。

我觉得最上乘的字或最上乘的艺术，在于从学佛中得来。要从佛法研究出来，才能达到最上乘的地步。所以诸位若学佛法有一分的深入，那么字也会有一分的进步，能十分地去学佛法，写字也可以十分的进步。

今天所说的已经很够了。奉劝诸位：以后要勤求佛法，深研佛法。

丁丑（一九三七年）三月二十八日
在厦门南普陀佛教养正院讲 高文显笔记

第七章　慧语警句

晚晴集

【按】弘一大师晚年自号"晚晴老人"，1941年夏掩关福林寺，录写佛经祖语警句102句，辑为此集，时年62岁。大师尤重晚节，此集可谓大师晚年心声的另一种宣畅。集子所录箴言从初发心到成就净业，循序渐进，道次分明，可做修行之导航，也可为处世之律范。大师以古为师，以苦为师，持戒念佛，往生西方。正如集中所言："生宏律范，死归安养"，永为后世佛子楷模。

1. 若失本心，即当忏悔，忏悔之法，是为清凉。（《金刚三昧经》）

2. 菩萨若能随顺众生，则为随顺供养诸佛。若于众生尊重承事，则为尊重承事如来。若令众生生欢喜者，则令一切如来欢喜。（《华严经·普贤行愿品》）

3. 我若多嗔及怨结者，十方现在诸佛世尊皆应见我，当作是念：云何此人欲求菩提而生嗔恚及以怨结？此愚痴人，以嗔恨故，于自诸苦不能解脱，何由能救一切众生？（《华严经·修慈分》）

4. 迦叶白佛：我等从今，当于一切众生生世尊想。若生轻心，则

为自伤。佛言：善哉快论。（《首楞严三昧经·依宝王论节文》）

5. 应代一切众生受加毁辱，恶事向自己，好事与他人。（《梵网经》）

6. 离贪嫉者能净心中贪欲云翳，犹如夜月，众星围绕。（《理趣六波罗蜜多经》）

7. 生死不断绝，贪欲嗜味故，养怨入丘冢，虚受诸辛苦。（《大宝积经·富楼那会》）

8. 是身如掣电，类乾闼婆城，云何于他人，数生于喜怒？（《诸法集要经》）

9. 嗔恚之害则破诸善法，坏好名闻，今世后世，人不喜见。（《佛遗教经》）

10. 行少欲者，心则坦然，无所忧畏，触事有余，常无不足。（《佛遗教经》）

11. 身语意业不造恶，不恼世间诸有情，正念观知欲境空，无益之苦当远离。（《有部律》周利槃陀伽尊者，三月不能诵得，即此伽陀也）

12. 名誉及利养，愚人所爱乐，能损害善法，如剑斩人头。（《有部律》）

13. 世间色声香味触，常能诳惑一切凡夫，令生爱着。（智者大师）

14. 嗔是失佛法之根本，坠恶道之因缘，法乐之冤家，善心之大贼，种种恶口之府藏。（智者大师）

15. 凡夫学道法，唯可心自知，造次向他道，他即反生诽。谛观少言说，人重德能成，远众近静处，端坐正思惟。但自观身行，口勿说他短，结舌少论量，默然心柔软。无知若聋盲，内智怀实宝，头陀乐闲静，对修离懈惰。（道宣律师）

16. 处众处独，宜韬宜晦，若哑若聋，如痴如醉，埋光埋名，养智

养慧，随动随静，忘内忘外。（翠严禅师）

17．我且问你，忽然临命终时，你将何抵敌生死？须是闲时办得下，忙时得用，多少省力。休待临渴掘井，做手脚不迭，前路茫茫，胡钻乱撞。苦哉苦哉。（黄檗禅师）

18．鼻有墨点，对镜恶墨，但揩于镜，其可得耶？好恶是非，对之前境，不了自心，但尤于境，其可得耶？洗分别之鼻墨，则一镜圆净矣。万境咸真矣。执石成宝矣。众生即佛矣。（飞锡法师）

19．修行人大忌说人长短是非，乃至一切世事非干己者，口不可说，心不可思。但口说心思，便是昧了自己。若专炼心，常搜己过，那得工夫管他家屋里事？粉骨碎身，唯心莫动。收拾自心如一尊木雕圣像坐在堂中，终日无人亦如此。幡盖簇拥香花供养亦如此。赞叹亦如此。毁谤亦如此。修行人常常心上无事，时时刻刻体究自己本命元辰端的处。（盘山禅师）

20．元无我人，为谁贪嗔？（圭峰法师）

21．报缘虚幻，不可强为。浮世几何，随家丰俭。苦乐逆顺，道在其中。动静寒温，自愧自悔。（佛眼禅师）

22．学道人逐日但将（只要将）检点他人底工夫，常自检点，道业无有不办，或喜或怒或静或闹，皆是检点时节。（大慧禅师）

23．化人问幻士，谷响答泉声，欲达吾宗旨，泥牛水上行。（永明禅师）

24．千峰顶上一茅屋，老僧半间云半间，昨夜云随风雨去，到头不似老僧闲。（归宗芝庵禅师）

25．过去事已过去了，未来不必预思量；只今便道即今句，梅子熟时栀子香。（石屋禅师）

26．即今休去便休去，若觅了时无了时。（云峰禅师）

27．琐琐含生营营来去者，等彼器中蚊蚋，纷纷狂闹耳。一化而生，再化而死，化海漂荡，竟何所之？梦中复梦，长夜冥冥，执虚为

实，曾无觉日，不有出世之大觉大圣，其孰与而觉之欤？（仁潮禅师）

28. 纵宿业深厚，不能顿断，当方便制抑，自劝自心。（妙禅师）

29. 放开怀抱，看破世间，宛如一场戏剧，何有真实？（莲池大师）

30. 达宿缘之自致，了万境之如空，而成败利钝，兴味萧然矣。（莲池大师）

31. 伊庵权禅师用功甚锐。至晚，必流涕曰：今日又只恁么空过，未知来日工夫如何？师在众，不与人交一言。（莲池大师）

32. 畏寒时欲夏，苦热复思冬，妄想能消灭，安身处处同。草食胜空腹，茅堂过露居，人生解知足，烦恼一时除。（莲池大师）

33. 人之过恶深重者，亦有效验。或心神昏塞转头即忘；或无事而常烦恼；或见君子而赧然消沮；或闻正论而不乐；或施惠而人反怨；或夜梦颠倒；甚则妄言失志，皆作孽之相也。苟一类此，即须奋发，舍旧图新，幸勿自误！（袁了凡）

34. 只"强顺人情，勉就世故"八个字，误却你一生大事。道业未成，无常至速！急宜敛迹韬光，一心向道，不得再误！（《西方确指》）

35. 深潜不露，是名持戒，若浮于外，未久必败。有口若哑，有耳若聋，绝群离俗，其道乃崇。（《西方确指》）

36. 种种恶逆境界，尽情看作真实受益之处。名利、声色、饮食、衣服、赞誉、供养种种顺情境界，尽情看作毒药毒箭（蕅益大师）

37. 将身心世界全体放下，作一超方特达之观。（蕅益大师）

38. 善友罕逢，恶缘偏盛，非咬钉嚼铁，刻骨镂心，何以自拔哉？（蕅益大师）

39. 何不趁早放下幻梦尘劳，勤修戒定智慧？（蕅益大师）

40. 勿贪世间文字诗词而碍正法！勿逐悭、贪、嫉妒、我慢，鄙覆习气，而自毁伤！（蕅益大师）

41. 内不见有我，则我无能；外不见有人，则人无过；一味痴呆，深自惭愧！劣智慢心痛自改革！（蕅益大师）

42. 篱菊数茎随上下，无心整理任他黄，后先不与时花竞，自吐霜中一段香。（诵帚禅师）

43. 从今以后，愿遁世不见知而不悔，作一斋公斋婆，向厨房灶下安隐过日，今生不敢复作度人妄想。（彭二林）

44. 幸赖善缘得闻法要，此千生万劫转凡成圣之时。尚复徘徊歧路，乍前乍却，则更历千生万劫，亦如是而止耳！况辗转沦陷，更有不可知者哉？（彭二林）

45. 轮转生死中，无须臾少息，犹复熙熙如登春台，曾不知佛与菩萨为之痛心而惨目也。（彭二林）

46. 汝信心颇深，但好张罗及好游、好结交，实为修行一大障，祈沉潜杜默，则其益无量。戒之！（印光大师）

47. 汝是何等根机，而欲法法咸通耶？其急切纷扰，久则或致失心。（印光大师）

48. 当主敬存诚，于二六时中，不使有一念虚浮怠忽之相，及与世人酬酢，唯以忠恕为怀，则一切时，一切处，恶念自无从而起。（印光大师）

49. 直须将一个死字挂到额颅上。（印光大师）

50. 若善男子、善女人，闻说净土法门，心生悲喜，身毛为竖如拔出者。当知此人，此过去宿命已作佛道来也。（《无量清净平等觉经》，依迦才《净土论》引文）

51. 汝今亦可自厌生死老病痛苦，恶露不净，无可乐者！（《无量寿经》）

52. 无忧恼处，我当往生，不乐阎浮提浊恶世也。（《观无量寿佛经》）

53. 才有病患，莫论轻重，便念无常，一心待死。（善导大师）

54. 我未曾见闻，慈悲而行恼，互共相嗔恚，愿生阿弥陀。若人如恒河，恶口加刀杖，如是皆能忍，则生清净土。（《诸法无行经》）

55. 生宏律范，死归安养，平生所得，唯二法门。（灵芝元照律师）

56. 凡闻恶声，则念阿弥陀佛以消禳之，愿一切人不为恶行。凡见善事，则念阿弥陀佛以赞助之，愿一切人皆为善行。无事则默念阿弥陀佛，常在目前，便念念不忘。能如此者，其于净土决定往生。（王龙舒）

57. 人生能有几时？电光眨眼便过！趁未老未病，抖身心，拨世事；得一日光景，念一日佛名；得一时工夫，修一时净业；由他命终，我之盘缠预办，前程稳当了也。若不如此，后悔难追！（天如禅师）

58. 如就刑戮，若在狴牢，怨贼所追，水火所逼；一心求救，愿脱苦轮。（天如禅师）

59. 于此土声色诸境，作地狱想、苦海想、火宅想。诸宝物作苦具想。饮食衣服，如脓血铁皮想。（妙什禅师）

60. 此界释迦已灭，弥勒未生，贤圣隐伏。众生奔波苦海，犹失父之儿，若不以极乐愿王为归，谁为救护？（妙什禅师）

61. 闻教便行，奚待更劝？（妙什禅师）

62. 惟名闻利养，甜爱软贼，及嗔心嗔火；虽有佛力，不能救焉！行者当深加精进，以攘却之！（妙什禅师）

63. 又复当护人心，勿使夸嫌，动用自若；息世杂善，不贪名利，将过归己，捐弃伎能，惟求往生。（妙什禅师）

64. 娑婆有一爱之不轻，则临终为此爱所牵；矧（况且，亦）多爱乎？极乐有一念之不一，则临终为此念所转；矧多念乎？（幽溪法师）

65. 若生恩爱时，当念净土眷属无有情爱，何当得生净土？远离此爱。若生嗔恚时，当念净土眷属无有触恼，何当往生净土？得离此嗔。若受苦时，当念净土无有众苦，但受诸乐。若受乐时，当念净土之乐，

无央无待。凡历缘境，皆以此意而推广之，则一切时处，无非净土之助行也。（幽溪法师）

66. 如何说得娑婆苦？苦事纷纷等猬毛！（西斋禅师）

67. 当屏人独处，自办道业，以设像为师，经论为侣。（袁宏道）

68. 五浊恶世，寒热苦恼，秽相熏炙，不容一刻居住。（袁宏道）

69. 问：人不信净土，恐只是本来福薄？答：此言甚是！（莲池大师）

70. 余下劣凡夫，安分守愚，平生所务，惟是南无阿弥陀佛六字。今老矣！倘有问者，必以此答。（莲池大师）

71. 当生大欢喜，切勿怀忧恼，万缘俱放下，但一心念佛。往生极乐国，上品莲花生，见佛悟无生，还来度一切。（莲池大师）

72. 世情淡一分，佛法自有一分得力。娑婆活计轻一分，生西方便有一分稳当。弹指归安养，阎浮不可留。（蕅益大师）

73. 归命大慈父，早出娑婆关。（蕅益大师）

74. 世之最可珍重者，莫过精神；世之最可爱惜者，莫过光阴；一念净即佛界缘起，一念染即九界生因，凡动一念即十界种子，可不珍重乎？是日已过，命亦随减，一寸时光即一寸命光，可不爱惜乎？苟知精神之可珍重，则不浪用，则念念执持佛名。光阴不虚度，则刻刻熏修净业。（彻悟禅师）

75. 悲哉众生！欲念未除，道根日坏。佛之视汝，将何以堪？（彭二林）

76. 子等归向极乐，全须打得一副全铁心肠，外不为六尘所染；内不为七情所锢；污泥中便有莲花出现也。（彭二林）

77. 莲花种子，荣悴由人。时不相待，珍重！珍重！（彭二林）

78. 上品见佛速，下品见佛迟，虽有迟速异，终无退转时。参禅病着相，念佛贵断疑，实实有净土，实实有莲池。（张守约）

79. 念阿弥陀佛，正觉圆满之名；观极乐世界，清净庄严之相；如此滞着，只怕未能切实；果能切实，则世间种种幻化妄缘，自当远离。

（悟开禅师）

80. 随忙随闲，不离弥陀名号，顺境逆境，不忘往生西方（印光法师。以下悉同）

81. 诚与恭敬，实为超凡入圣，了生脱死之极妙秘诀。

82. 业障重、贪嗔盛、体弱、心怯、但能一心念佛，久之自可诸疾咸愈。

83. 佛固不见弃于罪人，当承兹行以往生耳。

84. 须信娑婆实实是苦，极乐实实是乐，深信佛言，了无疑惑。

85. 应发切实誓愿，愿离娑婆苦，愿得极乐乐。其愿之切，当如堕厕坑之急求出离；又如系牢狱之切念家乡；己力不能自出，必求有大势力者提拔令出。

86. 业识未消，三昧未成，纵谈理性，终成画饼。

87. 入理深谈，且缓数年！

88. 一句南无阿弥陀佛，只要念得熟，成佛尚有余裕！不学他法，又有何憾？

89. 汝虽于净土法门，颇生信心；然犹有好高骛胜之念头，未能放下，而未肯以愚夫愚妇自命。

90. 其有平日自命通宗通教，视净土若秽物，恐其污己者；临终多是手忙脚乱，呼爷叫娘。

91. 汝妄想之心遍天遍地，不知息心念佛，所谓向外驰求，不知返照回光。

92. 今见好心出家在家四众，多是好高骛远，不肯认真专修净业，总由宿世善根浅薄，今生未遇通人。

93. 当今之时，其世道局势，有如安卧积薪之上，其下已发烈火，尚犹悠忽度日，不专志求救于一句佛号，其知见之浅近甚矣。

94. 心跳恶梦，乃宿世恶业所现之兆。然现境虽有善恶，转变在乎自己，恶业现而专心念佛，则恶因缘为善因缘。

95. 当恪守净宗列祖成规，持斋念佛，改恶修善，知因识果，植福培德，以企现生消除业障，临终正念往生，庶不虚此一生，及亲为如来弟子耳。

96. 但当志心念佛，以消旧业，断不可起烦躁心，怨天尤人。

97. 具缚凡夫，若无贫穷疾病等苦，将日奔驰于声色名利之场而莫之能已。谁肯于得意烜赫之时，回首作未来沉溺之想乎？

98. 欲得佛法实益，须向恭敬中求，有一分恭敬，则消一分罪业，增一分福慧。

99. 念佛要时常作将死、将堕地狱想，则不恳切亦自恳切，不相应亦自相应，以怖苦心念佛，即是出苦第一妙法，亦是随缘消业第一妙法。

100. 末法众生，无论有善根无善根，皆当决定专修净土；善根有，固宜努力，无，尤当笃培。

101. 汝须自知好歹，修行要各尽其分，潜修默契方可，急急改过摄心念佛。

寒笳集
——蕅益大师警训略录

应以猛切心治姑待心，常念时不待人，一蹉便成百蹉；以殷重心治轻忽心，一言有益于己，便应着眼铭心；以深广心治将就心，期待誓同先哲，举措莫类时流。三若缺一，学道难矣。

流俗知见，不可入道。我慢习气，不可求道。未会先会，不可语道。宴安怠惰，不可学道。顾是惜非，不可谋道。自信己意，不可问道。舍动求静，不可养道。弃教参禅，不可得道。依文解义，不可会道。欲速喜近，不可悟道。隔小于大，不可见道。执秽为净，不可知道。厌常喜新，不可趋道。乐简畏繁，不可明道。将就苟且，不可修道。得少为足，不可证道。惟超群拔俗，谦己虚心；忍苦捍劳，亲近知识；触处体会，以教印心；广大悠久，事理双备；栖神净域，履蹈典型；博通古今，特达勇锐；深心无极，誓穷法海源底（以上二行之文与前段对之，其义相反可知），乃真实男子、出世丈夫。

夫比丘者，体预僧宝之尊，职绍佛法之种，须超群拔俗，迥脱流俗知见，方无愧厥名。倘故辙不改，则一举一动，罪案如山。一旦业风吹去，袈裟下失却人身，苦中之苦。人间五十年，四王天一昼夜，有何实法可恋？若不急寻出要，宁唯一错百错，尘沙劫数，未有了期。血性汉子，能勿悚然在念乎？

有出格见地，方有千古品格；有千古品格，方有超方学问；有超方学问，方有盖世文章。今文章、学问不从立品格始，品格不从开见地始，是之楚而北其辕也。呜呼！习俗移人，贤智不免，狃一时耳目，忘旷劫因缘。非以理夺情，以性违习，安能洞开见地，使文章、事业一以贯之也哉！

习气不除，无出生死分。然习气熏染，非一朝一夕之故，不痛加锥拶，何由顿革？须猛念身世无常，幻缘虚假，人道难生，佛乘难遇。失此不求度脱，千生万劫何期？便将是非人我，体面界墙，身见慢幢，爱染情性，全体放下，不复踌躇。将如来出世要法，彻底承当，爱乐受持，精勤趋向。自然福慧增长，日造深微。（下略）

（上略）今时释子，只图作宗、法、律师，设无出头一着，虽顿超佛地者亦不顾矣。本发心，原非为菩提大道，旷劫远猷。故一受戒，兢兢钵杖表相；一听讲，孜孜消文为事；一参禅，念念机锋是务。至应期、禁足、闭关等，皆百年活计、人世公案，本分事千万重矣。彼于微妙佛道，仅从经本上依稀闻解，未尝亲知灼见，终属半信半疑。于眼前活计，未尝谛观三界空、苦、无常，终觉放他不下。虽学成语，陵驾佛祖，实一时高兴，或初生牛犊不畏虎，或童竖戏剧自称天王，未尝以佛祖自期也。间有发胜志者，不能到底唯为菩提一事，或被名利改节。虽云渐变初心，仍是因中夹带，不可不慎思而痛励也。

（上略）倘名关未破，利锁未开，藉言弘法利生，止是眼前活计。一点偷心，万劫缠绕。纵透尽千七百公案，讲尽三乘十二分教，兴崇梵刹如给孤独园，广收徒众如无相好佛。无明业识不断，俱为自诳自欺。（下略）

悲智相应，名菩提心，发此心已，方得无作戒。又须二六时，常自省察，念念相应，即念念成佛，稍不合，便于菩萨戒得失意罪。在慎思而力行之。

有三障，能败戒德，使信心退没：一瞋恚，横于自他而生恼害；二我慢，于诸僧宝而生轻忽；三懈怠，于诸妙法不肯学习。三法有一，牵入恶道，忘失信心。

（上略）若的确求出生死、证菩提，先将近时禅讲流弊，尽情识破；自己从来杜撰主意，尽情放舍；软暖习气，尽情打扫干净；梦幻身命，尽情拌得抛得；种种恶逆境界，尽情看作真实受益之处；名利声色、饮食衣服、赞誉供养，种种顺情境界，尽情看作毒药毒箭。（中略）又身见重者，宜苦行消之；贪爱强者，宜苦境炼之；人我山高者，逆缘挫之；体面心重者，忍辱治之。（下略）

讨究佛法，第一要务。诸佛所师，所谓法也，况弟子乎？虽胜义法性，贵在亲证，倘非黄卷赤牍作标月指，示真实修行出要，何由得证胜义？试观外道亦出家求出生死，不知正法，求升反坠。故不留心教典，饶勇猛精进，定成魔外。胁尊八十出家，昼观三藏，夜习禅思，乃有济。有谬云："年少力强宜习教典，年衰力弱只堪念佛。"岂年少不必念佛，年老不可习教？将谓如来教法，仅同举子业，博名利于半生者乎？一历耳根，永为道种，大士所以舍全身求半偈也。今佛法流布，赖迦叶、阿难二祖彻底悲心，人皆视作等闲，殊不知恒沙世界、无量劫中，妙法名字不可得而闻也！

示阅藏四则：

一、须体如来说法本意，要人超生脱死，非为口耳活计。句句消归自心，如说修行，方不受说食数宝之诮。

二、学问之道，贵下学上达，所以如来施教，必有次第。今人空腹高心，但图圆顿之名。无力饮河，讵（岂、怎）能吞海？必先阅《律藏》，稔知佛世芳规，深炼为僧要务。次阅《四阿含》，了正因缘境，为圆妙三观之本。次留心台教，深知如来说法所以然之妙，及四悉檀巧被之致。然后将此法界匙钥，遍开不思议经论之锁，势如破竹矣。

三、阅律，首《四分》，次《僧祇》，次《十诵》，次《根本》，次《五分》，次及《善见》、《毗尼母》等。诸家传受不同，各有源委线索，须细寻之。无执一非余，亦无犹豫两楹，在得意善用。大意如问辩所明（散见于《毗尼事义集要》全部中）。莫谓此小乘法，不足久久留心，当舍之别参上乘。是末世痴人邪慢恶见，牵人堕恶道深坑，不可信也。

四、大小经、律、论，虽字字明珠，言言见谛。然各就习气所重，对治所宜，或随时弊不同，救拯有异。不妨摘出要语，期自利利他。如雪山无非药，采者期于对病。宝山无非宝，取之先择摩尼。只此成录，足验手眼。

万法本融，由迷情执而成碍。如一指能蔽山岳，认沤必遗大海。不惟埋没己灵，亦冤屈六尘境界。讵思六尘非能惑人，人自妄惑。根根幻驰，识识纷动。仔细推求，尘既不居其咎，根亦岂职其愆？识宁独当其罪？三科分析，既无真主，纵令共合，哪有实法。而于此虚妄法中，著我著人，分取分舍。犹如捏目，乱华发生，更欲分别花相妍丑大小，不益惑乎？惟将身心世界全体放下，作一超方特达之观，譬如为天下者不顾家，则智眼昭明，一切境界无非真实受用处矣。

夫幻境侵夺，不惟顺流俗而俱化也。即厌流俗而切思远离，亦名侵夺。以一切境界，全是无明变现。无明变现之性，全即法性。由不达故，横生欣厌。趋无上菩提者，不得随顺幻境，亦不得厌离幻境。但了幻境即法性，悲长夜之在迷。以悲迷故，起无作二誓，欲拔性德之苦；以了性故，起无作二誓，欲与性德之乐。发此心已，则一切不如法境界，触目警心，无非助发菩萨资粮。《起信论》云：菩萨见法欲灭，护正法故，发菩提心；有见众生苦，而发菩提心。正谓此也。

奋发之心，人皆有之，不能不藉于外缘。羞恶之心，人皆有之，不能不汩于恶习。呜呼！善友罕逢，恶缘偏盛，非咬钉嚼铁、刻骨镂心，何以自拔哉？

世法惟恐不浓，出世法惟恐不淡。（中略）欲深入淡字法门，须将无始虚妄浓厚习气尽情放下，放至无可放处，淡性自得现前。淡性既现，三界津津有味境界，如嚼蜡矣。僧梦虎，惊寤，喜曰："匪梦几被虎食。"既悔曰："知是梦，何不做一人情？"噫！可醒三界之恋幻质、不知淡性者矣。

世事虚幻，人命无常。当扩其眼界，劲其神虑。苦其身，毋堕宴安鸩毒坑。策其志，毋循将就苟且途辙。汰奢窒欲，积行存诚，惜福延寿，以期于大成。尔诚静坐默思，只此现前一念见闻之性，本非内外方隅，亦非有无情量，云何被此虚妄形质所局？虚妄形质，生必有灭，千般保爱，不能令其不朽。而所作幻业，如影随形，从劫至劫，不肯相离。豪杰之士，先须觑空身形非我，不过假借四大所成；心亦无相，不过因于情尘妄见生灭。便顿舍情尘，专心办道，兼律兼教，助显心源。但得悟心，万法何有？万法俱息，万法俱备矣。

出世丈夫，以佛祖自期，以四弘为券，以六度万行为家常茶饭，以自利利他为的。发一言，不足自利利他，勿言也。举一步，作一念，不足自利利他，勿举也，勿念也。事苟益身心、禅法化，必黾勉（勉励、尽力）为之，虽劬劳困苦，勿恤也。否虽有浮名幻利，弗屑也。（下略）

人能痛念生死事大，觑破一切世情，若顺若逆，总虚妄不实，过眼便是空花。独一念持戒、礼忏、笃信三宝之心，生与同生，死与同死。而又专求己过，不责人非，步趋先圣先贤，不随时流上下。庶几信心日固，智慧日开，而生死可永脱耳。

听法须观心，书写须解义。然解义正不必强加穿凿，亦不徒寻章摘句。但至诚读诵，展卷如对活佛，收卷如在目前，千遍万遍，沦骨浃髓，寤寐不忘。缘因既深，一十二、千七百，无不一串穿却也。得此消息，便知吾言不诬。

世人谈及生死，鲜不悚虑。往往不能真为生死者，眼前活计放不下耳。然所以放不下者，只不曾彻见生死之苦。以从来为俗、为僧，皆向顺境中捱过，故畏三界心，自然发得不真切。倘以远大慧眼，旷观无始轮回，痛念此生果从何来，死后当至何趣？前际茫茫，后际墨墨，饶铁石心肠，必为惊怖。然后依正教，开圆解，起圆行，敢保十人有五双到家。最惧因地不真，道眼昏暗，或为世味所牵，或为邪师伪法所误，袈裟下失却人身。此予所以俯仰时流，而寤寐永叹也！

具参方志，尤须具参方眼。具参方眼，还须不忘参方志。参方志者，不为虚名，图体面，博一知半见；发无上大菩提心，遍学一切法门，无厌无足。参方眼者，末世师匠，邪正难分；今自卓立，不论宗、教，但与出生死相应、名利不相应，大菩提相应、眼前活计不相应者，则为正，反此则为邪，正则依，邪则舍。具眼不忘参方志者，本求无上菩提，虽邪正分明，不妄生憎爱，善吾师，不善吾资，但随缘触境，增长道心智眼而已。此本分中最要紧事，其余丛林粥饭习气，万万不宜沾染，亦不必厌恶也。

超生脱死法门，不可以聪明凑泊，不可以意气承当，不可以情见夹杂，不可以粗疏领会。先须专求己过，无责人非，见贤思齐，见恶内省，法法消归自心，时时警策自心，将定盘星认得清楚明白，然后看经可，坐禅可，营福可。如眼目未明，存心未笃，则看经必堕口耳活计，坐禅必堕暗证深坑，营福必成魔家伴侣。纵福慧双修，教观并进，而我心未忘，能所日炽，其为修罗眷属无疑。所宜慎思而密察也。

履三宝地，具出世仪，皆多劫善种，况闻正法乎！宁国一老者，种福五十余年，求来世作烧火僧不可得。而听经白鸽，转身为戒环禅师，闻法功德超胜如此。人生几何，少壮忽老，老忽乌有，且盛年夭横者无数。一息才断，孤魂无侣，生平恶业无不随身。何不趁早放下幻梦尘劳，勤修戒定智慧。息心达本源，乃号为沙门。不然，堂堂僧相，多劫勤修而得之，一旦藐视而失之，能无憬哉！

（上略）每见人冗中偷闲，吟诗习字，作种种清课。岂不能偷闲玩大乘，息心学定慧耶？彼于诗字得少幻味，未尝于大乘定慧得真法味也，然纵不得味，亦为无上菩提而作种子。且幼时诗字，亦向不得味中来，安知佛法渐熏习，不于现身得受用耶？嗟嗟！人之精神，用之诗字，吾见右军、李、杜，不出生死；用之佛法，吾见散乱艳喜、愚痴特迦，大事已办。

发心应学二事：一智慧，二慈悲方便。欲学智慧，莫若读诵大乘方等经典，深解义趣，随文入观，不堕嚼木之讥，不招数宝之诮。又数近明师良友，讨究决择，不可师心自是。欲学慈悲方便，须深信一切众生皆有佛性，定当作佛，见僧俗造恶者，勿生轻慢，须怜悯爱念，种种善巧而回护接引之。倘恃己修，见不修行，便生忽慢。自持戒，慢破戒者；自读诵大乘，慢无闻者；自解义，慢愚鲁者；自观心，慢口说者。人我山高，胜负情重，毕生勤苦，止成修罗法界，去菩萨道远矣。

三界之中，无非牢狱，暂时快乐，终归无常。众生燕雀处堂，罕思出离，惟逆境当前，庶几生远离之心。故佛称八苦为八师，非虚语也。（下略）

佛法之衰也，名利熏心，簧鼓为事。求一真操实履者，殆不可得。有能持戒精进，读诵大乘，不驰世务，纵道眼未开，亦三世诸佛所叹许也。况了必藉缘，非持戒、读诵，何处得有道眼？今讲家多忽律行，禅门并废教典，门庭愈高，邪见益甚。（下略）

学不难有才，难有志。不难有志，难有品。不难有品，难有眼。惟具超方眼目，不被时流笼罩者，堪立千古品格。品立则志成，志成才得其所用矣。末世竞逐枝叶，罕达本源。谁知朝华易落，松柏难凋。才志之士，奈何甘舍大从小哉？莫大于现前一念，诚能直下观察，知其无性，则决不妄认四大为自身相、六尘缘影为自心相。身、心二妄既消，不真何待？然后以此真解，历一切法，俾尽净虚融，无尘影垢习可得，还淳复素，道风竖穷横遍矣。但一念未瞥，使百年活计萦怀，眼下虚名惑志，吾恐天真日漓，负美才好志不浅也。

极聪明人，反被聪明误，所以不能念佛求生西方。而愚人、女子，反肯心厌娑婆苦，深求出离。当知彼是真愚痴，此乃大智慧，好恶易分，莫自昧也。（中略）吾劝汝咬钉嚼铁，信得西方及，切切发愿，持戒修福以资助之。"无禅有净土，万修万人去，但得见弥陀，何愁不开悟。"此千古定案，汝不须疑。（下略）

佛知佛见无他，众生现前一念心性而已。现前一念心性，本不在内、外、中间，非三世所摄，非四句可得。只不肯谛审谛观，妄认六尘缘影为自心相，便成众生知见。若仔细观此众生知见，仍不在内、外、中间诸处，不属三世，不堕四句，则众生知见，当体元即佛知佛见矣。倘不能直下信入，亦不必别起疑情，更不必错下承当，只深心持戒、念佛。果持得清净、念得亲切，自然蓦地信去，所谓更以异方便，助显第一义也。（中略）偈曰：众生知见佛知见，如水结冰冰还泮。戒力春风佛日晖，黄河坼声震两岸。切莫痴狂向外求，悟彻依然担板汉。

克除习气，莫若三业行慈。三业行慈，则无十过。十过既除，十善斯在，而五乘之本立矣。然后以实相印之，法法皆归佛道。古有行之，常不轻菩萨是也。初随喜品便净六根，何俟诵、说，方名深观？果能以慈修业，自能善入佛慧。不然，学问愈多，我慢愈炽，习气愈长，去道愈远。惟益多闻，增长我见，可惧也。

学道不难伶俐，难于慎重。发心不难勇锐，难于坚久。涉世不难矫

俗，难于自持。作事不难敏达，难于深忍。研义不难领解，难于精确。（下略）

世情淡一分，佛法自有一分得力。娑婆活计轻一分，生西方便有一分稳当。此事只问心，不必问知识也。知识亦劝淡世情，轻活计，专修出要耳。天平一头低，一头必昂。虽巧识强捺，不得腰缠十万贯，骑鹤上扬州。汉武、秦皇，不能扭作一句，况下者乎？

世出世事，莫不成于慈忍，败于忿躁。故君子以慈育德，以忍养情。德育，天地万物皆归我春风和气之中；情养，乖戾妖孽皆消于光天化日之下。然后以之自成，则为净满自尊；以之成物，则为慈力悲仰。倘一念瞋起，百万障生；小不能忍，大谋斯乱。况今刀兵劫浊，不过积恚所招；世局土崩，皆无远虑所致。士生斯世，宜何如努力以障狂澜也！

学道与学好不同。学好只得世间虚名，学道贵得出世实益。学好只顾眼前局面，学道须明尘劫远猷。尘劫远猷，不离眼前，而恋却眼前，顿昧尘劫。惟达士直观眼前一刹那性，非生灭，无去来，了不可得，安有身世自他可拘可恋？然后观同体积迷，兴无缘弘誓。苟不足自利利他者，举世趋之弗屑为；果能自利利他，世共非之弗敢怨。是谓学道，亦真学好者矣。

学道之人，骨宜刚，气宜柔；志宜大，胆宜小；心宜虚，言宜实；慧宜增，福宜惜；虑宜远，思宜近；事上宜虔，接下宜谦，处同辈宜退让；得意勿恣意奢侈，失意勿抑郁失措。作福莫如惜福，悔过莫如寡过，应念身世苦空，切莫随流逐队。衣取蔽形，莫贪齐整；食取克馁，莫嗜美味。尝省此世前生作何功行，可坐享檀施？十二时恒简点身口意业，善多耶？恶多耶？无记多耶？堪消四事耶？不堪耶？如此惭愧觉悟修省，自然习气渐消，智光渐露。祖意、佛意，显于一念清净心中矣。

（上略）嗟嗟！不与菩提大心相应，云代佛扬化，吾不信也。不与为生死心相应，云大菩提心，尤不信也。胜负情见不忘，仅成阿修罗法界；名利眷属意念不忘，仅成三途魔罗种子。随其所见所闻而起法执，不能舍弃名言习气，不达如来说法旨趣，不知种种四悉因缘，仅成凡外戏论窠窟。学问益多，害心益甚。学人益盛，正法益衰。吾所以每一念及，未尝不梦寐痛哭者也！

学道贵有品格，有识量，而文字记问不与焉。有品格，无识量，不足旷超千古，犹无品格也。有识量，无品格，不足砥柱中流，犹无识量也。品格、识量既具，则不被眼前活计所局、时流习气所迁，纵钝若般陀，而"拂尘除垢"四字义熟，便堪证沙门果，发无碍辩，况本解文义者哉？呜呼！法门之衰，至今日不忍言矣。剥必复，否必泰，若要梅花香扑鼻，还他彻骨一番寒。豪杰之士，宜何如动心忍性以无负己灵也！

法门之衰，已非一日。而致衰之故，由因地不真。今人发心参学，罔不以扶持法门为志。及察其所谓扶持者，不过曰开丛林，建梵刹，攒指五千、一万；灾梨杀青无虚日，嗣子皆才华名世，美丰神；座下戒子，钵杖围绕数十匝；剃度徒众，环里市而处如错星；乃至紫绶金鱼，乘高车肥马，往来山林间，络绎不绝而已。故下手时，便从世谛流布中着眼，便向门庭施设处安排，而佛祖真命脉，遂为此等人埋没殆尽。五霸者，三王之罪人，谅哉！（下略）

寿者福之本也，福者慧之基也。念念思警策者，慧之萌，而福与寿之源也。故曰：常想病时，则尘心渐灭；常想死时，则道念自生。夫病、死正现前时，有何我相可恃，五欲可贪？有何名可恋，古董之可携去？不恃我相，我见伏矣；不贪五欲，烦恼降矣；不恋虚名，体面可放下矣；知古董之不可携去，则不越分以求之，纵先有者亦可舍之以作福矣。苟能离我、我所见执烦恼，则视缯素灵蠢，无一非未来佛。既所见无非未来佛，则凡可以供养恭敬未来佛者，无弗为也；凡可以损恼忤触未来佛者，无弗止也。如此而福不增、寿不永，某舌当堕落。倘不能一切时念未来佛，则不能一切时积集福慧。福慧不积，虽侥幸活至百年，亦终与草木同腐而已。

（上略）勿贪世间文字诗词，而碍正法；勿逐悭贪、嫉妒、我慢、鄙覆习气，而自毁伤。（下略）

（上略）内不见有我，则我无能；外不见有人，则人无过。一味痴呆，深自惭愧；劣智慢心，痛自改革。（下略）

格言别录
——《格言联璧》录写 弘一法师编订

学问类

为善最乐，读书便佳。

茅鹿门云："人生在世，多行救济事，则彼之感我，中怀倾倒，浸入肝脾。何幸而得人心如此哉！"

诸君到此何为，岂徒学问文章，擅一艺微长，便算读书种子？在我所求亦恕，不过子臣弟友，尽五伦本分，共成名教中人。（广州香山书院楹联）

何谓至行？曰：庸行。何谓大人？曰：小心。

凛闲居以体独，卜动念以知几，谨威仪以定命，敦大伦以凝道，备百行以考德，迁善改过以作圣。（刘忠介《人谱》六条）

观天地生物气象，学圣贤克己工夫。

存养类

自家有好处，要掩藏几分，这是涵育以养深。别人不好处，要掩藏几分，这是浑厚以养大。

以虚养心，以德养身，以仁养天下万物，以道养天下万世。

一动于欲，欲迷则昏。一任乎气，气偏则戾。

刘直斋云："存心养性，须要耐烦耐苦，耐惊耐怕，方得纯熟。"

寡欲故静，有主则虚。

不为外物所动之谓静，不为外物所实之谓虚。

宜静默，宜从容，宜谨严，宜俭约。

敬守此心，则心定。敛抑其气，则气平。

青天白日的节义，自暗室屋漏中培来。旋乾转坤的经纶，自临深履薄处得力。

谦退是保身第一法，安详是处世第一法，涵容是待人第一法，恬淡是养心第一法。

刘念台云："涵养，全得一缓字，凡言语、动作皆是。"

应事接物，常觉得心中有从容闲暇时，才见涵养。

刘念台云："易喜易怒，轻言轻动，只是一种浮气用事，此病根最不小。"

吕新吾云："心平气和四字，非有涵养者不能做，工夫只在个定火。"

陈榕门云："定火工夫，不外以理制欲。理胜，则气自平矣。"

自处超然，处人蔼然。无事澄然，有事斩然。得意淡然，失意泰然。

气忌盛，心忌满，才忌露。

意粗性躁，一事无成。心平气和，千祥骈集。

冲繁地，顽钝人，拂逆时，纷杂事，此中最好养火。若决烈愤激，不但无益，而事卒以偾，人卒以怨，我卒以无成，是谓至愚。耐得过时，便有无限受用处。

人性褊急则气盛，气盛则心粗，心粗则神昏，乖舛谬戾，可胜言哉？

以和气迎人，则乖沴灭。以正气接物，则妖氛消。以浩气临事，则疑畏释。以静气养身，则梦寐恬。

轻当矫之以重，浮当矫之以实，褊当矫之以宽，躁急当矫之以和缓，刚暴当矫之以温柔，浅露当矫之以沉潜，谿刻（溪刻，意为苛刻、刻薄）当矫之以浑厚。

尹和靖云："莫大之祸，皆起于须臾之不能忍，不可不谨。"

逆境顺境看襟度，临喜临怒看涵养。

持躬类

聪明睿知，守之以愚。道德隆重，守之以谦。

富贵，怨之府也。才能，身之灾也。声名，谤之媒也。欢乐，悲之渐也。

只是常有惧心，退一步做，见益而思损，持满而思溢，则免于祸。

人生最不幸处，是偶一失言，而祸不及；偶一失谋，而事倖成；偶一恣行，而获小利。后乃视为故常，而恬不为意。则莫大之患，由此生矣。

学一分退让，讨一分便宜。增一分享用，减一分福泽。

不自重者取辱，不自畏者招祸。

盖世功劳，当不得一个矜字。弥天罪恶，当不得一个悔字。

大着肚皮容物，立定脚跟做人。

事当快意处须转，言到快意时须住。

殃咎（灾祸）之来，未有不始于快心者。故君子得意而忧，逢喜而惧。

物忌全胜，事忌全美，人忌全盛。

尽前行者地步窄，向后看者眼界宽。

花繁柳密处拨得开，方见手段。风狂雨骤时立得定，才是脚跟。

人当变故之来，只宜静守，不宜躁动。即使万无解救，而志正守确，虽事不可为，而心终可白。否则必致身败，而名亦不保，非所以处变之道。

步步占先者，必有人以挤之。事事争胜者，必有人以挫之。

安莫安于知足，危莫危于多言。

行己恭，责躬厚，接众和，立心正，进道勇。择友以求益，改过以全身。

度量如海涵春育，持身如玉洁冰清，襟抱如光风霁月，气概如乔岳泰山。

心不妄念，身不妄动，口不妄言，君子所以存诚。内不欺己，外不欺人，上不欺天，君子所以慎独。

心志要苦，意趣要乐，气度要宏，言动要谨。

心术以光明笃实为第一，容貌以正大老成为第一，言语以简重真切为第一。平生无一事可瞒人，此是大快。

书有末曾经我读，事无不可对人言。

心思要缜密，不可琐屑。操守要严明，不可激烈。

聪明者戒太察，刚强者戒太暴。

以情恕人，以理律己。

以恕己之心恕人，则全交。以责人之心责己，则寡过。

唐荆川云："须要刻刻检点自家病痛，盖所恶于人许多病痛处，若真知反己，则色色有之也。"

以淡字交友，以聋字止谤，以刻字责己，以弱字御侮。

居安虑危，处治思乱。

事事难上难，举足常虞失坠。件件想一想，浑身都是过差。

怒宜实力消融，过要细心检点。

事不可做尽，言不可道尽。

胡文定公云："人家最不要事事足意，常有事不足处方好。才事事足意，便有不好事出来，历试历验。邵康节诗云：'好花看到半开时。'最为亲切有味。"

精细者，无苛察之心。光明者，无浅露之病。

识不足则多虑，威不足则多怒，信不足则多言。

足恭伪态，礼之贼也。苛察歧疑，智之贼也。

缓字可以免悔，退字可以免祸。

敦品类

敦诗书，尚气节，慎取与，谨威仪，此惜名也。竞标榜，邀权贵，务矫激，习模棱，此市名也。惜名者，静而休。市名者，躁而拙。辱身丧名，莫不由此。求名适所以坏名，名岂可市哉！

处事类

处难处之事愈宜宽，处难处之人愈宜厚，处至急之事愈宜缓。

必有容，德乃大。必有忍，事乃济。

吕新吾云："做天下好事，既度德量力，又须审势择人。'专欲难成，众怒难犯'——此八字，不独妄动邪为者宜慎，虽以至公无私之心，行正大光明之事，亦须调剂人情，发明事理，俾大家信从，然后动有成，事可久。盖群情多暗于远识，小人不便于私己，群起而坏之，虽有良法，胡成胡久？"

强不知以为知，此乃大愚。本无事而生事，是谓薄福。

白香山诗云："我有一言君记取，世间自取苦人多。"

无事时，戒一偷字。有事时，戒一乱字。

刘念台云："学者遇事不能应，总是此心受病处。只有炼心法，更无炼事法。炼心之法，大要只是胸中无一事而已。无一事，乃能事事，此是主静工夫得力处。"

处事大忌急躁，急躁则先自处不暇，何暇治事？

论人当节取其长，曲谅其短。做事必先审其害，后计其利。

无心者公，无我者明。

接物类

严着此心以拒外诱，须如一团烈火，遇物即烧。宽着此心以待同群，须如一片春阳，无人不暖。

凡一事而关人终身，纵确见实闻，不可着口。凡一语而伤我长厚，虽闲谈戏谑，慎勿形言。结怨仇，招祸害，伤阴骘（阴德），皆由于此。

持己当从无过中求有过，非独进德，亦且免患。待人当于有过中求无过，非但存厚，亦且解怨。

遇事只一味镇定从容，虽纷若乱丝，终当就绪。待人无半毫矫伪欺诈，纵狡如山鬼，亦自献诚。

公生明，诚生明，从容生明。

公生明者，不蔽于私也。诚生明者，不杂以伪也。从容生明者，不淆于惑也。

穷天下之辩者，不在辩而在讷。伏天下之勇者，不在勇而在怯。

何以息谤？曰：无辩。何以止怨？曰：不争。

人之谤我也，与其能辩，不如能容。人之侮我也，与其能防，不如能化。

张梦复云："受得小气，则不至于受大气。吃得小亏，则不至于吃大亏。"

又云："凡事最不可想占便宜。便宜者，天下人之所共争也。我一人据之，则怨萃于我矣。我失便宜，则众怨消矣。故终身失便宜，乃终身得便宜也。此余数十年阅历有得之言，其遵守之，毋忽。余生平未尝多受小人之侮，只有一善策，能转湾早耳。"

忍与让，足以消无穷之灾悔。古人有言："终身让路，不失尺寸。"

以仁义存心，以忍让接物。

林退斋临终，子孙环跪请训。曰："无他言，尔等只要学吃亏。"

任难任之事，要有力而无气。处难处之人，要有知而无言。

穷寇不可追也，遁辞不可攻也。

恩怕先益后损，威怕先松后紧。

先益后损，则恩反为仇，前功尽弃。先松后紧，则管束不下，反招怨怒。

善用威者不轻怒，善用恩者不妄施。

宽厚者，毋使人有所恃。精明者，不使人无所容。

轻信轻发，听言之大戒也。愈激愈厉，责善之大戒也。

吕新吾云："愧之则小人可使为君子，激之则君子可使为小人。"

激之而不怒者，非有大量，必有深机。

处事须留余地，责善切戒尽言。

曲木恶绳，顽石恶攻。责善之言，不可不慎也。

吕新吾云："责善要看其人何如，又当尽长善救失之道。无指摘其所忌，无尽数其所失，无对人，无峭直，无长言，无累言。犯此六戒，虽忠告非善道矣。"

又云："论人须带三分浑厚。非直远祸，亦以留人掩盖之路，触人悔悟之机，养人体面之余，犹天地含蓄之气也。"

使人敢怒而不敢言者，便是损阴骘处。

凡劝人，不可遽指其过，必须先美其长，盖人喜则言易入，怒则言难入也。善化人者，心诚色温，气和辞婉；容其所不及，而谅其所不能；恕其所不知，而体其所不欲；随事讲说，随时开导。彼乐接引之诚，而喜于所好；感督责之宽，而愧其不材。人非木石，未有不长进者。我若嫉恶如仇，彼亦趋死如骛，虽欲自新而不可得，哀哉！

先哲云："觉人之诈，不形于言；受人之侮，不动于色。此中有无穷意味，亦有无限受用。"

喜闻人过，不如喜闻己过。乐道己善，何如乐道人善。

论人之非，当原其心，不可徒泥其迹。取人之善，当据其迹，不必深究其心。

吕新吾云："论人情，只向薄处求；说人心，只从恶边想。此是私而刻底念头，非长厚之道也。"

修己以清心为要，涉世以慎言为先。

恶莫大于纵己之欲，祸莫大于言人之非。

施之君子，则丧吾德。施之小人，则杀吾身。（案此指言人之非者）

人褊急，我受之以宽宏。人险仄，我待之以坦荡。

持身不可太皎洁，一切污辱垢秽要茹纳得。处世不可太分明，一切贤愚好丑要包容得。

精明须藏在浑厚里作用。古人得祸，精明人十居其九，未有浑厚而得祸者。

德盛者，其心和平，见人皆可取，故口中所许可者多。德薄者，其心刻傲，见人皆可憎，故目中所鄙弃者众。

吕新吾云："世人喜言无好人，此孟浪语也。推原其病，皆从不忠不恕所致，自家便是个不好人，更何暇责备他人乎？"

律己宜带秋气，处世须带春风。

盛喜中勿许人物，盛怒中勿答人书。

喜时之言多失信，怒时之言多失体。

静坐常思己过，闲谈莫论人非。

面谀之词，有识者未必悦心。背后之议，受憾者常若刻骨。

攻人之恶毋太严，要思其堪受。教人以善毋过高，当使其可从。

事有急之不白者，缓之或自明，毋急躁以速其戾。人有操之不从者，纵之或自化，毋苛刻以益其顽。

己性不可任，当用逆法制之，其道在一忍字。人性不可拂，当用顺法调之，其道在一恕字。

临事须替别人想，论人先将自己想。

欲论人者先自论，欲知人者先自知。

凡为外所胜者，皆内不足。凡为邪所夺者，皆正不足。

今人见人敬慢，辄生喜愠心，皆外重者也。此迷不破，胸中冰炭一生。

小人乐闻君子之过，君子耻闻小人之恶。此存心厚薄之分，故人品因之而别。

惠不在大，在乎当厄。怨不在多，在乎伤心。

毋以小嫌疏至戚，毋以新怨忘旧恩。

刘直斋云："好合不如好散，此言极有理。盖合者，始也；散者，终也。至于好散，则善其终矣。凡处一事，交一人，无不皆然。"

惠吉类

群居守口，独坐防心。

造物所忌，曰刻曰巧。万类相感，以诚以忠。

谦卦六爻皆吉，恕字终身可行。

知足常足，终身不辱。知止常止，终身不耻。

明镜止水以澄心，泰山乔岳以立身，青天白日以应事，霁月光风以待人。

悖凶类

盛者衰之始，福者祸之基。

（"谈玄说妙、修证次第，自以佛书最为详尽。而我等初学之人，持躬敦品、处世接物等法，虽佛书中亦有说者，但儒书所说，尤为明白详尽，适于初学。故今多引之，以为吾等学佛法者之一助焉。"——摘自弘一法师《改过实验谈》）

悲智颂

有悲无智，是曰凡夫，悲智具足，乃名菩萨，我观仁等，

悲心深切，当更精进，勤求智慧，智慧之基，曰戒曰定，

如是三学，次第应修，先持净戒，并习禅定，乃得真实，

甚深智慧，依此智慧，方能利生，犹如莲华，不着于水，

断诸分别，舍诸执着，如实观察，一切诸法，心意柔软，

言音净妙，以无碍眼，等视众生，具修一切，难行苦行，

是为成就，菩萨之道，我与仁等，多生同行，今得集会，

生大欢喜，不揆肤受，辄述所见，倘契幽怀，愿垂玄察。

大华严寺沙门慧幢撰

一九二九年十月　弘一大师赠闽南佛学院同学勉励词

城南草庵大病中，遗嘱一纸

传贯法师：

命终前，请在布帐外助念佛号，但亦不必常常念。命终后，勿动身体，锁门历八小时。八小时后，万不可擦身体及洗面。即以随身所著之衣，外裹破夹被。卷好，送往楼后之山凹中。历三日，有虎食则善，否则三日后即就地焚化（焚化后，再通知他位，万不可早通知。）余之命终前后，诸事极为简单，必须依行。否则是逆子也。

演音启　泉州南安一九三五年

对净土宗入门初步开示

南普陀佛学院学生明鏊师：请问净土宗入门初步？

师曰："净土宗有二种：一是专修，一是兼修。专修者，如印光老法师所教，诵《阿弥陀经》外，惟念一句阿弥陀佛，念至一心不乱，乃至开悟得通，此专修法门也。余亦非常赞喜。兼修者，如前诸祖师，皆是提倡禅净，或者密净，或教净等双修，俱无不可。此是随众生根机，不能局定在一处也。至于学法相宗者，亦可回向往生西方，见弥勒菩萨。如《普贤行愿品》云：'唯此愿王，不相舍离，于一切时，引导其前，一刹那中，即得往生极乐世界，到已即见阿弥陀佛，文殊师利菩萨，普贤菩萨，观自在菩萨，弥勒菩萨等'是也。但余所修者以《普贤行愿品》为主，以此功德回向往生西方，可说教净双修。盖经律论三藏，皆余欢喜研读也。"

丙子（一九三六年）十二月二十五日
于厦门南普陀佛学院

对名闻利养开示

丁丑年四月廿二日，续讲《羯磨诸戒受法篇》。是日厦门大学教师李相勗君，托滕进居士请师到厦大开示佛法，师辞不往。谓传贯曰："余生平对于官人，及大有名称之人，并不敢共其热闹亲好，怕堕名闻利养故，又防于外人讥我趋名利也。"

对慧因法师的开示

师曰：我们出家人，用的东西都是十方施主的。什么东西都要节俭爱惜。住的地方只要有空气干净就好。用的东西只要可以用，不必什么精巧华丽。这是太贵族化，我们出家人不应该有的，要受人家的批评。我住的地方也只求简洁清净而已，用不着高楼大厦。像这样的房子①，我们是住得惯的。

我总希望你做个上等人，无论出家在家都可以，若出家希望你做个佛教的栋梁，若在家希望你为国家社会的中坚，可以做个佛教的大护法。要出家就是要亲近明师。研究佛法，可以自度度人，出家人的饭总是要给用功的出家人吃的，不是要给马马虎虎的不用功出家人混的。你总是要自己明白尊重自己，可不要这样糊涂地混下去，糊涂混下去是很可惜的，是自己糟蹋了自己，这是我对于你的一点希望。

永春灵应寺一个水云的地方，一个农民房，简陋，故弘一法师住的时候，床是由两扇门板搭成的。

丁丑（一九三七年）冬

对传贯法师开示
（备：对诽谤的开示）

师曰：若被人谤，切不可分白。余每见有人被谤，欲与分白解释，多受其亏。不与分解，一谤便罢，更无余患。

丁丑（一九三七年）一月十八日
厦门南普陀

对克定师开示

师曰：现在有志僧青年，多趋求文字，学习外典，尽弃己业，佛学前途，深可悲也。而不知国文与佛经，不相关用。假如大学毕业之才学，欲研佛经，依旧门外汉。论文法，则经文尚有超过国文多多。

丁丑（一九三七年）元月二十三日

克定法师，扬州人，南京高等师范，出家后于福州鼓山任教，后旋至厦门南普陀随弘一大师学律。

关于食物之事

关于食物之事，略陈拙见如下，乞为转陈执务者为感。依律，食物亦名曰药。以其能调和四大，令获康健，俾能精进办道。但贪嗜甘美之物。律所深呵。常食昂价之品，尤为失福。故以价廉而适于之物。最为合宜也。

己卯（一九三九年）十二月二十七 善梦

致律华法师施食的开示

妙斋法师鉴：

先念"南无阿弥陀佛"十句，手持供水及米粒，至出生台前，念云： 以此供水及米粒，施与一切神鬼等众。惟愿是诸神鬼等众，早得人身，消除业障，往生极乐世界，速证无上菩提。并愿以此施食功德，普施有情，齐成佛道。又念"四生登于宝地"等四句，又念"南无阿弥陀佛"十句毕。仁者施食，可依此行也。

音启（1941年夏，晋江福林寺）

律华法师（生卒年不详），福建泉州人，原名妙斋，幼年学僧。

"四生登于宝地"四句是《赞佛偈》。即："四生登于宝地，三有托化莲池。河沙饿鬼证三贤，万类有情登十地。"

致律华法师的遗书

律华法师澄览：

朽人与仁者多生有缘，故能长久同住，彼此均获利益。朽人对仁者之善根道念，十分钦佩。朽人抚心自问，实万分不及其一。故朽人与仁者，长久同住，能自获甚大利益也。妙莲法师行持精勤，悲愿深切，为当代僧众中所罕见者。且如朽人心中敬彼如奉师长。但朽人在世之时，畏他人嫉妒疑议，不敢明言。今朽人已归西矣。心中尚有悬念者，以仁者年龄太幼。若非亲近老成有德之善知识，恐致退惰。故敢竭其愚诚，殷勤请于仁者。乞自今以后，与妙莲法师同住。且发尽形承侍之心，奉之如师。自称弟子。并乞彼时赐教诲，虽受恶辣之钳锤，亦应如饮甘露，万勿舍弃。至嘱至嘱。

演音白

一九四一年，师六十二岁。同住晋江福林寺清平比丘妙斋患病，师亲为看护。并劝其专心念佛。又为起名"律华"。又在同一年作《遗书》一通，嘱彼慎重深存，待其圆寂后由妙莲法师给律华方可启视，足见弘一法师教导后学之苦心！

饲鼠免鼠患之经验谈

弘一法师在福建永春普济寺时，室中经书、衣物甚至寺中佛像常被老鼠噬咬。弘公为避此患，便以米饭饲鼠，每日二次，并以敲钟通知老鼠"开饭"。如此积以时日，鼠闻钟声即出洞觅食，而不复咬损寺中物件。弘一法师为此曾写下一篇《饲鼠免鼠患之经验谈》。文曰：

昔贤谓以饲猫之饭饲鼠，则可无鼠患，常人闻者罕能注意，而不知其言之确实有据也。

余近独居桃源山中甚久，山鼠扰害，昼夜不宁。毁坏衣物等无论矣。甚至啮佛像手足，并于像上落粪。

因阅旧籍，载饲鼠之法，姑试为之，鼠遂渐能循驯，不复毁坏衣物，亦不随处落粪，自是以后，即得彼此相安。

现有鼠六七头，所饲之饭不多，仅供一猫之食量，彼六七鼠即可满足矣。或谓鼠类生育太繁，未来可虑。今就余年余之经验，虽见屡产小鼠甚多，然大半殇亡，存者无几，不足虑也，余每日饲鼠两次，饲时并为发愿回向，冀彼等早得人身乃至速证菩提云云。

此文作于一九三九年农历二月二十八日至一九四〇年农历十月初九于永春普济寺闭关之时。

一九三七年弘一大师在青岛湛山寺讲律开示

在他老驾到的几天后，我们大众求得了倓老的同意，便开始要求他老讲开示，待了几天又请求他老讲戒律，他老真慈悲，一一都首肯了；头一次讲的开示标题是"律己"，他老说："学戒律的须要'律己'不要'律人'，有些人学了戒律，便拿来'律人'，这就错了；记得我年小时住在天津，整天在指东划西净说人家不对；那时我还有位老表哥，一天他用手指指我说：'你先说说你自个。'这是句北方土话，意思就是'律己'啊！直到现在我还记得，真使我万分感激；大概喜欢'律人'的，总看着人家不对，看不见自己不对。北方还有句土话是：'老鸦飞到猪身上，只看见人家黑，不见自己黑，其实他俩是一样黑'。"又说："何以息谤？曰：'无辩'。人要遭了谤，千万不要'辩'，因为你越辩，谤反弄得越深。譬如一张白纸，忽然误染了一滴墨水，这时你不要再动它了，它不会再向四周溅污。假使你立时想要它干净，一个劲地去揩拭，那么结果这墨水会一定展拓面积，接连沾污一大片的！"末了他老对于"律己，不要律人"两句话上，一连说了十几个"慎重，慎重，慎重又慎重，慎重又慎重"。

每逢大众上课或朝暮课诵的当儿，院里寂静无人了，他老常出来在院里各处游走观看，态度沉静，步履轻捷，偶然遇见对面有人走来，他老必先捷速回避，表面似像很怕人，其实我想他老是怕人向他恭敬麻烦。

有一天晚上，朱子桥居士因悼亡友乘飞机来自西安，特来拜访他老，他老接见了。同时市长某公，是陪着朱老同来的，也要藉着朱老的介绍和他老见一见。他老急忙向朱老小声和蔼地说："你就说我睡觉了。"第二天上午，市长请朱老在寺中吃斋，要请他老陪一陪。他老只写了张纸条送出来作为答复，写的是"为僧只合居山谷，国士筵中甚不宜。"

天气由炎热的夏天，渐渐转到凉爽的秋天，在俦老和我们大众，个个都抱着十二分热诚期望他老能在本寺长住，永远作我们依止不离的善知识。但他老的脾气我们都知道，向来是不循人情的，他要想走，你谁也留他不住；他老在很早的日子，就定下秋八月间的行期了。我们再无法挽留下，只有预备做一番隆重恳切的送行了。他老在未走的半月前，便公开接受人的求书。除了他老送给每人一幅的"以戒为师"四字外，其余个人递纸求书的纷至沓来。他老一一接受，书写的词句多是《华严经集联》，《蕅益大师警训》，总数约有数百份。在将行的前几天，我们大众又请他老最后开示，他老说："这次我去了，恐怕再也不能来了，现在我给诸位说句最恳切最能了生死的话，——"说到这里，他老反沉默不言了，这时大众都很注意要听他老下边的话，他老又沉默了半天，忽然大声说："就是一句'南—无—阿—弥—陀—佛'。"

临上船的一天，我们还是照着欢迎他老的仪式来欢送，当日赴闽迎请他老北来的梦参法师这时是亲身送到船上，他老在和梦师将别的当儿，从挟肘窝下拿出厚累累的一部手写经典，笑容满面的低声向梦师说："这是送给你的。"梦师喜不自胜的携回展视，是部他老手写的《华严经•净行品》，字体大约数分，异常工整遒劲，是拿上等玉版宣写的，厚累累约有四十多页。末幅有跋云："居湛山半载，梦参法师为护法，特写此品报之。"下署晚晴老人，并盖印章。

现在他老上品上生了！远在北方的晚辈我，起初听到噩耗，还在半信半疑，后来看到《觉有情》半月刊，把事都证实了，我才不禁一阵心酸。唉！当代大德一个个相继逝去，人间渐渐没了明灯，我们众生的罪业该有多大呢！

恭摘　火头僧《弘一律师在湛山》

最后的一百二十天及往生后的纪念活动

一九四二年，弘一大师偕同妙莲法师移居泉州不二祠温陵养老院晚晴室。于八月十五、十六日应叶青眼居士等请，讲《八大人觉经》，与全院老人"共结一百二十天因缘"。

一到养老院，大师即向院方提出：逐日饮食，可与诸老人同样供养，每日两碗疏食（糙米饭）已足，与住院老人共度清苦生活。他又致函善友向外界宣布："余老态日增，精神恍惚，现在结束一切，谢绝缘务，闭关静养。一倘有人问及，乞以'闭门思过，念佛待死'八字答之可耳！"从此与外界隔绝，进入"人生之最后"。

"人生之最后"是出家人毕生修持之自我总结。当年大师曾以此为题，在厦门妙释寺发表演讲，主张"病重时，应放下一切，专意念佛，一心希冀住生西方。"并引用古诗"我见他人死，我心热如火，不是热他人，看看轮到我。"告诫僧众，务须及早准备往生资粮。

大师以现在青年在西方诸国留学，届时学成回国报效，比喻出家僧尼专心念佛祈求生西，届时发愿重来，令全场数百名听众回味无穷。继为晋江县中学生书写《华严集联》——"不为自己求安乐，但愿众生得离苦"共百余幅。

十月二日，应请为转道、转逢二上人书写大柱联各一副。由于连日劳累，衰病骤发。午饭后，自感体力不支，告妙莲法师云："今日身体发热，精神不好。"至晚热度增高。

十月三日，早午二餐均吃粥，仅食常量一半。

十月四日，为履前约，早餐后负病为晋江县中学生续写字幅。

十月五日，早午餐改吃稀粥，仅食常量四分之一。食毕仍坚持磨墨握管写字。

十月六日，宣布断食，只饮开水，拒绝妙莲法师延医、服药、进食之建议。

十月七日下午五时，取信封自书遗嘱，盖章后交付妙莲法师。内云："余于未命终前、临命终时、既命终后，皆托妙莲师一人负责，他人无论何人，皆不得干预。并口嘱妙莲法师，谢绝外界探望吊问。"

十月八日下午五时，口嘱临终生西事五，委托妙莲法师笔录。

（一）在已停止说话，及呼吸短促，或神志昏迷之时，即须预备助念应需之物。

（二）当助念之时，须先附耳通知云："我来助念。"然后助念。如未吉祥卧者，须待改正吉祥卧后，再行助念。助念时诵《华严经·普贤行愿品》赞偈，乃至"所有十方世界中"等正文。末后再念"南无阿弥陀佛"十声（不挝木鱼，大声缓念）。再唱回向偈，"愿生西方净土中"乃至"普利一切诸含识"。诵念之际，若见余眼中流泪，此乃"悲欣交集"所感，非是他故，不可误会。

（三）察门窗有未关妥者，应关妥锁起。

（四）入龛时，如天气热者，待半日后即装龛；凉则可待二、三日装龛。不必穿好衣服，只穿旧短裤，以遮下根即已。龛用养老院的，送承天寺焚化。

（五）待七日后再封龛，然后举火。遗骸分为两坛：一送承天寺普同塔，一送开元寺普同塔。在未装龛以前，不须移动，仍随旧安卧床上；如已装入龛，即须移居承天寺。去时带常用小碗四个，填龛四脚，盛满以水，以免蚂蚁嗅味走上，致焚化时损害生命——应须谨慎。再则，既送化身窑后，汝（妙莲法师）须逐日将龛脚小碗之水加满，为恐水干去，又引起蚂蚁嗅味上来故。

十月八日下午五时，又口嘱温陵养老院董事会事四，委托妙莲法师笔录代达。

（一）请董事会修台（过化亭破损部分）。

（二）请董事会对老人开示净土法门。

（三）请董事会议定：住院老人至八十岁，应举为名誉董事，不负责任。

（四）请董事会审定：湘籍老人因已衰老，应改为庶务（自己虽乐为助理冶圃责任），以减轻其负担。

十月八日，手书李芳远信宣布诀别。表示"近来病态日甚，不久当即往生极乐。"提出"未圆满诸事，深盼仁者继成之——则吾虽凋，复奚憾哉。"即日手写《药师经》一部，及《格言别录》一本，送妙莲师供养。

十月九日，整天噤口不语，独自诵念"南无阿弥陀佛"。

十月十日上午，为黄福海题写纪念册二，并书赠蕅益大师警训作座右铭。内云："以冰霜之操自励，则品日清高；以穹窿之量容人，则德日廓大；以切磋之谊取友，则学问日精；以慎重之行利生，则道风日远。"下午手书字**"悲欣交集"**付妙莲法师。自此绝笔，此为法师一生最后的墨宝。

十月十一日上午，转尘上人偕传贯、寿山法师一行，自承天寺抵不二祠晚晴室问疾，大师托辞不见，谓："见余身心无益，不如为余诵《法华经》回向。"即嘱妙莲法师写回向偈云："若未应命终者，愿病速得痊愈；若已应命终者，愿身无痛苦，正念现前，速得往生西方极乐世界。"并自己解释云："倘我但说'速往极乐'一段，恐诵经者不愿回向。故不得已加祈'疾病速痊'一节，意令诵者生欢喜心而已。"

十月十二日下午，因断食一周，拒绝医药，病体垂危，命终在即。妙莲法师苦劝大师一面念佛一面进药。大师谓："你要明了，好好帮我念佛，常人多劝我住世。你是明佛法的人，不应当作此想！你要好好帮助念佛，等我生西方以后，乘愿再来，一切度生事都可完满成就。所以劝我住世的人，眼光太近。我若住世，亦不能做多大的事业，不如生西方再来为愈！"即嘱妙莲法师关上房门。及晚，名中医王拯邦自南安长福乡日夜兼程赶达温陵，哀恳大师诊治，大师多次婉谢。复经妙莲法师再三恳求，乃云："此是特别的接见"。诊断毕，问明大师业已断食八天，王拯邦开服凉润生津汤药（因经断食八天，故不敢下以他药）。大师乃说《十诵戒》文。

十月十三日晨七时，王拯邦抵晚晴室复诊。因见大师答话时精神略有好转，乃劝进牛乳少许。法师乃对妙莲云："吃牛乳一层，依照《十诵戒文》，在《比丘尼钞》有引，凡有病比丘，多日没有吃东西，一直身体虚弱，苟非接受营养，无以支持生命，得开午后屏处食时食，即牛乳、稀饭等，皆可食。"午后三时，王拯邦再入卧室观察，见大师精神有减，皮肤微热，乃嘱按原处方。及晚七时三刻，传贯法师赶达温陵，即由妙莲法师陪同抵卧室。发现大师呼吸急促，精神大减，预知不祥。妙莲、传贯两师当即决定：一面派人去泉州开元寺请王拯邦、寿山法师速来现场磋商，一面留驻卧室准备临终助念《华严经·普贤行愿品》与"南无阿弥陀佛"圣号。至晚八时，安详西逝。一代高僧弘一大师在吉祥卧中于温陵养老院晚晴室安然圆寂。随身携有出生时异鸟入室所遗之树枝一根，因被生母视为异征而终身不离。待王拯邦偕寿山法师赶达晚晴室，未及晤见大师最俊一面。妙莲法师随即关锁晚晴室门窗。自翌日起，由泉川诸寺佛弟子为大师遗体焚香、献花、礼拜。

弘一大师于温陵养老院圆寂的消息传出后，在泉州佛教界引起震动。人们惊叹法梁顿折，众生无依！这是中国佛教界无可弥补的重大损失。为了筹办大师生西后事，妙莲法师会同泉州佛教界磋商决定，宣布成立"弘一大师生西纪念会"。复以"受学门人"名义，与"弘一大师生西纪念会"联名发布《弘一老法师讣告》，宣布"重兴南山律学第十一代大律祖演音于国历十月十三日晚八时在泉州温陵养老院之晚晴室安详西逝。兹订十月十五日下午三时奉送灵龛往承天寺安座，二十日荼毗。一越年一月二十日"百日周期在城大开元寺举行纪念大会"。

十月十五日上午，妙莲法师于晚晴室擦洗大师遗体，穿上破旧衣眼，盘起双腿，扶入龛中。龛前供有香花水果。下午三时，妙莲法师在温陵养老院主持起龛仪式。先由众法师齐诵《华严经·普贤行愿品》，继由承天寺方丈转尘上人手擎尘子，当众宣说《起龛偈》：

<blockquote>"彼此论交将十年，恰如白日历青天。
原来是老婆心切，错看作友谊缠绵！</blockquote>

恭维南山堂上弘一大律祖，原籍平湖，生长天津。当年负笈中外，雅誉三绝。自虎跑染薙（同'剃'）以来，发愿宏律，兼阐净宗，振南山坠绪，继印（光）老遗风，可谓僧海导师，法王臣子。晚年与我闽

南缘结偏重，而蒙法雨之恩者有类皆沾。正冀大宏法化，力挽颓风，何期慈航返棹，遽尔西归?徒使人天兴悲，薄海垂泪!然一气不来，欲济无术，即今送行一句，作么生道?欲行便行，洒洒落落。汝今先去，见弥陀佛……起!"

"起"声刚落，在场恭候的青年佛徒，便向遗体顶礼，而后合力抬龛。出龛仪式开始。由泉州不二祠起程，经中正街，再折回承天寺，全程五华里。送龛者有泉州、晋江、南安、惠安、永春等地缁素二众，共一千余人。途经中山公园，惠安县长石有纪（浙一师门生）会同商会代表曾词源赶达送龛现场。一路上，香火缭绕，众口念佛。街道两旁，挤满各阶层民众，或念佛悲叹，或设祭致哀。下午五时，灵龛送达承天寺。

十月十六、十七、十八日，妙莲法师于承天寺灵龛前设座，安排寺众日夜轮流念佛。并留驻现场，向龛脚四碗添水。

十月十九日上午十时，闽南佛教界代表在承天寺大师灵龛前举行祭奠仪式。由转道、圆瑛、转尘、转逢、瑞今、常凯、广义、广净一行代表闽南佛教界致祭云："呜呼!苦海筏沉，孺失慈母，伏愿再来，广度群迷，同出苦轮。"由伍泽民、朱诗远一行代表温陵养老院致祭云："极乐世界多一尊菩萨，娑婆世界顿失一位大导师!"由叶青眼率泉州开元慈儿院百余儿童致祭宣读挽联云："叹我公毕生修持僧伽志行，力求圆满，堪称一物无遗、寸丝不苟;信温陵此日各界人士心情，所获教益，应似千江印月、万木迎春。"由林奉若代表永春普济寺致祭云："律祖降世，重兴毗尼，庄严功德，旷代所稀。龙天赞叹，缁素皈依，惟愿再来，广度众生。"

十月二十日晚，泉州佛教界假承天寺隆重举行大师灵龛荼毗盛典。现场围满缁素诸众，直到仪式开始前，仍有敬仰者纷至沓来。如李芳远，即自南安培安中学赶达。晚七时，盛典开始。首由众法师在灵龛前焚香献花，齐诵《华严经•普贤行愿品》，而后率领全场诸众念佛。复由转尘上人手擎火炬，当众宣说《化龛文》云：

"一日呱呱及成人，阿谁免此一炬薪。

所幸吾师有本领，劫火洞时现真身。

恭维一公法座：既以宏法利生为己任，故一举一动凡有利于众生者，莫不尽量牺牲——尤以舍身殉教为矢志。吁！师之德业道风，可与日月永曜于天地间！即此殊胜功勋，为师生西操券而有余。且道即今一炬之下如何酬我？（打圆相后云）会么？（良久云）欲要山僧下注脚，且听偈来：

三昧真火，烧此妄身；

妄身既了，火亦不真——烧！"

偈声一落，转尘法师便向化身窑举火。一刹那间，大师灵龛着火焚烧，全场四众恭敬围绕。途中忽有一道火光从窑门燎出，冲天而去，异彩纷呈，猛捷无比！全场震惊，齐声诵佛，共祝大师乘愿再来，救度众生。遗体焚化自八时起，至十时余化毕。翌日晨，妙莲法师在现场捡拾灵骨，分装二坛，外加标封，分送泉州开元、承天二寺供养。至百日期，妙莲法师在碎骨灰中捡得舍利一千五百余颗，大的像绿豆，小的像芥子，颜色有白的、红的，而灰色的居多数。圆滑玲珑，光彩夺目，这是大师苦修戒定慧的结晶啊！

弘一大师由名士而艺术家而高僧的一生，在许多领域均做出了常人难以企及的成就。其建树可当之无愧地写入中国近代文化史、艺术教育史、佛教史。功绩卓著，不可磨灭，绚烂之极，可敬可颂！因而自圆寂之日起，人们便以种种方式纪念缅怀大师，以此表达内心的敬仰之情。

一九四二年十二月一日，泉州佛教界于后寮朵莲寺举行大师生西"七七周期"追悼大会。到会者有瑞今、广义、寿山、妙灯、叶青眼、曾璧奎、徐宏智等各方人士，另有男女缁素百余人。由转尘上人率众主祭。由曾璧奎宣读祭文。悲怀大师"舍我而西去，如孺儿失母，日夜哀慕，祈愿大师早日重来再作宝筏慈航"。

一九四三年一月二十日，闽南各界代表于泉州大开元寺举行大师生西"百日周期"追悼大会。到会者有转尘、瑞今、广义、常凯、寿山等法师，另有泉州指挥官陈重、惠安县长石有纪、晋江县长陈石、泉川地方法院院长曾璧奎等来宾共五十余人，还有各地缁素四百余人。由陈重主祭，石有纪、陈石、曾璧奎陪祭。陈重在宣读祭文时悼念大师云："伟大人格，与日争光，风世励俗，令人崇尚。""眼前灾劫，正待救方，何期遽去，极乐莲邦？"

一九四三年十月，为纪念大师圆寂一周年，上海各界人士成立"弘一大师纪念会"。即以纪念会名义编印了《弘一大师永怀录》，内收各方人士怀念大师之诗文。夏丏尊在序言中指出："集中作者不尽为佛徒。其所仰慕者：或为师之气宇，或为师之才艺，或为师之德行；其与师之关系：或为故旧，或为师弟，或则竟无一面之缘，徒以景仰师之高风亮节致其私淑之忱于不自知者！"

一九五四年一月十日，为纪念大师圆寂十一周年，由丰子恺、钱君匋、章雪村、叶圣陶施资，马一浮规划，黄鸣祥监理之"弘一大师纪念塔"，在杭州虎跑寺举行落成典礼。塔内供有泉州承天寺提供之部分灵骨。丰子恺、钱君匋、堵申甫、朱云彬等各方人士出席了落塔仪式。全体绕塔行礼，吟诗唱和。马一浮特赋《虎跑礼塔诗》记事抒怀：

扶律谈常尽一生，涅槃无相更无名。

昔年亲见披衣地，此日空余绕塔行。

石上流泉皆法雨，岩前雨滴是希声。

老夫共饱伊蒲馔，多愧人天献食情。

一九八〇年十一月二日，新加坡佛教总会弥陀学校礼堂举行大师诞生百周年纪念大会。到会者有国务政要与各方嘉宾千余人。大会由佛总主席宏船法师主持。由广洽法师致词报告大师生平，高文显用汉、英语口译。礼堂正中，悬挂有名画家徐悲鸿之大师造像；两旁挂有大师生前所题书之对联："南山律学已八百年湮没无传，何幸遗编犹存东土；晋水僧园有十余众承习不绝，能令正法再住世间。"凝视着遗容遗联，与会者无不对大师表示肃然起敬。

一九八〇年十二月，中国佛教协会在北京法源寺举行"弘一大师诞生百周年书画金石音乐展"。包括大师之照片、书简、金石、音乐、绘画、著述等，以及遗墨五百余件，共分三大室陈列。由中国佛协会长赵朴初居士主持开幕式。中外嘉宾，济济一堂，共赞大师手艺超群。真迹《华严集联》、《佛说阿弥陀经》等，更被叹为观止。赵朴初欣然命笔，特赋《弘一大师诞生百周年纪念诗》，概括了大师"华枝春满，天心月圆"的一生。诗云：

深悲早现茶花女，胜愿终成苦行僧。

无数奇珍供世眼，一轮圆月耀天心。

第八章 书信选录

◎（一九一九年，杭州）

白民居士文席：

……近来日课甚忙，每日礼佛、念佛、拜佛、阅经、诵经、诵咒等，综计余暇，每日不足一小时。出家人生死事大，末敢放逸安居也。敬祝。

道福！

演音合十

杨白民，上海人，早年留学日本，专攻女子教育。归国后，创办城东女学于上海南市，成绩斐然。黄炎培、萧退闇、吕逸秋等，皆曾执教该校。

◎（一九二〇年，杭州）

白民居士：

……音不久将入新城贝山掩关，一心念佛。向承仁者及诸旧友竭力维持，办道所需，已可足用。自今以后，若非精进修持，不惟上负佛恩，亦负群等之厚德。故拟谢绝人事，一意求生西方，当来回入娑婆，示现尘劳，方便利生，不废俗事。今非其时，愿仁者晤旧友时，希为善达此意也。

演音

新城，旧称新登，为浙江省旧县名，在富阳西南。贝山又称贝多山、官山，距富阳六十华里。一九二零年夏，弘一法师到新城贝山闭关，专研律部。

◎（一九二一年八月二十八日，温州）

白民居士：

……

仁者迩来精进何似？念佛法门，最为切要。幸以是自利利他。《印光法师文钞》，宜熟览玩味，自知其下手处也。（书札一类可先阅），不具。

演音 八月二十八日
寓温州南门外城下寮

◎（一九二四年八月十七日，温州）

雪玖贤女哀览：

顷奉手书……历述家父病状……乃悉尊翁病殁矣。绕屋长吁，悲痛不已。二十年来老友，当以尊翁最为亲厚。……余于七日病湿热并胃疾，几濒于危。中秋后乃渐愈。自明日始，当力疾为尊翁诵经念佛；惟冀老友宿障消灭，往生人道天中，发菩提心，修持净行。当来往生极乐，早证菩提。

演音疏答 八月十七日

尊翁既逝，贤女宜日诵《地藏菩萨本愿经》及《阿弥陀经》，并持阿弥陀佛名号，以报深恩。早晚诵发愿文三遍。其文拟定如下：

以此诵经持名功德，回向亡父杨白民居士。惟愿亡父业障消除，生人天上。觉心普发，净业勤修，往生西方，早成佛道。

……

演音

杨雪玖为杨白民之女，国画家。其父1924年逝世于上海。

◎（一九二一年，三月初五日，杭州）

子坚居士文席：

……新闸坤女学校自初八日始，每晚请范古农大士讲经，希仁者往听。一染识田，永为道种。人身难得，佛法难闻，能亲承范大士之圆音，尤非多生深植善根，不易值也。范大士解行皆美，具正知见，为末法之善知识。音数年以来，亲近是公，获益匪浅。……仁者如未能于晚间闻法，或于暇时访范大士一谈亦可。音与仁者多生有缘，故敢以是劝请。今后仁者善根重发，皈心佛法，倘有所咨询，音当竭诚以答。……

演音　三月初五日

毛子坚，上海人，经历不详。少年时代与李叔同为挚友。时有书信往来。

范古农，居士，别号寄东，嘉兴人。精研佛学，以弘法为己任。著有《幻庵文集》。

◎（一九一八年六月十八日，杭州）

丏尊大士座下：

赐笺，敬悉。居士戒除荤酒，至善致善。父病日剧，宜为说念佛往生之法。临终一念，最为紧要。（临终时，多生多劫以来善恶之业，一齐现前，可畏也。）但能正念分明，念佛不辍，即往生可必。（释迦牟尼佛所说，十方诸佛所普赞，岂有虚语！）自力不足，居士能助念之，尤善。劝亲生西方，脱离生死轮回，世间大孝，宁有逾于是者。（临终时，万不可使家人环绕，妨其正念。气绝一小时，乃许家人入室举哀，至要至要。）……

演音稽首　六月十八日

　　夏丏尊，浙江上虞人。早年留学日本，归国后曾任杭州浙江省立第一师范舍监。其后历任白马湖春晖中学、上海立达学园、暨南大学教授等。晚年任上海开明书店总编辑。自浙江一师与弘一法师（李叔同）共事后，终生成为他的挚友，生死不渝。著有《平屋杂文》，译有《爱的教育》等。

◎（一九二九年冬，厦门）

丏尊居士：

　　……《临古法书序文》写就，附以奉览。此书出版之后，余不欲受领版税（即分取售得之资）。因身为沙门，若受此财，于心不安。倘书店愿有以酬报者，乞于每版印刷时，赠余印本若干册，当为之分赠结缘，是固余所欢喜仰望者也。将来字模制就，印佛书时，亦乞依此法。每次赠余原书若干册。……

演音上

◎（一九三〇年旧四月廿八日，温州）

丏尊居士：

　　……去秋往厦门后，身体甚健。今年正月（旧历，以下同），在承天寺居住之时，寺中驻兵五百余人。距余居室数丈之处，练习放枪并学吹喇叭，及其他体操唱歌等。有种种之声音，惊恐扰乱，昼夜不宁。而余则竭力忍耐，……所谓"秋荼之甘，或云如荠"也。余自念此种逆恼之境，为生平所未经历者。定是宿世恶业所感，有此苦报。故余虽身心备受诸苦，而道念颇有增进。佛说八苦为八师，洵精确之定论也。余自经种种摧折，于世间诸事绝少兴味。不久即正式闭关，不再与世人往来

363

矣。……以后他人如向仁者或子恺询问余之踪迹者，乞以"虽存如殁"四字答之。……

演音 旧四月廿八日

◎（一九三六年闰三月二十八日，厦门）

丏尊居士道席：

……宿疾约再迟一月，可以全愈。……此次大病（内外症并发），为生平所未经过，历时近半载，九死一生。虽肉体颇受痛苦，但于佛法颇能实地经验，受大利益，亦昔所未有者也。……

演音疏 三月廿八日

……后天起，在此讲律。约一月余讲毕，移居鼓浪屿。……

◎（一九三七年八月三日，青岛）

丏尊居士道席：

……湛山寺居僧近百人，毫无恒产，每月食物致少须三百元。现在住持者不生忧虑，因依佛法自有灵感，不致绝粮也。谨复，不宣。

演音疏 八月三日

◎（一九四一年闰六月廿七日，泉州）

丏尊居士文席：

……《护生画》续编事，关系甚大。务乞仁者垂念朽人殷诚之愿力，而尽力辅助，必期其能圆满成就，感激无量。……

音启 闰六月廿七日

倘他日因画材不足，未能成就四编者，亦可先辑一二编，其余俟后络续成之。附白。

◎（一九四二年九月，泉州）

丐尊居士文席：

朽人已于九月初四日迁化。曾赋二偈，附录于后："君子之交，其淡如水。执象而求，咫尺千里。问余何适，廓尔亡言。华枝春满，天心月圆。"谨达，不宣。

音启

前所记月日，系依农历。又白。

◎（一九二九年八月十四日，温州）

子恺居士：

……△"不请友"三字之意，即是如《华严经》云："非是众生请我发心，我自为众生作不请之友。"之意。因寻常为他人帮忙者，应待他人请求，乃可为之。今发善提心者，则不然。不待他人请求，自己发心，情愿为众生帮忙，代众生受苦等。友者，友人也。指自己愿为众生之友人。……

八月十四日　演音上

丰子恺，浙江桐乡石门人。弘一法师执教浙江一师时的得意门生。毕业后游学日本，学习绘画，遂以漫画名家。归国后历任白马湖春晖中学、上海立达学园、浙江大学等处教职。曾与弘一法师合作画《护生画集》，驰名佛教界。著有《子恺漫画》，缘缘堂随笔》，译有《源氏物语》等。

◎（一九一六年八月十九日，杭州）

质平仁弟：

……但现在宜注意者如下：

（一）宜重卫生，俾免中途辍学（习音乐者，非身体健壮之人不易进步。专运动五指及脑，他处不运动则易致疾。故每日宜为适当之休息及应有之娱乐、适度之运动。又宜早眠早起，食后宜休息一小时，不可即弹琴）。

（二）宜慎出场演奏，免人之忌妒（能不演奏最妥，抱璞而藏，君子之行也）。

（三）宜慎交游，免生无谓之是非（留学界品类尤杂，最宜谨慎）。

（四）勿躐等急进（吾人求学须从常规，循序渐进，欲速则不达矣）。

（五）勿心浮气躁（学稍有得，即深自矜夸；或学而不进〈此种境界他日有之〉，即生厌烦心，或抱悲观，皆不可。必须心气平定，不急进，不间断。日久自有适当之成绩）。

（六）宜信仰宗教，求精神上之安乐（据余一人之所见，确系如此，未知君以为如何）。

······

李婴八月十九日

李婴，李叔同在虎路寺试验断食后，又改名李婴。

刘质平，浙江海宁人，与丰子恺并称为弘一法师二大弟子。丰精绘画，刘擅音乐。质平于浙江一师毕业后，留日专攻音乐。最后一年，学费不继，弘一法师曾资助之，故刘氏终身不忘师恩。

◎（一九一八年，三月二十五日，杭州）

质平仁弟：

书悉。君所需至毕业为止之学费，约日金千余元。顷已设法借华金千元，以供此费。余虽修道念切，然决不忍致君事于度外。此款倘可借到，余再入山；如不能借到，余仍就职至君毕业时止。君以后可以安心求学，勿再过虑。至要至要。即颂

近佳！

演音　三月廿四日

◎（一九三二年，镇海伏龙寺）

质平居士：

……余所居处，鼠害为患。拟请仁者到上海先施公司，购西式捕鼠器一件（但必须不伤害鼠命者乃购之，否则不购）。如无者，乞于便中致上海城隍庙购铁丝编成长方形之捕鼠器亦可（此物决不伤鼠命，但不甚灵验耳）。此捕鼠器俟余致宁波面交。

……

演音启

◎（一九三七年，厦门）

冠洛居士文席：

惠书诵悉。时事未平静前，仍居厦门。倘直变乱，愿以身殉。

古人诗云："莫嫌老圃秋容淡，犹有黄花晚节香。"谨复不具。

演音疏

◎（一九二二年四月初六日，温州）

圣章居士慧览：

……任杭教职六年，兼任南京高师顾问者二年，及门数千，遍及江浙。英才蔚出，足以承绍家业者，指不胜屈，私心大慰。弘扬文艺之事，致此已可作一结束。戊午二月，发愿入山剃染，修习佛法，普利含识。……乃于五月下旬入大慈山（学校夏季考试，提前为之），七月十三日剃发出家，九月在灵隐受戒，始终安顺，未值障缘，诚佛菩萨之慈力加披也。出家既竟，学行未充，不能利物；因发愿掩关办道，暂谢俗缘。……

释演音疏答 四月初六日

李圣章，名麟玉，为弘一法师俗侄。早年留学法国，专攻化学了。历任北大教授及中法大学校长等职。建国后任全国政协委员。一九七五年逝世。

◎（一九三九年旧三月十八日，永春）

圆晋居士慧鉴：

……若欲圆满成就其业，必须早生极乐，见佛证果，回入娑婆，乃能为也。……《南山律在家备览略编》第一册《宗体篇》，致今晨已将第二次正稿写竟。……《南山年谱》（即唐终南山道宣律师年谱），于数年前已编就，……以后拟再编《灵芝年谱》（即宋杭州灵芝寺元照律师年谱），……《羯磨讲录》久已编就（共二册，或四册）。……《戒本讲录》，亦久编就（共二册，或四册），……吾人修净土宗者，决不以弘法事业未毕，而生丝毫贪恋顾惜之心。朽人以上所云编辑诸事，不过姑作此想。经云：人命在呼吸间，固不能逆料未来之事也。余与仁者友谊甚厚，故敢尽情言之。乞勿以此信示他人，他人见者或为惊诧也。……

音启　旧三月十八日

◎（一九三五年四月十四日，惠安）

云台居士道鉴：

……炉香赞（此是供养赞，非赞佛也），始见于莲池大师所订课诵中。故知此赞最古。其他皆后世俗僧或腐儒之作，罕有可取者。余自惭德薄，虽久有订正之意，然无人信受，唯可付之长叹耳！

再者，近来念佛时。常用之"愿生西方净土中"四句，其末句为"不退菩萨为伴侣"，语气殊未完足（似尚有下文者）。且此四句仅言生西，而无利生之愿，亦有未合。余于五六年前曾劝人将第四句改为"普利一切诸含识"，（用《普贤行愿品》成句）则语气既能完足，且具利生之愿。但致今犹无人承用者，可见习惯难改。而僧众多奔走营务，亦罕有注意于此者，可长叹耳！谨复，不宣。

演音启

聂云台：名其杰，湖南衡山人。民族资本家，曾任上海总商会会长。初信基督教，中年因病改信佛教，于佛教造诣颇深。

莲池大师，明末四高僧之一。以居杭州云栖寺，亦称他为云栖大师。

◎（一九二〇年五月十五日，新城）

福保居士箸席：

昨承手书，诵悉一一。……音居新掩关，持佛名，未遑著述。……承施禅衣之资，致可感谢！但音今无所须，佛制不可贪蓄。谨附寄返，并谢厚意。不宣。

释演音 五月十五日

丁福保，字仲祜，江苏无锡人。本为数学家兼医学家，中年学佛，著作等身，名著有《佛学大词典》等。

◎（一九二四年二月四日，温州）

真如居士丈室：

……"朽人于当代善知识中最服膺者惟印光法师。前年，尝至书陈情，愿侧弟子之列，法师未许。去岁阿弥陀佛诞，于佛前燃臂香，乞三宝慈力加被，复上书陈情，师又逊谢。逮及岁晚，乃再竭诚哀恳，方承慈悲摄受。欢喜庆幸，得未曾有矣。"……

二月四日　昙昉疏答

王心湛，即王心三，学佛后自号真如。晚年学佛，时在上海寿圣庵讲学。与马一浮居士、弘一法师时有书信往来。

◎（一九二八年，上海）

石子居士礼席：

……《印光法师文钞》法师今居普陀，昔为名儒。出家已二十余年，为当世第一高僧。品格高洁严厉，为余所最服膺者。……

　　《灵峰宗论》为明灵峰藕益大师文集。近古高僧中知见最正者。先阅此种，自不致为他派之邪说所淆惑。集中文字，深浅互见。凡净宗、禅宗及天台、贤首、慈恩、密宗等，皆具说之。非专谈一法也。可先阅法语及书信二类。但初学亦不能尽解，当于阅时自择其所解者先阅，其难解者不妨暂缓。……

　　《净土十要》印光法师盛赞此书，但多未宜于初学。若初学者，可先阅是中《十疑论》《净土或问》《念佛直指》三种。……

　　……仁者为亲诵经，谨为拟定日课如下：诵《阿弥陀佛经》一遍，往生咒三遍，念南无阿弥陀佛最少一百八句，后诵回向文三遍。回向文代拟如下："愿以此功德，回向亡母高太恭人。（若为亡父或他人者随改。）惟愿亡母业障速灭，早生西方极乐世界，见佛授记，普度众生，尽未来际。并愿法界有情，同圆种智。"此课约在四十分钟以内。若念佛多者，则时间亦增多，可随力为之。又《地藏菩萨本愿经》，亦宜讽诵。若人事纷繁，每日可仅诵一品，约三十分钟以内。……如不能常茹素，每晨粥时可茹素一餐，名曰吃早素。……

僧胤疏

　　姚石子，名光，号复庐，江苏金山人。曾继柳亚子之后为南社主持人，与弘一法师为南社旧侣。晚年学佛，藏书甚富。建国后其子悉以捐献上海市文物保管会，撰有《复庐聚书献书记》。

　　◎（一九二五年闰四月廿二日，温州）

致邓寒香

　　（一）……而《毗尼日用》之书乃出。时人不察，竟以是为律学之纲维，何异执瓦砾为珠玉也！逮及我灵峰大师，穷研律学，深谙时弊，力斥用偈咒者为非律学，并谓正法渐衰，末运不振，实基于此。其说甚当。无如当时学者，皆昧于律学，固守旧见，仍复以讹传讹。迄于今日，此风不息，是致可为痛心者也！……

演音　乙丑闰四月廿二日

（二）藕益大师亦云："无始妄认有己，何尝实有己哉。或未顿悟，亦不必作意求悟。但专持净戒，求生净土，功深力到，现前当来，必悟无己之体。悟无己，即见佛，即成佛矣。"又云："倘不能真心信人，亦不必别起疑情。更不必错了承当。只深信持戒念佛，自然蓦地信去。"……若一心念佛，获证三昧，我执自尔消除。……

（三）……大乘之人，须发菩提心（心佛众生三无差别）。依是自利利他。直致成佛，圆满菩提，乃可谓大乘人。致发心之后，处众处独，皆无不可。

……夫位近等觉，尚须乐于独处，住阿兰若。何可谓山居办道者为小乘人？近来屡闻世人有此谬论，可痛慨也。至于小乘之人，决不说法利他者，亦非通论。小乘律本关（拣别之说）法有十条。（拣别如法不如法）又佛称弟子声闻众中，能教化有情令得圣果者，推迦留陀夷第一。律中具载彼度生之事有十三事，此外关于说法度生之事，小乘律中，屡屡见之。（比丘每日须入城市乞食。施者如请说法，随缘教化。）兹不具引。小乘所以异于大乘者，在发心趣偏真之涅磐耳，岂有他哉！……

◎（一九三九年四月廿七日，永春）

智朗居士澄览：

惠书，诵悉。仁者发心出家，至用叹赞。但剃度之师，以灵岩山（监院代理住持）妙真法师最为适宜。将来即可久居灵岩，由师为之护助一切也。朽人自初出家后，屡在佛前发誓愿，愿尽此形寿，决不收剃度徒众，不任寺中监院或住持。二十余年以来，未尝有违此誓愿。希仁者鉴此苦衷，而曲谅之。近年小疾频发，精神颓唐。以前学律诸师，久已分散。不久或即往生西方。当来在彼世界，可与仁者常相欢聚耳。拙书一纸，附奉上。谨复，不宣。

音启　四月廿七日

郁志朗，浙江宁波人。发心欲从弘一法师出家，法师以生平不收剃徒谢之。但为他多方筹划，介绍明师。后以因缘不具，未果。

◎（一九三八年，泉州）

晦庐居士文席：

惠书诵悉。诸荷护念，感谢无已！朽人剃染已来二十余年，于文艺不复措意。世典亦云："士先器识而后文艺"，况乎出家离俗之侣。朽人昔尝诫人云："应使文艺以人传，不可人以文艺传。"即此义也。……

音启

许晦庐，名霏，福建泉州人，金石美术家。

◎（一九三六年，鼓浪屿）

胜进居士转念佛会：

余近居日光岩方便掩关，诸缁素属为演讲。窃念余于佛法中最深信者，惟净土法门；于当代善知识中最佩仰者，惟印光老法师。今举《嘉言录》中数则：如"愿离娑婆"云云（三九页），"既有真信"云云（四二页），"一切行门"云云（四九页），略为讲释之。诸君暇时，乞常阅《嘉言录》。每次仅阅一二段，不必多，宜反复研味其义，不可草草也。

演音

高文显，别号胜进，福建南安人。毕业厦门大学，亲近弘一法师多年。法师讲演，多由他记录。抗战期间南渡，执教菲律宾。后赴英留学，得博士学位。

◎（一九三九年十二月廿七日，永春）

奉若居士澄览：

关于食物之事，略陈拙见如下，乞为转陈执务者，为感！

依律，食物亦名曰药，以其能调和四大，令获康健，俾能精进办道。但贪嗜甘美之物，律所深呵。常食昂价之品，尤为失福。故以价廉而适于卫生之物最为合宜也。

……再者，前朽人云，不愿食菜心及冬笋者，因其价昂而不食，非因齿力不足也。菜心与白菜相似，而价昂数倍。冬笋价极昂，西医谓其未含有何种之滋养质也。

又香菇亦不宜为常食品，明莲池大师曾力诫之。煮豆类，花生及蔬菜之汤，亦不可弃，其中含有多份之滋养料。倘弃其汤，而唯食其质，犹如服中国药者，弃其药汤而唯食其药渣也。

……以上种种拙见，乞为执务者讲解其义，令彼了知，至用感谢！
谨陈不宣。

善梦启　十二月廿七日

林奉若，福建永春人，颇有学识，身世未详。晚年隐居永春毗湖普济寺顶寺（寺分顶寺、下寺），就废址营建精舍数间，以自居止。弘一法师至普济寺时，林氏即以自筑精舍奉其居住。每日饮食，由下寺专送，供养甚至。

◎（一九三七年十二月二十三日，厦门）

芳远童子澄览：

惠教诵悉。至用感谢！朽人已于九月廿七日归厦门。近日厦市虽风声稍紧，但朽人为护法故，不避炮弹，誓与厦市共存亡。古诗云："莫嫌老圃秋容淡，犹有黄花晚节香。"乃斯意也。吾人一生之中，晚节为最要。愿与仁等共勉之！

弘一上　十月二十三日

李芳远，福建永春人，家居厦门鼓浪屿。时弘一法师卓锡鼓浪屿日光岩，偶与李氏邂逅，奇其幼慧，常相往来，故称他为芳远童子。法师寂后，李氏集其遗文，编成《弘一大师文钞》一册。数年前，病逝于鼓浪屿。

◎（一九四二年正月十五日，泉州）

芳远居士智览：

惠书，诵悉。诸承关念，并示箴规，感谢无尽！此次朽人致泉城，虽不免名闻利养之嫌，但较三四年前则稍轻减。此次致泉，未演讲，未赴斋会。仅有请便饭者三处，往之。惟以见客、写字为繁忙耳。夫见客、写字，虽是弘扬佛法，但在朽人，则道德学问皆无所成就，殊觉惶惭不安。自今以后，拟退而修德，谢绝诸务。以后于尊处，亦未能通信。倘有惠函，亦不披阅。诸乞原谅，为祷。……朽人现在结束一切诸事，未能应命，乞愍其老朽而曲谅之。以后，倘有他人询问朽人近状者，乞以"闭门思过，念佛待死"八字答之可耳。谨复，不宣。

音启　壬午元宵日

此次致泉州，朽人自己未受一文钱。他人有供养钱财者，皆转赠寺中或买纸用。往返之旅费，由传贯师任之。附白。

◎（一九三四年正月十六，晋江草庵）

德振居士慧鉴：

前复明信，谅已收到。仁者欲学戒，宜常读诵《梵网经戒本》，并详研《贤首疏》。虽受五戒，亦应依疏中戒相而研习也。……

演音启　甲戌旧正月十六日

《华严经普贤行愿品净行品初回向章》（余有书写者，佛学书局流通），应常常读诵，以长养大菩提心。附白。

崔澍萍，号德振，江苏南通人，身世不详，曾主持南通唐闸佛教居士林。

◎（一九三四年正月廿六，晋江草庵）

德振居士慧鉴：

惠书诵悉。兹别答如下：佛制无有遥授归依之法。今仁者发心在唐闸宣文秉受，乃是自誓受戒也。自誓受时，宜注意者，先说三归之时，正得戒体，此时最为要紧。后说五戒名者，乃是略宣戒相，非于此时而得戒也。……

演音启　旧正月廿六日

◎（一九三六年闰三月二日，厦门）

涤源居士道席：

惠书，今日始转递到。……戒法不能遥授。乞仁者于佛前自誓受为宜。应先受不邪淫、不饮酒二戒，其余缓受。盗戒极微细难持（常人不知），应格外郑重。至要至要！出家之事，且看将来因缘如何，不可固执。……

演音启　旧闰三月二日

◎（一九三四年三月廿八日，厦门）

性公老法师慈鉴：

曩承枉驾，至用感慰。后学拟居南普陀半载，以答诸公属望之盛意。学律诸师于旧七月三十日习普通律学已竟（由去年正月始），即可圆满毕业也。后学近半月来，学行一食法，身体较前康健，未尝瘦弱。知劳，慈念，附以奉闻。别一纸，写诸律书名，乞便中往（南门李宏成居士宅楼上木箱内）检出，至感谢，顺颂法安！

后学演音稽首　三月廿八日

性公即性愿法师，性愿名古志，福建南安人。早岁出家，遍参江浙丛林。回闽后，历任漳泉厦诸寺监院住持等职。1928年弘一法师至厦，和他一见如故。前后十余年，法师在闽南安居，多受其照拂。和他通信特多。性愿于1937年赴菲弘法，首任信愿寺住持，为华僧在菲弘法之先驱。

◎（一九三七年三月廿八日，厦门）

果清法师：

惠书诵悉。谨答如下：

唐南山律祖《行事钞》引五百问云：应先白僧（因亡后诸物属僧，若用时应先白故），以亡泥洹僧（裙也，西僧不着裤，下着此裙），僧祇支（掩腋衣也，披于左肩，以衬袈裟），覆尸而送。

案此：即是以亡人旧有之掩腋衣及裙，覆于尸上而焚化也。吾国僧众不用掩腋衣及裙，可与小衫及裤代之，着而焚化可也。

宋灵芝律师释上文曰：世云须披五条者非（因当时有人误解，谓披五衣而焚化，灵芝以为不可），以制物令赏看病故。〔亡人所遗留之三衣、钵、坐具、针筒（或云漉水袋）此六物应赏与看病之人故。既应赏与看病之人，岂可以亡人披之而焚化？〕准以上南山、灵芝之说，就现今习惯斟酌变通，应仅以小衫及裤着而焚化为宜。倘有所不忍者，或可披以破旧之海青而焚化，亦无大违于律制也。万不可披七条五条衣，因此应赏与看病之人，酬其劳故。僧众如此，俗人可知。

再者，俗人生时，仅可披缦衣，不能披五衣，因大僧乃能披五衣故。

后学弘一顶礼　廿六年三月廿八日

此札系以蝇头小楷，书于一明信片，寄与南京果清法师者。曾发表于1937年厦门《佛教公论》。

◎（一九三四年七月十四日，厦门）

瑞今法师道安：

……

　　弘一提倡之本意，在令学者深信佛菩萨之灵感，深信善恶报应因果之理，深知如何出家及出家以后应做何事，以造成品行端方，知见纯正之学僧。致于文理等在其次也。儒家云："士先器识而后文艺"，亦此意也。谨书拙见，以备采择。

弘一　七月十四日晨

　　瑞金法师，福建晋江人。幼年出家，毕业安徽及闽南佛学院。1934年，弘一法师在厦门南普陀寺，提倡于闽南佛学院之外，另办佛教养正院，培养幼年学僧，请瑞今法师为主任。

◎（一九四〇年，永春）

广洽法师道席：

　　所谈之事，由余思维。《金刚经》序文，请费范九居士撰并书写。彼之文字书法皆佳。其序文之意，即依仁者所写示者告彼，由彼斟酌变通可也。签条，拟请子恺居士写。经名为正行，下方或写"弘一书写"字样。因余之名字，若冠于经名之上，似不恭敬也。其式如下：

　　金刚般若波罗密经

　　……书写……

演音疏

　　此签条可以题字大写，印时再随宜缩小也。

　　广洽，名照润，弘一法师为其改名普润。福建南安人。弱冠于厦门南普陀寺出家，受戒后参学江浙，后回南普陀任副寺。1928年弘一法师入闽，亲侍请益，特受器重。后任佛教养正院监学三年。战时南渡新加坡，在该地办学弘法。

◎（一九三九年，永春）

昙听法师道鉴：

　　惠书诵悉。承寄各件收到，感谢无尽！书幅附奉上。行征拟从缓。

377

不久时事或可平定也。仁者近来行持如何？时以为念。常阅《高僧传》否？诵经念佛日益精进否？仁者系出名门，幼受教育，应自尊自重，冀为佛门龙象，以挽回衰颓之法运，扶持颠覆之象。

藕益大师寄彻因比丘书云："吾望公甚高，勿自卑"等。又云："所有不绝如线之一脉，仅寄足下，万万珍重爱护，养德、充学，以克荷之。"余于仁者，亦云然矣。《寒笳集》甚能警策身心，乞常阅之。不宣。

音启

广义，弘一法师改号昙昕。福建南安人。早岁出家，曾于泉州承天寺及厦门万石岩，从性愿、会泉二法师受教。抗战时任泉州开元寺监院及代理方丈，深受弘一法师器重。

附赠广义法师"昙昕"别号说明（昙昕，梵汉合立。晋魏六朝时高僧，颇有此类之名。阅《高僧传》可知。昙者梵语，具云"昙无"，亦云"达摩"，法也。昕者汉语，朝也，日将出也。清初史学大家钱大昕，亦用此昕字为名，号曰晓征。昙昕者，示法日将升，普照众生之义也。）

沙门一音识　戊寅二月初一日 戊寅，一九三八年

◎（一九三六年闰三月廿一日，厦门）

丰德胜士道席：

……乞代告云：邮局定例，凡印刷品，可以用开口信封，似铁丝束口，贴邮票一分。若信件，须邮票五分。倘内装信笺，作印刷品寄者，收信之人应罚大洋四角五分。（数年前，余曾被罚一次，实无辜而被罚。）写信之人，若已受戒而得戒者，亦犯偷税之罪也。（已满五，应结重。）谨陈，不宣。

演音疏　闰月二十一日

附奉上永春佛手种茶二瓶，乞受收。

性常，弘一法师赠别号丰德，福建南安人。早年曾从会泉法师同学。弘一法师到闽后，即亲侍律学，众中推为上首。惜弘一法师逝后，他不久亦圆寂。

◎（一九三六年十二月十九日，厦门）

丰德法师道席：

惠书，诵悉。居日光别院半载，罕通音问。近至南陀，闭门思过，辞谢访问。迩者仁开法师等发起属讲律仪，拟于明正讲《羯磨》一部。仁者前寄来之稿，即可于其时校阅也。来书所云自利利他，且约一往而言。若委论之，独居诵经念佛，以此功德回向众生，岂非利他？若出外弘法，而自获福德，岂非自利耶？谨复，不宣。

演音启　十二月十九日

◎（一九三九年十二月十二日，永春）

性常法师道鉴：

……仁者往菲岛后，仍可为朽人护法。虽远隔重洋，实与晤言，实无以异也。乞仁者须痛念法门衰落，发弘誓愿负此重责，万勿推却，至要至要！朽人年老多病，不堪任事。仁者为学律诸师中之巨擘，自应代朽人出而弘法利生，俾不辜负朽人多年以来弘律之胜愿也。若惟退居林下，不愿出而任事，殊为未可。乞念法门众生，奋袂兴起。则法门幸甚，众生幸甚！

音启　十二月十二日

◎（一九三一年，慈溪金仙寺）

芝峰法师座下：

……末学与仁者神交以来，垂十年矣。窃念当今之世，如仁者英年绩学者，殊为稀有……仁者将来学业成就，所有著作，必能令人五体投地，万分佩仰。……末学敬劝仁者，今后无论居住何处，总宜专力于学问及撰述之业。至若作方丈和尚等之职务，愿仁者立誓，终身决不为之。因现代出家人中，能任方丈和尚等职务者，甚多甚多，而优于学问，能继续虚大师，弘宣大法，……末学于仁者钦佩既深，故敢掬诚奉劝。杂陈芜辞，幸垂省览。

音启

芝峰，名象贤，浙江温州人。早年出家，受教于宁波观宗寺谛闲法师、武昌佛学院太虚法师，造诣颇深。后任闽南佛学院教授、《海潮音》月刊编辑等。其学识为弘一法师所称许。

◎（一九四〇年，南安）

如影法师慧鉴：

拟请仁者每日读诵《普贤行愿品》，以此功德，回向众生，同消业障，齐成佛道。即是仁者出家之日，每日必须发愿生西，了生脱死，常住快乐。又云上求佛道，下化众生。是日持诵《普贤行愿品》三卷，尽一周年，当为仁者书写《普贤行愿品偈颂》一卷，以为纪念守持。

庚辰年　晚晴老人弘一敬述

如影，永春普济寺僧。出家后苦行精进，尝淡食刺血，供弘一法师书写佛经佛号。

◎（一九三九年十月五日，永春）

妙莲法师慧鉴：

……窃念仁者居承天、福林诸寺，一切缁素皆受仁者之感化，爱念仰望如慈父母。南门外寺院林立，尤希望仁者与彼等僧众时时接近，随缘教化，则闽南他日僧英济济，法化昌明，悉出仁者之厚赐也。……

音启　十月五日

妙莲，上海市人。中年出家，曾居苏州灵岩山多年。入闽后，亲近弘一法师学律，同居晋江福林寺，深受器重。法师将圆寂时，荼毗诸事，悉以委之。妙莲后曾任泉州开元寺住持。

◎（一九三六年春，泉州）

念西、丰德律师同鉴：

……此次大病，实由宿业所致。初起时，内外症并发。内发大热，外发极速之疔毒。仅一日许，下臂已溃坏十之五六，尽是脓血（如承天寺山门前，乞丐之手足无异）。然又发展致上臂，渐次溃坏，势殆不可止。不数日，脚面上又生极大之冲天疔。足腿尽肿，势更凶恶。观者皆为寒心。因此二症，若有一种，即可丧失性命。何况并发，又何况兼发大热，神志昏迷，故其中数日已有危险之状。朽人亦放下一切，专意求生西方。乃于是时忽有友人等发心为朽人诵经忏悔，至诚礼诵，昼夜精勤。并劝请他处友人，亦为朽人诵经。如是以极诚恳之心，诵经数日，遂得大大之灵感。竟能起死回生，化险为夷。臂上已不发展。……愈后，拟到泉州小住数日（或往惠安住数日），再返厦门，即在日光岩闭关。……

演音敬启

念西，名义俊，福建漳州人。出家石室岩，专修净土法门，故号念西。后又从弘一法师学律，著有《念西集》及《龙裤国师传》。丰德，即性常之别号。

◎（一九三六年，鼓浪屿）

仁开法师道鉴：

……朽人初出家时，常读灵峰诸书，于"不可轻举妄动，贻羞法门"，"人之患在好为人师"（此语出《孟子》，《宗论》引用。）等语，服膺不忘。岂料此次到南闽后，遂尔失足，妄踞师位，自命知律，轻评时弊，专说人非。大言不惭，罔知自省。去冬大病，实为良药。但病后精力乍盛，又复妄想冒充善知识。卒以障缘重重，遂即中止。至古浪后，境缘愈困，烦恼愈增。因以种种方便，努力对治。幸承三宝慈力加被，终获安稳。但经此风霜磨炼，遂得天良发现，生大惭愧。追念往非，噬脐无及。决定先将"老法师、法师、大师、律师"等诸尊号，一概取消。以后誓不敢作冒牌交易。且退而修德，闭门思过。并拟将《南山三大部》重标点一次，誓以弩力随分研习。倘天假之年，成就此愿。数载之后，或以一得之愚，卑陬下座，与仁等共相商榷也。前承所示诸事，今非其时，愿俟异日。诸希亮察为幸！谨陈，不宣。

演音

……朽人当来居处，无有定所。犹如落叶，一任业风飘泊可耳。

仁开，江苏与化人，原为闽南佛学院学僧，后随弘一法师赴青岛湛山寺学律，造诣颇深。

灵峰，指明末蕅益大师智旭，著有《灵峰宗论》。灵峰即北天目山之灵峰寺，在浙江孝丰县。

《南山三大部》，即《四分律行事钞》、《四分律羯磨疏》、《四分律戒本疏》，为唐道宣律师所著。道宣居终南山，故立宗称南山律宗，三大部称《南山三大部》。

◎（一九四一年，泉州）

律华法师澄览：

朽人与仁者多生有缘，故能长久同住，彼此均获利益。朽人对仁者之善根道念，十分钦佩。朽人抚心自问，实万分不及其一。故朽人与仁者，长久同住，能自获甚大之利益也。妙莲法师行持精勤，悲愿深切，为当代僧众中所罕见者。且如朽人心中敬彼如奉师长。但朽人在世之时，畏他人妒嫉疑议，不敢明言。今朽人已西归矣。心中尚有悬念者，以仁者年龄太幼，若非亲近老成有德之善知识，恐致退惰。故敢竭其愚诚，殷勤请于仁者。乞自今以后，与妙莲法师同住。且发尽形承侍之心，奉之如师，自称弟子。并乞彼时赐教诲，虽受恶辣之钳锤，亦应如饮甘露，万勿舍弃。致嘱致嘱！

演音　弘一敬白

律华，福建泉州人，原名妙斋。他是个幼年学僧。此信系以遗书形式交与律华者，足见弘一法师教导后学之苦心。

附 录

严净毗尼，以理律己
——释界诠

佛陀的一代时教以戒、定、慧为基本三学，其中以戒为根本，由戒故发定，因定而生慧，因慧而断惑证真。戒、定、慧三学在佛陀的教法中是平均发展的，如鼎之三足，缺一不可。但在佛陀时代，各大弟子对三学的平均发展就有所不能胜任，诸大弟子各有所长，戒虽为三学之基础，任何弟子都必须持戒，而研究之心得各有深浅，故优波离因为对戒律独到的心得和严持，在十大弟子中被称为持戒第一。

佛教传到中国，此一趋势更加明显，把专门学戒、持戒的称为律宗。中国自从三国开始有戒律的传入，各种律部相继译出，但到了唐朝，由于道宣律师大力宏扬《四分律》，著《四分律删繁补阙行事钞》、《四分律含注戒本疏》、《四分律随机羯磨疏》等，称为南山三大部，而成为中国律宗的唯一法脉。从此以后，学戒律者皆以《四分律》为宗，中国的律宗实际也就成为四分律宗。到了宋朝，钱塘灵芝寺的元照律师著三部记，分别解释道宣律师的三大部钞、疏，即《四分律行事钞资持记》、《四分律含注戒本疏行宗记》、《四分律羯磨疏济缘记》。南宋禅宗大盛，律学撰述悉皆散失。到了清末，唐宋的律学著述才从日本回传中国。弘一大师正是步着如此的气运，犹如一颗璀璨的明星而出现在中国的佛教史上。

《善见律》说："若人有信心，恒生惭愧，好学戒律者，佛法得久传；是故人欲得佛法久住，先学毗尼藏。"弘一大师一出家，便依佛之教诫，深入律藏。当他在灵隐寺受戒期间，老友马一浮送给他两部律学的著作：一是明代蕅益大师的《重治毗尼事义集要》；另一部是清初见月律师的《宝华传戒正范》。他便发心学戒，初学有部律，写有《根本说一切有部毗奈耶犯相摘记》、《自行钞》和《学根本说一切有部律入门次第》。后来，他改学《四分律》，专研唐宋律学著作，花了四年时间，写成《四分律比丘戒相表记》。《表记》共有五个特点：一是根据《行事钞》疏解为"表"，二是采用灵芝、见月大师的注解，三是弘一大师自己的案语，四是恭敬虔诚一丝不苟的楷书，五是从头到尾"持、开"分明。从这部著作中，足以说明弘一大师钻研律学的认真态度。此后，他根据日本请回古版律书，圈点南山三大部的钞记，并作科判以及讲律行持。

弘一大师以正法久住为己任，为挽救中国佛教的悲心，1931年2月，他在上虞法界寺佛前，发专学南山律之誓愿。1933年，曾集合学者十余人于泉州开元寺尊胜院研究律学，称为南山律学苑。

弘一大师秉道宣律师的遗绪，从事律学典籍的整理与开创新的境界，他以严持戒律，作为专治时代的清凉剂。律学由于孤寂艰硬，少有人深究力行，造成戒律松散，行无约检。弘一大师为救时弊，奋力从事复兴佛门的戒律之学，以自己的身体力行来重建佛门的戒律生活。他深刻地认识到佛门清净应自比丘个人做起，若人人遵行佛陀的戒律，个人的人格和德行便日益崇高、完美。大师为匡正佛教，严净毗尼，遵崇佛制，为末法时代众生作出了模范，为缁素所皈仰，为薄海所同钦！

今日佛教比弘一大师所处时期，并无进步多少，反而有日益衰败之感。僧团混乱，戒律松弛，行无规约，不重修持，为什么会出现如此之局面？因为不依佛制。佛教的根本精神，即在于戒律的尊严，在于佛弟子们对戒律的尊重与遵守，不然，佛教之兴盛将无从谈起。《大乘本生心地观经》说："汝等比丘，谛听！谛听！入佛法海，信为根本；度生死海，戒为船筏。若人出家不护禁戒，贪著世乐，毁佛宝戒，或失正见，入邪见林，引无量人坠入深坑。如是比丘不名出家，非是沙门，非婆罗门，形似沙门，心常在家，如是沙门无远离行。"戒律是佛弟子生活的轨范，依此而行持，才合乎正道，趋向于解脱；若无戒律作为生活轨范，虽形似沙门，亦剃发染衣，所行皆与正道相违，将何以解脱生死呢？所以，佛在《杂阿含经》中说："戒德重于地"、"圣戒为无上"。正因为戒律是佛法的生命，个人依戒行持方可入道，僧团依戒作为统摄教化的纲领方能清净。

《十诵律》说："佛制比丘，五夏以前，专精律部；若达持犯，办比丘事，然而乃可学习经纶。"然后，佛律谨严，条文繁复，学戒、持戒为佛子本家之事，但在今日真能"严净毗尼，以律律己"的人，又有几何呢？对于研究律藏，不特无人过问，就是能谈戒律的人亦为有相当勇气了。近世佛门的"大心之士"，借言弘扬大乘之法，不拘形仪，举言为"空"、"无著"、"无住"，却行为散漫无轨；生活极为奢侈，私人占有"精舍"、"洋房"，出入飞机、轿车，栖止高级酒楼，用钱如流水，毫无艰苦之风，致使社会的渣滓混进佛教，造成杂滥不堪的局面。佛教的寺院既无律制，亦无丛林规约，松弛散乱，故促使僧团不能清净，影响了信众的情绪，也引起了信众的诽谤和轻视。如此，何可为福田？何以导俗化世？这是佛教的悲哀！

故令人追思弘一大师的愿言："如是戒品，我今誓愿受持、修学，尽未来际，不复舍离。以此功德，愿我及众生，无始以来所作众罪，尽得消灭。……誓舍身命，护持三世一切佛法！誓舍身命，救度法界一切众生！愿代法界一切众生，备受此苦！愿护南山四分律宗弘传世间。"

弘一大师发此宏愿，而皆能躬履力行，苦学潜修；他精研戒律，轻重等持，防护精严，孜孜以复兴律宗为己任。他的律学著作中有手书《四分律比丘戒相表记》及《南山律在家备览略编》等，致力之勤，意思之周密，真叹莫能穷。

佛陀说法，为众生悟入佛之知见；佛陀制戒是为灭恶生善，就是约检人们的身语意令其净化为定为慧。弘一大师研持律学，从律学中体解、领悟熏修法之涵盖。因为法是诸佛从旷劫大行中所证得的超特真理；是物我、世出世间无量性相的总汇；其以净慧为本，透过净识敷演出来。律是诸佛从繁杂事相中所制立的适正规例，是众别、僧格团体无尽事行的通依，以净行为本，透过直心制定出来。从法的本含中看，律是法的流类，法的本身是最极殊胜，依之而制成的律当然极公明；从律的实效看，法绝不能离律而独存，必依律而护持，在布教中方能远离诸弊。法是教化众生于净善，律是调伏人们的正行。

所以，大师一生持律精严，行修圆戒，是因为他不舍毗尼，而深入经藏。其言道："发心应学二事：一智慧，二慈悲方便。欲学智慧，莫若读诵大乘方等经典，深解义趣，随文入观。不堕嚼木之讥，不招数宝之诮。又数近明师良友讨究抉择，不可师心自是。欲学慈悲方便，须深信一切众生皆有佛性，定当作佛。见僧俗造恶者，勿生轻慢，须怜悯爱念种种善巧而回护接引之。倘恃己修，见不修行便生忽慢，自持戒，慢破戒者；自读诵大乘，慢无闻者；自解义，慢愚鲁者；自观心，慢口说者；人我山高，胜负情重。毕生勤苦，止成修罗法界，去菩萨道远矣。"《寒笳集》又言："佛法之衰也，名利熏心，簧鼓为事。求一真操实履者，殆不可得。有能持戒精进读诵大乘，不驰世务，纵道眼未开，亦三世诸佛所叹许也。况了必藉缘，非持戒读诵，何处得有道眼？今讲家多忽律行，禅门并废教典，门庭愈高，邪见益甚。"由此可以说明大师不但精研律典，而且博通经法，为法、律等持，圆融无碍。从此亦可看出大师的律己精神。

佛子皆能以大师的兢兢业业律己之心为事,佛教何有不兴之理?大师说:"今时释子只图作宗法律师,设无出头一著,虽顿超佛地者,亦不顾矣。本发心,原非为菩提大道、旷劫远猷,故一受戒,兢兢钵杖表相。一听讲,孜孜消文为事。一参禅,念念机锋是务。……彼于微妙佛道,仅从经本上依稀闻解,未曾亲知灼见,终属半信半疑。于眼前话计,未曾谛观三界苦无常,终觉放他不下。虽学成语陵驾佛祖,实一时高兴。或初生牛犊不畏虎,或童竖戏剧自称天王,未曾以佛祖自期也。间有发胜志者,不能到底唯为菩提一事,或被名利改节,虽云渐变初心,仍是因中夹带。不可不慎思而痛励也。"每阅大师之语,无不令人汗颜而涕零。今日佛教缁素已把佛祖的艰苦淡薄之风丢了,奢靡腐化,追名逐利,致使道风淡然。大师说过:"倘名关未破,利锁未开,藉言弘法利生,止是眼前活计。"此是彻骨之誓言。

律云:"不学无知。"今时佛门大都不读经藏不阅祖语,故行为无轨,情无所托。纵看一两部经,亦高心自狂。常见一些人放任自流,或以经忏为业,或有种种违律嗜好,多不自检,且看弘一大师是多么的严以律己。他是近世高僧,并以学律持律而闻名,他称自己非但不够比丘资格,也不够沙弥资格,甚至还不够称一个五戒满分的优婆塞的资格。试想:一位持律高僧,竟不敢以满分五戒自诩,一般人何有心高意狂之理呢?弘一大师之谨严,绝非因他破戒,而是说戒法之微细,难以周全。在《佩玉编》中有这么几段,可以说明大师是非常自检律己的高僧:

"余每夜就枕,必思一日所行之事。所行合理,则恬然安寝。或有不合,即辗转不能寝。思有以更其失,又虑始勤终怠也,因笔录自警。"

"余于坐立方向器用安顿之类,稍有不正,即不乐。必正而后已,非作意为之,亦其性然。"

"日间时时刻刻,紧紧于自己身心上存察用力,不可一毫懈怠。"

"正己者乃能正人，未有枉己而能正人也。"

"人虽至愚，责人则明。虽有聪明，恕己则昏。常以责人之心责己，恕己之心恕人，不患不到圣贤地位。"以这些名言作为立世修道的根本标准，才堪称佛子。

弘一大师乃近世高僧，今人难以臻其道行。今天纪念大师诞辰115周年，应效法于大师，至于如何像弘一大师那样的严净毗尼，以理律己而自验？略举如下几点：

其一，亲近善知识。如《增一阿含经》说："莫亲恶知识，亦莫从愚事；当近善知识，人中最胜者。人本无有恶，习近恶知识；后必种恶根，永在暗冥中。"这是佛陀教诫我们应当亲近善知识，从善知识的风范中来塑造自己，在善知识的教诲下完善自己，以外在的善缘使自己远离邪恶，入于正道。有古谚道："与恶人交，如入鲍鱼之市；与善人交，如入芝兰之室。"《沙弥律仪》中说："远行要良朋，数数清于耳目；住止必须择伴，时时闻于未闻。"如弘一大师在普陀山亲近印光大师七天，认为印光大师虽未精研戒律，而绝对严守戒律。今日世界，世风日下，人心不古，种种诱惑充满着社会的每一角落，若不靠善知识来警策自己，将以何来抗拒那些诱惑呢？故真心为道者，必须以善知识作为模范，接受善知识的教诫，方能自净其意，匡正法化。

其二，重振祖风。《佛藏经》说："出家应当一心行道，随顺法行，勿念衣食所在。"既已出家，应当一心用功办道，弘法布教。莫去作经营之业，莫为钱而做经忏。今时经济大潮冲击着佛教，佛门出现庸俗化、商业化，如此只能将佛法陷于重重迷雾之中，难见天日。怎能使佛法发扬光大？这样，怎能使未信者生信，已信者令增长？怎能使初发心者坚牢道意？中国佛教一向以祖师为中心，向祖师看齐，所以对当今佛教前辈提出很高的要求，然而前辈中有些不如法如律，已是昏昏，也怎能导人昭昭。这要求佛教界的高僧大德以佛教的前途为己任，彻底严谨道风，树立祖德风范，方能振兴佛教。弘一大师开一代之风范，在他

"现身说法"的影响下，终于有一批青年学子跟随大师学习戒律。因此，首先佛教的前辈以弘一大师为榜样，能让后学作善知识；其次，前辈人以佛教为重，整顿寺院道风，建立严整的丛林规约，能让后学们提供一个好的学习环境。今天的高僧大德应效法弘一大师淡泊名利，严持戒律，少驰世务，自我充实，重振祖风，把更多的精力运用于修持和教导后学上。

其三，对剃度与受戒必须严格要求。 道宣律师在《行事钞》中说："创染玄籍，标心处远。自可行教，还用承修。"古人畜养教育徒弟，重在训导于佛法律制，其要求之高，训诲之严厉，令今人望尘莫及。今人滥收徒众，唯恐自己徒弟不够多，只要有人剃度出家，不问何人，落发便是徒儿，从未考查是否为真心出家？出家太过容易便难令人产生出家伟大之感，故不会珍惜自己的善根福德因缘，亦不会真正为佛法而奉献出自己的一切。故欲为师者应为佛教的前途着想，对欲剃度者理应谨严慎重，有欲出家者，视其是否为真心，应给予至少一年的考验，让他适应僧团的生活，然后再剃度出家。既为人师父，便应勤加管教，古人言："教不严，师之惰。"今之师父大多为空挂虚名，对弟子的教育上不尽其责，故弟子虽有心出家，终因缺乏教养而恣惰任意。有些因本非真心出家，出家后便放纵流荡，未受具戒亦到处"参方"挂单，无法栖心于佛典，久而久之，道心退化，弃僧归俗，或变半僧半俗，影响极坏。

因滥收徒众便引起乱授戒。所言受戒，无论在家众出家众，一进佛门，便是要受戒，若不受戒不能具备佛子之资格，也无法成就戒之功德。但授戒者要严谨，就是对戒弟子的要求，要符合条件方给授戒。授戒亦要如法慎重，让戒子有种仰慕之情，哪怕是三皈依亦应如法。今之传戒道场，其传戒动机不少是为了扬寺院之名气，因授戒而增加经济收入，故仪式极其草率、简陋，十多人甚至几十人一坛，如此，何以令人生仰慕心？何以知佛戒之尊严呢？弘一大师有"从南宋迄今六七百年来，或可说僧种断绝"之慨，并非无因，戒乃师师相承传授，既无满分的比丘，便亦难以真正地得戒。故今天之受戒，若不凭仪式隆重，要求之严格，何以令戒子能稍得戒体，种植善根呢？

其四，必须学戒、持戒。所言学戒者，在未受戒之前，理应事先明了戒之重要意义，受后更应深入律藏，至少应该了解四众各自所受的戒法（戒条）。受戒只是一个佛子身份及其阶段层次的开始，绝非其身份的完成。常有些人受完戒，以为大事告成，至于如何是持犯，全然不知。戒有个人行持，有团体的做法，即止持与作持，所以戒律有禁止作恶，也禁止不做善。如安居、自恣与布萨，本是每个僧人之常事，但竟有人既不举行，反不知其所云。故此受戒而不学戒，便不知戒律的严正与神圣。

当然，律藏作为三藏之一，其内涵极其丰富，传来中国的戒律，共有四律五论之多，其中各部广律的制戒因缘以及戒相条文，相差不了多少，但其律论对于条文的解释，各彰本部的宗义，互异就多了。戒相极其繁复，差不多在每一条的戒相之中，都有开、遮、持、犯的分别；同时，开、遮、持、犯各各亦皆有轻重差别；同样犯一条戒，由于动机、方法、结果等的不同，犯罪的轻重及忏悔的方式，也随之不同，这些都了若指掌，始得通晓戒律。所以学习戒律，必须付出耐心与苦心，从枯燥的戒相名目之中，培养出持戒的精神与弘戒的悲愿来。作为有大心欲令佛法住世的比丘，决不能被困难所吓倒，应如逆水行舟，同时也需要佛教的前辈关心和爱护，提供一种学习戒律的环境。在佛学院的学僧，应法、律等持，不能偏向于经论，如此才是真正的僧才。根据弘一大师的意见，认为能将他所编的《四分律比丘戒相表记》、道宣律师的《四分律含注戒本疏》与《四分律随机羯磨疏》三部书研究完毕，便可了知一个律学的大纲。这只是四分律的，还有其他的律部。但是，作为一名比丘，必须知道律学大纲。当然，也不妨先看看近人的著作，如圣严法师的《戒律学纲要》、续明法师的《戒学述要》等。

　　所言持戒，受戒、学戒是为了更好地持戒，若仅受而不学，又如何奉持？或只学而不持亦为徒然。佛陀制戒欲令佛子遵行而依戒得解脱，不是仅作了解，增长见闻，或掌握持犯而去衡量或批评揭发他人之不足。一个真正持戒的人，希望自己戒行清净，同时也希望他人不要犯戒。即使看见他人犯戒，亦存悲心怜悯，绝不轻易不分场合地乱讲。佛门丑事，多半是由佛子传播出来，而且添油加醋，愈传愈不像话。你说我的丑事，我揭你的疮疤，唯恐说得不狠，唯恐揭得不深，到最后，使人听来，好像普天之下没有一个比较清净的佛子。这不但毁坏了佛子自身的名誉，也破坏了许多善信者的信心，尤其糟糕的，乃是毁坏了三宝的尊严。一个真正持戒的人，是以理律己的。弘一大师说过："行有不得，皆反求诸己。"能如此奉行即为严净毗尼，何愁佛法不兴盛呢？

　　佛灭度后，佛子以戒为师。戒为佛制，尊重戒律，即是尊重佛陀；凡为佛子，自皆尊重戒律。在今天的时代中，佛教面临着世纪与社会的挑战，唯有每位佛弟子学习弘一大师，本着"严净毗尼，以理律己"的精神，才能令正法久住，让佛陀的光明遍洒人间。

年 谱

1880年(光绪六年庚辰)10月23日（农历九月二十日）辰时生于天津河东区地藏庵前故居李宅。祖李锐，原籍浙江平湖，寄籍天津，经营盐业与银钱业。父李世珍，字筱楼，清同治四年进士，曾官吏部主事，后辞官承父业而为津门巨富。行列第三，幼名成蹊，学名文涛，字叔同。

历史背景：虚云老和尚四十一岁，在江苏镇江金山寺坐禅过冬。此寺于南北朝时期梁武帝亲自参加了中国佛教首次水陆法会。

1881年（光绪七年辛巳）李叔同2岁。

历史背景：印光大师二十一岁，于陕西终南山出家。

1884年（光绪十年甲申）5岁在天津。8月5日，父病逝，终年72岁。乃父临终日，延高僧诵《金刚经》时，初见僧人。是年起从母王氏诵名诗格言。

1885年（光绪十一年乙酉）6岁从仲兄文熙受启蒙教育。

历史背景：虚云老和尚四十六岁，开始长达三年于陕西终南山住茅棚。

1886年(光绪十二年丙戌)7岁从文熙学《百孝图》、《返性篇》、《格言联璧》、《文选》等。

1887年（光绪十三年丁亥）8岁从常云庄家馆受业，攻《文选》、《孝经》、《毛诗》等。约是年，又从管家、帐房徐耀庭学书，初临《石鼓文》等。

1892年（光绪十八年壬辰）13岁读《尔雅》、《说文》等，始习训诂之学。攻各朝书法，1894年（光绪二十年甲午）15岁读《左传》、《汉史精华录》等。是年诵有"人生犹似西山日，富贵终如草上霜"句。

1895年（光绪二十一年乙未）16岁考上文昌院辅仁书院，习制艺。又延馆教学英文、算术等。

历史背景：虚云老和尚五十六岁，于扬州高旻寺打十二个七时，因开水溅到手，茶杯堕地，如从梦醒。

1896年(丙申光绪二十二年)17岁夏，出素册廿四帧，请唐敬严师为钟鼎篆隶八分书。秋，从天津名士赵幼梅学诗文。喜读唐五代诗词，尤爱读王维诗。又从津门书印名家唐静岩学篆书及治印，并与津门同辈名士交游。

1897年(丁酉光绪二十三年)18岁与俞氏（时年二十）完婚。同年，以童生资格应试天津县学，学名李文涛。

1898年(戊戌光绪二十四年)19岁传李叔同刻有"南海康君是吾师"一印，表示对康有为、梁启超维新变法的支持。暮秋，奉母携眷迁居上海。十月加入"城南文社",曾以《拟宋玉小言赋》,名列文社月会第一。

1899年(己亥光绪二十五年)20岁 是年春迁居许幻园家的"城南草堂"。与袁希濂、许幻园、蔡小香、张小楼结金兰之谊,号称"天涯五友"。

1900年(庚子光绪二十六年)21岁 农历九月十九日(11月10日),子李准生。是年出版《李庐诗钟》、《李庐印谱》。与画家任伯年等设立"上海书画公会"。每星期出书画报一纸,由中外日报社随报发行。

1901年(辛丑光绪二十七年)22岁 正月,为许幻园所撰《城南草堂笔记》题跋。春,曾回天津,拟赴河南探视其兄,后因故未果,遂返沪。是年秋,入南洋公学(今上海交大)就读经济特科班,与黄炎培、邵力子、谢无量等同从学于蔡元培。

1902年(壬寅光绪二十八年)23岁 各省补行庚子、辛丑恩正并科乡试,叔同先后以河南纳监应乡试,以嘉兴府平湖县监生资格报名应试,均未中。仍回南洋公学。11月,南洋公学发生学生罢课风潮。蔡元培同情学生辞职,李叔同等继而退学。

1903年(癸卯光绪二十九年)24岁 与退学者在上海"沪学会"内增设补习科,常举行演说会。以"李广平"之名翻译《法学门径书》及《国际私法》二书由上海开明书店相继出版。

1904年(甲辰光绪三十年)25岁 三月,曾为"铄镂十一郎"(张士钊)传记著作《李苹香》撰序,署名"惜霜"。常与歌郎、名妓等以艺事往还。在上海粉墨登场，参加演出京剧《虫八蜡庙》、《白水滩》、《黄天霸》等。12月9日(农历十一月初三)，子李端生。

1905年(乙巳光绪三十一年)26岁3月10日，生母王氏病逝。携眷护枢回津。

出版《国学唱歌集》。是年秋，东渡日本留学。行前有《金缕曲·留别祖国并呈同学诸子》。在东京为《醒狮》杂志撰写《图画修得法》与《水彩画法说略》。

1906年(丙午光绪三十二年)27岁正月，在东京编辑《音乐小杂志》。7月1日，首以"李哀"之名在东京首次参与日本名士组织"随鸥吟社"之雅集。9月29日，以"李岸"之名注册，考入东京美术学校油画科。与同学曾延年（孝谷）等组织"春柳社"，此乃中国第一个话剧团体。从川上音二郎和藻泽栈二朗研究新剧演技，艺名"息霜"。是年曾回天津，有《喝火令》一词记己感慨。

1907年(丁未光绪三十三年)28岁2月"春柳社"首演《茶花女》，李叔同饰茶花女一角。此为中国话剧实践第一步。7月再演《黑奴吁天录》，饰美洲绅士解尔培的夫人爱密柳同时客串男跛醉客。留日期间，因与美术模特(姓名不详)产生感情，后随同回国。

1908年（戊申光绪三十四年）29岁退出春柳社，专心致力于绘画和音乐。

历史背景：十月二十一日光绪帝崩，二十二日慈禧太后崩。

1911年(辛亥清宣统二年)32岁春，创作毕业自画像。3月，毕业于东京美术学校，偕日妻回国抵沪，在直隶模范工业学堂任图画教员。同年家道中落。

1912年(壬子民国元年)33岁春，自津返沪，在杨白民任校长的城东女学任教，授文学和音乐课。是年加入"南社"，被聘为《太平洋报》主笔，并编辑广告及文艺副刊。与柳亚子创办文美会，主编《文美杂志》。秋，《太平洋报》停刊。应经亨颐之聘赴杭州，在浙江两级师范学校任音乐、图画课教师。

1913年(癸丑民国二年)34岁浙江两级师范学校改名为浙江省立第一师范学校。5月，校友会发行《白阳》杂志，设计创刊号封面，全部文字亦由李叔同亲手书写石印。

1914年(甲寅民国三年)35岁是年加入西泠印社，与金石书画大家吴昌硕时有往来。课后集合友生组织"乐石社"，从事金石研究与创作。

1915年(乙卯民国四年)36岁应校长江谦（易圆）之聘，兼任南京高等师范学校图画音乐教员，在假日倡立金石书画组织"宁社"，借佛寺陈列古书、字画、金石。二十四年后，南京高师校长江谦在大师六十岁时作诗云："鸡鸣山下读书堂，廿载金陵梦未忘。宁社恣尝蔬笋味，当年已接佛陀光。"是年夏，曾赴日本避暑。9月回国。秋，先后作诗词《早秋》、《悲秋》、《送别》等。

1916年(丙辰民国五年)37岁因日本杂志介绍"断食"以修养身心之方法，遂生入山断食之念。冬，入杭州虎跑定慧寺，试验断食17日，有《断食日志》详记。入山前，作词曰："一花一叶，孤芳致洁；昏波不染，成就慧业。"返校后，开始素食。时，受马一浮之熏陶，于佛教"渐有所悟"。

1918年(戊午民国七年)39岁春节期间在虎跑寺度过,并拜了悟和尚为其在家弟子,取名演音,号弘一。农历七月十三日,入虎跑定慧寺,正式出家。出家前,将所藏印章赠西泠印社,该社社长叶舟为凿龛庋藏,并有"印藏"题记:"同社李君叔同,将祝发入山,出其印章移储社中。同人用昔人'诗龛'、'书藏'遗意,凿壁庋藏,庶与湖山并永云尔。戊午夏叶舟识。"九月,入灵隐寺受比丘戒。十月,赴嘉兴精严寺小住。年底应马一浮之召至杭州海潮寺打七。

历史背景: 1918年,3月16日宣化上人出生于吉林省双城县(现今黑龙江省五常县), 1918年25岁的毛泽东担任北京大学图书馆管理员,得到李大钊等人帮助,开始接受俄国十月革命的思想影响。

1919年(己未民国八年)40岁春,小住杭州艮山门外井亭庵,后移居玉泉清涟寺。夏居虎跑定慧寺,秋至灵隐寺,专事研佛。

1920年(庚申民国九年)41岁春,居玉泉寺,为《印光法师文钞》题词并序。称"老人之文,如日历天,普烛群品"。6月,赴浙江新登贝山闭关,研究律学。秋,离贝山赴衢州,客居莲花寺。

历史背景: 1920年初,李大钊、陈独秀等开始了建党的探索和酝酿。

1921年(辛酉民国十年)42岁正月,自新登返杭州,居玉泉寺,披寻《四分律》,始览诸先师之作。春,曾在闸口凤生寺小住,丰子恺游学日本前夕曾前往话别。3月,自杭州赴温州,居庆福寺。撰《谢客启》,掩关治律。6月,所撰《四分律比丘戒相表记》初稿成。

历史背景: 1921年7月23日在上海召开了中国共产党的第一次全国代表大会,这次大会,宣告了中国共产党的成立。

1922年(壬戌民国十一年)43岁正月初三，在家发妻(俞氏)病故于天津本宅，俗家仲兄文熙来信嘱其返津一次，因故未成行。仍居庆福寺。

1923年(癸亥民国十二年)44岁2月，在上海与尤惜阴居士合撰《印造经像之功德》。赴上海途中曾在上虞白马湖、绍兴、杭州等地停留。6月，为杭州西泠印社《弥陀经》一卷刻石。9月重至衢州，居莲花寺。

1924年(甲子民国十三年)45岁4月，由莲花寺移居三藏寺。不久，取道松阳、青田抵温州。5月，至普陀山，参礼当代善知识中最膺服之印光大师。6月，返温州整理《四分律比丘戒相表记》，8月完稿。赴杭州，因交通有阻，暂止宁波，居七塔寺。应夏丏尊之请，至上虞白马湖小住。10月返温州。

1925年(乙丑民国十四年)46岁春，云游宁波七塔寺、杭州弥陀寺、定慧寺。应夏丏尊之请，至上虞白马湖小住。不久返温州庆福寺。

1926年(丙寅民国十五年)47岁春，自温州至杭州，居招贤寺，从事《华严疏钞》之厘会、修补与校点。夏丏尊、丰子恺曾自沪至杭专程拜访。夏初，与弘伞法师同赴庐山，参加金光明法会。路经上海时曾与弟子丰子皑等访旧居城南草堂等处。冬初，由庐山返杭州，经上海，在丰子皑家小住，后返杭州。

1927年(丁卯民国十六年)48岁春，居杭州吴山常寂光寺。7月移居灵隐后山本来寺。秋，至上海，居江湾丰子皑家。主持丰子皑皈依三宝仪式。期间与丰子皑共同商定编《护生画集》计划。是年春，丰子皑等编《中文名歌五十曲》出版，内收李叔同在俗时歌曲13首。丰子恺在序言中说："李先生有深大的心灵，又兼备文才与乐才。据我们所知，中国作曲作歌的只有李先生一人。"

历史背景：1927年8月1日，南昌起义爆发。

1928年(戊辰民国十七年)49岁春夏之间，在温州大罗山诛茆坐禅。秋至上海，与丰子恺、李圆净具体商编《护生画集》。冬，刘质平、夏丏尊、丰子恺、经亨颐等共同集资在白马湖筑"晚晴山房"，供大师居住。

1929年(己巳民国十八年)50岁正月，自南安小雪峰至厦门南普陀寺，居闽南佛学院，参与整顿学院教育。春，返温州，途经福州，在鼓山涌泉寺藏经阁发现《华严经疏论纂要》刻本，叹为稀有，发愿刊印。9月，在"晚晴山房"小住，10月重至厦门、南安，与太虚法师在小雪峰寺度岁，并合作《三宝歌》。是年2月，《护生画集》第一份由上海开明书店出版。50幅护生画皆由大师配诗并题写。大师在跋中曰："我依画意，为白话诗；意在导俗，不尚文词。普愿众生，承斯功德；同发菩提，往生乐国。"并云："盖以艺术作方便，人道主义为宗趣。"是年，夏丏尊将所藏大师在俗时所临各种碑帖出版，名《李息翁临古法书》（上海开明书店）。是年，仲兄李文熙卒，年62岁。

1930年(庚午民国十九年)51岁正月，自小雪峰至泉州承天寺，与性愿法师相聚。4月赴温州，后至白马湖"晚晴山房"。秋赴慈溪金仙寺，讲律两次。11月赴温州庆福寺。时人称弘一大师为孤云野鹤，弘法四方。

历史背景：1930年1月15日，本焕老和尚年22岁，于湖北新洲投报恩寺出家。

1931年(辛未民国二十年)52岁2月，自温州过宁波，旋赴白马湖横塘镇法界寺。发愿弃舍有部律，专学南山，从此由新律家变为旧律家。9月，广洽法师函邀大师赴厦门。同月在金仙寺作"清凉歌"。岁末在镇海伏龙寺度岁。

1932年(壬申民国二十一年)53岁是年在镇海龙山伏龙寺为刘质平作书法。年底，至厦门，住山边岩(即万寿岩)，在妙释寺讲《人生之最后》。

1933年(癸酉民国二十二年)54岁2月初曾赴厦门，旋返妙释寺。是年在妙释寺讲《改过经验谈》，在万寿岩开讲《随机羯磨》，重编蕅益大师警训为《寒笳集》。在开元寺圈点《南山律钞记》，在承天寺讲《常随佛学》。

历史背景：广钦老和尚42岁时，于泉州城北的清源山长达13年的潜修，人称"伏虎和尚"。

1934年(甲戌民国二十三年)55岁2月，至厦门南普陀寺讲律。协助常惺院长整顿闽南佛学院。见学僧纪律松弛，认定机缘未熟，倡办佛教养正院。是年，跋《一梦漫言》，作宝华山《见月律师行脚略图》。冬移居万寿岩，讲《阿弥陀经》。又编《弥陀经义疏撷录》。

历史背景：1934年10月共产党退出江西中央革命根据地，进行二万五千里长征。

1935年(乙亥民国二十四年)56岁正月在万寿岩撰《净宗问辨》。3月，至泉州开元寺讲《一梦漫言》。5月抵净峰寺，后应泉州承天寺之请，于戒期中讲《律学要略》。

1936年(丙子民国二十五年)57岁春，卧病草庵，数月方愈。5月居鼓浪屿日光岩。年末移居南普陀寺。是年,《清凉歌集》由上海开明书店出版。

历史背景: 1936年,宣化上人19岁,于哈尔滨三缘寺出家,受沙弥戒后,即庐墓守孝三年。守孝期间,农历六月十九日于佛前发十八大愿。十二月蒋介石被张学良、杨虎城劫持。史称"西安事变"。

1937年(丁丑民国二十六年)58岁年初在南普陀寺讲《随机羯磨》。2月在佛教养正院讲《南闽十年之梦影》。3月为厦门市第一届运动大会作会歌。5月应邀至青岛讲律,10月返厦门。岁末赴泉州草庵。

历史背景: "七七事变"日军袭卢沟桥,我军退出北平,中日大战爆发,十二月南京沦陷,国民政府迁都重庆;1937年1月,本焕老和尚时年30岁,发愿赴山西五台山文殊菩萨道场参学精进。从河北定县到五台山下三步一拜,全程300余公里。

1938年(戊寅民国二十七年)59岁1月31日在草庵讲《华严经普贤行愿品》。2月19日入泉州。3月2日讲经于承天寺。后赴梅石书院、开元寺、清尘堂及惠安、厦门等处讲经。5月4日,即厦门陷落前数日离厦门至漳州南山寺。冬初至泉州承天寺,后移居温陵养老院。

历史背景: 十月日军在广东深圳大鹏湾登陆,我军退出广州。

1939年(己卯民国二十八年)60岁4月入蓬壶毗峰普济寺闭门静修。著《南山律在家备览略篇》等书。9月,澳门《觉音月刊》和上海《佛学半月刊》均出版《弘一法师六秩纪念专刊》。秋末,为《续护生画集》题字并作跋。

历史背景: 印光大师七十九岁,十一月初四日凌晨一时三十分,由床上坐起,说道:"念佛见佛,决定生西。蒙阿弥陀佛接引,我要去了。大家要念佛,要发愿,要生西方。要维持道场,弘扬净土,勿学大派头。"说毕，坐在椅子上，面向西，端身正坐。五时在大众念佛声中，安详西逝。荼毗之后,舍利子无数，三十二颗牙齿，完整无损。

1940年(庚辰民国二十九年)61岁春，闭关永春蓬山，谢绝一切往来，专事著述。10月，应请赴南安灵应寺弘法。

1941年(辛巳民国三十年)62岁4月，离灵应寺赴晋江福林寺结夏安居，并讲《律钞宗要》，编《律钞宗要随讲别录》。冬，入泉州百原寺小住，后移居开元寺。岁末返福林寺度岁。

1942年(壬午民国三十一年)63岁2月赴灵瑞山讲经。但弘一提出三约：一不迎，二不送，三不请斋。3月回泉州百原寺，后居温陵养老院。7月，在朱子"过化亭"教演出家剃度仪式。8月在开元寺讲《八大人觉经》。10月2日下午身体发热，渐示微疾。10月7日唤妙莲法师抵卧室写遗嘱。10月10日下午写"悲欣交集"四字交妙莲法师。10月13日晚7时45分呼吸少促，8时安详西逝，圆寂于泉州不二祠温陵养老院晚晴室。

历史背景：1942年10月至1945年7月，本焕老和尚35岁，在五台山碧山寺茅蓬闭关,抄血经及放焰口一千台，超度抗日阵亡将士。本老于2012年春圆寂于深圳弘法寺，世寿106岁，戒腊84年。

回　向

二零二零年，三宝弟子助印《弘一大师法汇》若干部，以此功德，愿我震旦国中以及世界各国，风调雨顺，物阜时雍。灾难消除，干戈永息。共沐佛化，同成净土。

愿此次随喜出资出力每一位三宝弟子，身体安康，资生具足，现世永离衰恼，临终往生西方，并愿以此功德，回向法界众生，同度迷津，齐成佛道。

愿法界无子众生，皆得诞生福德智慧之男，绍隆家业。弘宣佛法，普利有情，绵延相承，尽未来际。

愿此次随喜出资出力者，惟愿众等师兄罪障消际，福慧增长。早证念佛三昧，共生极乐莲邦。普度众生，同圆种智。

此文格式系弘一大师一九二三年所写
《普劝发心印造经像文》所摘录

印经说法

印经说法有五种福

讲经说法和印经送人，这种法施可以得到下列五种福报：

(一)**长寿**——因为人们听经和读经以后，不造杀业，所以施者将来能感到长寿的果报；

(二)**大富**——因为人们听经和读经以后，不去偷盗，所以施者将来能感到大富的果报；

(三)**端正**——因为人们听经和读经以后，心平气和，所以施者将来能感到长相端庄的果报；

(四)**尊贵**——因为人们听经和读经以后，会信仰佛法，归依三宝，所以施者将来能感到尊贵和有名望的果报；

(五)**聪明**——因为人们听经和读经以后，领悟力会增长，而且容易明白微妙的道理，所以施者将来能感得聪明的果报。(见《阴骘文广义节录》卷下和《教乘法数》第444页)

本书中出现的古代与现代通用字

1、"着"同"著"，如："执著—执着"等。

2、"卤莽"同"鲁莽"。

3、"已"同"以"，如："无始已来—无始以来、已上—以上、已前—以前"等。

4、"缺"同"阙"，如："不可或阙—不可或缺"等。

5、"披"同"被"，如："被衣—披衣"等。

6、"皈依"同"归依"，（"皈"乃翻译梵文而形成的文字，《字汇补》："皈"与"归"同。本义指返璞归真。中国人把人性分为"善"和"恶"，而印度则把其分为"黑"和"白"，把"黑"反过来到"白"，就是"皈"字的用意，"反白"就是返璞归真，含有觉醒和回头之意。故现代多用"皈依"。）

7、"瞋"同"嗔"。

8、"憍"同"骄"。

9、"挈"同"锲"。

10、"侥"同"倘"。

11、"宏"同"弘"，如："宏扬—弘扬、宏法—弘法"等。

12、"诃"同"呵"，如："呵责—诃责"等。

13、"叶"同"页"，表示量词。

14、"直"同"值"，如："直五钱—值五钱"。

文言文中的个别用字

1、表示"我"的字：余、吾、予。

2、"耳"在句尾表示文言助词，意为"而已，罢了"，也可表示文言语气词（大致同"矣"）。

说　明

※　虽然弘一大师离开我们78年了，可大师言行一致的身教和示人的自律精神影响了一代又一代的三宝弟子。

※　此书内容是大师著作的一部分，不是大师著作的全部。

※　法宝是无价的，法宝稀有，得之不易，自己请回家不看，请不要闲置家中，请辗转流通利益众生，功德无量。

※　疏漏之处敬请诸位大德、师兄指正，建议指导请联系：
139 2376 2869　Email至：867699186@qq.com.

《弘一大师法汇》那年灯火编辑小组
2020年　冬

南无护法韦驮尊天菩萨

韦 驮 赞

韦驮天将，菩萨化身，拥护佛法誓弘深，宝杵镇魔军，功德难伦，祈祷副群心。

南无普眼菩萨摩诃萨，摩诃般若波罗蜜。

此咒置經書中　可滅誤跨之罪

图书在版编目（CIP）数据

弘一大师法汇 / 弘一大师著 ——上海：上海三联书店，2020.11（2024.6重印）

ISBN 978-7-5426-7145-5

Ⅰ.①弘… Ⅱ.①弘… Ⅲ.①弘一大师—佛教—思想—研究 ②弘一大师—生平事迹 Ⅳ.①B949.92

中国版本图书馆CIP数据核字（2020）第153631号

弘一大师法汇

著　　者 / 弘一大师
责任编辑 / 冯　征
统筹策划 / 赵爱华
装帧设计 / 曾利国
监　　制 / 姚　军
责任校对 / 释守住　张大伟

出版发行 / 上海三联书店
　　　　　（200041）中国上海市静安区威海路755号30楼
邮购电话 / 021-22895540
印　　刷 / 上海惠敦印务科技有限公司

版　　次 / 2020年11月第1版
印　　次 / 2024年6月第5次印刷
开　　本 / 710×1000　1/16
字　　数 / 200千字
印　　张 / 26.5　插图/8页
书　　号 / ISBN 978-7-5426-7145-5 / B·695
定　　价 / 78.00元

敬启读者，如发现本书有质量问题，请与印刷厂联系：021-6377 9028